普通高等学校"十一五"规划教材·经济科学

SPSS在社会经济分析中的应用

王伏虎 编著

中国科学技术大学出版社

·合 肥·

内 容 简 介

本书以 SPSS 16.0 版本为基础，主要介绍 SPSS 统计软件在社会经济领域中的应用。作者从统计专业用户的角度出发，通过生动的社会经济案例，讲述如何利用 SPSS 统计软件分析问题。书中不仅简要概述了 SPSS 统计软件的主要模块所涉及的统计分析原理和方法，而且介绍了 SPSS 统计软件的基本操作和常用技巧，重点在于如何利用 SPSS 统计软件分析实际的社会经济问题。

全书共 10 章，内容涉及社会学、经济学、心理学等众多领域，适合从事 SPSS 应用以及各类数据分析工作的读者阅读和使用。

图书在版编目(CIP)数据

SPSS 在社会经济分析中的应用/王伏虎编著. —合肥：中国科学技术大学出版社，2009.8

ISBN 978-7-312-02466-5

Ⅰ.S…　Ⅱ.王…　Ⅲ.社会统计—统计分析—软件包　Ⅳ.F222.1

中国版本图书馆 CIP 数据核字(2009)第 043836 号

责任编辑：张善金　吴月红
出　版　者：中国科学技术大学出版社
地　　　址：安徽省合肥市金寨路 96 号　邮编：230026
网　　　址：http://press.ustc.edu.cn
电　　　话：发行 0551-3602905　邮购 3602906　编辑 3602910
印　刷　者：合肥学苑印务有限公司
发　行　者：中国科学技术大学出版社
经　销　者：全国新华书店
开　　　本：710mm×960mm　1/16
印　　　张：24
字　　　数：458 千
版　　　次：2009 年 8 月第 1 版
印　　　次：2009 年 8 月第 1 次印刷
定　　　价：36.00 元

前　言

SPSS是世界上最常用的统计软件之一，其应用领域涵盖了自然科学和社会经济科学的各个领域，由于其友好的用户界面和简单易学的操作方法深受广大用户的喜爱。

由于工作的原因，笔者在过去的几年间和许多使用SPSS统计软件的用户有所接触，并且了解到他们在使用SPSS统计软件时遇到的问题，主要有下面三个：第一，很多人都在使用SPSS统计软件处理日常工作中的一些数据，但是面对各种各样的实际问题和SPSS提供的众多统计分析方法无从下手，不知道应该选择SPSS的哪个模块来解决问题。第二，SPSS统计软件功能非常强大，作为一个权威和严肃的专业统计软件，它为各种统计方法的检验以及数据的分析提供了众多的输出统计量，很多用户对输出统计量只知其然而不知其所以然，无法梳理出输出统计量之间的关系，没有办法探寻出社会经济现象之间的数量规律性。第三，目前SPSS统计软件方面的书籍不少，但是要寻找到一本既深入分析实际的社会经济问题，又介绍SPSS强大统计分析功能的书籍非常困难。正是从试图解决这三个问题的目标出发，笔者才有了撰写这本书的规划并花大力气完成了这一规划。

呈献给广大读者的本书共分10章，通过对具体的社会经济案例的分析介绍了SPSS在社会经济中的应用。本书最大的特点是将SPSS的基本操作、常用技巧和统计分析方法融合在一起，侧重于统计分析结果的解读，着力于读者在阅读本书以后能够举一反三，选择合适的统计分析方法解决实际问题，能够得心应手地使用SPSS统计软件处理日常工作，能够增强使用SPSS统计软件分析社会经济问题的能力。

本书在撰写过程中，得到江苏大学京江学院路正南教授、江苏大学财经学院赵喜仓教授、江苏大学科技处董洁副教授的热心帮助和大力支持,在此一并感谢!

由于作者水平所限,书中不妥之处在所难免,恳请同行专家、学者和广大读者批评指正。如遇不解或疑难之处可与作者联系,联系方法:fhwang@ujs. edu. cn。

王伏虎

2009年3月于江苏大学财经学院

目　录

第 1 章　数据文件的报表分析

SPSS 的 Analyze 菜单的 Reports 中包含了 OLAP（在线分层分析）、Case Summaries（个案汇总分析）、Reports Summaries in Rows（行报告汇总分析）和 Reports Summaries in Columns（列报告汇总分析），后面两个过程的功能比较相似，分别按行和按列的形式输出报表，可以生成比较复杂的统计报表，但是输出的表格是文本形式的，因此本章主要介绍 OLAP 和 Case Summaries。

1.1　在线分层分析(OLAP Cube)

SPSS 的 Online Analytical Processing（在线分层分析）主要用来分析尺度变量（Scale Variable），也就是所谓的数值变量，在 SPSS 的 OLAP Cube 对话框中，它们被称为 Summary Variable（汇总变量）。我们可以选择输出尺度变量的多种统计量，从简单的计数、求和、比例等统计量到集中趋势、离散趋势等复杂的描述性统计量。利用在线分层分析时必须选择分组变量（Grouping Variable），输出结果中的 OLAP Cube（在线分层表）中，分组变量以层字段（Layer）的方式显示在表格的左上角，待分析的尺度变量是作为行字段（Row），以行的形式显示出来，描述性统计量作为列字段（Column），以列的形式显示出来。通过 SPSS 提供的 Pivoting Tray 功能，在 OLAP Cube 中可以很方便地实现层字段、列字段和页字段的转化，这一功能非常类似于 Excel 中的数据透视表。我们还可以在描述性统计量表中设置表格的标题和脚注。

【例 1.1】　电信公司客户流失情况分析。

一家电信公司想减少客户流失率，也就是客户转向其他电信供应商的比例。客户流失率和客户的年龄、家庭收入、使用电信公司业务的数量及时间以及月消费金额都可能存在一定的关系。

打开“电信公司客户流失率. sav”。使用在线分析过程对客户流失率进行分析。数据文件中使用的变量名、变量标签值及变量类型见表 1.1。

表 1.1 数据文件中使用的变量名、变量标签值及变量类型

变量名 Variable name	变量标签值 Value label	变量类型
区域编号	1＝区域1,2＝区域2 3＝区域3,4＝区域4 5＝区域5	名义变量
使用电信业务的时间		尺度变量
年龄		尺度变量
家庭收入		尺度变量
长途电话消费额		尺度变量
免费电话消费额		尺度变量
设备租赁消费额		尺度变量
电话卡消费额		尺度变量
无线业务消费额		尺度变量
多线业务	0＝没有使用 1＝使用	名义变量
语音信箱业务	同上	名义变量
传呼业务	同上	名义变量
互联网业务	同上	名义变量
来电显示业务	同上	名义变量
呼叫等待业务	同上	名义变量
呼叫转移业务	同上	名义变量
三方通话业务	同上	名义变量
电子帐单业务	同上	名义变量
客户流失	0＝流失 1＝没有流失	名义变量

数据来源：SPSS16.0 Samples 中的 telco.sav

在分析之前首先要生成一个变量来测度每位客户到底使用了电信商提供的哪些服务。单击 Transform→Count，打开 Count Occurrences of Values within Cases 对话框，如图 1.1 所示。在对话框中，Target Variable 下输入“电信业务”，在 Target Label 下输入“实际使用的电信业务”，将“多线业务”到“电子账单业务”

之间 的9个变量移入右侧的Numeric Variables方框下，再单击其下方的Define Values按钮，弹出Count Values within Cases：Values to Count对话框（见图1.2）。在Data View中可以发现，上述9个变量对应的数值为1或者0，也就是说使用其中一项业务，其对应的数值为1，否则为0。因此要对客户使用的电信业务进行计数，需要在Value后的文本框中输入1，单击右侧的Add按钮，则Values to Count下方显示1，单击Continue按钮，回到Count Occurrences of Values within Cases对话框。单击OK按钮，返回到Data View窗口会发现生成了一个新变量“电信业务”。

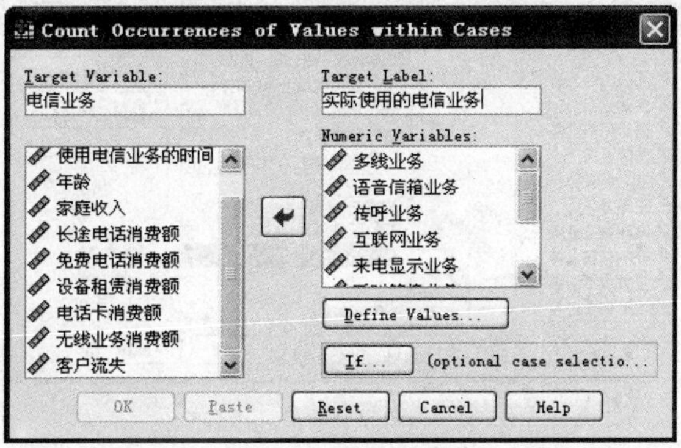

图 1.1　Count对话框的设置

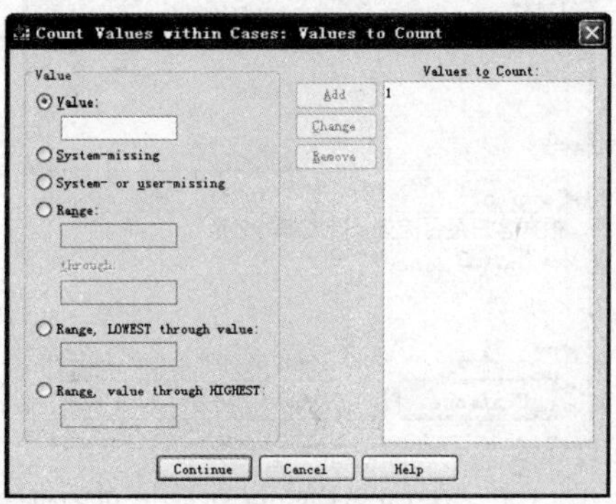

图 1.2　Define Values对话框

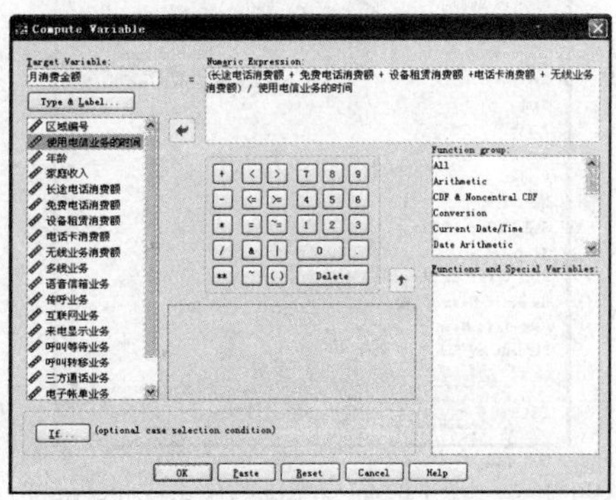

图 1.3　Compute Variable对话框

进一步还需要测度客户每月使用各类电信业务的平均消费金额。单击Transform→Compute，打开Compute Variable对话框（见图1.3），在Target Variable下方文本框中输入“月消费金额”。

在 Numeric Expression 中输入表达式"(长途电话消费额 +免费电话消费额 +设备租赁消费额 +电话卡消费额+无线业务消费额) /使用电信业务的时间",单击 OK 按钮,生成名为"月消费金额"的变量。

单击 Analyze→Reports→OLAP Cubes,打开 OLAP Cubes 对话框(见图 1.4),从左侧的变量列表框中选择"使用电信业务的时间"、"年龄"、"家庭收入"、"电信业务"和"月消费金额"这五个尺度变量,移入右侧的 Summary Variable 方框中。选择"区域编号"和"客户流失"作为分组变量,移入右侧的 Grouping Variable 方框中。

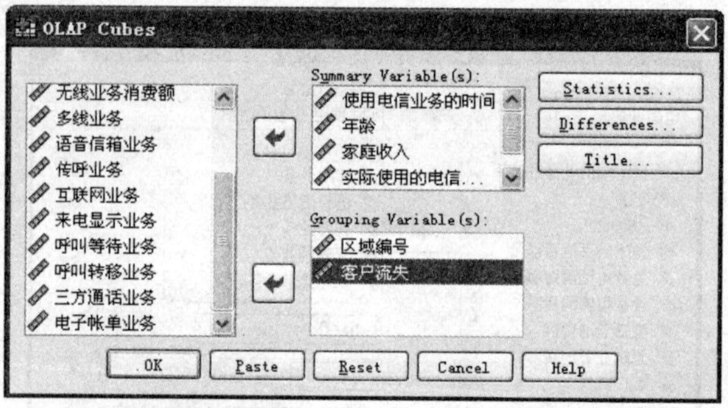

图 1.4 OLAP Cubes 对话框

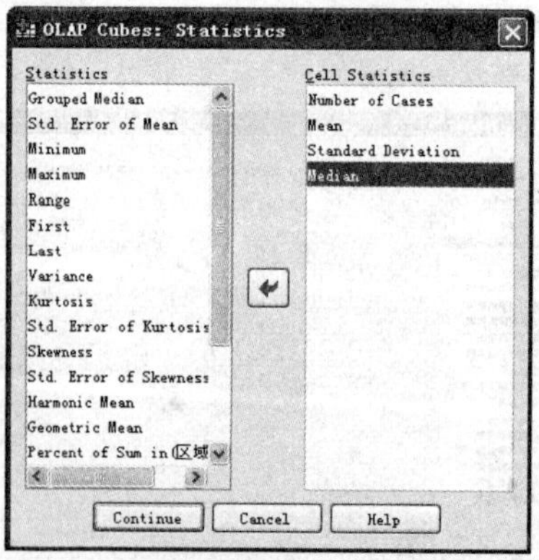

图 1.5 在 OLAP Cubes:Statistics 对话框中选择输出的统计量

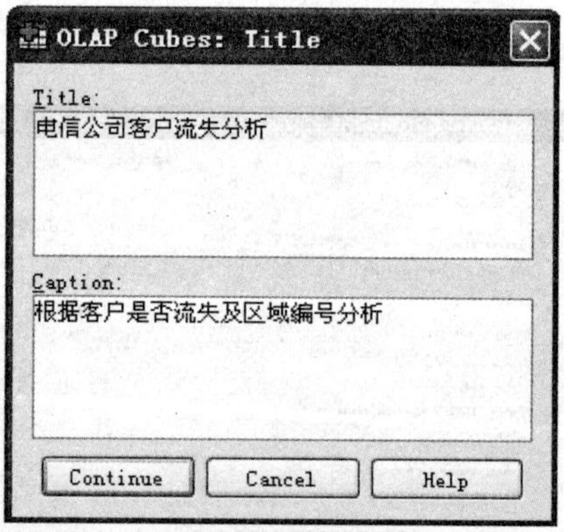

图 1.6 在 OLAP Cubes:Title 对话框设置出图表的标题

单击 Statistics 按钮,弹出 OLAP Cubes:Statistics 对话框(见图 1.5),从 Cell Statistics(单元格统计量)列表框中移出系统默认的 Sum、Percent of Total Sum 和 Percent of Total N 这三个统计量,从左侧的 Statistics 框中选择 Median,移入

Cell Statistics 列表框中。

单击 Continue 按钮，回到 OLAP Cubes 对话框中(见图 1.6)，单击 Title 按钮，弹出 OLAP Cubes：Title 对话框，在 Title 下方输入汇总表的标题“电信公司客户流失分析”，在 Caption 下方输入标题说明“根据客户是否流失及区域编号分析”，单击 Continue 按钮，回到在线分析对话框，单击 OK 按钮，输出在线分析结果，见表 1.2。

表 1.2 在线分析输出的汇总表

电信公司客户流失分析

区域编号	Total
客户流失	Total

没有流失

流失

Total

	N	Mean	Std. Deviation	Median
使用电信业	1000	35.53	21.360	34.00
年龄	1000	41.68	12.559	40.00
家庭收入	1000	77.535 0	107.044 16	47.000 0
实际使用的电信业务	1000	3.740 0	2.601 38	3.000 0
月消费金额	1000	62.323 0	50.041 73	48.895 6

根据客户是否流失及区域编号分析。

从输出的汇总表中可以看出，两个分组变量“区域编号”和“客户流失”显示在表格的左上角(Layer，即页字段)。如果分析时需要了解某个分组变量中某个类别的描述性统计量，比如要分析客户“流失”的统计量，可以双击表格，将它激活。单击分组变量“客户流失”右侧的下拉箭头，从弹出的下拉列表中选择“流失”就可以实现这一目的。

表 1.3 显示“流失”客户的汇总表①

区域编号：Total

客户流失：流失

	N	Mean	Std. Deviation	Median
使用电信业务的时间	274	22.43	17.87	17.00
年龄	274	36.52	10.522	35.00
家庭收入	274	61.627 7	60.970 78	41.000 0
实际使用的电信业务	274	4.219 0	2.774 07	4.000 0
月消费金额	274	60.990 7	48.558 70	48.966 7

根据客户是否流失及区域编号分析。

表 1.3 显示，在所有区域中有 274 位客户流失。在流失的客户中，变量“使用

① 本书的表格本应统一为表 1.1 的形式，但由于 SPSS 软件本身就设置为如表 1.1 和表 1.3 两种类型，为保持与软件设置一致，方便读者使用，本书未强调表格形式统一。相似之处不再说明。

电信业务的时间”、“家庭收入”和“月消费金额”的均值都明显地大于中位数，有一个向右的尾部，这三个变量应该服从右偏分布。

在输出的OLAP Cubes报表中，可以通过SPSS提供的Pivoting Trays功能（见图1.7），实现表格中层字段、行字段和列字段的相互转换。双击OLAP Cubes报表将其激活会弹出Pivoting Trays对话框（如果没有弹出，在SPSS Viewer中单击Pivot→Pivoting Trays）。将分组变量“客户流失”的图标从Layer托盘拖动到下方的Row托盘上，将Statistics图标从右侧的Column托盘中拖动到Layer托盘中，将分组变量“区域编号”的图标从Layer托盘中拖动到Column托盘中，单击Pivoting Trays对话框右上角的按钮，关闭该对话框。

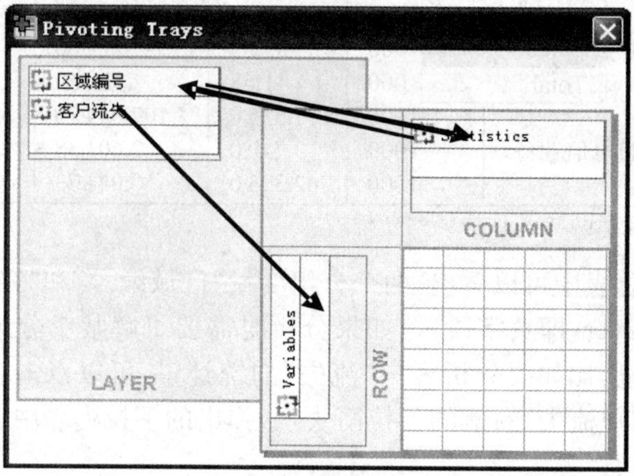

图1.7 在Pivoting Trays1对话框中改变行变量、列变量和分层变量的位置

在编辑后的报表中，单击统计量右侧下拉箭头，从弹出的下拉列表清单中选择Mean(均值)，输出结果见表1.4。表中最后的“Total”列显示，根据地理区域分类的客户中，“流失”客户使用电信业务的平均时间为22.43个月，几乎是“没有流失”客户使用电信业务平均时间的一半，这表明使用电信业务的时间越长，流失的可能性越小。最后一列显示“没有流失”客户的平均年龄是43.63岁，而“流失”客户的平均年龄是36.52岁，说明年轻客户相对容易流失。“没有流失”客户的平均家庭收入为83.5386，高于“流失”客户的家庭平均收入，家庭收入越高，客户的流失倾向越小。“没有流失”客户实际使用电信业务的平均值为3.5592项，小于“流失”客户的平均值，这表明客户使用的电信业务越多，反而越有可能流失。“没有流失”客户月平均消费金额为62.8259，“流失”客户月平均消费金额为

60.9907，这两类客户的月平均消费金额相差不大，但是在前面对“流失”客户进行分析时发现“使用电信业务的时间”、“家庭收入”和“月消费金额”这三个变量都是右偏的分布，使用均值来对比分析未必非常合适。因此，有必要分析分组变量的中位数。

表 1.4　行变量、列变量和分层变量位置发生改变后的描述性统计量表

电信公司客户流失分析

Mean

		区域编号			
	客户流失	区域 1	区域 2	区域 3	Total
使用电信业务的时间	没有流失	39.85	40.25	41.24	40.47
	流失	23.00	23.05	21.21	22.43
	Total	35.14	35.41	36.00	35.53
年龄	没有流失	42.89	43.88	44.08	43.63
	流失	37.59	36.32	35.66	36.52
	Total	41.41	41.75	41.88	41.68
家庭收入	没有流失	77.4569	85.8375	86.9213	83.5386
	流失	63.0889	62.3191	59.4444	61.6277
	Total	73.4410	79.2186	79.7326	77.5350
实际使用的电信业务	没有流失	3.5733	3.5000	3.6024	3.5592
	流失	4.2111	4.2234	4.2222	4.2190
	Total	3.7516	3.7036	3.7645	3.7400
月消费金额	没有流失	62.3930	63.1913	62.8760	62.8259
	流失	61.4338	60.2713	61.2990	60.9907
	Total	62.1249	62.3695	62.4634	62.3230

根据客户是否流失以区域编号分析。

双击报表将其激活，单击统计量右侧下拉箭头，从弹出的下拉列表清单中选择 Median（见表 1.5）。

重新编辑的报表显示“年龄”和“实际使用的电信业务”这两个变量反映的信息和前面基本一致。“没有流失”客户和“流失”客户在使用电信业务的平均时间上仍旧存在较大差距，而且中位数显示出来的差距似乎更大。从表中还可以看出，居住在“区域 1”的“流失”客户，他们的收入中位数为 51，高于没有流失的客户(47)，这和均值方面反映的信息正好相反。最后我们还可以发现，在使用电信业务的时间方面，“流失”客户和他们居住的区域之间似乎存在相互作用的关系。从“区域 1”到“区域 3”，“流失”客户使用电信业务的时间从原先的 20.50 逐渐减小到 12.50。因此在分析那些流失客户时，地区是一个值得考虑的因素。

表 1.5 显示各组中位数的描述性统计量表

电信公司客户流失分析

Median

		区域编号			
	客户流失	区域 1	区域 2	区域 3	Total
使用电信业务的时间	没有流失	40.50	42.00	42.00	41.50
	流失	20.50	17.50	12.50	17.00
	Total	33.00	34.50	35.00	34.00
年龄	没有流失	42.00	43.00	43.00	43.00
	流失	35.00	35.00	32.50	35.00
	Total	40.00	41.00	40.00	40.00
家庭收入	没有流失	47.0000	52.0000	49.0000	49.0000
	流失	51.0000	40.0000	37.5000	41.0000
	Total	47.5000	48.0000	46.0000	47.0000
实际使用的电信业务	没有流失	3.0000	3.0000	3.0000	3.0000
	流失	4.0000	3.0000	4.0000	4.0000
	Total	3.0000	3.0000	4.0000	3.0000
月消费金额	没有流失	49.6790	50.8417	46.8825	48.8956
	流失	49.2440	50.5370	46.3302	48.9667
	Total	49.5103	50.7997	46.5078	48.8956

根据客户是否流失及区域编号分析。

1.2 个案汇总(Case Summaries)分析

SPSS的个案汇总也是对尺度变量进行分析的，使用个案汇总分析时，我们可以选择分组变量(Grouping Variable)，也可以不选择分组变量。个案汇总的功能比在线分层处理要强大得多，它可以计算数值变量的描述性统计量，选择分组变量以后，还可以对分组变量进行分类汇总。在默认状态下它还会输出个案的相关详细信息。

【例 1.2】 产品订单金额分析。

一家公司为了解该公司全年的订单金额情况，收集整理了公司 9 名销售员的数据。分析人员使用个案汇总命令生成销售员的订单金额报表数据，对销售员的业绩进行分析。本例中使用的变量名、变量标签值及变量类型见表 1.6。

表 1.6 例 1.2 使用的变量名、变量标签值及变量类型

变量名 Variable name	变量标签值 Value label	变量类型
国家和地区		名义变量
销售人员	1＝付乐宣，2＝金永昌，3＝董向阳 4＝戴润林，5＝苏术平，6＝曹汉 7＝金克农，8＝潘金，9＝李卫林	名义变量
月份		名义变量
订单号		尺度变量
订单金额		尺度变量

打开"产品订单金额.sav"。单击 Analyze→Reports→Case Summaries，打开个案汇总分析对话框(见图 1.8)。将"订单金额"移入右侧的 Variables 框中，将"销售人员"移入右侧的 Grouping Variables 方框中。我们首先输出分组汇总表，不需要显示个案列表，此时取消左下角 Display cases 复选框前的勾号"√"。

单击 Statstics 按钮，在统计量对话框中，从左侧的统计量列表框中选择 Mean、Median、Minimum、Maximum 移入右侧的 Cell Statistics 方框中(见图 1.9)，其中 Number of Cases 是默认的统计量。单击 Continue 按钮，回到个案汇总对话框。

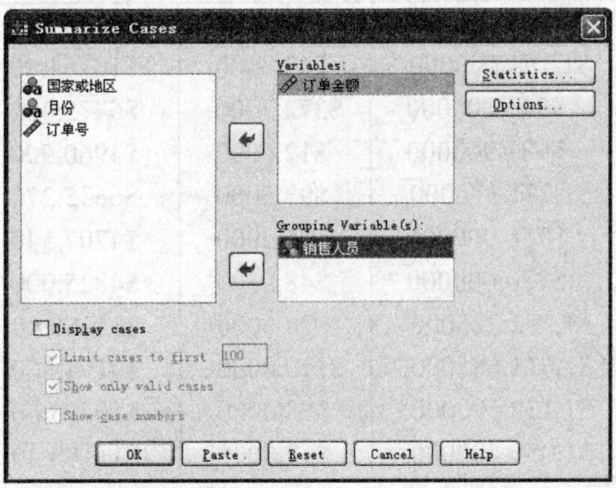

图 1.8 Summarize Cases 对话框中的设置

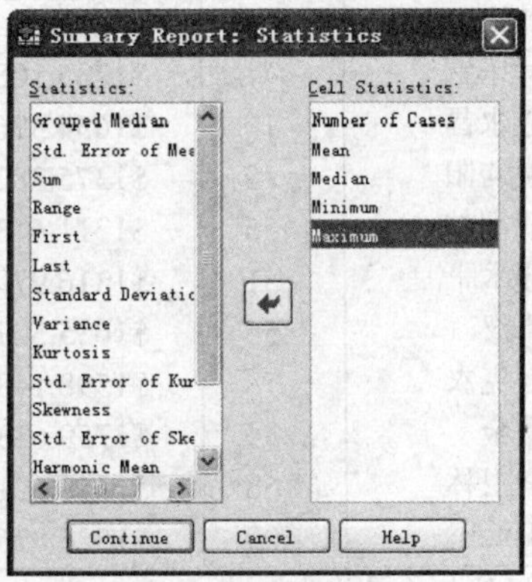

图 1.9 在统计量对话框中选择输出的统计量

单击 Options 按钮，打开报表选项对话框(见图 1.10)。在 Title 下方文本框中输入报表标题“订单金额个案汇总分析”，在 Caption 下方文本框中输入报表标题说明“根据销售人员分组”，单击 Continue 按钮，回到个案汇总对话框，单击 OK 按钮，输出下列汇总报表（见表 1.7）。

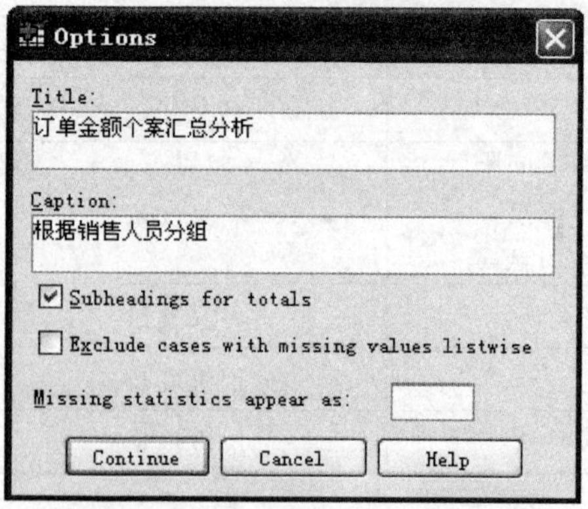

图 1.10 添加输出报表的标题

从表中可以看出，报表的标题“订单金额个案汇总分析”以黑体、居中的形式显示，标题的说明“根据销售人员分组”显示在报表的左下角。报表中依次显示销售人员的订单数量 N、订单金额的均值（Mean）、中位数（Median）、最低订单金额（Minimum）和最高订单金额（Maximum）。销售人员“潘金”、“付乐宣”和“戴润林”订单金额的均值和中位数较大，而销售人员“曹汉”订单金额的均值和中位数都是最小的，因此根据个案汇总分析表可以大体了解销售人员的业绩。

表 1.7 个案汇总程序输出的描述性统计量表

订单金额个案汇总分析

订单金额

销售人员	N	Mean	Median	Minimum	Maximum
付乐宣	41	$1735.8083	$1,194.000000	$49.8000	$10164.80
金永昌	19	$1654.3768	$946.000000	$372.3700	$6475.400
董向阳	18	$1375.3828	$981.900000	$12.5000	$4960.900
戴润林	56	$1711.6136	$1,271.375000	$93.5000	$6635.270
苏术平	31	$1316.9797	$756.000000	$55.2000	$4707.540
曹汉	55	$1035.5276	$720.000000	$48.7500	$4825.000
金克农	78	$1598.1482	$1,192.725000	$28.0000	$11188.40
潘金	34	$1759.6232	$1,011.685000	$110.0000	$9194.560
李卫林	68	$1548.2216	$1,132.590000	$88.0000	$10495.60
Total	400	$1526.8769	$1,050.400000	$12.5000	$11188.40

根据销售人员分组。

如果在分析过程中需要筛选出单笔订单金额大于 5000 元的记录，可以使用 SPSS 的 Select Cases 功能。单击 Data→Select Cases，打开 Select Cases（筛选个案）对话框（见图 1.11），在右侧的 Select 中选择 If condition is satisfied，单击 If

按钮后弹出 Select Cases:If 对话框(见图 1.12),从左侧变量列表框中选择“订单金额”,将它移入右表的方框中,选择下方计算器面板中的“>=”,在其后输入 5000,单击 Continue 按钮,回到个案选择对话框,单击 OK 按钮,完成数据的筛选(见图 1.13)。

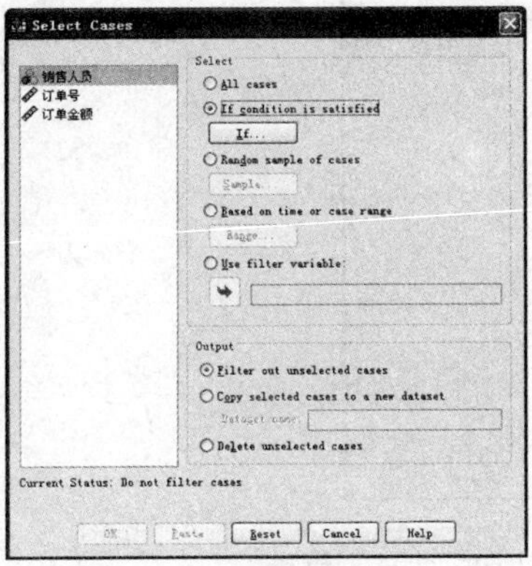

图 1.11　Select Cases 对话框

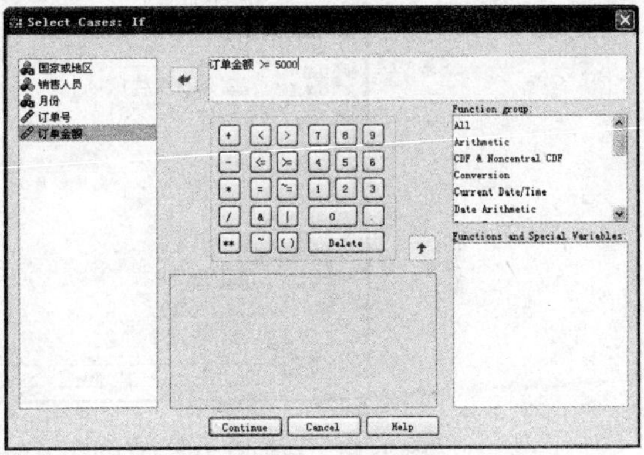

图 1.12　在 If 对话框中设置筛选变量的条件

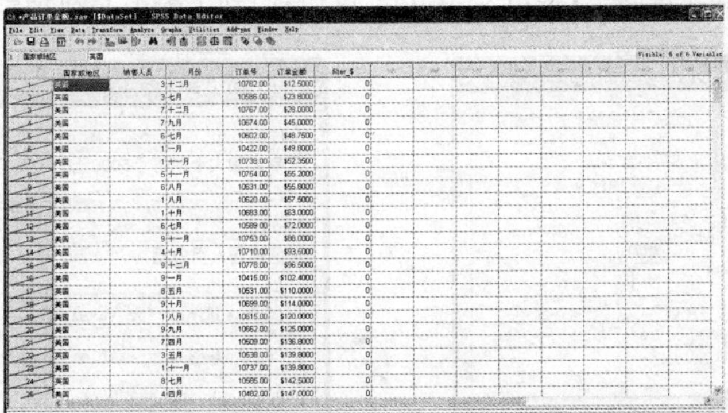

图 1.13　显示了筛选结果的数据文件

返回到 Data View 窗口中,可以发现原数据文件已经进行了筛选,数据文件中增加了一个筛选变量“filter_$”,所有不满足筛选条件(订单金额低于 5000 元)个案号前面都加上了一个斜杠,其对应的筛选变量值为 0,而满足筛选条件的个案对应的筛选变量值为 1。

接下来对筛选后的数据再进行个案汇总分析,单击常用工具栏中的 Recall

recently used dialogs 按钮，在弹出的列表中选择 Case Summaries，重新回到个案汇总对话框，勾选对话框左下角的 Display Cases，在汇总表中显示满足筛选条件的个案信息(见图 1.14)。

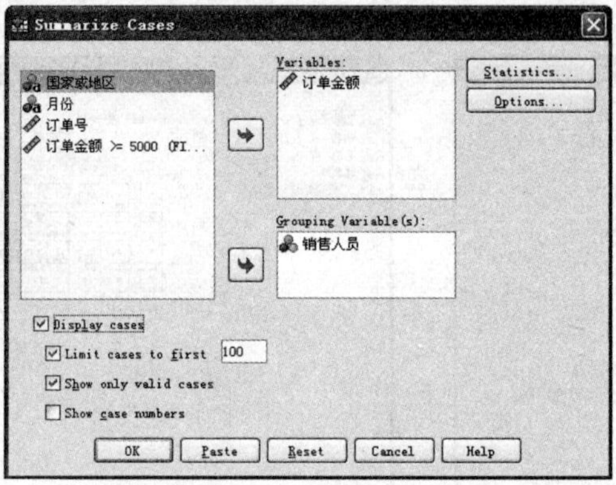

图 1.14　在汇总个案对话框中勾选 Dislpay cases 复选框

单击 Statistics 按钮，在统计量设置对话框中，将 Minimum 和 Maximum 移出 Cell Statistics 方框中，单击 Continue 按钮，回到个案汇总对话框(见图 1.15)。

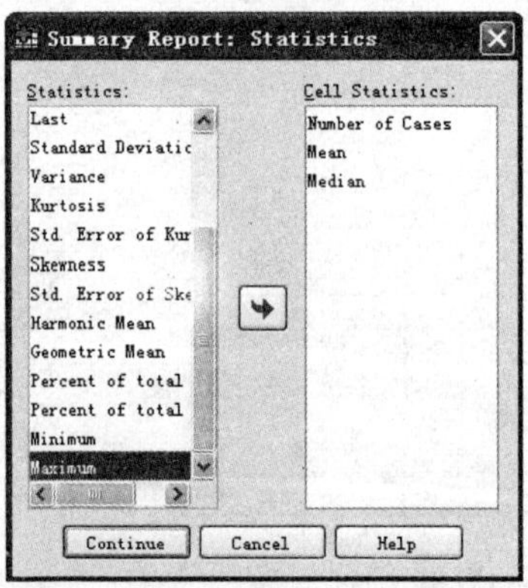

图 1.15　在统计量对话框中重新选择输出的统计量

图 1.16　重新设置报表的标题

单击 Options 按钮，在报表选项对话框中，Title 下方文本框中输入标题“订单金额大于或等于 5000 元的个案汇总分析”(见图 1.16)，回到个案汇总对话框，单击 OK 按钮，输出下面的报表(见表 1.8)。

表 1.8　筛选以后的个案汇总表

订单金额个案汇总分析[a]

				订单金额
销售人员	付乐宣	1		$9921.300
		2		$10164.80
		Total	N	2
			Mean	$10043.05
			Median	$10043.05
	金永昌	1		$6475.400
		Total	N	1
			Mean	$6475.400
			Median	$6475.400
	戴润林	1		$6375.000
		2		$6635.270
		Total	N	2
			Mean	$6505.135
			Median	$6505.135
	金克农	1		$11188.40
		Total	N	1
			Mean	$11188.40
			Median	$11188.40
	潘金	1		$5256.500
		2		$5510.590
		3		$9194.560
		Total	N	3
			Mean	$6653.883
			Median	$5510.590
	李卫林	1		$8623.450
		2		$10191.70
		3		$10495.60
		Total	N	3
			Mean	$9770.250
			Median	$10191.70
	Total	N		12
		Mean		$8336.048
		Median		$8909.005

根据销售人员分组。

a. Limited to first 100 cases.

汇总表显示出每个满足筛选条件的销售人员订单金额的详细记录、样本个数、均值、中位数和标准差。满足筛选条件的记录不是很多，销售员“金克农”和“金永昌”满足条件的记录只有 1 条，销售员“付乐宣”和“戴润林”满足筛选条件的记录有 2 条，而销售员“潘金”和“李卫林”满足条件的记录达到了 3 条。

第2章 SPSS描述性统计分析

SPSS的Descriptive Statistics过程提供了Frequency(频数)分析、Descriptive(描述性统计)分析、Explorer(探索性) 分析、Crosstabs(列联表)分析、Ratio(比率)分析,SPSS16.0版本将检验数据分布的P-P Plots和Q-Q Plots也添加到这个分析过程中。描述性统计量主要有集中趋势统计量(Central Tendency)、离散趋势统计量(Dispersion)、分位数统计量(Percentiles)和分布形态统计量(Distribution)这四大类。

利用频数分析,我们可以确定变量中的"典型"数值,比如分析哪些数值出现频率较高,我们最希望数值落在哪一范围之内。利用描述性统计量分析,我们可以分析数据的均值、标准差等描述性统计量。利用探索分析,我们可以判断数据中的观测值数量是否充足,检验数据的分布形态,判断数据中是否存在异常值,进而决定这些数值是否需要重新转换等。

2.1 频数分析

输出频数表是频数分析过程最基本的一项功能,对于名义变量和定序变量,可以利用频数分析过程输出柱形图或者饼状图,还可以利用图表来观察数据的频数分布状况。对于尺度变量,可以利用频数分析过程选择输出变量的描述性统计量,还可以选择输出直方图来判断数据的分布形态。

【例2.1】 家具颜色的频数分析(名义变量的频数分析)。

在对某居民小区的家具颜色进行分析时,收集到30户家庭的家具颜色。打开"家具颜色的频数分析.sav"(数据来源:马国庆.管理统计[M].北京:科学出版社,2002:51.)。数据文件中只有一个名义变量"家具颜色",接下来使用频数分析来分析这些家庭家具颜色的分布情况。

单击Analyze→Descriptive Statistics→Frequencies,打开频数分析对话框,将变量"家具颜色"移入右侧的Variable变量框中(见图2.1)。

单击右下角的Charts按钮,打开图形设置对话框;在Chart Type(图形类型)

中(见图 2.2),选择 Pie Charts(饼状图),单击 Continue 按钮,回到频数分析对话框,单击 OK 按钮,生成简单的频数分析结果(见表 2.1)。

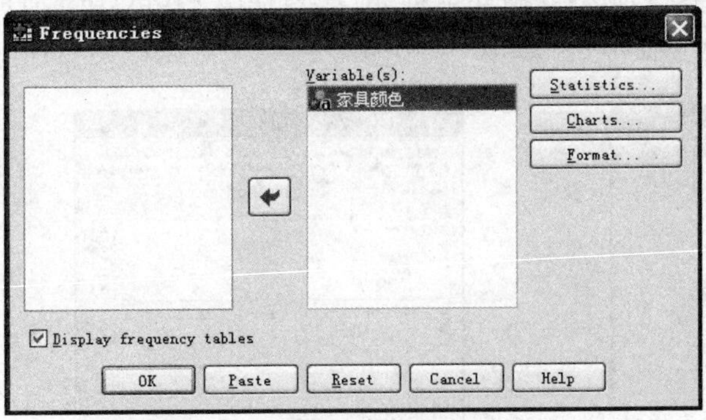

图 2.1 Frequencies 对话框

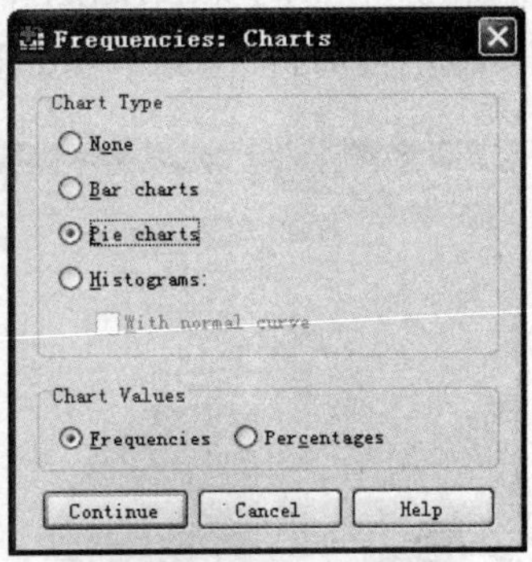

图 2.2 在 Charts 对话框中选择输出饼状图

Statistics (统计量表)显示收集到的 30 个样本数据中,有效数据为 30 个,没有缺失(Missing)数据(见表 2.1)。

表 2.1 频数统计量输出结果

Statistics

家具颜色

N	Valid	30
	Missing	0

频数表显示出每一种家具颜色的频数(frequency)、频率(percent)、有效频率(valid percent)及累计频率(cumulative percent)。在没有缺失数据的情况下,频率和有效频率是一致的。从表2.2中可以看出,参与调查的30户家庭中,选择"淡

表 2.2 "家具颜色"的分组频数表

家具颜色

		Frequency	Percent	Valid Percent	Cumulative Percent
Valid	暗红色	8	26.7	26.7	26.7
	白色	5	16.7	16.7	43.3
	淡黄褐色	10	33.3	33.3	76.7
	黑色	1	3.3	3.3	80.0
	浅绿色	6	20.0	20.0	100.0
	Total	30	100.0	100.0	

黄褐色”家具颜色的人数最多，占了 1/3；选择“黑色”家具颜色的人数最少，仅有 1 户人家。双击刚生成的饼图会弹出 Chart Editor 对话框(见图 2.3)，单击菜单 Elements→Show Data Labels，饼图中显示数据标签，此时还会弹出 Properties 对话框，显示当前打开的是 Data Value Labels 选项卡(见图 2.4)。

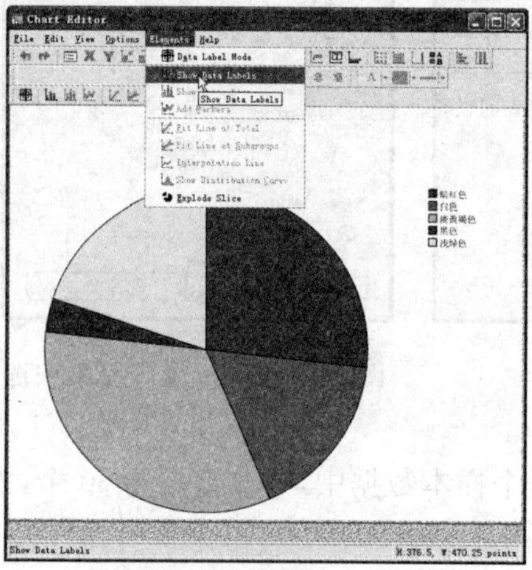

图 2.3　显示各部门分布的饼状图

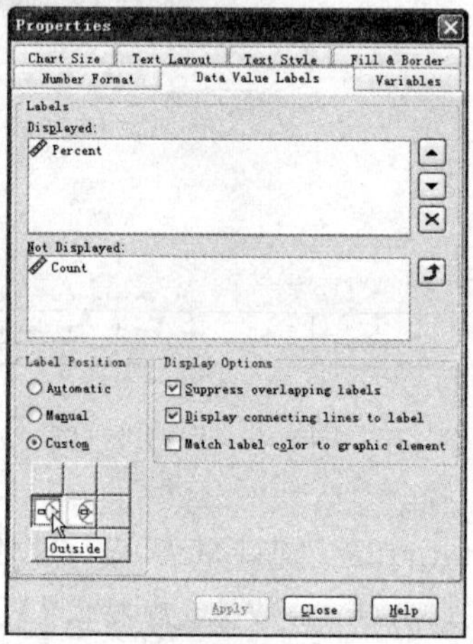

图 2.4　在 Properties 对话框的 Data Values Labels 选项卡中移出变量

单击 Data Value Labels 选项卡界面左下角的 Labels Position 中的 Custom，单击 Outside 按钮，再单击 Apply 按钮，可以将数据标签显示在饼图的外侧(见图 2.5)。

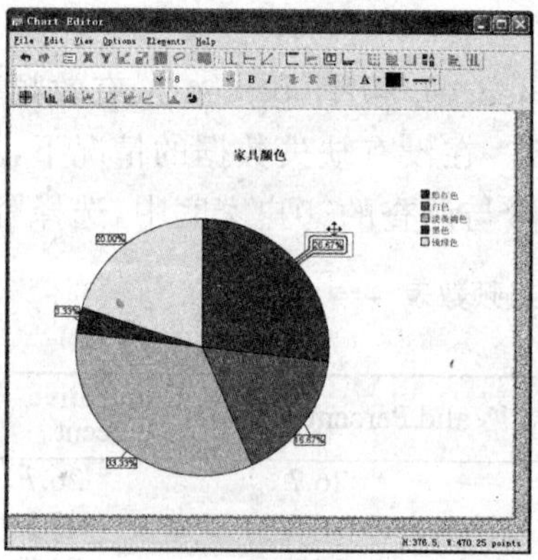

图 2.5　在 Chart Edtior 窗口中同时选中所有的数值标签

单击 Properties 对话框的 Close 按钮，关闭该对话框。在 Chart Editor 对话框中单击数据标签中任意一个，其四周出现蓝色方框，按住鼠标左键向外拖动，可以拉长数据标签的引导线。

编辑后的饼状图显示了数据标签，从中可以看出“淡黄褐色”家具对应的扇形面积最大，“黑色”家具对应的扇形面积最小，小区居民不太喜欢使用黑色的家具(见图 2.6)。

接下来还可以生成按照频数大小排列的柱形图，单击常用工具栏中的 Recall recently

used dialogs 按钮，在弹出的列表中选择 Frequencies，返回到频数分析对话框。单击 Charts 按钮，在 Chart Type 中选择 Bar Charts(柱状图)，单击 Continue 按钮，回到频数分析对话框(见图 2.7)。

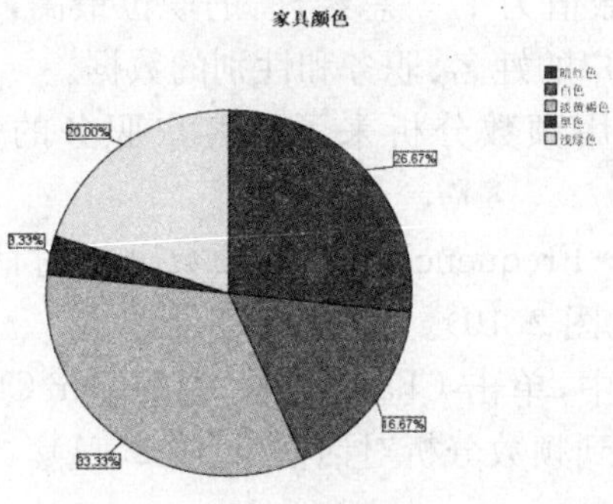

图 2.6 添加了数据标签的饼图

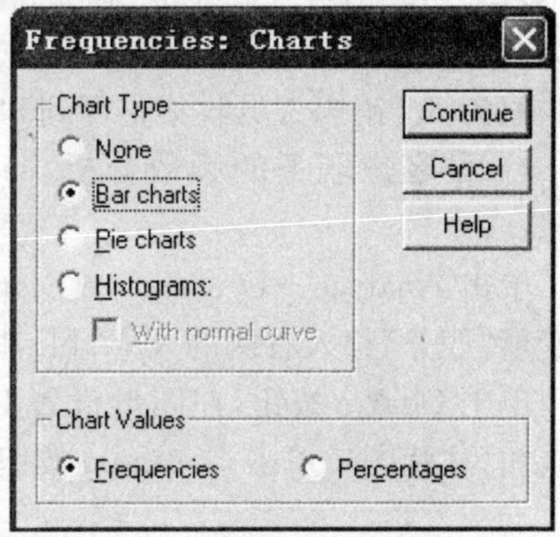

图 2.7 在 Charts 对话框中选择输出柱形图

单击 Format 按钮，弹出 Frequencies: Format(格式设置)对话框(见图 2.8)。

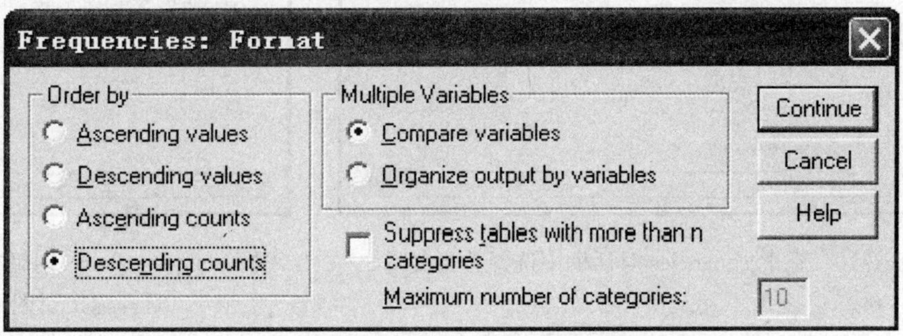

图 2.8 在 Format 对话框中设置频数排列的次序

由于变量“家具颜色”是名义水平(Nominal) 变量，可以根据每种家具颜色的频数大小对输出的柱形进行排序，单击 Order by 下面的 Descending counts(按计数降序排列)，单击 Continue 按钮，回到频数分析对话框，单击 OK 按钮，生成按照频数大小降序排列的柱状图(见图 2.9)。

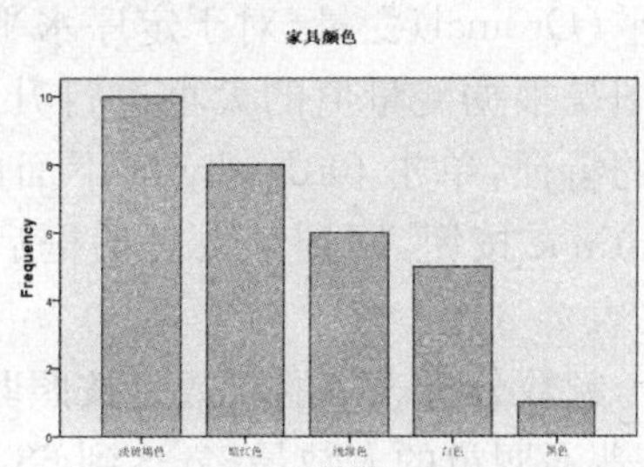

图 2.9 频数按递减顺序显示的柱形图

柱形图反映的信息和饼图是一样的，喜欢“淡黄褐色”家具颜色的人数最多，其次是“暗红色”、“淡绿色”、“白色”和“黑色”。

【例 2.2】 客户的职位分类(定序变量的频数分析)。

某公司的销售人员经常和他的客户打交道，他根据客户在公司中的职位进行分类，其中“普通职员”的职位最低，对应的数值为 1。“总经理”的职位最高，对应的数值为 6。销售人员收集整理到 98 位客户的姓名、职务和性别的数据。

打开“客户职务的频数分析. sav”，使用频数分析来了解客户职务的分布情况。

单击 Analyze→Descriptive Statistics→Frequencies，打开频数分析对话框。将变量“职务”移入右侧的 Variable 框中(见图 2.10)。

单击 Charts 按钮，在图形设置对话框中，单击 Chart Type 中的 Bar Charts 单选钮(柱状图)，单击 Continue 按钮，返回到频数分析对话框(见图 2.11)。

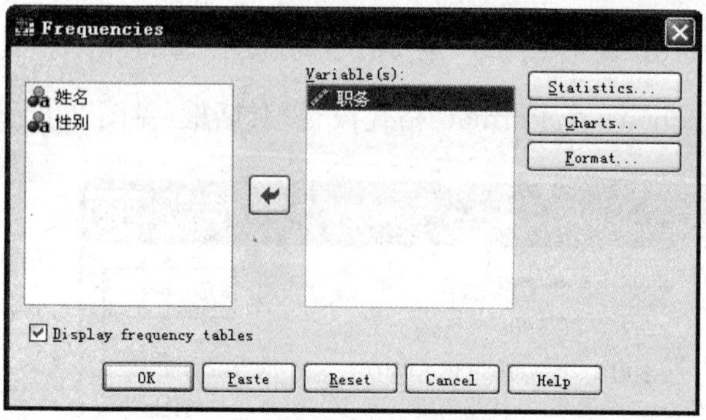

图 2.10 在 Frequencies 对话框中选择分析变量

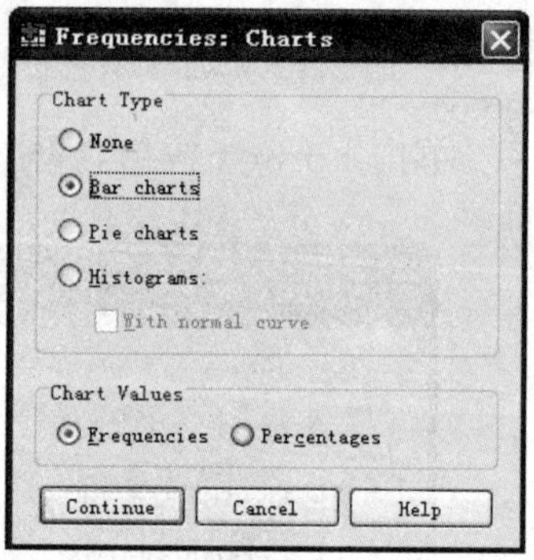

图 2.11 在 Charts 对话框中选择输出饼图

单击 Format 按钮，弹出格式设置对话框(见图 2.12)。变量“职务”是定序水平(Ordinal)变量，对于定序水平以上的变量，在默认状态下，SPSS 输出的柱形图是根据变量值的大小进行升序排列的。为了显示客户联系人职务由高到低的特征，单击 Order by 框下面的 Descending values(按数值降序排列)，单击 Continue 按钮，回到频数对话框后单击 OK 按钮，输出“职务”频数分析的结果(见表 2.3)。

频数分析表中的频数是按照职务高低进行排序的，最高职务的总经理只有 1 位，普通职员的人数最多，达到 68 位，占全体的 69.4%。

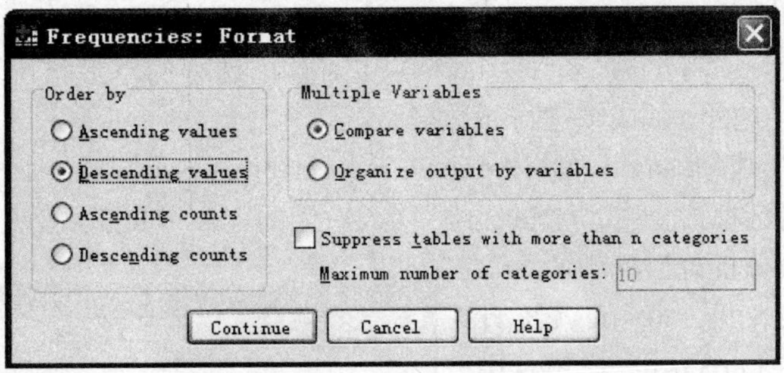

图 2.12　在 Format 对话框中设置频数表中频数排列次序

表 2.3　职务频数表

职　务

		Frequency	Percent	Valid Percent	Cumulative Percent
Valid	总经理	1	1.0	1.0	1.0
	技术总监	5	5.1	5.1	6.1
	业务主管	13	13.3	13.3	19.4
	部门经理	6	6.1	6.1	25.5
	项目经理	5	5.1	5.1	30.6
	普通职员	68	69.4	69.4	100.0
	Total	98	100.0	100.0	

柱形图形象地显示在销售人员经常联系的客户中,高级管理人员(总经理、技术总监、业务主管、部门经理和项目经理)的人数都比较少,而普通职员的人数最多(见图 2.13)。

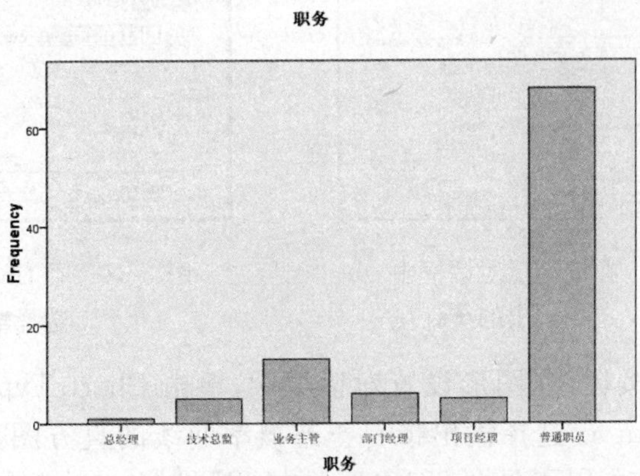

图 2.13　按照职位高低排序生成的柱形图

【例 2.3】 学生成绩的频数分析(尺度变量的频数分析)。

在一次统计学考试后,老师为了解学生对这门课程的掌握情况,使用频数分析对 113 名学生的考试成绩进行频数分析。

打开"学生成绩.sav",单击 Analyze→Descriptive Statistics→Frequencies,打开频数分析对话框,将变量"考试成绩"移入右侧的 Variable 框中(见图 2.14)。

单击频数分析对话框中的 Statistics 按钮,弹出 Statistics(统计量)对话框,在 Percentile Values 中选择 Quartiles,在 Central Tendency(集中趋势统计量)选项中选择 Mean、Median、Mode,在 Dispersion(离散趋势统计量)中选择 Std. deviation、Minimum、Maximum 和 Range,在 Distribution(分布形态统计量)中选择 Skewness 和 Kurtosis,单击 Continue 按钮,回到频数分析对话框(见图 2.15)。

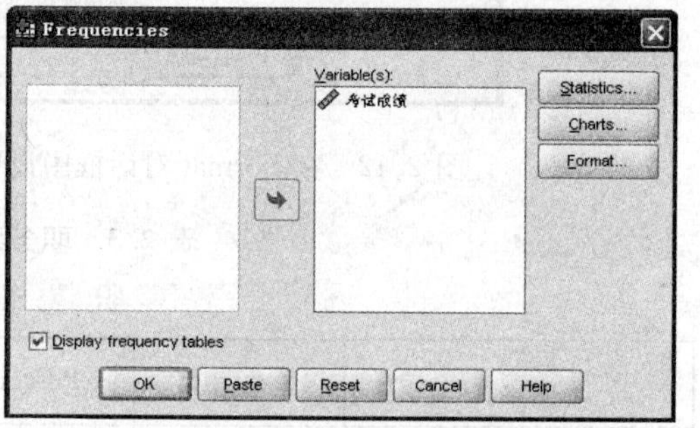

图 2.14 在 Frequencies 对话框中选择"身高"作为分析变量

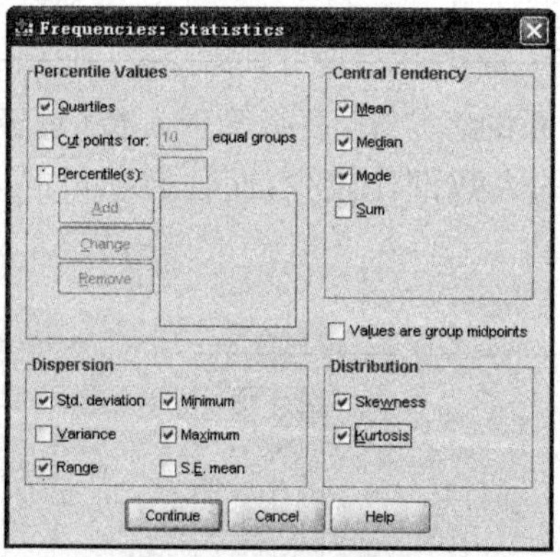

图 2.15 在统计量对话框中选择输出的统计量

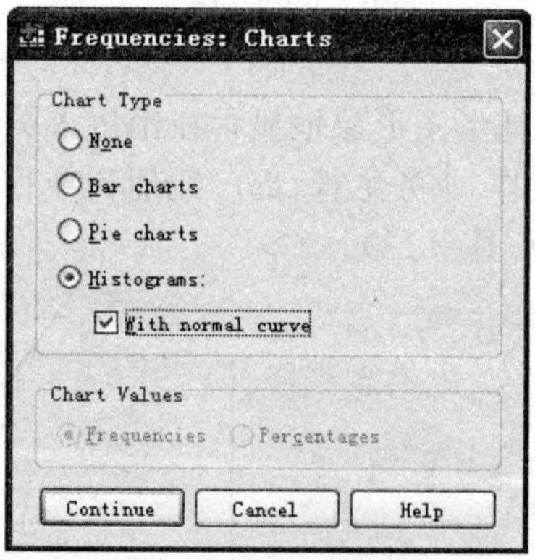

图 2.16 在 Chart 对话框中选择输出直方图

单击 Charts 按钮,在图形设置对话框中,单击 Chart Type 下的 Histogram 和 With normal curve,选择输出带有正态概率曲线的直方图,单击 Continue 按钮,回到频数分析对话框(见图 2.16)后单击 OK 按钮,输出频数分析结果。

考试成绩的频数表(见表 2.4)显示学习成绩为 84 分的人数最多,有 10 个人,占全体学生数的 8.8%。学习成绩为 80 分的人数达到了 9 个,占全体学生数的 8.0%。另外有 6 个学生的成绩为 90 分,占全体学生数的 5.3%。分析频数表还可以发现,考试成绩在 80 分以下的学生数占全体学生数的 42.5%,因此学习成绩在 80 分以上的学生占全体学生数的 57.5%,学生的考试成绩还是不错的。

表 2.4 考试成绩频数表①

考试成绩

		Frequency	Percent	Valid Percent	Cumulative Percent
Valid	32	1	.9	.9	.9
	36	2	1.8	1.8	2.7
	37	1	.9	.9	3.5
	52	1	.9	.9	4.4
	60	3	2.7	2.7	7.1
	61	3	2.7	2.7	9.7
	62	3	2.7	2.7	12.4
	63	3	2.7	2.7	15.0
	64	3	2.7	2.7	17.7
	66	4	3.5	3.5	21.2
	67	2	1.8	1.8	23.0
	70	4	3.5	3.5	26.5
	71	1	.9	.9	27.4
	73	2	1.8	1.8	29.2
	74	3	2.7	2.7	31.9
	75	1	.9	.9	32.7
	76	3	2.7	2.7	35.4
	77	2	1.8	1.8	37.2
	78	3	2.7	2.7	39.8
	79	3	2.7	2.7	42.5
	80	9	8.0	8.0	50.4
	81	2	1.8	1.8	52.2
	82	5	4.4	4.4	56.6
	83	4	3.5	3.5	60.2
	84	10	8.8	8.8	69.0
	85	2	1.8	1.8	70.8
	86	1	.9	.9	71.7
	87	2	1.8	1.8	73.5
	88	5	4.4	4.4	77.9
	89	4	3.5	3.5	81.4
	90	6	5.3	5.3	86.7
	91	1	.9	.9	87.6
	93	2	1.8	1.8	89.4
	94	5	4.4	4.4	93.8
	95	3	2.7	2.7	96.5
	97	2	1.8	1.8	98.2
	98	2	1.8	1.8	100.0
	Total	113	100.0	100.0	

① 本书表格中的纯小数书写与习惯写法不同,小数点前的"0"一律省略,以". ××"表示,相应的负数以"-. ××"表示,以便与 SPSS 软件设置保持一致。这是 SPSS 设置的结果。

Statistics (统计量表)显示统计学的平均成绩(mean)为78.05,成绩的中位数(median)为80,众数(mode)为84,这3个统计量是学习成绩的集中趋势统计量。学习成绩的众数均值大于中位数和均值,根据数据分布形态的经验判别标准可以知道学习成绩可能服从左偏分布。学习成绩的最高分(Maximum)为98分,最低分(Minimum)为32分,因此学习成绩的极差(Range)为66分,学习成绩的标准差(Std Deviation)为13.420。统计量表(见表2.5)最下面的三行显示学习成绩的分位数(Pencentiles),下四分位数 (25 Percentile)是70分,有四分之一的学生成绩低于70分,四分之三的学生成绩高于70分。中位数 (50 Percentile)为80分,说明有一半学生成绩低于80分,一半学生成绩高于80分。上四分位数 (75 Percentile)是88分,说明有四分之三的学生成绩低于88分,四分之一的学生成绩高于88分。

表2.5 Frequencies输出的描述性统计量表

Statistics

考试成绩

N	Valid	113
	Missing	0
Mean		78.05
Median		80.00
Mode		84
Std. Deviation		13.420
Skewness		−1.167
Std. Error of Skewness		.227
Kurtosis		1.789
Std. Error of Kurtosis		.451
Range		66
Minimum		32
Maximum		98
Percentiles	25	70.00
	50	80.00
	75	88.00

考试成绩的偏度系数 $S=-1.167<0$,其绝对值超过其标准差的2倍,表明它是一个负偏(左偏)分布。峰度系数 $K=1.789>0$,超过其标准差的2倍,表明考试成绩的峰值高于标准正态分布的峰值,是一个尖峰分布。

考试成绩的直方图更加形象地显示了它的分布特征(见图2.17),直方图显示在众数所在位置矩形的高度明显超过了正态曲线的峰值,而且正态曲线显示出有一个较长的左尾,因此分析统计量表和带有正态曲线的直方图,老师可以得出学习成绩服从左偏、尖峰分布的结论。

通过上面的分析可以知道学习成绩的均值受到极小值的影响,使得学习成绩出现左偏分布的特点。

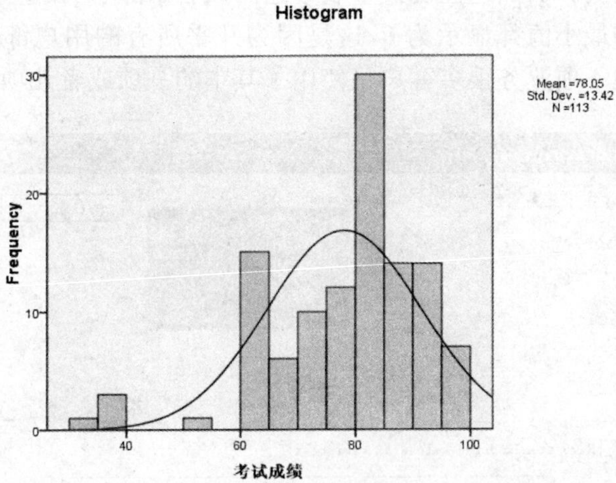

图 2.17　添加了正态曲线的直方图

2.2　描述性统计分析

描述性统计分析可以对近似正态分布的尺度变量进行分析，和频数分析类似，可以选择输出均值、离散趋势统计量和分布形态统计量。描述性统计分析过程的特殊功能就是能够选择输出原始数据的标准化变量并且将它保存下来，通过分析标准化变量可以判断数据中是否存在一些异常的个案。

【例 2.4】 电信公司业务分析。

某电信公司收集到 1000 位客户的一组数据，他们记录下每位客户使用长途电话业务、免费电话业务、设备租赁业务、呼叫卡业务、无线业务的相关消费数据。

打开“电信公司业务.sav”(数据来源：SPSS16.0 Samples 中的 telco.sav)，使用描述性统计量分析方法对电信公司这几项业务进行分析。单击 Analyze→Descriptive Statistics→Descriptives，弹出描述性统计分析对话框(见图 2.18)。

从左侧变量列表框中选择 5 个变量，将它们全部移入右侧的 Variable 框中，单击 OK 按钮，输出描述性统计分析结果(见表 2.6)。

Descriptive Statistics(描述性统计量表)显示，这五类业务的均值差距不大，“设备租赁”业务的均值最大(14.2198)，其标准差也很大，达到 19.06854。“无线业务”的均值最小，但是其标准差也最大。5 个变量的标准差和它们对应的均值相差不大，变量的波动性都比较大，因此仅仅分析均值很难确定哪项业务会给公司带来稳定的利润。从描述性统计量表中还可以看出除了“长途电话”业务以外，其他几个变量的最小值都显示为 0，这是因为几乎所有的用户都使用了“长途电话”业务，而其他 4 项业务很多客户只使用了其中的一项或者几项。

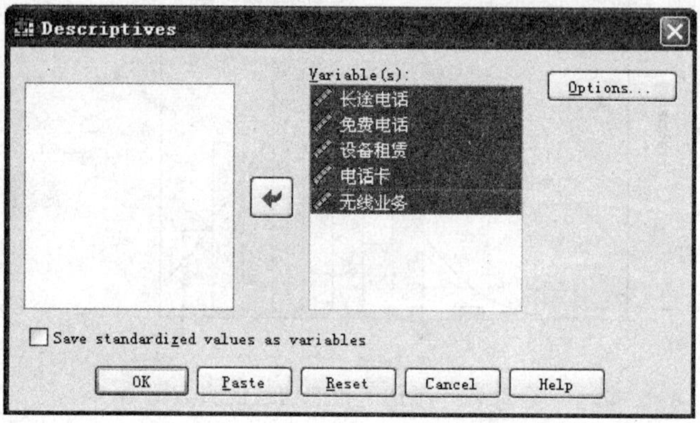

图 2.18　在 Descriptives 对话框选择 5 个变量作为分析变量

表 2.6　默认状态下 Descriptives 程序输出的描述性统计量

Descriptive Statistics

	N	Minimum	Maximum	Mean	Std. Deviation
长途电话	1000	.90	99.95	11.7231	10.36349
免费电话	1000	.00	173.00	13.2740	16.90212
设备租赁	1000	.00	77.70	14.2198	19.06854
电话卡	1000	.00	109.25	13.7810	14.08450
无线业务	1000	.00	111.95	11.5839	19.71943
Valid N (listwise)	1000				

为了分析客户使用某项电信业务的实际情况，可以将 0 作为变量缺失值，这样就可以根据使用某项电信业务的实际人数来计算变量的描述性统计量。单击 Transform→Recode Into Same Variables，打开 Recode Into Same Variables 对话框，将 5 个变量都移入右侧的 Numeric Variables 方框中（见图 2.19）。

单击 Old and New Values 按钮，弹出 Old and New Values 对话框，在 Old Value 下的 Value 文本框中输入 0。单击 New Value 下方的 System-missing 单选钮，再单击其下方的 Add 按钮，将 0 移入“Old＝＞New”下方的方框中（见图 2.20）。单击 Continue 按钮，回到主对话框，单击 OK 按钮，完成这 5 个变量的重

新编码操作。对于 System-missing(系统缺失值),SPSS 在进行统计分析时将不会参与计算,这样就可以计算出使用某项电信业务的具体人数、均值、标准差等统计量。

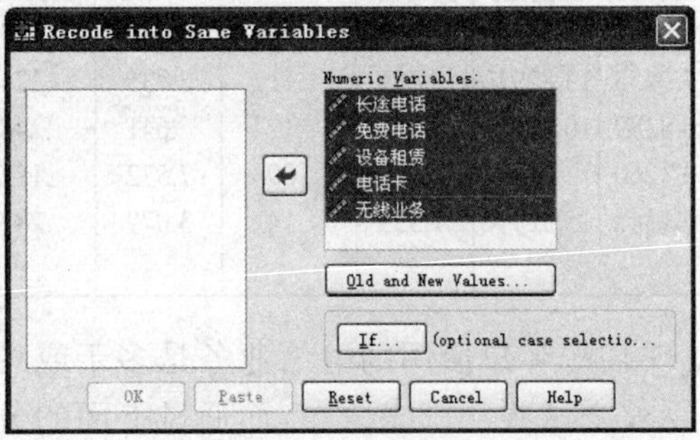

图 2.19 在 Recode into Same Variables 对话框

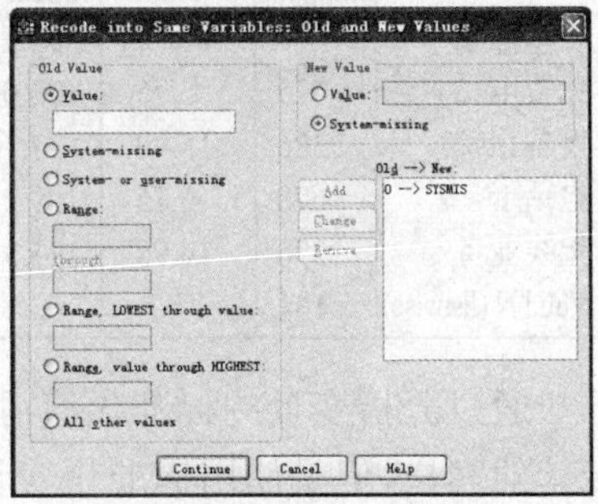

图 2.20 在 Old and New Values 对话框设置缺失变量

单击常用工具栏中的 Recall recently used dialogs 按钮,在弹出的列表中选择 Descriptive,回到描述性统计分析对话框中,单击右下角的 Options 按钮,弹出选项对话框(见图 2.21),这个选项对话框实际上就是统计量设置对话框(和频数分析的 Statistics 对话框相比,在集中趋势统计量中仅有均值统计量,没有提供众数和中位数这两个统计量)。在选项对话框中勾选 Kurtosis 和 Skewness,单击 Continue 按钮,回到描述性分析对话框,单击 OK 按钮,输出变量重新编码后的描述性统计量。

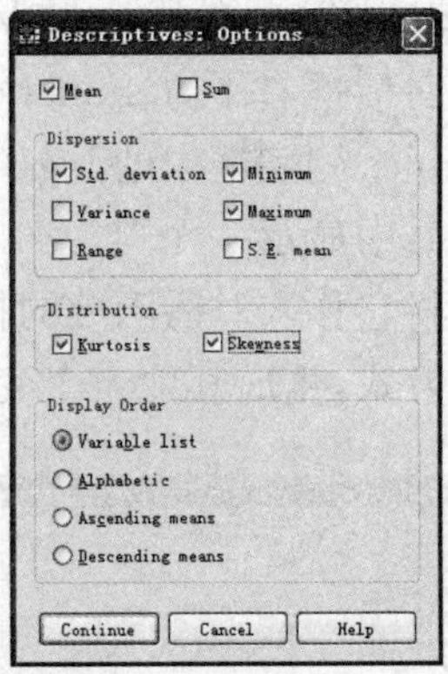

图 2.21 在 Descriptive 对话框的 Options 选项中选择输出的统计量

表 2.7 是根据客户是否真正使用某项电信业务来进行分析的,从表中可以看出无线业务的均值最大,但是其标准差也是最大的。设备租赁的均值稍小于无线业务,其标准差也比较小,只有 10.39568。这一分析结果可以帮助电信公司在营销方面选择侧重点。

从表 2.7 中同样也可以看到,这 5 个变量对应的偏度和峰度都是正值,而且数值都大于其对应的标准差的两倍,说明这 5 个变量基本都服从右偏的尖峰分布。

表 2.7　增加了偏度和峰度的描述性统计量表

Descriptive Statistics

	N	Minimum	Maximum	Mean	Std.	Skewness		Kurtosis	
	Statistic	Statistic	Statistic	Statistic	Statistic	Statistic	Std. Error	Statistic	Std. Error
长途电话	1000	.90	99.95	11.7231	10.36349	2.966	.077	14.052	.155
免费电话	475	5.75	173.00	27.9453	13.82910	3.465	.112	26.735	.224
设备租赁	386	15.40	77.70	36.8389	10.39568	.756	.124	.641	.248
电话卡	678	2.75	109.25	20.3260	12.62916	2.150	.094	7.572	.187
无线业务	296	14.90	111.95	39.1348	15.32916	1.359	.142	3.079	.282
Valid N (listwise)	131								

通过分析变量的标准化值可以发现某些客户使用的电信业务是多于或者少于其他客户，但是使用标准化变量时要求变量服从正态分布，而通过上面的分析我们知道5个变量都不服从正态分布，所幸的是对数据重新编码以后，所有的变量值都大于0，此时考虑可以对这5个变量进行对数转换，将这5个变量转换为接近正态分布的对数变量。

单击菜单 Transform→Compute Variables，弹出 Compute Variables 对话框(见图 2.22)。在 Target Variable 下方的文本框中输入“长途电话的对数变量”，单击对话框右下方 Function group 中的 Arithmetic，双击 Functions and Special variables 列表框中的 log10，将它移入 Numeric Expression 方框中，此时对数函数的括号中显示一个“?”号。单击 Target Variable 下方变量列表框中的“长途电话”，将它移入对话函数的括号中，单击 OK 按钮，生成长途电话的对数变量，采用类似方式，生成其他4个变量的对数变量(见图 2.23)。

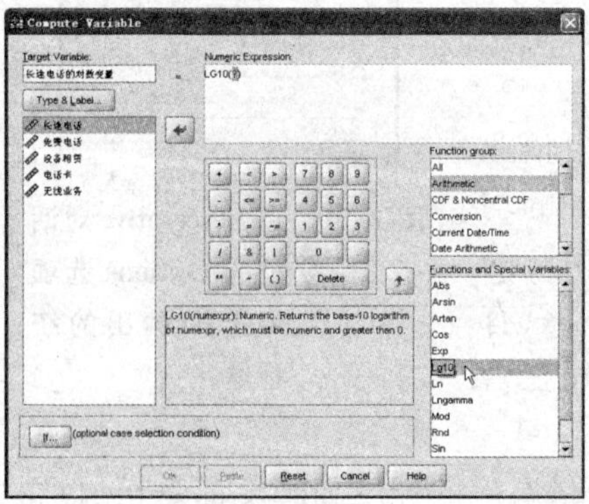

图 2.22　在 Compute Variable 对话框中输入变量名和选择对数函数

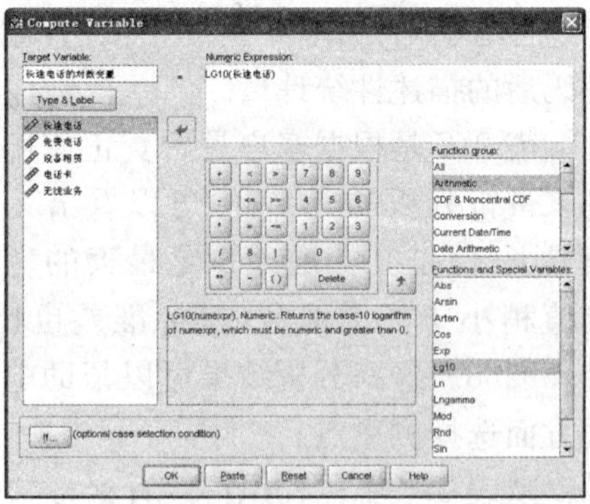

图 2.23　在 Compute Variable 对话框中将变量移入函数表达式中

接下来就可以利用描述性分析过程生成 5 个对数变量的标准化变量，单击常用工具栏中的 Recall recently used dialogs 按钮，在弹出的列表中选择 Descriptive，回到描述性统计分析对话框中，从左侧的变量列表框中选择 5 个对数变量，

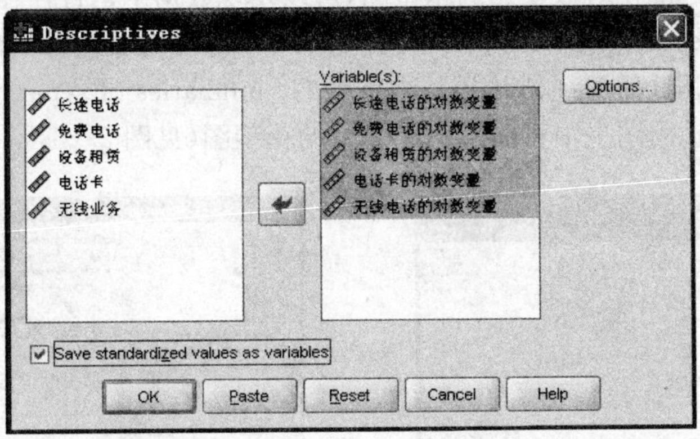

图 2.24　在描述性统计量对话框中选择 5 个对数变量

将它们移入 Variables 方框中（见图 2.24），再选择左下角的 Save standardized values as variables，单击 OK 按钮，输出 5 个对数变量的描述性统计量表（见表 2.8），返回到 Data View 窗口中可以发现原数据文件中新增加了 5 个标准化变量。

表 2.8　对数变量的描述统计量表

Descriptive Statistics

	N	Minimum	Maximum	Mean	Std.	Skewness		Kurtosis	
	Statistic	Statistic	Statistic	Statistic	Statistic	Statistic	Std. Error	Statistic	Std. Error
长途电话的对数变量	1000	-.05	2.00	.9477	.31901	.166	.077	-.001	.155
免费电话的对数变量	475	.76	2.24	1.4070	.17972	.304	.112	1.107	.224
设备租赁的对数变量	386	1.19	1.89	1.5496	.12054	.037	.124	-.344	.248
电话卡的对数变量	678	.44	2.04	1.2396	.24203	.081	.094	.109	.187
无线电话的对数变量	296	1.17	2.05	1.5627	.15951	.200	.142	-.168	.282
Valid N (listwise)	131								

分析上面的描述性统计量表(表 2.8)可以发现除了“免费电话”对数变量的偏度和峰度较大之外,其他 4 个对数变量的偏度和峰度都较小,说明它们基本接近正态分布了。

分析 5 个标准化对数变量的箱型图,可以发现数据中是否存在异常值。单击 Graphs→Legacy Dialog→Boxplot,在弹出的 Boxplot 对话框中,单击 Simple(简单箱形图)按钮,选择 Data in Chart Are 中的 Summaries of separate variables(变量汇总形式),输出结果中将显示每个变量的箱型图(见图 2.25)。

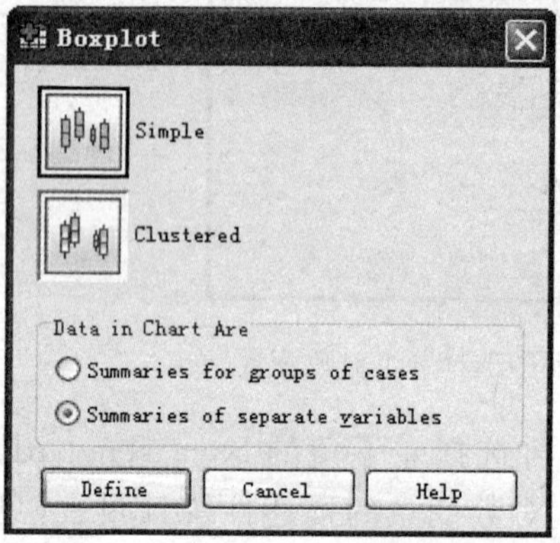

图 2.25　简单箱形图中的设置

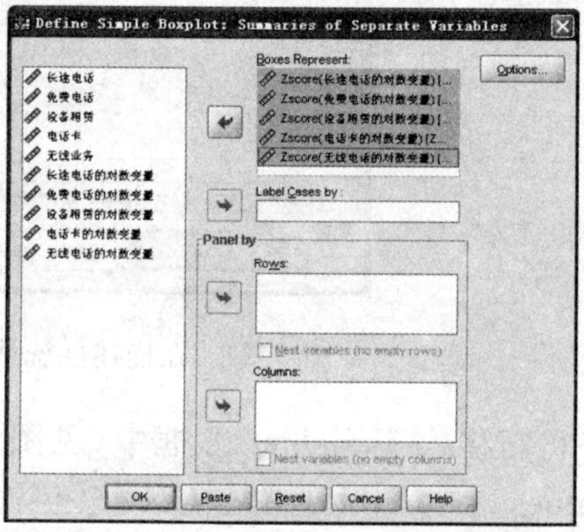

图 2.26　在 Define Simple Boxplot 对话框中选择变量

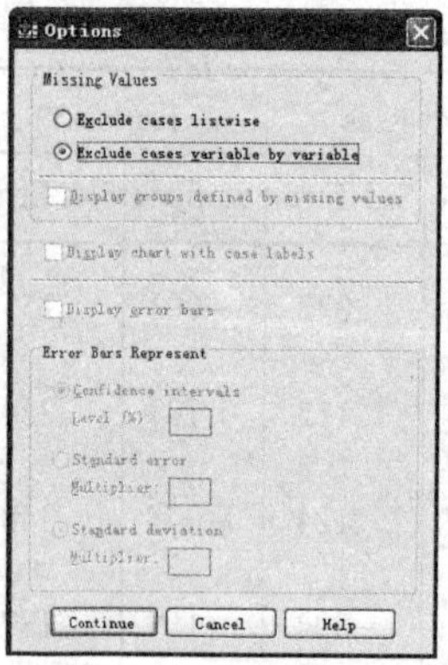

图 2.27　在 Option 对话框中选择剔除变量的方式

单击 Deifine 按钮,弹出 Define Simple Boxplot:Summaries of Separate Varibales 对话框,将五个标准化对数变量移入右侧的 Boxes Represent 框中(见图 2.26)。单击 OK 按钮,返回到箱型图对话框。

前面将变量 0 设置为缺失值,在绘制箱型图中需要在 Option 对话框中进行相应的设置,单击 Option 按钮,在选项对话框中,选择 Missing Values 下的 Excluded cases variable by variable,进行这样设置在绘制箱型图时如果遇到变量存在缺失值,则将相应的个案去掉(见图 2.27)。单击 Continue 按钮,回到 Define Simple Boxplot 对话框,单击 OK 按钮,输出 5 个标准化对数变量的箱形图(见图 2.28)。

利用箱型图可以判断数据的分布形态以及是否存

在离群值或者异常值，箱型图由矩形框（箱体）、中间的触须线和上下的截止横线这几个部分组成。矩形框的上方代表上四分位数（ Q_3 ）、中间的触须线就代表中位数，而矩形框的下方代表着下四分位数 Q_1，矩形框的长度称为四分位数距（Interquartile Range，简称 IQR），有 50％的样本数据分布在四分位距内。如果数据大体服从正态分布，被中位数划分开的两部分箱体面积应该相差不大。如果下部分的箱体小于上部分的箱体，那么数据服从右偏分布。如果下部分箱体大于上部分箱体，那么数据服从左偏分布。

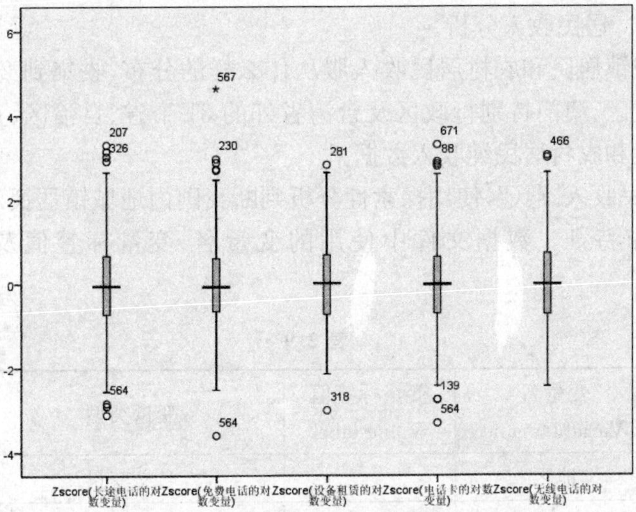

图 2.28　标准化对数变量的箱形图

在箱型图中，除了异常值和极端值以外的变量值称为本体值。箱型图上方的截止横线代表本体值中的最大值，箱型图下方截止线代表本体值中的最小值。如果数据中存在异常值（Outlier）或者极端值（Extreme Values），箱型图中会有相应的符号标识出来。其中异常值在箱型图中用“O”标识，极端值用“ * ”标识。箱型图上方的异常值与上四分位数之差以及箱型图下四分位数和下方的异常值之差，都在 1.5 倍四分位距和 3 倍四分位距之间。如果变量值与上四分位数之差超过 3 倍四分位距，或者下四分位数与变量值之差超过 3 倍四分位距，这些变量值都称为极端值。

从图 2.28 中可以看出，5 个标准化对数变量的箱型图中都有异常值的出现，“免费电话”的箱型图中还出现了一个异常值，该异常值对应着 567 号客户，异常值在箱体的上方，这也是“免费电话”标准化对数变量呈现正偏分布的原因。

2.3 探索性分析

探索性分析是描述性统计分析中功能最强大的一个，除了输出描述性统计量之外，还可以选择输出茎叶图、直方图和箱型图，进一步识别数据中的离群值和极端值，检验数据是否服从正态分布的假定。在进行探索性分析时还可以选择分组变量，对比分析不同组别数值在数据分布方面存在的差异。进行探索性分析过程时，因变量必须是尺度变量，而分组变量可以是定序变量或者名义变量。

【例2.5】 居民收入分析。

为了解城镇居民和农村居民收入服从什么样的分布，收集到2006年我国除香港特别行政区、澳门特别行政区及台湾省外的31个省、自治区、直辖市城镇居民可支配收入和农村居民纯收入数据。

打开"居民收入.sav"，使用探索性分析判断我国内地城镇居民和农村居民收入数据的分布特征。数据文件中使用的变量名、变量标签值及变量类型见表2.9。

表2.9

变量名 Variable name	变量标签值 Value label	变量类型
地区		名义变量
家庭收入		尺度变量
居民分类	0=农村居民 1=城镇居民	尺度变量

数据来源：中国统计年鉴2007。

单击Analyze→Descriptive Statistics→Explore，弹出Explore(探索性分析)对话框。

将变量"家庭收入"移入右侧的Dependent List框中，将变量"居民分类"移入右侧的Factor List框中，将变量"地区"移入Label Cases by方框中(见图2.29)。

单击Statistics按钮，弹出统计量设置对话框。Explorer的统计量对话框中，勾选M-estimators(它是对变量中心趋势进行稳健性估计的统计量)、Outliers和Percentiles，输出结果中将显示M估计统计量、离群值和分位数(见图2.30)。单击Continue按钮，回到探索分析对话框。

单击 Plots 按钮，弹出图形设置对话框（见图 2.31），勾选 Normality plots with test 复选框，输出结果中将输出正态检验统计量（Test of Normality）以及正态概率图（Normal Q-Q Plot）和剔除趋势的正态概率图（Detrended Normal Q-Q Plot）。单击 Continue 按钮，回到探索性分析对话框，单击 OK 按钮，输出探索性分析结果。

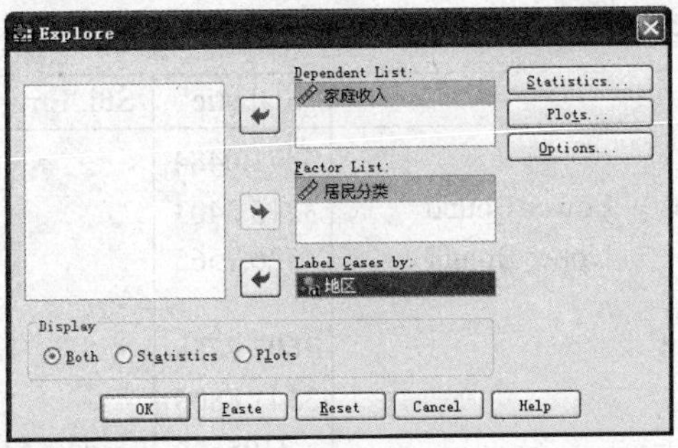

图 2.29 Explore 对话框中的设置

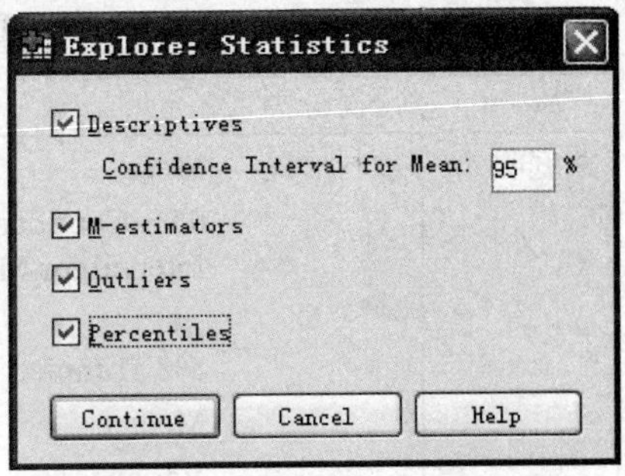

图 2.30 在统计量对话框中选择输出统计量

描述性统计量表（表 2.10）显示 2006 年农村居民的家庭平均收入为 3871.0484，城镇居民的家庭平均收入为 11363.69，几乎是农村居民的 3 倍，农村居民和城镇居民的收入差距很大。表 2.10 中还有一个 5% Trimmed Mean（5%的剔除均值），因为样本数据均值容易受到极端值的影响，因此剔除 5%的最大值和最小值以后再计算均值，这样就得到一个稳健的统计量，该统计量小于一般的均值，它和样本数据的中位数相对要接近一点。

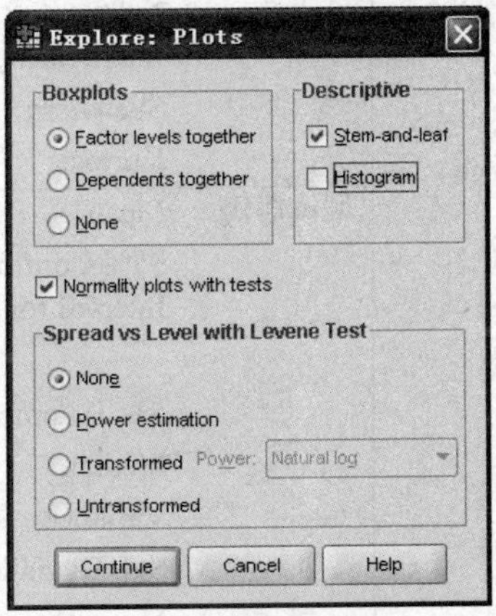

图 2.31 在 Plots 对话框中选择输出正态性检验统计量

进一步分析居民收入的分布形态，可以看到农村居民和城镇居民家庭收入的偏度和峰度都是正值，且大于其对应的标准差的两倍，说明农村居民和城镇居民家庭收入呈现正偏、尖峰的分布特点。

M 估计统计量（见表 2.11）是计算样本数据集中趋势的另外一种统计量，当样本数据中存在极端值时，它对集中趋势的度量比均值和中位数要更加合理，

SPSS 输出用 Huber、Tukey、Hampel 和 Andrews 这 4 种方法计算出来的 M 估计统计量。表 2.11 显示农村居民和城镇居民家庭收入的稳健性估计值都接近其中位数(3341.88 和 9898.75),而和它们所对应的均值(3871.0484 和 11363.69)有所差别,进一步表明不能接受居民家庭收入服从正态分布的假设。

表 2.10 农村居民和城镇居民的描述性统计量表

Descriptives

	居民分类			Statistic	Std. Error
家庭收入	农村居民	Mean		3871.0484	
		95% Confidence Interval for Mean	Lower Bound	3215.3403	
			Upper Bound	4526.7565	
		5% Trimmed Mean		3697.2758	
		Median		3341.8800	
		Variance		3195622	
		Std. Deviation		1787.630	
		Minimum		1984.62	
		Maximum		9138.65	
		Range		7154.03	
		Interquartile Range		1608.19	
		Skewness		1.633	.421
		Kurtosis		2.221	.821
	城镇居民	Mean		11363.69	591.70415
		95% Confidence Interval for Mean	Lower Bound	10155.27	
			Upper Bound	12572.11	
		5% Trimmed Mean		10997.90	
		Median		9898.7500	
		Variance		1E+007	
		Std. Deviation		3294.469	
		Minimum		8871.27	
		Maximum		20667.91	
		Range		11796.64	
		Interquartile Range		2924.54	
		Skewness		1.779	.421
		Kurtosis		2.278	.821

表 2.11 农村居民和城镇居民的 M 估计量输出表

M-Estimators

	居民分类	Huber's M-Estimator[a]	Tukey's Biweight[b]	Hampel's M-Estimator[c]	Andrews' Wave[d]
家庭收入	农村居民	3355.3074	3121.4116	3228.9169	3119.9961
	城镇居民	10023.0485	9685.0876	9807.9808	9685.3178

a. The weighting constant is 1.339.

b. The weighting constant is 4.685.

c. The weighting constants are 1.700, 3.400, and 8.500

d. The weighting constant is 1.340*pi.

Extreme Value（极端值表）分别显示农村居民和城镇居民家庭收入最高和最低的 5 个省市自治区（见表 2.12）。其中，上海、北京、浙江和天津的农村和城镇居民的家庭收入都排在前 5 位；贵州、甘肃和青海的农村和城镇居民的家庭收入都排在后 5 位。

表 2.12 居民收入的极端值表

Extreme Values

居民分类				Case Number	地区	Value
家庭收入	农村居民	Highest	1	9	上 海	9138.65
			2	1	北 京	8275.47
			3	11	浙 江	7334.81
			4	2	天 津	6227.94
			5	10	江 苏	5813.23
		Lowest	1	24	贵 州	1984.62
			2	28	甘 肃	2134.05
			3	25	云 南	2250.46
			4	27	陕 西	2260.19
			5	29	青 海	2358.37
	城镇居民	Highest	1	40	上 海	20667.91
			2	32	北 京	19977.52
			3	42	浙 江	18265.10
			4	50	广 东	16015.58
			5	33	天 津	14283.09
		Lowest	1	62	新 疆	8871.27
			2	59	甘 肃	8920.59
			3	57	西 藏	8941.08
			4	60	青 海	9000.35
			5	55	贵 州	9116.61

SPSS对数据进行正态检验时使用了Kolmogorov-Smirnov(科尔米哥洛夫-斯米洛夫)和Shapiro-Wilk(夏皮罗-威尔基)这两个非参数检验的方法(见表2.13)。如果这两个统计量对应的显著性水平都比较小,那么就可以拒绝数据服从正态分布的假定。Tests of Normality(正态检验统计量表)显示,农村居民家庭收入和城镇居民家庭收入的Kolmogorov-Smirnov和Shapiro-Wilk统计量所对应的显著性水平都小于0.01,因此在1%的显著性水平下,拒绝农村居民和城镇居民家庭收入服从正态分布的假设。

表2.13 农村居民和城镇居民收入的正态检验统计量表

Tests of Normality

		Kolmogorov-Smirnov[a]			Shapiro-Wilk		
	居民分类	Statistic	df	Sig.	Statistic	df	Sig.
家庭收入	农村居民	0.229	31	0.000	0.814	31	0.000
	城镇居民	0.313	31	0.000	0.719	31	0.000

a. Lilliefors Significance Correction

茎叶图是用原始数据来显示数据的分布形态的。茎叶图由频数(frequency)、茎(stem)和叶(leaf)这三部分组成。其中的茎代表数据的整数部分,叶代表数据的小数部分。根据公式[(茎值+叶值×0.1)×茎宽]可以求得茎叶图中的某个近似值。图2.32显示这个茎叶图的茎宽(stem width)为1000,图中第一个值的茎值为1,叶值为9,因此其对应的近似值为(1+9×0.1)×1000=1900。图中其他的数值按照类似方式可以计算出来。

农村居民家庭收入的茎叶图显示家庭收入主要集中在2000～3000以及3000～4000这两个收入段。从3000～4000收入段以后,数据的集中度明显下降,茎叶图显示有3个地区的农村居民家庭收入大于等于7335(极端值),由于农村居民家庭收入主要集中在左侧而且存在极大值,因此数据整体呈现右偏分布特点。

城镇居民家庭收入的茎叶图和农村居民的分布形态非常相似(见图2.33),家庭收入主要集中在9000～10000以及10000～11000这两个收入段,有4个地区的家庭收入大于等于16016(极端值),因此城镇居民家庭收入也同样呈现右偏分布的特点。

Normal Q-Q Plot(正态概率分布)是一个散点图,它以变量的观测值为横坐标,变量的正态分布得分(Normal Score)为纵坐标,图2.34中的直线代表着数据服从正态分布的标准线。如果变量服从正态分布,那么观测值和正态分布得分构成的散点应该在这条斜线附近变动。如果大量的散点偏离斜线,那么变量将不服从正态分布。图 2.34 显示农村居民家庭收入正态概率分布,图中的散点明显偏离斜线,随着家庭收入的升高,偏离程度越明显。

```
家庭收入 Stem-and-Leaf Plot for
居民分类= 农村居民

 Frequency    Stem &  Leaf

     1.00        1 .  9
    10.00        2 .  1223477789
    11.00        3 .  01223344568
     3.00        4 .  038
     2.00        5 .  08
     1.00        6 .  2
     3.00 Extremes    (>=7335)

 Stem width:    1000.00
 Each leaf:        1 case(s)
```

图 2.32 农村居民收入的茎叶图显示右偏分布特征

```
家庭收入 Stem-and-Leaf Plot for
居民分类= 城镇居民

 Frequency    Stem &  Leaf

     3.00        8 .  899
    13.00        9 .  0111233577888
     6.00       10 .  003335
     1.00       11 .  5
     1.00       12 .  1
     1.00       13 .  7
     2.00       14 .  02
     4.00 Extremes    (>=16016)

 Stem width:    1000.00
 Each leaf:        1 case(s)
```

图 2.33 城镇居民收入的茎叶图也显示左偏分布特征

城镇居民家庭收入的正态概率图呈现的趋势和农村居民相似,表明它也是一个有偏的分布(见图 2.35)。

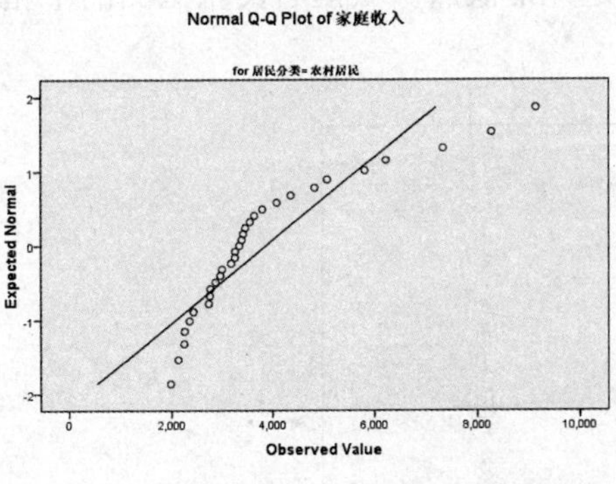

图 2.34 农村居民收入的正态 Q-Q 图

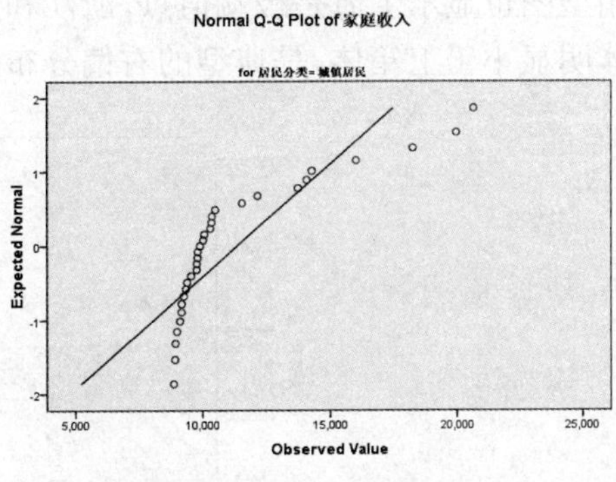

图 2.35 城镇居民家庭收入的正态 Q-Q 图

Detrended NormalQ-Q Plot(剔除趋势的正态概率图)和正态概率图的横坐标都代表变量观测值,但是其纵坐标代表变量的标准化值和正态得分值之差,它同样也可以检验数据是否正态分布，如果散点图中(见图 2.36)的大部分散点在横轴附近变动，没有明显的变化趋势，就表明数据基本服从正态分布。图 2.36 显示农村居民家庭收入在横轴附近呈现明显的 U 型趋势，表明它不服从正态分布。

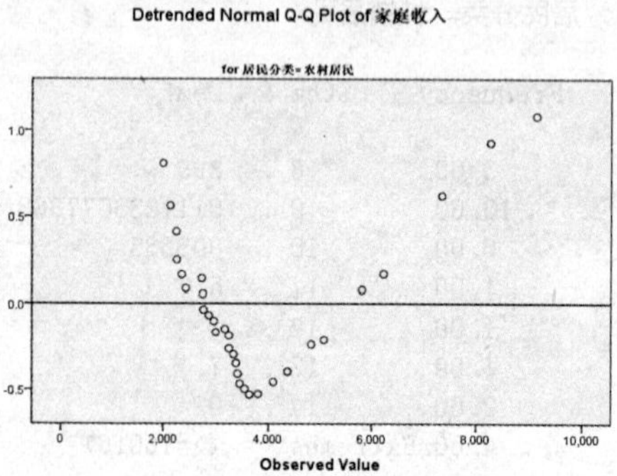

图 2.36 农村居民家庭收入的剔除趋势 Q-Q 图

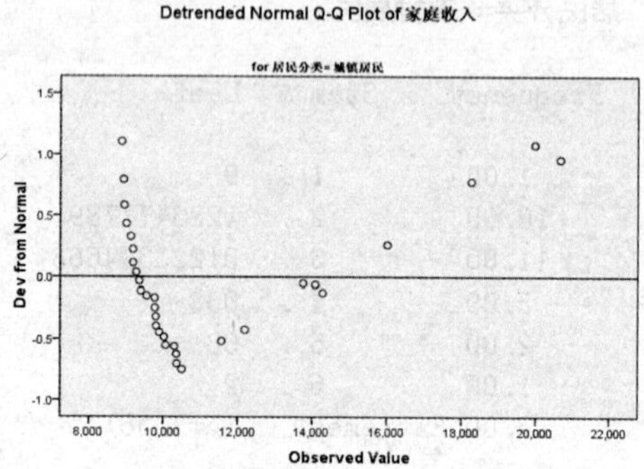

图 2.37 城镇居民的剔除趋势 Q-Q 图

图 2.37 同样显示城镇居民家庭收入在横轴附近呈现明显的 U 型趋势，再次表明它不服从正态分布。

对比分析农村居民和城镇居民家庭收入的箱型图(见图 2.38)，可以看出城镇居民家庭收入远远高于农村居民。农村居民家庭收入的箱型图中显示上海是极端值点(用 * 表示)，北京和浙江是异常值点(用○表示)。城镇居民家庭收入的箱型图也显示上海是极端值点，浙江和广东是异常值点。城镇居民箱型图的下箱体明显小于上箱体，是典型的右偏分布。

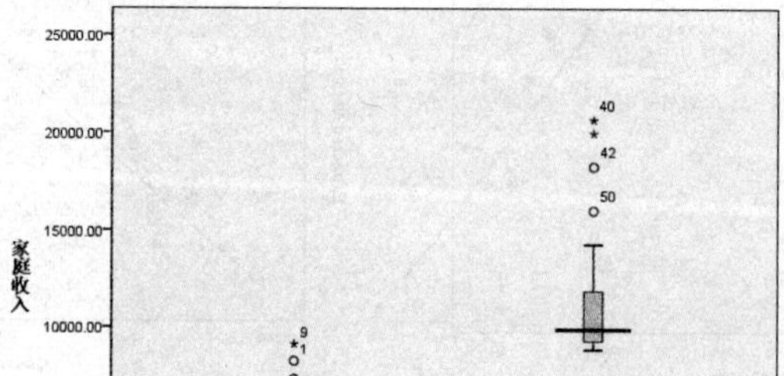

图 2.38 农村居民和城镇居民收入的箱型图

2.4 列联表分析

列联表是分析两个分类变量(名义变量或者定序变量)之间关系的基本统计方法,使用 SPSS 的列联表(Crosstabs)过程可以分析名义变量与定序变量的关联性及其关联程度进行检验。

设两个名义变量 A 和 B 分别有 r 和 c 个类型,则它们可以构成一个 $r\times c$ 的列联表(见表 2.14)。

表 2.14 $r\times c$ 的列联表

	B_1	B_2	…	B_c	$r_i=\sum_{j=1}^{c}n_{ij}$
A_1	n_{11}	n_{12}	…	n_{1c}	r_1
A_2	n_{21}	n_{22}	…	n_{2c}	r_2
…	…	…	…	…	…
A_r	n_{r1}	n_{r2}	…	n_{rc}	r_r
$c_j=\sum_{i=1}^{r}n_{ij}$	c_1	c_2	…	c_c	$N=\sum_{i=1}^{r}r_i=\sum_{j=1}^{c}c_j$

表 2.14 中,n_{ij} 代表列联表中第(i,j)个单元中的观测频数,r_i 代表行方向的频数合计,c_j 代表列方向上的频数合计,N 代表总的观测频数。列联表中第(i,j)个单元的期望频数 $E_{ij}=\frac{r_ic_j}{N}$。在进行列联表分析时常见的情形是行变量和列变量都是名义变量或者都是定序变量,下面分别对名义变量列联表和定序变量列联表进行单独分析。

2.4.1 名义变量的列联表分析

1. 独立性检验统计量

在对两个名义变量进行列联表分析时,首先要检验它们的独立性,这就涉及到独立性检验统计量,对名义变量我们可以分析皮尔逊卡方统计量(Pearson Chi-Square)、Yate's 连续性修正卡方统计量和似然比统计量(Likelihood Ratio)。

(1) 皮尔逊卡方统计量:$\chi_p^2=\sum_{i=1}^{r}\sum_{j=1}^{c}\frac{(n_{ij}-E_{ij})^2}{E_{ij}}$,该统计量服从自由度为

$(r-1)(c-1)$ 的卡方分布。

(2) Yate's 连续性修正卡方统计量：$\chi_c^2 = \sum_{i=1}^{r}\sum_{j=1}^{c}\frac{(|n_{ij}-E_{ij}|-0.5)^2}{E_{ij}}$，该统计量仅适用于 2×2 的列联表。

(3) 似然比统计量：$\chi_{LR}^2 = -2\sum_{i=1}^{r}\sum_{j=1}^{c} n_{ij}\ln\left(\frac{E_{ij}}{n_{ij}}\right)$，该统计量也服从自由度为 $(r-1)(c-1)$ 的卡方分布。

上述的独立性检验统计量基本上都属于卡方检验，它们具有一定的局限性，如果卡方统计量对应的伴随概率 $p<\alpha$，只能说明行变量与列变量存在关联，而不能具体说明某行与某列有关联。另外，卡方检验对于列联表中的单元频数有一定的要求：对于 2×2 的列联表，每个单元中的期望频数都要大于 5，否则就要使用 Fisher 精确检验；对于 2×2 以上的列联表，要求 20%以上的单元期望频数大于 5，否则就不能使用卡方检验。

2. 名义变量的对称测度统计量

经过独立性检验后，我们可以判别出两个名义变量之间的关联是否显著，还没有办法确定两个变量之间关联的强度。为了度量它们的关联程度，我们可以考察 Phi 系数、列联系数(Contingency Coefficient)和 Cramer's V 系数这几个统计量，在分析过程中这 3 个关联系数属于对称测度统计量，它们的数值越大就表明行变量和列变量之间的关联越强。

(1) Phi 系数：$\varphi = \sqrt{\frac{\chi^2}{n}}$。当列联表的行数和列数大于 2 时，Phi 系数的数值随着行数和列数的增加而增大，其数值没有上限，这个统计量比较适合 2×2 的列联表。

(2) 列联系数：$CC = \sqrt{\frac{\chi^2}{\chi^2+n}}, 0 \leqslant C < \sqrt{(k-1)/k}$，当列联表的行数 r 和列数 c 相等时，列联系数取得最大值 $\sqrt{(k-1)/k}$，其中，$k=r=c$。和 Phi 系数相似，列联系数同样依赖于列联表的行数和列数，其数值也随着单元格行数和列数的增加而增大，其最大值小于 1。

(3) Cramer's V 系数：$V = \sqrt{\frac{\chi^2}{n(k-1)}}$，其中，$k=\min(r,c), 0 \leqslant V \leqslant 1$。Cramer's V 系数是针对 Phi 系数没有上限，列联系数最大值小于 1 而提出来的关联系数，当行变量和列变量完全相关时，Cramer's V 系数取得最大值 1。

3. 名义变量的定向测度统计量

虽然通过分析关联系数可以了解行变量和列变量之间的关联程度，但是对行变量和列变量之间的关系还是没有办法做出直观的解释，为此，我们需要进一步分析 λ 系数(Lambda)、古德曼—克鲁斯凯(Goodman and Kruskal) τ 系数和不确定系数 U (Uncertainty Coefficient)，它们都是以减少误差比例法(Proportionate reduction in error)为基础而构造的统计量，反映了在提高两个变量之中某一个变量的分类准确性方面，另外一个变量能够起到多大的作用。由于统计量的计算涉及到自变量和因变量，两个变量所处的地位不是对称的，因此被称为定向测度统计量。定向测度统计量的基本思想是，如果两个变量之间存在一定的联系，那么利用一个变量去预测另外一个变量必然有一定的根据。如果两个变量之间的关系越强，那么预测的误差必将越小。假设行变量和列变量的关系未知时预测行变量(列变量)的误差为 E_1，已知两个变量之间关系后预测行变量(列变量)之间的误差为 E_2，那么误差减少比例 PRE 可以用公式 $(E_1 - E_2)/E_1$ 表示，这也是定向测度统计量的一般计算公式。当两个变量之间不相关时，$PRE = 0$；当两个变量完全相关时，$PRE = 1$；一般情况下，$0 < PRE < 1$。由于对误差的定义不同，形成了 λ 系数、古德曼—克鲁斯凯 τ 系数和不确定系数 U 列于表 2.15。

表 2.15 定向测度统计量公式及说明

检验统计量名称	检验统计量公式	检验统计量的说明
λ 系数	$\lambda_{r\|c} = \dfrac{\sum_{j=1}^{c} n_{mj} - r_m}{n - r_m}$	以列变量作为自变量对行变量进行预测时减少的预测误差比例
	$\lambda_{c\|r} = \dfrac{\sum_{i=1}^{r} n_{im} - c_m}{n - c_m}$	以行变量作为自变量对列变量进行预测时减少的预测误差比例
	$\lambda_{\text{symmetric}} = \dfrac{\sum_{i=1}^{r} n_{im} + \sum_{j=1}^{c} n_{mj} - c_m - r_m}{2n - c_m - r_m}$	对称统计量
古德曼-克鲁斯凯 τ 系数	$\tau_{r\|c} = \dfrac{n\sum_{i=1}^{r}\sum_{j=1}^{c}\dfrac{n_{ij}^2}{c_i} - \sum_{i=1}^{r} r_i^2}{n^2 - \sum_{i=1}^{r} r_i^2}$	意义与 $\lambda_{r\|c}$ 相似
	$\tau_{c\|r} = \dfrac{n\sum_{i=1}^{r}\sum_{j=1}^{c}\dfrac{n_{ij}^2}{r_i} - \sum_{i=1}^{r} c_j^2}{n^2 - \sum_{j=1}^{c} c_j^2}$	意义与 $\lambda_{c\|r}$ 相似

(续)表 2.15

检验统计量名称	检验统计量公式	检验统计量的说明
不确定系数 U	$U_{r\|c}=\dfrac{U(r)+U(c)-U(rc)}{U(c)}$	意义与 $\lambda_{r\|c}$ 相似
	$U_{c\|r}=\dfrac{U(r)+U(c)-U(rc)}{U(r)}$	意义与 $\lambda_{c\|r}$ 相似
	$U_{symmetric}=\dfrac{2(U(r)+U(c)-U(rc))}{U(r)+U(c)}$	对称统计量
	$U(r)=-\sum_{i=1}^{r}\dfrac{r_i}{n}\ln\dfrac{r_i}{n},U(c)=-\sum_{j=1}^{c}\dfrac{c_j}{n}\ln\dfrac{c_j}{n},U(rc)=-\sum_{i=1}^{r}\sum_{j=1}^{c}\dfrac{n_{ij}}{n}\ln\dfrac{n_{ij}}{n}$	

说明：n_{im} 为第 i 行中最大的观测频数，n_{mj} 是第 j 行中最大的观测频数；r_m 和 c_m 分别为行变量频数合计和列变量频数合计的最大值。

λ 系数、古德曼—克鲁斯凯 τ 系数和不确定系数 U 的数值越大，表明以某个名义变量作为自变量对另外一个名义变量进行预测时，预测误差减少的比例越大；反之就表明预测误差减少的比例越小。λ 系数和不确定系数 U 中都有对称统计量公式，它们是在不清楚两个变量之间从属关系时设计的检验统计量，在实际分析中比较难解释。

【例 2.6】 饮料与年龄的关系。

一位饭店管理人员为了分析就餐的消费者所点饮料是否和他们的年龄有关，随机抽取了 259 位就餐者，询问得到他们所点饮料和年龄的数据。

打开“饮料与年龄关系. sav”。使用列联表分析来判断饮料偏好和年龄之间的关系。数据文件中使用的变量名、变量标签值及变量类型见表 2.16。

表 2.16 数据文件中使用的变量名、变量标签及变量类型

变量名 Variable name	变量标签值 Value label	变量类型
年龄分组	1=21～34 岁 2=35～55 岁 3=55 岁以上	名义变量
饮料类型	1=咖啡/茶 2=软饮料 3=其他饮料	名义变量
人数		尺度变量

数据来源：肯·布莱克，戴维·L·埃尔德雷奇. 商务与经济统计[M]. 北京：机械工业出版社，2003：330.

由于表中的数据不是原始数据，首先应该以变量“人数”作为加权变量，对数据进行加权。单击 Data→Weight Cases，弹出加权个案对话框。单击 Weight cases by 单选钮，再将变量“人数”移入 Frequency Variable 方框中，单击 OK 按钮，完成数据的加权(见图 2.39)，数据加权是在后台处理的，Data View 中没有显示数据有什么变化。

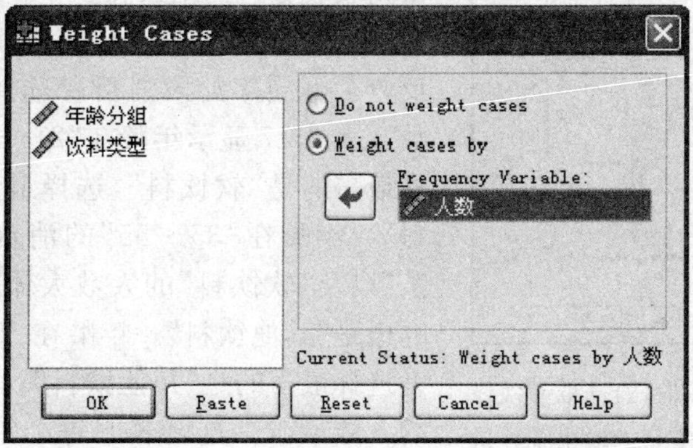

图 2.39 在 Weight Cases 对话框中选择“人数”作为加权变量

单击 Analyze→Descriptive Statistics→Crosstabs，打开列联表分析对话框。在列联表对话框中，从左侧的变量列表框中选择“年龄分组”作为行变量，移入右侧的 Rows 框中，选择“饮料类型”作为列变量，移入右侧的 Columns 框中(见图 2.40)。

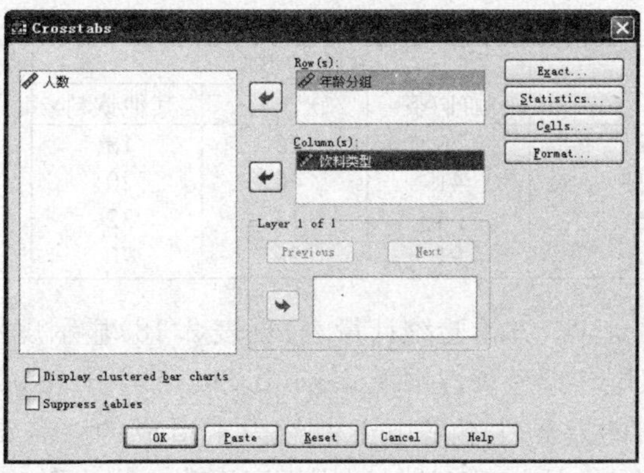

图 2.40 在列联表对话框中选择行变量和列变量

单击 Statistics 按钮，打开统计量设置对话框。待分析的行变量和列变量都是名义变量，因此在统计量设置对话框中，勾选 Chi-square，同时勾选 Normal 中的 Contingency coefficient、Phi and Cramer's V、Lambda 和 Uncertainty coefficient(见图 2.41)，单击 Continue 按钮，回到列联表分析对话框，单击 OK 按钮，得到名义变量列联表分析的结果。

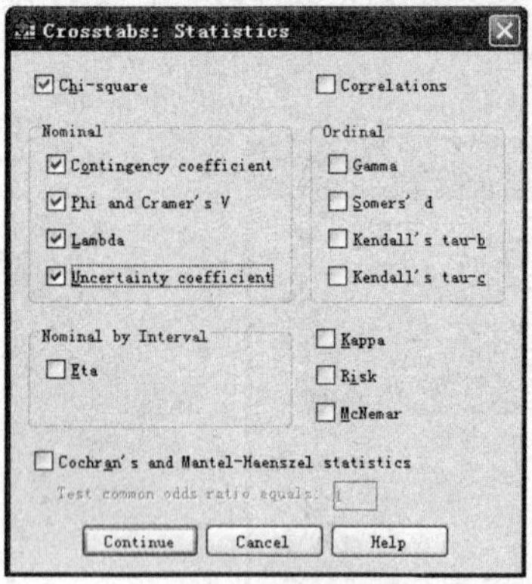

图 2.41　在统计量对话框中选择名义变量的输出统计量

年龄-饮料类型 Crosstabulation (列联表)反应了不同年龄段消费者选择不同饮料的人数。表 2.17 显示年龄在"21～34"的消费者选择最多的是"软饮料"，选择最少的是"其他饮料"。年龄在"35～55"的消费者选择"咖啡/茶"以及"软饮料"的人数大体相等，选择最少的也是"其他饮料"。年龄在 55 岁以上的消费者选择最多的是"其他饮料"，而选择"软饮料"的人数最少。这就表明每个年龄段消费者选择不同的饮料的人数存在一定的差别，年龄和饮料类型之间可能有一定的联系。但是这种差别是真实存在的，还是由于一些偶然性因素造成的，通过单个的列联表很难确定。为此需要分析下面的卡方检验统计量(见表 2.18)。

表 2.17　年龄分组—饮料类型列联表

年龄分组 * 饮料类型 Crosstabulation

Count

		饮料类型			Total
		咖啡/茶	软饮料	其他饮料	
年龄分组	21～34	26	45	18	89
	35～55	41	40	20	101
	55以上	24	13	32	69
Total		91	98	70	259

Chi-Square Tests(卡方检验统计量表，见表 2.18)显示皮尔逊卡方统计量和似然比统计量的双尾渐近显著性水平 Asymp. Sig. 都小于 0.05，因此不同年龄消费者选择不同饮料的差异性不是由于偶然因素造成的。需要注意的是表中的 Linear-by-Linear Association 统计量适用于定序水平以上的变量，对名义变量进行分析时不需要关注它。

表 2.18　年龄和饮料类型关联程度的卡方检验统计量表

Chi-Square Tests

	Value	df	Asymp. Sig. (2-sided)
Pearson Chi-Square	25.253[a]	4	.000
Likelihood Ratio	25.048	4	.000
Linear-by-Linear Association	2.140	1	.143
N of Valid Cases	259		

a. 0 cells (.0%) have expected count less than 5. The minimum expected count is 18.65.

虽然卡方检验统计量可以判断年龄和饮料类型之间存在一定的关系，但是它不能分析这种关系的密切程度，为此需要分析对称测度统计量（见表 2.19）。

表 2.19　对称侧度统计量表

Symmetric Measures

		Value	Approx. Sig.
Nominal by Nominal	Phi	.312	.000
	Cramer's V	.221	.000
	Contingency Coefficient	.298	.000
N of Valid Cases		259	

a. Not assuming the null hypothesis.

b. Using the asymptotic standard error assuming the null hypothesis.

对称测度统计量中，Phi，Cramer's V 和 Contingency Coefficient 这 3 个对称测度统计量的近似显著性水平（Approx. Sig.）都小于 0.01，可以在 1％的显著性水平下拒绝“年龄分组”和“饮料类型”这两个变量不存在关联性的假设。这 3 个统计量的数值都比较小，说明虽然两个分类变量的关联在统计意义上是显著的，但是它们之间的关联程度不是很大。

对称测度统计量判断名义变量之间的关联程度，但并不能直观解释这种关联关系，因此还要进一步观察定向测度统计量的输出结果。

Directional Measures（定向测度统计量表，见表 2.20）显示以“年龄分组”（年龄分组 Dependent）作为因变量的 $\lambda_{c|r}=0.108$，对应的近似显著性水平 Approx. Sig. ＝0.145＞0.10，在 10％显著性水平下统计不显著。以“饮料类型”（饮料类型 Dependent）作为因变量的 $\lambda_{r|c}=0.124$，对应的近似显著性水平 Approx. Sig. ＝

0.073<0.10,在10%显著性水平下统计不显著。如果以Lambda测度统计量进行分析还很难断定“年龄分组”和“饮料类型”这两个变量之间的关系是否显著,因此还要分析Goodman和Kruskalτ统计量以及不确定系数U(见表2.20)。

表 2.20　定向测度统计量表

Directional Measures

			Value	Asymp. Std. Error[a]	Approx. T[b]	Approx. Sig.
Nominal by Nominal	Lambda	Symmetric	.116	.060	1.846	.065
		年龄分组 Dependent	.108	.070	1.458	.145
		饮料类型 Dependent	.124	.065	1.793	.073
	Goodman and Kruskal tau	年龄分组 Dependent	.044	.018		.000[c]
		饮料类型 Dependent	.047	.018		.000[c]
	Uncertainty Coefficient	Symmetric	.044	.017	2.551	.000[d]
		年龄分组 Dependent	.044	.017	2.551	.000[d]
		饮料类型 Dependent	.044	.017	2.551	.000[d]

a. Not assuming the null hypothesis.
b. Using the asymptotic standard error assuming the null hypothesis.
c. Based on chi-square approximation
d. Likelihood ratio chi-square probability.

以“年龄分组”为因变量的Goodman and Kruskal τ统计量为0.044,对应的近似显著性水平Approx. Sig. =0.000<0.01,在1%显著性水平下统计显著。系数表明以“饮料类型”为自变量,对“年龄分组”进行预测,可以减少4.4%左右的预测误差。以“饮料类型”为因变量的Goodman and Kruskal τ统计量为0.047,它同样也通过了参数的显著性检验。如果以“年龄分组”为自变量,对“饮料类型”对进行预测,可以减少4.7%左右的预测误差。

以“年龄分组”和“饮料类型”分别作为因变量的不确定系数U都等于0.044,在1%显著性水平下统计显著。但是Goodman and Kruskal τ统计量以及不确定系数U的数值都比较小,表明“年龄分组”和“饮料类型”这两个变量之间的关联性还不是很强。

2.4.2　定序变量的列联表分析

1. 独立性检验统计量

在对两个定序变量进行独立性检验时使用的统计量和名义变量基本相同,主要还是分析皮尔逊卡方统计量(Pearson Chi-Square)、Yate’s连续性修正卡方统计量和似然比统计量(Likelihood Ratio),但是对定序变量我们还可以分析 Linear-by-Linear Association 统计量,它又称为 Mantel-Haenszel 统计量,该统计量服从自由度为 1 的卡方分布。

经过一致性或独立性检验后,我们可以判别出两个定序变量之间的关联是否显著,为了度量它们的关联程度,我们还应该考察对称测度统计量和定向测度统计量,这两类统计量都涉及行变量和列变量的和谐配对数(concordant pairs)、不和谐配对数(discordant pairs)和同分配对数(tied pairs)的概念。

假设有两对观测值$(X_1,X_2,\cdots,X_n)$和$(Y_1,Y_2,\cdots,Y_n)$,如果$X_i>X_j$,而且$Y_i>Y_j$,此时两对观测值之间是和谐的,它表明两个较大的 X 值能够和两个较大的 Y 值配对,用数学公式表示就是:$(X_i-X_j)(Y_i-Y_j)>0$。如果且$Y_i>Y_j$,或者$X_i>X_j$且$Y_i<Y_j$中的任意一种情况出现,此时两对观测值之间是不和谐的,它表明两个 X 中的较大值和两个 Y 值中的较小值配对,用数学公式表示就是:$(X_i-X_j)(Y_i-Y_j)<0$。如果$X_i=X_j$或$Y_i=Y_j$中的任意一种情况出现时,$(X_i-X_j)(Y_i-Y_j)=0$,此时称两对观测值之间是同分的。

由于列联表中的数据是离散型数据,它在计算两对观测值之间和谐配对数、不和谐配对数和同分配对数时和连续性数据有所不同,实际分析过程中是通过比较列联表中单元格的列标和行号来得到的,下面以一个的 2×2 的列联表数据进行简单的说明(见表 2.21)。

表 2.21　2×2 的列联表

	B_1	B_2	$r_i=\sum_{j=1}^{c}n_{ij}$
A_1	n_{11}	n_{12}	r_1
A_2	n_{21}	n_{22}	r_2
$c_j=\sum_{i=1}^{r}n_{ij}$	c_1	c_2	$N=\sum_{i=1}^{r}r_i=\sum_{j=1}^{c}c_j$

单元格n_{11}和n_{12}在第一行,它们的行号相等是同分配对;类似地,n_{21}和n_{22}也是同分配对。因此,行方向的同分配对数$T_r=n_{11}\cdot n_{12}+n_{21}\cdot n_{22}$。单元格$n_{11}$和$n_{21}$在同一列,它们的列标相等是同分配对;类似地,$n_{12}$和$n_{22}$也是同分配对。因此,列方向的同分配对数$T_c=n_{11}\cdot n_{21}+n_{12}\cdot n_{22}$。

记$C_{ij}=\sum_{h<i}\sum_{k<j}n_{hk}+\sum_{h>i}\sum_{k>j}n_{hk}$,$D_{ij}=\sum_{h<i}\sum_{k>j}n_{hk}+\sum_{h>i}\sum_{k<j}n_{hk}$,则

$$C=\sum_{i=1}^{r}\sum_{j=1}^{c}n_{ij}C_{ij}=2P,\qquad D=\sum_{i=1}^{r}\sum_{j=1}^{c}n_{ij}D_{ij}=2Q$$

$$D_r = N^2 - \sum_{i=1}^{r} r_i^2 = 2(P+Q+T_r),\qquad D_c = N^2 - \sum_{j=1}^{c} c_j^2 = 2(P+Q+T_c)$$

2. 定序变量的对称测度统计量

根据上面的符号设定，可以得到下面几个对称测度统计量：

(1) 肯德尔(Kendall) τ_b 系数：$\tau_b = \dfrac{C-D}{\sqrt{D_r D_c}}$。在一个正方形的列联表中，$\tau_b$ 的取值范围在-1和1之间，所有的观测频数都落在主对角线上时，$\tau_b=1$，此时行变量和列变量之间完全正相关；所有的观测频数都落在左下到右上的对角线上时，$\tau_b=-1$，此时行变量和列变量之间完全负相关。行变量和列变量不存在相关性时，$\tau_b=0$。如果列联表不是正方形的，τ_b 无法取得极端值-1和1。在多项抽样模型中，τ_b 是一个渐近正态的统计量。

(2) 肯德尔(Kendall) τ_c 系数：$\tau_c = \dfrac{q(C-D)}{N^2(q-1)}$，其中，$q=\min\{r,c\}$。$\tau_c$ 系数是对 τ_b 系数的一个修正，在保持 τ_b 系数基本性质的同时可以取得极端值-1和1。

(3) 古德曼—克鲁斯凯(Goodman-Kruskal) γ 系数：$\gamma = \dfrac{C-D}{C+D}$。$\gamma$ 系数的性质和 τ_b 相类似，但是 γ 系数公式中只考虑到和谐对数和不和谐对数，没有考虑同分对数。对于同一个样本数据，γ 系数一般都大于其他几个对称测度统计量。

(4) 皮尔逊相关系数：$r = \dfrac{\mathrm{cov}(r,c)}{\sqrt{S(r)S(c)}}$，其中，$\mathrm{cov}(r,c)$ 代表行变量和列变量的协方差，$S(r)$ 和 $S(c)$ 分别代表行变量和列变量的方差。

(5) 斯皮尔曼秩相关系数：$r_s = \dfrac{\mathrm{cov}(R_i,C_j)}{\sqrt{S(R_i)S(C_j)}}$，其中，$R_i$ 和 C_j 代表行变量和列变量的秩，将它们带入皮尔逊相关系数矩阵就可求得斯皮尔曼秩相关系数。

3. 定序变量的定向测度统计量

萨默斯提出的定向测度统计量和肯德尔 τ 系数有着密切的联系，但是和定向测度统计量的不同之处在于，定向测度统计量中行变量和列变量不是对称的关系，行变量和列变量都可以作为自变量。萨默斯 d 系数有下面三个计算公式：

(1) $d_{c|r} = \dfrac{P-Q}{P+Q+T_r}$ 或 $d_{c|r} = \dfrac{C-D}{D_r}$，该系数表示以行变量作为自变量，对列变量进行计算得到的系数。

(2) $d_{r|c}=\dfrac{P-Q}{P+Q+T_c}$ 或 $d_{r|c}=\dfrac{C-D}{D_c}$，该统计量表示以列变量作为自变量，对行变量进行计算得到的系数。

(3) $d_{symmetric}=\dfrac{2(P-Q)}{(P+Q+T_r)+(P+Q+T_c)}$ 或 $d_{symmetric}=\dfrac{2(C-D)}{D_c+D_r}$，该统计量是对称统计量。萨默斯 d 统计量的性质和对称测度统计量非常相似，取值范围在 −1 和 1 之间。所有的观测频数都落在主对角线上时，$d_{c|r}=d_{r|c}=1$，此时行变量和列变量之间完全正相关；所有的观测频数都落在左下到右上的对角线上时，$d_{c|r}=d_{r|c}=-1$，此时行变量和列变量之间完全负相关。行变量和列变量不存在相关性时，$d_{c|r}=d_{r|c}=0$。在多项抽样模型中萨默斯 d 统计量也服从渐近正态的分布，如果统计量对应的显著性水平都很小，那么行变量和列变量之间的关系是显著的。

【例 2.7】 汽油消费问题分析。

一位商业研究者想确定消费者对汽油的偏好是否和消费者的收入有一定的关系，他在多个加油站随机选取加油者询问他们偏好的汽油以及他们收入。汽油分为三类：一般汽油、高级汽油和特级汽油。消费者的收入分为 4 个等级：年收入小于 30000 元、年收入在 30000 到 49999 之间、年收入在 50000 到 99999 之间以及年收入大于 100000 元。

打开"汽油消费问题分析. sav"。使用列联表分析来判断消费者对汽油的偏好与收入水平之间的关系。数据文件中使用的变量名、变量标签值及变量类型见表 2. 22。

表 2. 22　数据文件中变量名、变量标签值及变量类型

变量名 Variable name	变量标签值 Value label	变量类型
收入水平	1＝收入水平小于 30000 元 2＝收入水平在 30000～49999 之间 3＝收入水平在 50000～99999 之间 4＝收入水平超过 100000 元	定序变量
汽油类型	1＝普通汽油 2＝特级汽油 3＝高级汽油	定序变量
人数		尺度变量

数据来源：肯·布莱克，戴维·L·埃尔德雷奇. 商务与经济统计[M]. 北京：机械工业出版社，2003：328.

由于表中的数据不是原始数据，首先应该以变量“人数”作为加权变量，对数据进行加权。单击 Data→Weight Cases，弹出加权个案对话框（见图 2.42）。单击 Weight cases by 单选钮，再将变量“人数”移入 Frequency Variable 方框中，单击 OK 按钮，完成数据的加权。

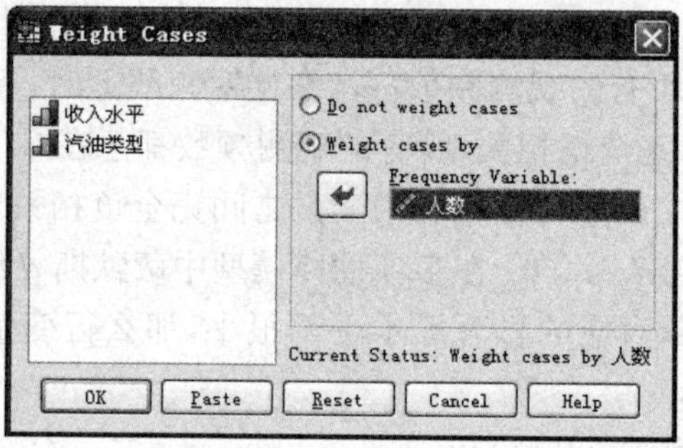

图 2.42　在 Weight Cases 对话框中选择“人数”为加权变量

单击 Analyze→Descriptive Statistics→Crosstabs，打开列联表分析对话框。在列联表对话框中，从左侧的变量列表框中选择“收入水平”作为行变量，移入右侧的 Rows 框中，选择“汽车类型”为列变量，移入右侧的 Columns 框中（见图 2.43）。

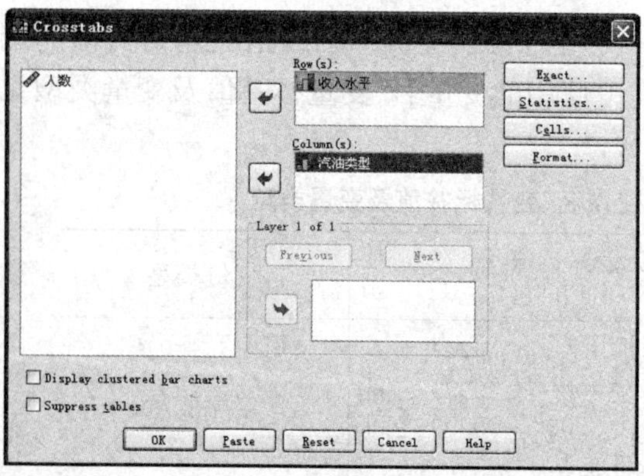

图 2.43　重新设定列联表的行变量和列变量

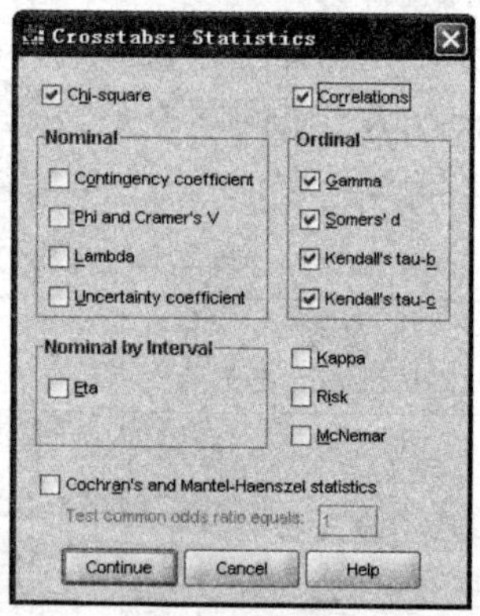

图 2.44　在统计量对话框中设置定序变量的输出统计量

单击 Statistics 按钮，在统计量设置对话框中，首先勾选 Chi-square 和 Correlations，然后再选择 Ordinal 下的 Gamma、Somers'd、Kendall's tau-b 和 Kendall's tau-c，单击 Continue 按钮，回到列联表分析对话框（见图 2.44），单击 OK 按钮，

输出列联表分析结果。

列联表(见表 2.23)显示在收入 100000 以下的 3 个收入水平中,选择普通汽油的人数最多。而收入高于 100000 元的消费者中,选择特级汽油的人数最多,这就表明消费者选择汽油类型和他们的收入有一定关系,这两个变量之间可能不是相互独立的。

表 2.23 收入水平和汽油类型的列联表

收入水平 * 汽油类型 Crosstabulation

Count

		汽油类型			Total
		普通汽油	高级汽油	特级汽油	
收入水平	收入小于30000元	41	16	6	63
	收入在30000～49999元之间	70	27	13	110
	收入在50000～99999元之间	52	18	15	85
	收入大于100000元	19	17	25	61
Total		182	78	59	319

Chi-Square Tests(卡方检验统计量表,见表 2.24)显示皮尔逊卡方统计量、似然比统计量和 Linear-by-Linear Association 统计量的双尾渐近显著性水平 Asymp. Sig. 都小于 0.01,因此不同收入水平消费者选择不同类型汽油的差异性不是由于偶然因素造成的。

表 2.24 收入水平和汽油类型关联的卡方检验表

Chi-Square Tests

	Value	df	Asymp. Sig. (2-sided)
Pearson Chi-Square	31.769[a]	6	.000
Likelihood Ratio	29.796	6	.000
Linear-by-Linear Association	21.569	1	.000
N of Valid Cases	319		

a. 0 cells (.0%) have expected count less than 5. The minimum expected count is 11.28.

Symmetric Measures(对称测度统计量表,见表 2.25)显示肯德尔 $\tau_b = 0.207$, $\tau_c = 0.203$, $\gamma = 0.310$,斯皮尔曼相关系数 $r = 0.238$,皮尔逊相关系数 $r = 0.260$,这 5 个统计量对应的近似显著性水平 Approx. Sig. 都小于 0.01,这都

表明“收入水平”和“汽油类型”之间存在统计意义上的关联性，但是上述5个统计量的数值都比较小，说明这两个分类变量的关联程度不是很大。

表 2.25 收入类型和汽油类型的对称侧度统计量

Symmetric Measures

		Value	Asymp. Std. Error[a]	Approx. T[b]	Approx. Sig.
Ordinal by Ordinal	Kendall's tau-b	.207	.048	4.216	.000
	Kendall's tau-c	.203	.048	4.216	.000
	Gamma	.310	.071	4.216	.000
	Spearman Correlation	.238	.055	4.362	.000[c]
Interval by Interval	Pearson's R	.260	.054	4.803	.000[c]
N of Valid Cases		319			

a. Not assuming the null hypothesis.

b. Using the asymptotic standard error assuming the null hypothesis.

c. Based on normal approximation.

Directional Measures(定向测度统计量表，见表2.26)输出结果显示萨默斯 d 系数的近似显著性水平(Approx. Sig.)都小于0.01，它们在1%显著性水平下都是统计显著的。萨默斯 d 系数的数值和肯德尔 τ_b 系数和 τ_c 系数值非常接近，它们也表明了行变量和列变量之间存在显著的关系。和对称测度统计量相类似，定向测度统计量的数值也比较小，表明行变量“收入水平”与列变量“汽油类型”之间的关联还不是很密切。

表 2.26 收入水平和汽油消费的定向测度统计量表

Directional Measures

			Value	Asymp. Std. Error[a]	Approx. T[b]	Approx. Sig.
Ordinal by Ordinal	Somers' d	Symmetric	.206	.048	4.216	.000
		收入水平 Dependent	.233	.054	4.216	.000
		汽油类型 Dependent	.184	.043	4.216	.000

a. Not assuming the null hypothesis.

b. Using the asymptotic standard error assuming the null hypothesis.

2.4.3 列联表中的相对风险分析

相对风险(Relative Risk)是测度二分变量(dischotomous)之间关系的一种常用方法，通常运用在医学研究领域的随机对照实验(Randomized controlled trial)和队列实验(Cohort study)中，比如心脏病治疗措施的风险因素分析。

相对风险比较容易计算，假设吸烟者中得肺病的概率是20%，而不吸烟者中得肺病的概率是 1%，那么和吸烟相关的肺病的相对风险为 20%/1%=20，也就是说吸烟者得病的概率是不吸烟者的 20 倍。

根据上面的例子，在一个 2×2 的列联表中（参见表 2.21），相对风险的计算公式为：

$$RR=\frac{p_1}{p_2}=\frac{\dfrac{n_{11}}{n_{11}+n_{12}}}{\dfrac{n_{21}}{n_{21}+n_{22}}}=\frac{n_{11}(n_{21}+n_{22})}{n_{21}(n_{11}+n_{12})}$$

和相对风险相联系的一个统计量是比率比（Odds Ratio），有时又称为机会比，一个事件发生的概率为 p，而不发生的概率为 $1-p$，那么这个事件的比率为 $p/(1-p)$。在上面吸烟和肺病的例子中，吸烟者得肺病的比率为 0.20/0.80=0.25，而不吸烟者得肺病的比率为 0.01/0.99=0.01，那么得肺病的比率比为：

$$odds=\frac{p_1/(1-p_1)}{p_2/(1-p_2)}=\frac{p_1(1-p_2)}{p_2(1-p_1)}=\frac{0.20\times 0.99}{0.01\times 0.80}=24.75$$

这个结果表明吸烟者得肺病的机会是不吸烟者的 24.75 倍。

根据上面的两个公式，我们可以看出相对风险和比率比之间的关系：

$$odds=RR\cdot\frac{1-p_2}{1-p_1}$$

当 p_1 和 p_2 比较小时，相对风险和比率比近似相等。在某些情形下，比如个案控制研究（Case control study）中有时很难直接估计出相对风险，但是可以计算出比率比，因此，利用两者的近似关系，用比率比作为相对风险的估计值。

在进行列联表分析时有时还会增加一个分层变量，从而形成三维列联表（three-way contingency table），三维列联表中相对风险和比率比的计算和检验相对复杂，涉及列联表中行变量和列变量中间独立性检验和各层间比率比同质性的检验。

【例 2.8】　杂志订阅分析。

一家销售杂志的公司定期向一些人邮寄杂志资料。但是这种邮寄效果不好，公司试图找到寻找目标消费者的较好方式。一个建议就是关注那些订购报纸的人们，因为订阅报纸的人有可能也会订阅杂志。通过建立报纸订阅的二维列联表，计算订阅报纸者对这种邮寄服务的相对风险，可以检验这一假定是否合理。

打开“杂志订阅分析.sav”。数据文件中使用的变量名、变量标签值及变量类型见表 2.27。

表 2.27　数据文件中变量名、变量标签值及变量类型

变量名 Variable name	变量标签值 Value label	变量类型
收入类型	1=年收入低于 25000 2=年收入在 25000 与 49999 之间 3=年收入在 50000 与 74999 之间 4=年收入高于 75000	定序变量
订购报纸	0=订购报纸 1=未订购报纸	名义变量
响应	0=对订阅杂志有响应 1=对订阅杂志无响应	名义变量

数据来源：SPSS16.0 Samples 中的 demo.sav

单击 Analyze→Descriptive Statistics→Crosstabs，打开列联表分析对话框。在对话框中，从左侧的变量列表框中选择“订购报纸”为行变量，移入右侧的 Rows 框中。选择“响应”为列变量，移入 Columns 框中(见图 2.45)。

单击 Statistics 按钮，在统计量设置对话框中，勾选 Risk 复选框(见图 2.46)。

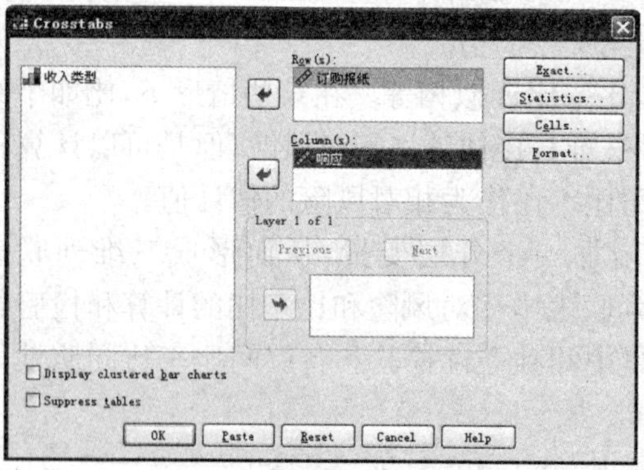

图 2.45　在列联表对话框中设置行变量和列变量

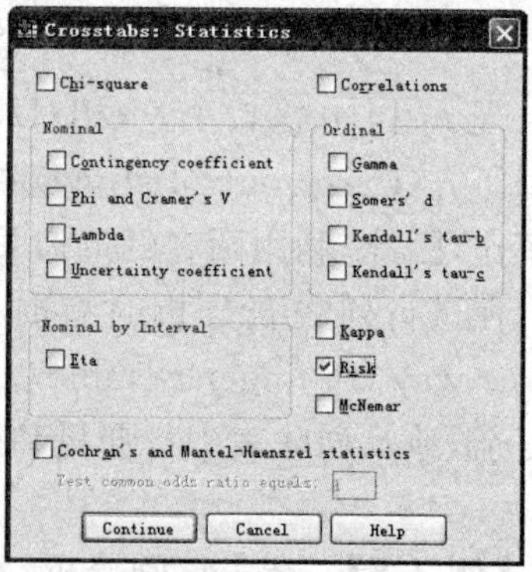

图 2.46　在统计量对话框中选择输出相对风险分析统计量

单击 Continue 按钮，回到列联表分析对话框，单击 Cells 按钮，在 Cell Display 对话框中，勾选 Percentages 下方的 Row 复选框(见图 2.47)。单击 Continue 按钮回到主对话框，单击 OK 按钮，输出分析结果。

从订购报纸和响应的交叉列联表(见表 2.28)中可以看出，在调查的 6400 个对象中，仅有 679 人对订阅杂志有所响应，占全体的 10.6%，但是在订阅报纸的

2768人中，有 380 人对订阅杂志有响应，响应的概率 $p_1 = 380/2768 = 0.137$，而未订购报纸者对订阅杂志有响应的概率 $p_2 = 299/3632 = 0.082$。

对订阅杂志有响应的相对风险订报者响应的概率 p_1 与未订报者响应概率 p_2 的比值，相对风险估计表显示对订阅杂志有响应的相对风险 $RR_1 = \frac{p_1}{p_2} = \frac{0.137}{0.082} = 1.668$，订报者对订阅杂志响应的比例是未订报者的 1.668 倍。与之相类似，对订阅杂志没有响应的相对风险 $RR_2 = \frac{1-p_1}{1-p_2} = \frac{0.863}{0.918} = 0.940$，这表明订报者对订阅杂志没有响应的比例低于没有订阅报纸的人（见表 2.29）。

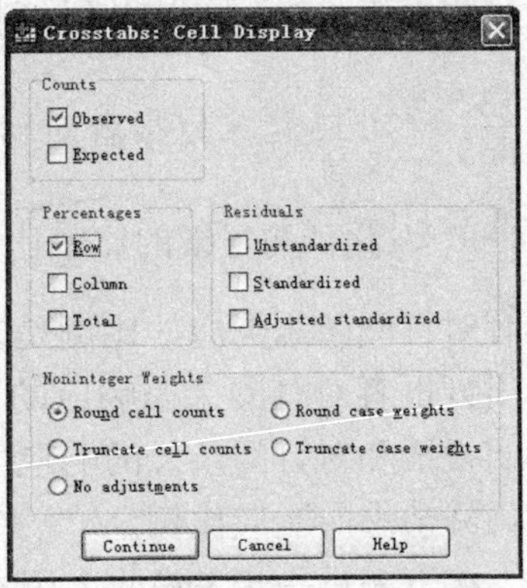

图 2.47　在单元格显示对话框中选择单元格输出格式

表 2.28　征订报纸和响应的列联表

订购报纸 * 响应 Crosstabulation

			响应		
			对订阅杂志有响应	对订阅杂志无响应	Total
订购报纸	订购报纸	Count	380	2388	2768
		% within 订购报纸	13.7%	86.3%	100.0%
	未订购报纸	Count	299	3333	3632
		% within 订购报纸	8.2%	91.8%	100.0%
Total		Count	679	5721	6400
		% within 订购报纸	10.6%	89.4%	100.0%

表 2.29　相对风险估计表

Risk Estimate

	Value	95% Confidence Interval	
		Lower	Upper
Odds Ratio for 订购报纸 (订购报纸 / 未订购报纸)	1.774	1.511	2.082
For cohort 响应 = 对订阅杂志有响应	1.668	1.445	1.924
For cohort 响应 = 对订阅杂志无响应	0.940	0.924	0.957
N of Valid Cases	6400		

根据表 2.28 可以得到订报者对订阅杂志响应的比率 $odds_1=\frac{p_1}{1-p_1}=\frac{0.137}{0.863}=0.158$，未订报者对订阅杂志响应的比率 $odds_2=\frac{p_2}{1-p_2}=\frac{0.082}{0.918}=0.089$，因此订购报纸的比率比 $odds=\frac{p_1/(1-p_1)}{p_2/(1-p_2)}=\frac{0.158}{0.089}=1.774$，它表明订报者对订阅杂志响应的比例是未订报者的 1.774 倍。通过上面的分析我们可以看出订报者对订阅杂志响应的相对风险 RR_1 和比率比 $odds$ 都大于 1，这也表明订阅报纸和对订阅杂志的响应之间存在正相关，以订报者作为目标客户，可以提高订阅杂志的响应比例。

接下来进一步考虑收入因素，将其作为分层变量，检验比率比的同质性，看看是否能够大幅度提高响应比例。单击常用工具栏中的 Recall recently used dialogs 按钮，在弹出列表中选择 Crosstabs，重新回到列联表对话框，将"收入类型"作为分层变量，移入右侧的 Layer 1 of 1 下方的方框中(见图 2.48)。

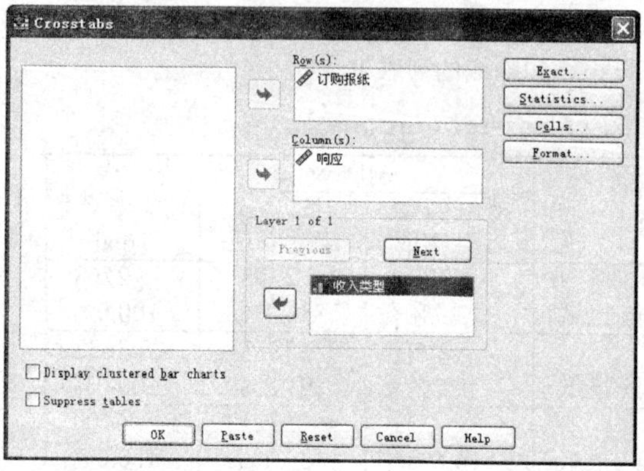

图 2.48　在列联表中添加分层变量

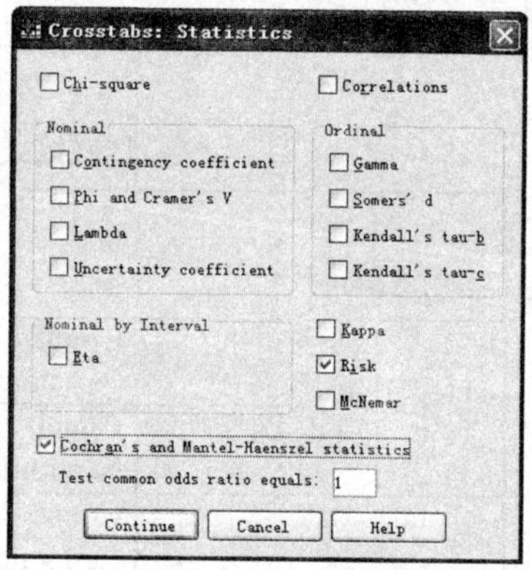

图 2.49　在统计量对话框中选择输出统计量

单击 Statistics 按钮，在统计量设置对话框中，勾选 Cochran's and Mantel-Haenszel Statistics 复选框(见图 2.49)，单击 Continue 按钮，回到列联表分析对话框，单击 OK 按钮，输出下面的结果。

将收入作为分层变量以后，Risk Estimate (相对风险估计表，见表 2.30)中各收入等级都有其对应的比率比和相对风险估计值。随着收入增长，订报者对订阅杂志响应的比率比逐渐减小，最低收入组比率比为 2.513，而最高收入组的比率比已经下降到 1.594，这表明不同收入水平的订报者对订阅杂志响应的比率比存在一定的差异，但是这种差异是真实存在还是由于偶然因素造成的，需要分析后面比率比的同质性检验统计量（见表 2.31）。

表 2.30 添加分层变量后的相对风险估计表

Risk Estimate

收入类型		Value	95% Confidence Interval Lower	95% Confidence Interval Upper
年收入低于25000	Odds Ratio for 订购报纸 (订购报纸 / 未订购报纸)	2.513	1.830	3.451
	For cohort 响应 = 对订阅杂志有响应	2.146	1.652	2.789
	For cohort 响应 = 对订阅杂志无响应	.854	.805	.907
	N of Valid Cases	1174		
年收入在25000与49999之间	Odds Ratio for 订购报纸 (订购报纸 / 未订购报纸)	1.829	1.418	2.357
	For cohort 响应 = 对订阅杂志有响应	1.701	1.361	2.125
	For cohort 响应 = 对订阅杂志无响应	.930	.900	.961
	N of Valid Cases	2388		
年收入在50000与74999之间	Odds Ratio for 订购报纸 (订购报纸 / 未订购报纸)	2.182	1.387	3.434
	For cohort 响应 = 对订阅杂志有响应	2.056	1.351	3.128
	For cohort 响应 = 对订阅杂志无响应	.942	.909	.976
	N of Valid Cases	1120		
年收入高于75000	Odds Ratio for 订购报纸 (订购报纸 / 未订购报纸)	1.594	1.097	2.315
	For cohort 响应 = 对订阅杂志有响应	1.539	1.088	2.177
	For cohort 响应 = 对订阅杂志无响应	.966	.940	.992
	N of Valid Cases	1718		

表 2.31 比率比的同质性检验表

Tests of Homogeneity of the Odds Ratio

	Chi-Squared	df	Asymp. Sig. (2-sided)
Breslow-Day	4.030	3	.258
Tarone's	4.026	3	.259

Tests of Homogeneity of the Odds Ratio（比率比的同质性检验表，见表2.31）中包含Breslow-Day和Tarone's这两个统计量，它们检验分层变量比率比的同质性。这两个统计量的基本假定是，对各个收入等级的订报者，他们对订阅杂志响应的比率比都是相同的。从表中可以看出，两个统计量对应的渐近显著性水平都大于0.1，表明比率比的确是同质性的，也就是说不管客户的收入如何，以订报者作为目标客户都可以提高对订阅杂志的响应。

表 2.32　条件独立性检验表

Tests of Conditional Independence

	Chi-Squared	df	Asymp. Sig. (2-sided)
Cochran's	68.916	1	.000
Mantel-Haenszel	68.178	1	.000

Under the conditional independence assumption, Cochran's statistic is asymptotically distributed as a 1 df chi-squared distribution, only if the number of strata is fixed, while the Mantel-Haenszel statistic is always asymptotically distributed as a 1 df chi-squared distribution. Note that the continuity correction is removed from the Mantel-Haenszel statistic when the sum of the differences between the observed and the expected is 0.

Tests of Conditional Independence（条件独立性检验表，见表2.32）中包含Cochran's和Mantel-Haenszel统计量，它们检验订报和邮寄服务响应之间是否独立，从表中可以看出这两个统计量对应的渐近显著性水平都小于0.05，表明订报者和邮寄服务响应之间不是相互独立的，两者存在显著的联系。

表 2.33　Mantel-Haensze Common Odds Ratio 估计表

Mantel-Haenszel Common Odds Ratio Estimate

Estimate			1.976
ln(Estimate)			.681
Std. Error of ln(Estimate)			.083
Asymp. Sig. (2-sided)			.000
Asymp. 95% Confidence Interval	Common Odds Ratio	Lower Bound	1.678
		Upper Bound	2.327
	ln(Common Odds Ratio)	Lower Bound	.518
		Upper Bound	.845

The Mantel-Haenszel common odds ratio estimate is asymptotically normally distributed under the common odds ratio of 1.000 assumption. So is the natural log of the estimate.

Mantel-Haenszel Common Odds Ratio Estimate 表（见表2.33）中显示的估

计值是考虑到分层变量后的比率比 $\theta_{MH}=1.976$，因为前面的检验表明分层变量之间的比率比具有同质性，这个估计值比表 2.28 中的比率比估计值要相对好一点，也就是说考虑到收入因素以后，订报者对订阅杂志的响应是未订报者对订阅杂志响应的 1.976 倍。

综上所述，可见经过列联表中的相对风险分析，我们发现以订报者作为目标客户，可以提高直接邮寄服务的响应比例，同时我们也发现，在不同的收入层次，风险估计值也是不同的。因此，即使以低收入的订报者作为目标客户，也可以提高响应的比例。

2.4.4 列联表中的一致性检验

在前面的列联表分析中我们都是研究两个分类变量之间是否关联，但是在很多情况下我们可能对两个变量之间的一致性更感兴趣。比如，有两个裁判或者两家咨询公司彼此独立地对同一个问题或者同一个项目的互斥类型进行评价，如何度量两个裁判或者两家咨询公司评价的一致性，此时可以使用列联表中一致性检验来进行分析。一致性检验适用于行数和列数都相同的列联表，也就是正方形的列联表。

设 p_{ij} 代表某一个项目的某个类型被一个观察者归为 i 类，而被另外一个观察者归为 j 类的概率，则 $\theta_1=\sum_{i=1}^{r}p_{ii}$ 为两个观察者评价一致的概率，$\theta_2=\sum_{i=1}^{r}p_{i+}p_{+j}$ 为两个观察者评价相互独立，偶然达成一致的概率，那么定义 Kappa 统计量如下：

$$\kappa=\frac{\theta_1-\theta_2}{1-\theta_2}$$

当 $\theta_1=1$ 时，两个观察者对所有项目的评价一致，$\kappa=1$。当两个观察者对所有项目的评价相互独立时，$\theta_1=\theta_2$，$\kappa=0$。当 $\theta_1=0$ 时，两个观察者对所有项目的评价完全不一致，$\kappa=\frac{-\theta_2}{1-\theta_2}$。

κ 的极大似然估计值可以表示为：

$$\hat{\kappa}=\frac{\sum_{i=1}^{r}p_{ii}-\sum_{i=1}^{r}p_{i+}p_{+j}}{1-\sum_{i=1}^{r}p_{i+}p_{+j}}=\frac{n\sum_{i=1}^{r}n_{ii}-\sum_{i=1}^{r}r_ic_i}{n^2-\sum_{i=1}^{r}r_ic_i}$$

在大样本情况下，$\hat{\kappa}$ 近似于一个均值为 κ 的正态变量，其大样本方差为：

$$\mathrm{var}(\hat{\kappa}_1)=\frac{1}{n}\left\{\frac{\theta_1(1-\theta_1)}{(1-\theta_1)^2}+\frac{2(1-\theta_1)(2\theta_1\theta_2-\theta_3)}{(1-\theta_1)^3}+\frac{(1-\theta_1)^2(\theta_4-4\theta_2^2)}{(1-\theta_1)^4}\right\}$$

其中，$\theta_3=\sum_{i=1}^{r}p_{ii}(p_{i+}+p_{+i})$，$\theta_4=\sum_{i=1}^{r}\sum_{j=1}^{c}p_{ij}(p_{j+}+p_{+i})^2$。

在独立性假设，也就是 $H_0:\kappa=0(\theta_1=\theta_2)$ 成立下，$\hat{\kappa}$ 的方差可以简化为：

$$\mathrm{var}(\hat{\kappa}_0)=\frac{1}{n(1-\theta_1)^2}\left[\theta_2+\theta_2^2-\sum_{i=1}^{r}p_{i+}p_{+i}(p_{i+}+p_{+i})\right]$$

$$=\frac{1}{N(N^2-\sum_{i=1}^{r}r_ic_i)^2}\left[N(\sum_{i=1}^{r}r_ic_i)+(\sum_{i=1}^{r}r_ic_i)^2\right.$$

$$\left.-N(\sum_{i=1}^{r}r_ic_i(r_i+c_i))\right]$$

为了检验独立性假设，需要计算渐近的标准正态统计量

$$z=\frac{\hat{\kappa}}{\mathrm{var}(\hat{\kappa}_0)}$$

z 服从标准正态分布，此时可以使用标准检验统计量对其进行检验。若 z 对应的显著性水平 $Sig<\alpha$，则拒绝独立性的假设。一般而言，若 $0.75<\hat{\kappa}\leqslant 1$，两个观察者评价的一致性很好；若 $0.40<\hat{\kappa}\leqslant 0.75$，两个观察者评价的一致性较好；若 $0<\hat{\kappa}\leqslant 0.40$，两个观察者评价的一致性较差。

【例 2.9】 选择咨询公司。

一个公司在扩展公司业务的过程中，需要从 20 个不同的地点中选择一个来投资。公司雇用了两家咨询公司来独立地评估这些地点，两家咨询公司都被要求判定这些地点的投资前景是较好、一般或者较差。这家公司的分析人员需要判断这两个咨询公司对这 20 个投资地点的评估是否一致。

打开“咨询公司评分. sav”，使用列联表分析中的 Kappa 统计量来对 2 家咨询公司的评估一致性进行分析（数据来源：SPSS16. 0 Samples 中的 site. sav）。

单击 Analyze→Descriptive Statistics→Crosstabs，打开列联表分析对话框（见图 2. 50）。

将“A 公司评分”作为行变量，移入右侧的 Rows 框中。将“B 公司评分”作为列变量，移入右侧的 Columns 框中。

单击 Statistics 按钮，在统计量设置对话框中（见图 2. 51），勾选 Kappa 复选框，单击 Continue 按钮，回到列联表分析对话框，单击 OK 按钮，输出分析

结果。

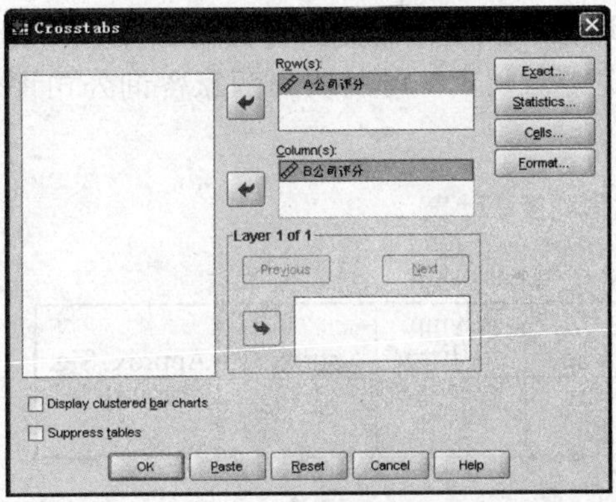

图 2.50　在列联表对话框中设置行变量和列变量

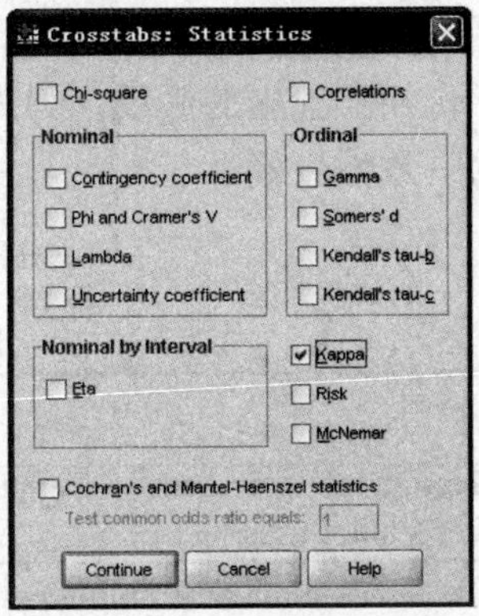

图 2.51　在统计量对话框中选择输出 Kappa 统计量

表 2.34　两家咨询公司评估结果的列联表

A公司评分 * B公司评分 Crosstabulation

Count

		B公司评分			Total
		较差	一般	较好	
A公司评分	较差	6	0	0	6
	一般	5	2	2	9
	较好	1	0	4	5
Total		12	2	6	20

输出结果中的交叉列联表(见表 2.34)显示在 20 个评估地点中,两个咨询公司评价都是“较差”的有 6 个地点,评价都是“一般”的有 2 个地点,评价都是“较好”的有 4 个地点,他们意见一致的地点达到了 12 个,其对应的概率 $\theta_1=\sum_{i=1}^{r}p_{ii}=\frac{12}{20}=0.6$,同样我们可以计算得到 $\theta_2=\sum_{i=1}^{r}p_{i+}p_{+j}=\frac{6\times12+2\times9+4\times5}{20\times20}=0.3$。根据交叉表反映的信息,可以看出这两家咨询公司在 50%以上的评估地点上都达成了共识,但是他们的意见是否真正的一致,还需要分析后面的一致性检验统计量。

对称测度统计量表(见表 2.35)显示一致性检验统计量 $\hat{\kappa}=\frac{\theta_1-\theta_2}{1-\theta_2}=$

$\frac{0.6-0.3}{1-0.3}=0.429$，正态标准检验统计量 z 统计量为 3.333，其对应的近似显著性水平 $Approx.\,Sig.=0.001<\alpha=0.01$，在 1% 的显著性水平下拒绝两家评估公司的评价相互独立的假设。另外 $0.40<\hat{\kappa}\leqslant 0.75$，可以认为两家咨询公司评估意见的一致性较好。

表 2.35　对称测度统计表

Symmetric Measures

		Value	Asymp. Std. Error[a]	Approx. T[b]	Approx. Sig.
Measure of Agreement	Kappa	.429	.131	3.333	.001
N of Valid Cases		20			

a. Not assuming the null hypothesis.

b. Using the asymptotic standard error assuming the null hypothesis.

2.5　比率(Ratio)分析

SPSS 可以对两个尺度变量之间的比率分析提供比较全面的汇总统计量。设 A_i 为第 i 个比率统计量的分子，它一般代表财产的评估价；S_i 为第 i 个比率统计量的分母，它代表财产的销售价，则第 i 个比率统计量表示为 $R_i=\frac{A_i}{S_i}$。

和普通变量的描述性统计量相类似，SPSS 为比率统计量 R_i 提供了集中趋势统计量和离散趋势统计量（见表 2.36）。

表 2.36　比率的相关测度统计量

类别	统计量名称	公式
集中趋势统计量	均值 Mean	$\bar{R}=\overline{A/S}=\frac{\sum_{i=1}^{n}R_i}{n}$
	加权均值 Weighted Mean	$\bar{A}/\bar{S}=\frac{\sum_{i=1}^{n}A_i}{\sum_{i=1}^{n}S_i}$
	中位数 Median	$\tilde{R}=\begin{cases}R_{\frac{n+1}{2}} & n\text{ 为奇数}\\ \frac{R_{\frac{n}{2}}+R_{\frac{n}{2}+1}}{2} & n\text{ 为偶数}\end{cases}$

(续)表 2.36

类别	统计量名称	公式
离散趋势统计量	全距 Range	$Range = R_{max} - R_{min}$
	平均差 Average Absolute Deviation	$AAD = \frac{\sum_{i=1}^{n} \lvert R_i - \tilde{R} \rvert}{n}$
	平均差离散系数 Coefficient of Differential	$COD = \frac{AAD}{\tilde{R}} \times 100\%$
	标准差 Std Deviation	$s = \sqrt{\frac{\sum_{i=1}^{n} (R_i - \bar{R})^2}{n-1}}$
	基于中位数的离散系数 Median centered COV	$COV = \frac{s}{\tilde{R}} \times 100\%$
	基于均值的离散系数 Mean centered COV	$COV = \frac{s}{\bar{R}} \times 100\%$
	与价格相关的差别 Price-related Differential	$PRD = \frac{\overline{A/S}}{\bar{A}/\bar{S}} = \frac{\bar{R}}{\bar{A}/\bar{S}}$

比率统计量的中位数越大,平均差离散系数、基于中位数的离散系数和基于均值的离散系数越小,财产评估价和销售价的比率变动程度越小。除了上述描述性统计量外,Ratio 过程的统计量对话框中还提供了一个 Concentration Index 的选项,我们可以在其中设定比率值的集中系数,具体使用请参考下面的案例分析。

【例 2.10】 房屋评估价和销售价的比率分析。

某县的一位办事员为了分析房价变动情况,需要跟踪调查全县不同地区房屋评估价和销售价的数据。他使用比率过程对全县五个地区 1000 套房屋的评估价和销售价数据进行分析,进而了解全县不同地区房价变动的情况。

打开"房屋评估价的比率分析. sav"(数据来源:SPSS16. 0 Samples 中的 property_assess. sav)。数据文件中使用的变量名、变量标签值及变量类型见表 2. 37。

单击 Analyze→Descriptive Statistics→Ratio…,弹出 Ratio Statistics(比率统计)对话框(见图 2. 52)。

选择"房屋评估价"为分子变量,移入右侧的 Numerator 方框中,选择"房屋销售价"为分母变量,移入右侧的 Denominator 方框中,选择"乡镇位置"为分组变量,移入右侧的 Group Variable 方框中。

表 2.37 数据文件中使用的变量名、变量标签值及变量类型

变量名 Variable name	变量标签值 Value label	变量类型
乡镇位置	1=东部地区 2=中部地区 3=南部地区 4=北部地区 5=西部地区	名义变量
房屋销售价		尺度变量
房屋评估价		尺度变量

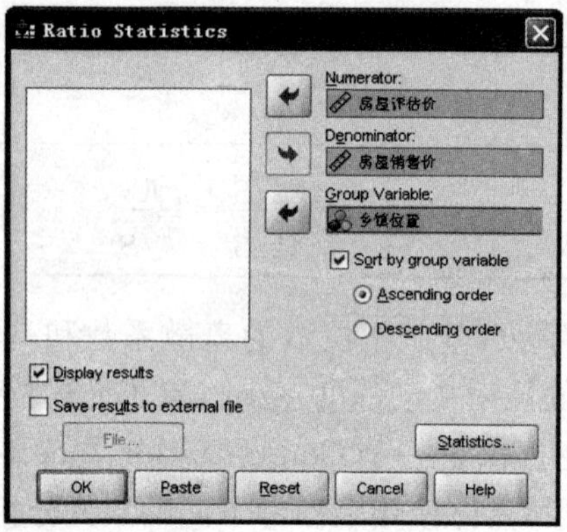

图 2.52 比率统计对话框

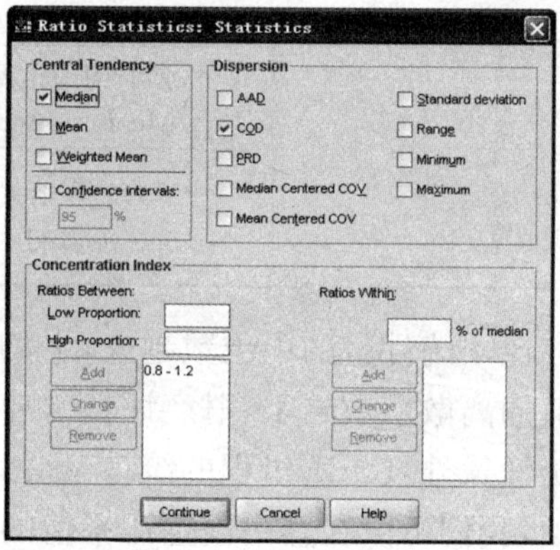

图 2.53 在统计量对话框中选择输出统计量

单击 Statistics 按钮，在统计量设置对话框中，选择 Central Tendency 下的 Median。在 Dispersion 中，取消默认的 PRD 和 Median centered COV 选项。在 Ratio Between 下的 Low Proportion 文本框中输入 0.8，High Proportion 文本框中输入 1.2，单击其下方的 Add 按钮，将这两个数值移入下方文本框中，在输出结果中显示各地区房屋评估价和销售价比率在 80%和 120%之间变动的比例（见图 2.53）。

在右侧的% of median 文本框中输入 20，再单击 Add 按钮，将数值移入下方的文本框中（见图 2.54）。输出结果中将显示各地区房屋评估价和销售价的比率围绕其中位数上下变动 20%的比例。单击 Continue 按钮，回到比率统计分析主对话框，单击 OK 按钮，输出分析结果。

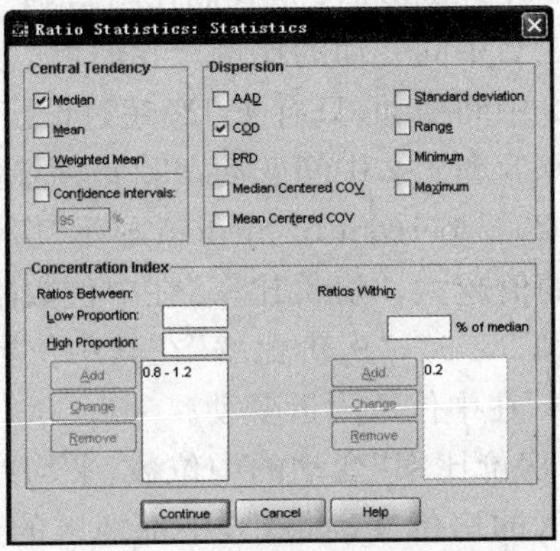

图 2.54　在 Statistics 对话框中选择统计量

Ratio Statistics（比率统计量表，见表 2.38）显示全县不同地区房屋评估价和销售价比率的中位数(Median)、平均差离散系数(COD)和集中系数(COC)，为了描述方便，我们简称房屋评估价和销售价的比率为“房价比率”。

表 2.38　两次房屋评估价比率的输出统计量表

Ratio Statistics for 房屋评估价/房屋销售价

Group	Median	Coefficient of Dispersion	Coefficient of Concentration	
			Percent between 0.8 and 1.2 inclusive	Within 20% of Median inclusive
东部地区	.867	.128	67.2%	78.5%
中部地区	.904	.118	75.9%	81.8%
南部地区	.747	.199	36.1%	58.5%
北部地区	.963	.070	95.9%	95.9%
西部地区	.816	.118	55.5%	84.8%
Overall	.873	.141	66.3%	75.7%

中位数显示“房价比率”的集中趋势，中位数越大表明房价变动越小。北部地区“房价比率”中位数最大，达到了 0.963，该地区的房屋价格变化最小。南部地区“房价比率”比率中位数最小，该地区房屋价格变动最大。

比较各地区“房价比率”的平均差离散系数，可以发现北部地区“房价比率”的平均差离散系数是最小的，仅为 0.07；而南部地区的平均差离散系数值最大，达到 0.199，这也同样表明北部地区房价变动较小，南部地区房屋价格变动较大。

集中系数同样可以测度房价的波动，表 2.37 的集中系数由两个部分组成。

Percent between 0.8 and 1.2 inclusive 是我们在图 2.51 中设置的，通过它可以了解“房价比率”在 0.8 和 1.2 中间变动的比例。我们可以看出北部地区 95.9%的“房价比率”在 0.8 和 1.2 中间变动，只有 4.1%超过设定的范围。南部地区只有 36.1%的“房价比率”在 0.8 和 1.2 中间变动，63.9%都超过设定范围。

集中系数的 Within 20% percent of median 显示“房价比率”围绕其中位数上下变动 20%的比例，它的值越大，“房价比率”在中位数附近变动的比例也高，波动性也就越小。北部乡镇 95.9%“房价比率”在其中位数附近变动，而南部乡镇仅有 58.5%的“房价比率”在中位数附近变动。

分析其他几个地区“房价比率”变动的中位数、平均差离散系数和集中系数，我们可以了解到北部地区的房价变动最小，中部地区的房价变动稍大于北部地区，东部地区和西部地区房价的变动又大于北部地区和中部地区，而南部地区房价波动最大。

第 3 章　均 值 比 较

SPSS 的均值比较分析中包含五个部分的内容：均值分析(Means)、单样本均值检验(One-Sample T Test)、独立样本均值检验(Independent samples T Test)、配对样本均值检验(Paired samples T Test)和单样本方差分析(One-way Anova)。

均值分析通过比较变量的均值和标准差，或者利用方差分析表，可以发现变量之间潜在的关系。单样本均值检验可以检验单个样本均值是否和总体均值存在显著差异，两个独立样本均值检验和两个配对样本均值检验都是检验两个样本之间均值是否存在差异的方法，而单样本方差分析可以检验多个样本均值是否存在差异。

3.1　均 值 分 析

均值分析是在数据分组的基础上，比较分析不同组别(类型)的尺度水平变量在集中程度和离散程度上存在的差异。因此，使用 SPSS 的均值分析功能时，至少需要有一个尺度水平变量和一个分组变量。SPSS 的均值分析还可以选择输出方差分析表(ANOVA and eta table)和线性检验结果(Test for linearity)。

【例 3.1】　旷工时间分析。

一家企业的管理人员认为对该企业的库房工人进行培训可以减少工人旷工现象，他选择了为工人举办过培训班的库房进行研究，该企业的库房有 4 种类型，培训课程根据时间长短分为 3 种类型。

打开“旷工时间. sav”，使用 Means 检验，来分析库房类型、培训时间和工人旷工时间之间的关系。数据文件中使用的变量名、变量标签值及变量类型见表 3.1。

单击 Analyze→Compare Means→Means，打开 Means(均值分析)对话框(见图 3.1)。把“旷工时间”移入 Dependent List (因变量列表框)中，将“库房类型”移入 Independent List(自变量列表框)中，单击 OK 按钮，输出分析结果(见表 3.2)。

表 3.1 数据文件中变量名、变量标签值及变量类型

变量名 Variable name	变量标签值 Label Value	变量类型
库房类型	1=一般商品,2=日用品 3=散装存货,4=冷冻商品	名义变量
培训时间	1=1～20 天 2=21～50 天 3=50 天以上	名义变量
旷工时间		尺度变量

数据来源:肯·布莱克,戴维·L·埃尔德雷奇.商务与经济统计[M].北京:机械工业出版社,2003:315.

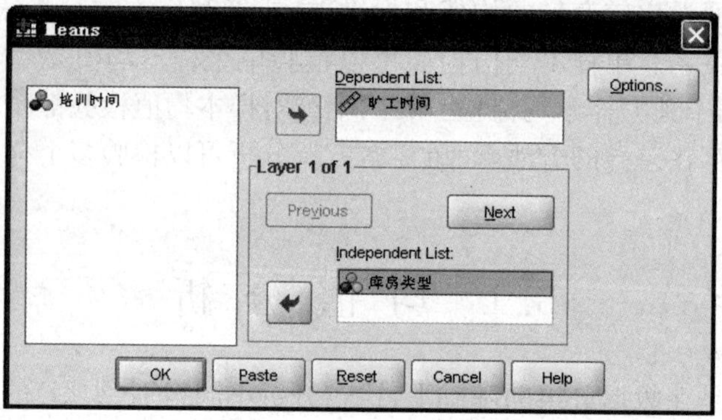

图 3.1 均值分析对话框

表 3.2 旷工时间的报告表

Report

库房类型	Mean	N	Std. Deviation
一般商品	2.556	9	1.1304
日用品	2.611	9	1.6729
散装存货	2.833	9	1.0000
冷冻商品	3.611	9	1.2444
Total	2.903	36	1.3029

Report(报告表)显示从“一般商品”库房到“冷冻商品”库房,工人平均旷工时间逐渐增加,从 2.556 天增加到 3.611 天。接下来可以把“培训时间”作为分层变量,分析旷工时间在库房类型和培训时间这两个方面是否存在差异。

单击常用工具栏上的 Recall recently used dialogs 按钮,从弹出的列表中选择 Means,重新回到 Mean(均值比较)对话框(见图 3.2),单击 Next 按钮,将 Layer(分层)从 1 增加到 2,从左侧的变量列表框中选择“培训时间”,将它移入到 Independent List,单击 OK 按钮,输出增加分层变量的报告表(见表 3.3)。

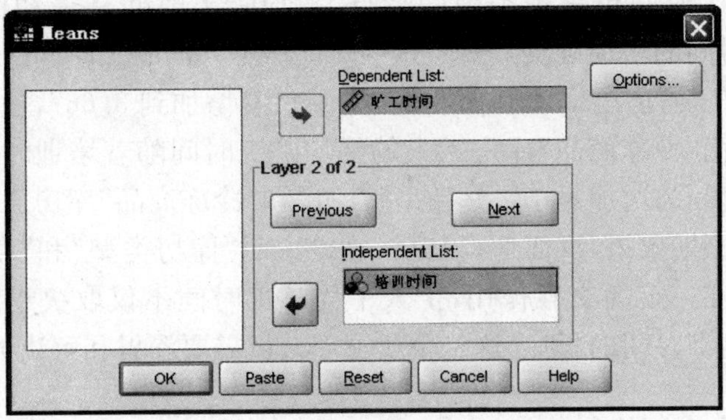

图 3.2　在均值分析对话框中添加分层变量

表 3.3　添加了分层变量的报告表

Report

旷工时间

库房类型	培训时间	Mean	N	Std. Deviation
一般商品	1～20天	3.833	3	.7638
	21～50天	2.167	3	.2887
	50天以上	1.667	3	.7638
	Total	2.556	9	1.1304
日用品	1～20天	4.500	3	.5000
	21～50天	2.167	3	1.0408
	50天以上	1.167	3	1.0408
	Total	2.611	9	1.6729
散装存货	1～20天	3.000	3	.5000
	21～50天	1.833	3	1.0408
	50天以上	3.667	3	.2887
	Total	2.833	9	1.0000
冷冻商品	1～20天	2.333	3	.5774
	21～50天	4.000	3	1.3229
	50天以上	4.500	3	.5000
	Total	3.611	9	1.2444
Total	1～20天	3.417	12	.9962
	21～50天	2.542	12	1.2332
	50天以上	2.750	12	1.5594
	Total	2.903	36	1.3029

从重新输出的 Report 中(见表 3.3)可以看出,"一般商品"库房的平均旷工时间随着培训时间的增加而逐渐减小,从最初的 3.833 下降到 1.677。"日用品"库房工人平均旷工时间也呈现类似的特点,平均旷工时间从最初的 4.5 下降到 1.167。培训时间的增加确实减少了这两个库房工人的旷工时间。"散装存货"库房工人平均旷工时间从 3.0 下降到 1.833,然后又增加到 3.667,呈现"先减小,后增加"的趋势,而"冷冻商品"库房工人的平均旷工时间随着培训时间的增加而逐渐增加,培训时间的增加对于"散装存货"库房和"冷冻商品"库房工人的旷工时间不仅没有取得预期效果,反而适得其反,这也说明"库房类型"和"培训时间"这两个变量之间存在一定的交互作用,工人平均旷工时间不仅取决于特定的库房类型,还取决于培训时间的长短,这是企业管理人员需要深思和解决的问题。

3.2 单样本均值检验

单样本均值检验可以检验一个样本均值和总体均值是否存在差异,在对样本数据进行均值检验之前,一般都要假定样本数据大体服从正态分布,最起码是无偏分布。SPSS 在进行单样本均值检验时会输出样本数据的均值、标准差和均值的标准误差这几个描述性统计量。

为了检验样本均值 μ_0 和总体均值 μ 是否相等,提出假设: $H_0:\mu=\mu_0$, $H_1:\mu\neq\mu_0$。在总体方差未知时,样本均值 $\bar{x}$ 服从均值为 μ_0,方差为 $\frac{s^2}{n}$ 的正态分布,此时的检验统计量为 $t=\dfrac{\bar{x}-\mu_0}{\frac{s}{\sqrt{n}}}$,在原假设成立的条件下,该统计量服从自由度为 $n-1$ 的 t 分布。利用 SPSS 输出的检验统计量的伴随概率 p,我们可以判断是否接受原假设:如果伴随概率 p 非常小,或者 p 小于设定的显著性水平 α,那么就可以拒绝原假设,样本均值和总体均值存在显著差异。如果伴随概率 p 比较大,比如大于设定的显著性水平 α 就不能拒绝原假设,样本均值和总体均值之间的差异是不显著的。

【例 3.2】 数学平均成绩的比较。

在期末考试之后,某位数学老师在分析考试平均成绩时发现他所带的 4 个班级平均成绩都在 76 分左右,为了判断平均成绩是否都是 76 分,他利用单样本的均值检验对数学成绩进行分析。

打开"学习成绩的比较.sav"。数据文件中使用的变量名及变量测度类型见

表 3.4。

表 3.4　数据文件中变量名及变量类型

变量名 Variable name	变量类型
班级	尺度变量
成绩	尺度变量

数据文件中，变量“班级”用来标识不同的班级，由于要对每个班级数学平均成绩进行独立样本的均值检验，而 SPSS 的单样本均值对话框中没有为分类变量进行均值检验的选项，因此首先需要拆分数据文件。

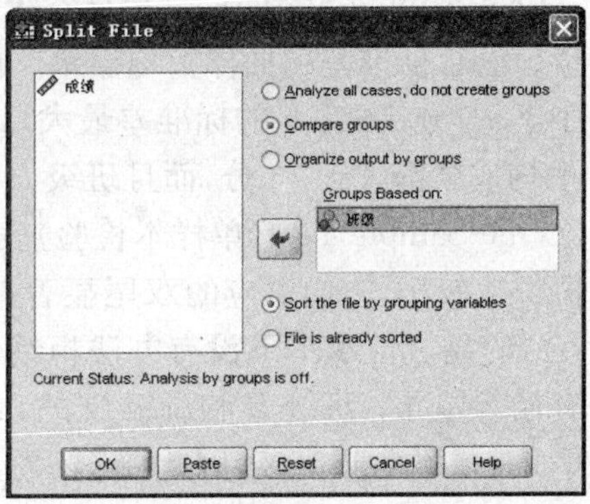

图 3.3　在拆分文件对话框选择拆分变量

单击 Data→Split File，打开 Split File 对话框（见图 3.3），单击 Compare groups，将“班级”移入 Groups Based on 下方，单击 OK 按钮，完成数据的拆分。

单击 Analyze→Compare Means→One-sample T Test，在 One-sample T Test 对话框（见图 3.4）中，将“成绩”移入 Test Variable 框中，在 Test Value 后的文本框中输入 76。单击 Continue 按钮，回到单样本均值检验对话框后单击 OK 按钮，输出分析结果（见表 3.5）。

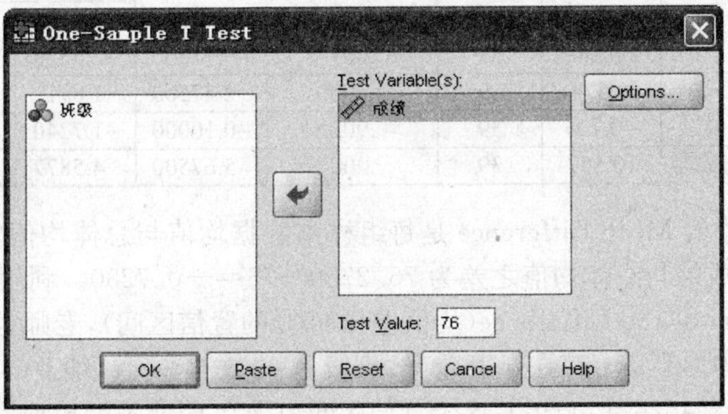

图 3.4　在单样本均值检验对话框中设置待检验变量和检验数值

表 3.5 数学成绩的单样本统计量表

One-Sample Statistics

班级		N	Mean	Std. Deviation	Std. Error Mean
班级A	成绩	40	75.2750	5.40174	.85409
班级B	成绩	40	78.4750	1.82557	.28865
班级C	成绩	40	75.9000	5.07786	.80288
班级D	成绩	40	81.6750	3.39975	.53755

One-Sample Statistics（单样本统计量）表显示了4个班级数学成绩的样本容量、均值、标准差和抽样平均误差。从中可以看出班级A和班级C的平均成绩稍小于76分，班级A的标准差最大，该班级成绩波动幅度较大。班级B和班级D平均成绩都大于76分，而且班级B的标准差最小，这个班成绩波动幅度最小。

One-Sample Test（单样本检验）表（见表3.6）显示，班级A和班级C的t统计量值都比较小，它们对应的双尾显著性水平*Sig.*即伴随概率都大于0.05，因此在5%的显著性水平下没有办法拒绝原假设，这两个班级数学平均成绩和76分没有显著差异。班级B和班级D的t统计量值都比较大，它们对应的双尾显著性水平*Sig.*都小于0.05，因此在5%的显著性水平下拒绝原假设，这两个班级数学平均成绩和76分有显著差异。

表 3.6 单样本检验表

One-Sample Test

		Test Value = 76				
					95% Confidence Interval of the Difference	
班级	t	df	Sig. (2-tailed)	Mean Difference	Lower	Upper
班级A 成绩	–0.849	39	.401	–0.72500	–2.4526	1.0026
班级B 成绩	8.574	39	.000	2.47500	1.8912	3.0588
班级C 成绩	–0.125	39	.902	–0.10000	–1.7240	1.5240
班级D 成绩	10.557	39	.000	5.67500	4.5877	6.7623

表3.6中的Mean Difference是每组样本数据均值与总体均值之差，比如班级A的平均成绩与总体均值之差为75.2750－76＝－0.7250。利用95% Confidence Interval of the Difference（均值差异95%的置信区间），老师也可以检验样本均值和总体均值是否存在显著差异，班级A的数学平均成绩差异的95%的置信区间为[－2.4526，1.0026]，这个置信区间包含0，因此不能拒绝原假设。班级B的数学平均成绩差异的95%的置信区间为［1.8912，3.0588］，置信区间不包

含 0,从而可以拒绝原假设。对班级 C 和班级 D 进行类似的分析,得到的结论和对 t 统计量的检验是一致的。

3.3　独立样本均值检验

独立样本均值检验是检验两个独立样本均值是否存在显著差异的一种方法。使用 *SPSS* 进行独立样本均值检验的时候,要求两个样本都来自正态总体。在对两个独立样本均值检验之前,首先要判断这两个样本对应的总体方差是否相等,也就是进行方差齐次检验。在总体方差相同和不相同情况下,对样本均值进行检验的统计量公式是有区别的。

方差齐次检验的假设是:$H_0:\sigma_1^2=\sigma_2^2, H_1:\sigma_1^2\neq\sigma_2^2$。其中 σ_1^2 和 σ_2^2 分别代表第一组和第二组样本所对应的总体方差。

SPSS 在进行方差齐次检验时使用了 *Levene* 方差齐次检验法,这种方法计算第 k 组样本观测值与第 k 样本均值之差的绝对值 $Z_{ki}=|X_{ki}-\bar{X}_k|$,然后再对这些绝对值进行单因素方差分析,构造统计量 $L=\dfrac{(n-2)\sum\limits_{i=1}^{n}(\bar{Z}_k-\bar{Z}^2)}{\sum\limits_{k=1}^{2}\sum\limits_{i=1}^{n_k}(Z_{ki}-\bar{Z}_k)^2}$,在原假设成立时,$L\sim F(1,n-1)$。

如果 L 统计量对应的伴随概率 p 大于设定的显著性水平 α 就不能拒绝原假设,两组样本所对应的总体方差没有显著差异,也就是说两组总体方差齐次。此时检验两组样本均值是否相等的统计量为 $t=\dfrac{(\bar{X}_1-\bar{X}_2)-(\mu_1-\mu_2)}{s_w\sqrt{\dfrac{1}{n_1}+\dfrac{1}{n_2}}}$,其中 n_1,n_2 分别为两个样本的容量,$s_w=\sqrt{\dfrac{(n_1-1)s_1^2+(n_2-1)s_2^2}{n_1+n_2-2}}$,它是两个样本的合并标准差,$s_1^2$ 和 s_1^2 分别代表两组样本的方差。在原假设成立的条件下,$t\sim t(n_1+n_2-2)$。如果 t 对应的伴随概率 $p<\alpha$,则拒绝两组样本均值相等的假设。

如果 L 统计量对应的伴随概率 $p<\alpha$,那么就可以拒绝两组样本所对应的总体方差相等的假设,此时检验两个独立样本均值是否相等的统计量为 $t=\dfrac{(\bar{X}_1-\bar{X}_2)-(\mu_1-\mu_2)}{\sqrt{\dfrac{s_1^2}{n_1}+\dfrac{s_2^2}{n_2}}}$。统计软件在进行计算时都会使用修正自由度的方法来

确定 t 统计量的临界值，修正的自由度为 $\mathrm{d}f=\dfrac{\left(\dfrac{s_1^2}{n_1}+\dfrac{s_2^2}{n_2}\right)^2}{\dfrac{\left(\dfrac{s_1^2}{n_1}\right)^2}{(n_1-1)}+\dfrac{\left(\dfrac{s_2^2}{n_2}\right)^2}{(n_2-1)}}$。原假设成立时，$t\sim t(\mathrm{d}f)$。如果 t 对应的伴随概率 $p<\alpha$ 则拒绝两组样本均值相等的假设。

SPSS在进行独立样本均值检验时，会输出两组样本的均值、标准差和均值的标准误差等描述性统计量。

【例3.3】 培训方法的比较。

一家公司的新员工要参加为期三天的培训以了解公司的情况，在培训过程中随机抽取15名新员工参加传统的培训方式，抽取12名新员工参加一种新的培训方式，培训结束后对员工进行测试，公司经理想知道这两组员工测试成绩的均值是否存在显著差异。

打开"培训方法的比较.sav"。使用独立样本的均值检验来判断两种不同的培训方法是否影响新员工的测试成绩。数据文件中使用的变量名、变量标签值及变量类型见表3.7。

表3.7 数据文件中使用的变量名、变量标签值及变量类型

变量名 Variable name	变量标签值 Label Value	变量类型
培训方法	1=传统培训方法 2=新的培训方法	名义变量
测试成绩		尺度变量

单击Analyze→Compare Means→Independent-samples T Test，打开独立样本均值检验对话框(见图3.5)。将"测试成绩"作为分析变量，移入Test Variables方框中，将"培训方法"作为分组变量，移入右侧的Grouping Variable方框中，单击其下方的Define Groups按钮，弹出Define Groups(定义组别)对话框(见图3.6)。在Use specified values中的Group 1后输入1(代表传统培训方法)，在Group 2后输入2(代表新的培训方法)。单击Continue按钮，回到独立样本 t 检验对话框，单击OK按钮，输出独立样本均值检验结果(见表3.8)。

Group Statistics (分组统计量表)显示两组数据的样本容量、均值、标准差和抽样平均误差，参加传统培训方法员工的平均测试成绩是47.73，低于参加新培训方法员工的平均测试成绩8.77分，但是两组员工测试成绩的标准差相差不大，参加传统培训方法员工测试成绩的标准差稍大一些。

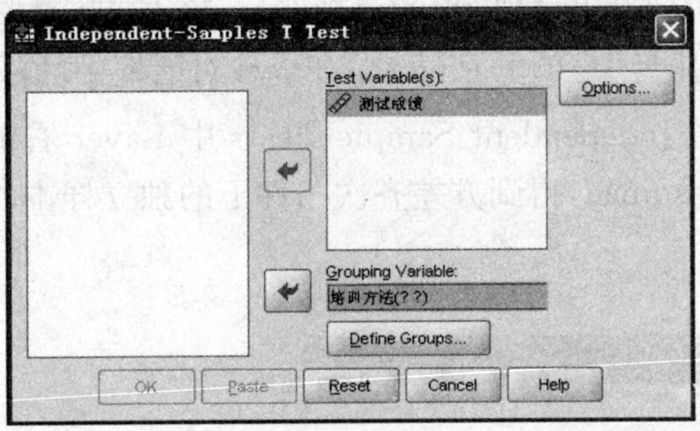

图 3.5 在独立样本均值检验对话框中设置待检验变量和分组变量

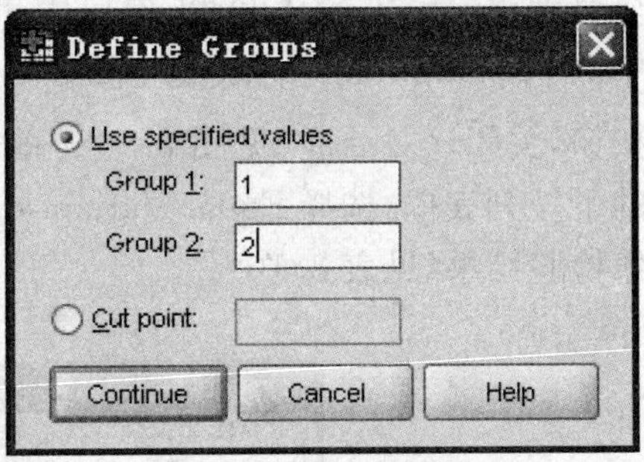

图 3.6 在定义组别对话框中设置各组别对应的数值

表 3.8 分组统计量表

Group Statistics

	培训方法	N	Mean	Std. Deviation	Std. Error Mean
测试成绩	传统培训方法	15	47.73	4.415	1.140
	新的培训方法	12	56.50	4.275	1.234

Independent Sample Test（独立样本均值检验）表（见表 3.9）中包含了两组样本的独立检验统计量。在进行独立样本均值检验时，首先利用 Levene 方差齐次检验统计量（Levene's Test for Equality of Variances）判断两组样本对应的总体方差是否相同。表 3.9 中显示 Levene 检验统计量 $F=0.258$，其对应的显著性水平 $Sig=0.616>0.05$，在 5%的显著性水平不能拒绝这两组样本对应的总体方差相等（Equal variances assumed）的假设，因此在接下来的分析过程中可以不再留意方差不相等（Equal variances not assumed）时的检验统计量，使用托盘转置的方法，在检验表中只显示方差相等时 t 检验的结果。

表 3.9 独立样本均值检验表

Independent Samples Test

		Levene's Test for Equality of Variances		t-test for Equality of Means						
									95% Confidence Interval of the Difference	
		F	Sig.	t	df	Sig. (2-tailed)	Mean Difference	Std. Error Difference	Lower	Upper
测试成绩	Equal variances assumed	.258	.616	-5.199	25	.000	-8.767	1.686	-12.240	-5.294
	Equal variances not assumed			-5.218	24.034	.000	-8.767	1.680	-12.234	-5.300

双击独立样本均值检验表,激活该工作表,弹出 Pivoting Trays 对话框(如果没有弹出,在 SPSS Viewer 窗口中单击 Pivot→Pivoting Trays)。将 Rows 托盘中的 Assumptions 图标拖动到 Layer 托盘中,单击 Pivoting Trays 对话框中的☒按钮,关闭该对话框(见图 3.7)。单击 Independent Sample Tests 中 Layer 右侧的下拉列表框,选择 Equal Variance assumed,得到方差齐次条件下的独立样本均值检验结果(见表 3.10)。

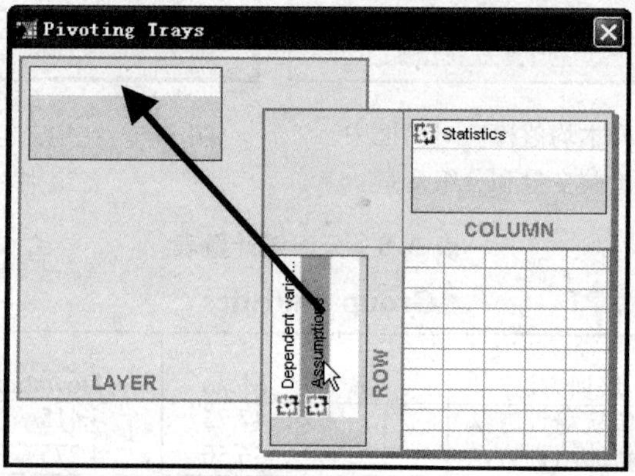

图 3.7 在 Pivoting Trays 对话框中将 Assumtions 转置到页托盘上

表 3.10 方差齐次条件下的独立样本均值检验表

Independent Samples Test

Equal variances assumed

	Levene's Test for Equality of Variances		t-test for Equality of Means						
								95% Confidence Interval of the Difference	
	F	Sig.	t	df	Sig. (2-tailed)	Mean Difference	Std. Error Difference	Lower	Upper
测试成绩	.258	.616	-5.199	25	.000	-8.767	1.686	-12.240	-5.294

独立样本均值检验表显示两个独立样本均值检验的 $t=-5.199$,对应的显著性水平 $Sig.=0.000<0.05$,在 5%显著性水平下拒绝两组员工平均测试成绩相等的假设,新员工参加新培训方法后的测试成绩显著地高于传统培训方法,这种新的培训方法是值得肯定和推广的。

通常在进行两样本均值检验的时候,都是根据实验设计来确定如何分组的,每一组都有一个分组变量。但有时候我们可以将现有的数值变量分成两组。比如说在某个班级学生英语口语测试成绩时,我们也许会将某个学生的英语笔试成绩作为分割点(cut point)将学生分为两组，对其口语测试成绩进行均值检验。在独立样本均值检验过程中，我们唯一需要确定的就是这个分割点的值。使用SPSS进行独立样本均值检验时，可以方便地修改分割点的大小，不要用手工的方法对数据进行重新分组。

【例 3.4】 电信客户月平均通话时间的分析。

一家移动通讯公司使用客户流失的倾向得分来分析客户。倾向得分值的范围在 0 和 100 之间，得分等于或超过 50 的客户很有可能会流失。公司的一名经理随机抽取 50 位得分超过 50 的客户，200 位得分低于 50 的客户，对这两类客户进行比较，判断他们月平均通话时间是否存在差异。

打开“电信客户月平均通话时间. sav”。

数据文件中使用的变量名及变量类型见表 3.11。

表 3.11　数据文件中的变量名及变量类型

变量名 Variable name	变量类型
月平均通话时间	尺度变量
客户流失倾向得分	尺度变量

单击 Analyze→Compare Means→Independent-samples T Test，打开独立样本均值检验对话框(见图 3.8)。选择“月平均通话时间”作为检验变量，移入 Test Variables 方框中。选择“客户流失倾向得分”，移入 Grouping Variable 方框中。单击 Define Groups 按钮，在弹出的 Define Groups 对话框中，单击 Cut point(分

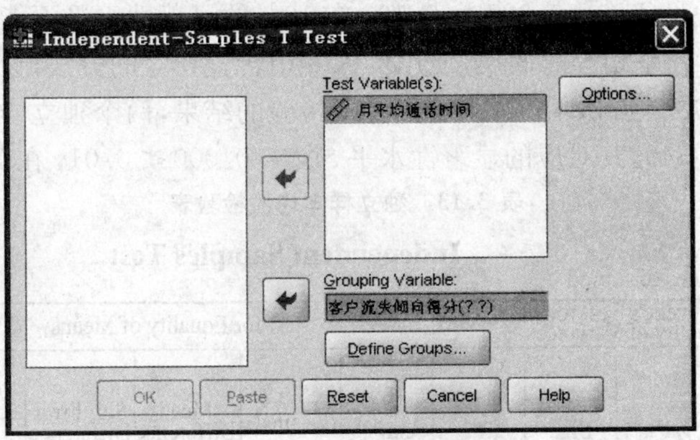

图 3.8　在独立样本均值对话框中设置检验变量和分组变量

割点)单选钮,在其后面的文本框中后输入 50,单击 Continue 按钮,回到独立样本均值检验对话框后单击 OK 按钮,输出检验结果。

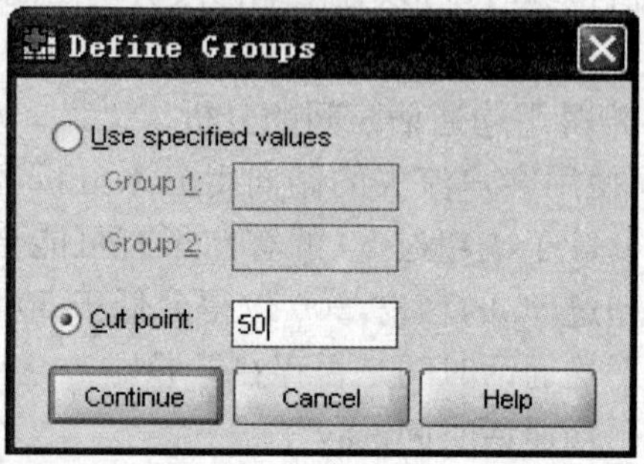

图 3.9　在定义组别对话框中设置切分点数值

分组统计量表(见表 3.12)显示流失倾向得分大于或等于 50 的客户,他们月平均通话时间为 225 分钟左右,比流失倾向得分小于 50 的客户,大约多出 78 分钟。

表 3.12　倾向得分大于 50 和小于 50 的分组统计量表

Group Statistics

	客户流失倾向得分	N	Mean	Std. Deviation	Std. Error Mean
月平均通话时间	>= 50.00	50	224.7906	37.73202	5.33611
	< 50.00	200	146.5344	33.64859	2.37931

独立样本均值检验表(见表 3.13)显示 Levene 检验统计量 $F = 0.966$,其对应的显著性水平 $Sig = 0.327 > 0.10$,在 10%的显著性水平不能拒绝这两组样本对应的总体方差相等的假设,使用例 3.3 中转置托盘的方法,让独立样本均值检验表只显示方差齐次情况下独立样本 t 检验的结果,两个独立样本均值检验的 t 统计量为 14.349,其对应的显著性水平 $Sig = 0.000 < 0.01$,在 1%的显著性水

表 3.13　独立样本均值检验表

Independent Samples Test

Equal variances assumed

	Levene's Test for Equality of Variances		t-test for Equality of Means						
								95% Confidence Interval of the Difference	
	F	Sig.	t	df	Sig. (2-tailed)	Mean Difference	Std. Error Difference	Lower	Upper
月平均通话时间	.966	.327	14.349	248	.000	78.25625	5.45394	67.51430	88.99819

平下拒绝两组样本均值相等的假设，也就是说流失倾向得分超过 50 的客户和低于 50 的客户，月平均通话时间均值存在显著差别。月平均通话时间越长的客户越是存在流失的倾向，移动电话公司有必要采取措施留住这部分客户。

3.4　配对样本均值检验

“事前－事后”实验是实验设计中经常使用的一种方法，这种实验方法就是对同一个事物，进行某种处理或给予某种刺激以后，获得两组数据。如果这种处理没有什么效果，那么前后两次测量结果均值之差应该等于 0，就接受它们均值相等的假设。如果这种处理对事物产生了效果，那么前后两次测量结果的均值之差应该不等于零，从而拒绝它们均值相等的假设。

配对样本的均值检验就是用来检验两个变量的均值是否存在差异的一种检验方法。对相同的事物测量两次，或者对配对的事物测量一次，所获得的数据，都能使用配对样本均值方法来进行检验。

设 X_1, X_2 表示两个随机的成对样本，两个变量的 n 对观测值形成配对样本，它们可以表示为 $(X_{11}, X_{21}), (X_{12}, X_{22}), \cdots, (X_{1n}, X_{2n})$，计算每一对样本观察值之差，记为 $d_j = X_{1j} - X_{2j}$，进一步得到其均值 $\bar{d} = \dfrac{\sum_{j=1}^{n} d_j}{n}$ 和标准差 $s_d = \sqrt{\dfrac{\sum d^2 - n(\bar{d})^2}{n-1}}$。

配对样本均值检验的假设是：$H_0: \mu_1 - \mu_2 = \mu_d = 0, H_1: \mu_d \neq 0$。为了检验假设，使用检验统计量 $t = \dfrac{\bar{d} - \mu_d}{\dfrac{s_d}{\sqrt{n}}}$，在原假设成立的条件下，它服从自由度为 $n-1$ 的 t 分布。t 对应的伴随概率 p 小于设定的显著性水平 α，则拒绝两组样本均值相等的假设。

SPSS 的配对样本均值检验还输出待检验变量的描述性统计量、配对变量的皮尔逊相关系数及其显著性水平和配对样本均值之差的置信区间。

【例 3.5】　减肥药的效果。

一位医生检验一种新的减肥药的效果，他选择了 12 名志愿者，让他们服用这种新药。在服药前和服药一个疗程后，医生分别测量了这些志愿者的体重，他想知道志愿者服用这种新减肥药后，体重是否会发生显著变化。

打开"减肥药的效果.sav"。使用配对样本的均值检验志愿者的体重在服药前后是否发生显著变化。数据文件中使用的变量名及变量类型见表 3.14。

表 3.14　数据文件中变量名及变量类型

变量名 Variable name	变量类型
服药前体重	尺度变量
服药后体重	尺度变量

单击 Analyze→Compare Means→Paired-samples T Test，打开配对样本均值检验对话框(见图 3.10)。从左侧的变量列表框中同时选中"服药前体重"和"服药后体重"这两个变量，单击向右的箭头，将它们移入右侧的 Paired Variables 方框中，将它们设定为配对检验的变量。单击 OK 按钮后输出配对样本均值检验的结果。

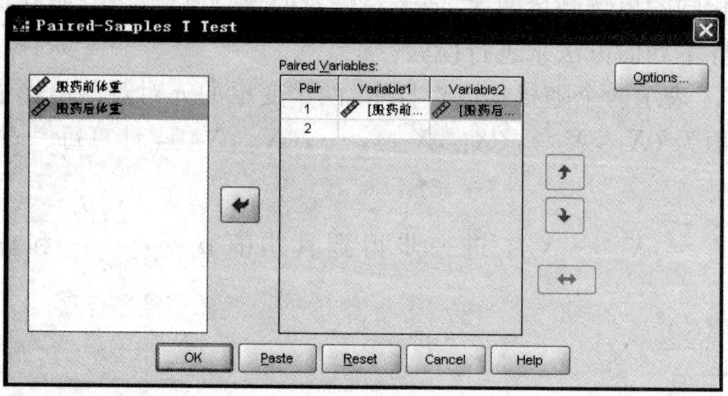

图 3.10　在配对样本均值检验对话框中选择两个配对检验的变量

表 3.15　两组配对样本的统计量表

Paired Samples Statistics

		Mean	N	Std. Deviation	Std. Error Mean
Pair 1	服药前体重	110.83	12	24.226	6.993
	服药后体重	108.67	12	26.400	7.621

Paired Samples Statistics (配对样本统计量表，见表 3.15)显示两组配对变量的均值、样本容量、标准差和抽样平均误差。表 3.15 中显示 12 名志愿者服药前的平均体重为 110.83(kg)，服药后的平均体重为 108.67(kg)，和服药前相比，

下降了 2.16(kg),体重是否显著减轻还要分析后面的检验统计量表。

图 3.16 两组配对样本相关系数表

Paired Samples Correlations

		N	Correlation	Sig.
Pair 1	服药前体重 & 服药后体重	12	.934	.000

Paired Sample Correlations(配对样本相关系数表,见表 3.16)显示,12 名志愿者服药前后体重的皮尔逊相关系数 $r=0.934$,显著性水平 $Sig.=0.000<0.05$,在 5%显著性水平下统计显著,表明这一组配对变量之间存在密切相关。

表 3.17 配对样本均值检验表

Paired Samples Test

		Paired Differences					t	df	Sig. (2-tailed)
					95% Confidence Interval of the Difference				
		Mean	Std. Deviation	Std. Error Mean	Lower	Upper			
Pair 1	服药前体重-服药后体重	2.167	9.408	2.716	−3.811	8.144	.798	11	.442

Paired Sample Test(配对样本的均值检验)表中(见表 3.17)的 Mean 显示 12 名志愿者服药前后体重均值之差 $\overline{d}$ 为 2.167,Std. Deviation 显示配对样本均值之差的标准差 s_d 为 9.408,Std. Error Mean($s_d/\sqrt{n}$) 显示标准误差均值为 2.716,它是对这 12 个样本进行重复随机抽样,度量配对样本均值之差变动程度的一个指标。95% Confidence interval of the Difference 显示配对样本均值之差的 95%的置信区间为[−3.811,8.144],置信区间包含 0,因此,接受两个配对样本均值之差为 0 的假设。

配对样本均值检验的 $t=\dfrac{\overline{d}}{s_d/\sqrt{n}}=\dfrac{2.167}{2.716}=0.798$,其对应的显著性水平 $Sig.=0.442>0.05$,在 5%显著性水平下不能拒绝两组配对样本均值之差相等的假设,新减肥药并没有显著地减轻志愿者的体重。

3.5 单因素方差分析(One-Way ANOVA)

单因素方差分析又称一维(One-Way)方差分析,它检验受到某个因素影响的因变量的各组均值间是否存在显著差异。利用 SPSS 进行单因素方差分析时,可选择输出因变量的分组统计量和分组均值图，进行方差齐次检验。对于多组样本数据进行检验时，为了判别出哪些组别的均值之间存在显著差异，还可以进行Contrasts(分组对照比较)和Post Hoc Multiple Comparisons(事后多重比较)。

单因素方差分析有一个基本假定，那就是所有组别的方差都是相等的，如果这个假定得不到满足，使用方差分析就不太合适了。可以绘制误差图或通过方差齐次检验来判断各组样本对应的总体方差是否相等。在单因素方差分析中对多组样本进行方差齐次检验时，SPSS提供的仍然是Levene方差齐次检验统计量。

要检验k组样本均值对应的总体均值是否相等，单因素方差分析使用下面的假设检验：

$$H_0: \mu_1 = \mu_2 = \cdots = \mu_k, H_1: \text{至少有一组均值与其他组均值不同}$$

进行单因素方差分析时，因变量的总方差$SS_{总方差}$分解为组内方差$SS_{组内}$和组间方差$SS_{组间}$这两个部分。设X_{ij}为变量值，n_i为第i组数据的个数，$\bar{X}_i$为第i组均值，$\bar{X}$为总均值，总样本数$n = \sum_{i=1}^{k} n_i$。单因素方差分析使用的计算表如表3.18所示。

表3.18 单因素方差分析表

方差来源	离差平方和	自由度	均方差	F统计量
组间	$SS_{组间} = \sum_{i=1}^{k} n_i (\bar{X}_i - \bar{X})^2$	$k-1$	$MS_{组间} = \frac{SS_{组间}}{k-1}$	$F = \frac{MS_{组间}}{MS_{组内}}$
组内	$SS_{组内} = \sum_{i=1}^{k} \sum_{j=1}^{n_i} (X_{ij} - \bar{X}_i)^2$	$n-k$	$MS_{组内} = \frac{SS_{组内}}{n-k}$	
总离差	$SS_{总方差} = \sum_{i=1}^{k} \sum_{j=1}^{n_i} (X_{ij} - \bar{X})^2$	$n-1$		

在给定的显著性水平下，若F统计量对应的伴随概率$p < \alpha$，则拒绝原假设，各组均值之间存在显著差别。

【例3.6】 工资水平与教育程度的分析。

某人力资源公司的分析人员在研究该地区工资水平和受教育程度关系时，收集到526位企业员工的小时工资和受教育程度的数据，分析人员使用单因素方差分析来判断员工工资水平是否随着教育程度不同而有所区别。

打开“工资水平和教育程度.sav”。数据文件中使用的变量名、变量标签值及变量类型见表3.19。

表 3.19 数据文件中变量名、变量标签值及变量类型

变量名 Variable name	变量标签值 Label Value	变量类型
小时工资		尺度变量
教育程度	1=初中文化,2=高中文化 3=大学文化,4=大学以上文化	名义变量

在进行单因素方差分析之间,为了判断各组样本所对应的总体方差是否相同的假定,可以绘制这三组员工成绩均值误差图,单击 Graphs→Legacy→Error Bar,打开误差图对话框(见图 3.11),采用默认的设置,单击 Define 按钮。

在弹出的 Define Simple Error Bar:Summaries for Groups of Cases 对话框中(见图 3.12),将变量"小时工资"移入右侧的 Variable 框中,将变量"教育程度"移入右侧的 Category Axis 框中,在 Bars Represent 的下拉式列表框中,选择 Standard error of means,单击 OK 按钮,输出教育程度不同的员工工资误差条形图。

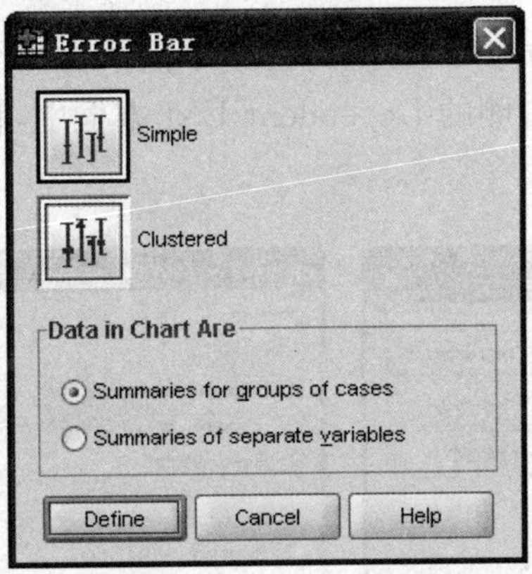

图 3.11 简单误差图对话框

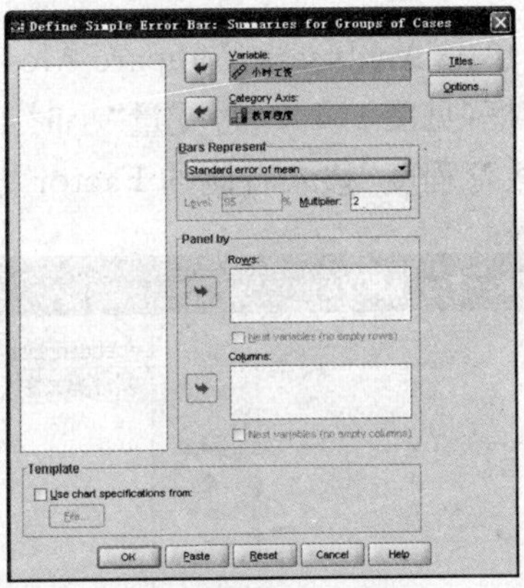

图 3.12 在定义误差图对话框中设置 x 轴和 y 轴代表的变量

误差条形图是反应数据离散程度的统计图形,图形中间的圆点代表均值,上下两端的横线代表均值的置信区间、均值的标准误差或者标准差。从图 3.13 中可以看出,员工的平均工资随着教育程度的增加而增加,而员工工资的变动程度随着教育程度的增加似乎也在增加,也就表明不同组别员工工资的方差是不相同的。单因素方差分析假定要求所有组的方差都相同,这个误差条形图中反映的信息未必能够支持这一假定,接下来使用单因素方差的方差齐次检验作进一步的验证。

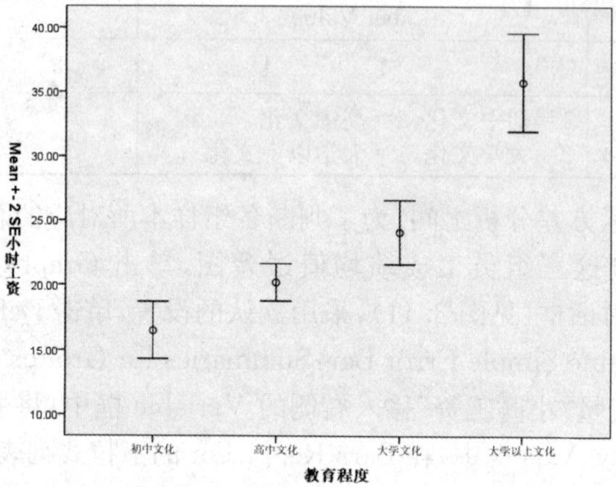

图 3.13　员工工资的误差条形图

单击 Analyze→Compare Means→One-way ANOVA，打开单因素方差分析对话框（见图 3.14），将变量“小时工资”移入右侧的 Dependent List 方框中，将变量“教育程度”移入右侧的 Factor 方框中。

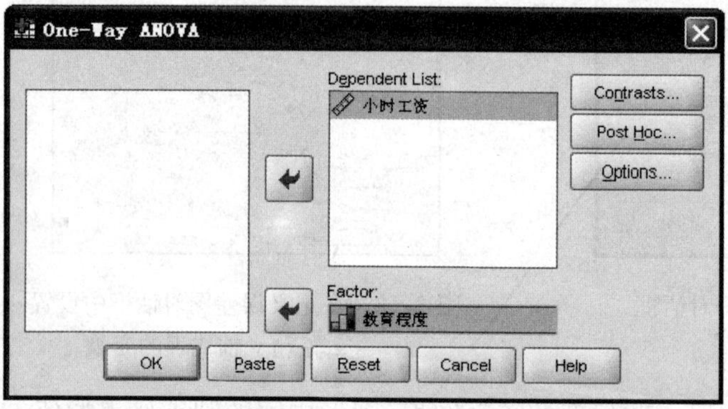

图 3.14　在单因素方差分析对话框中进行设置

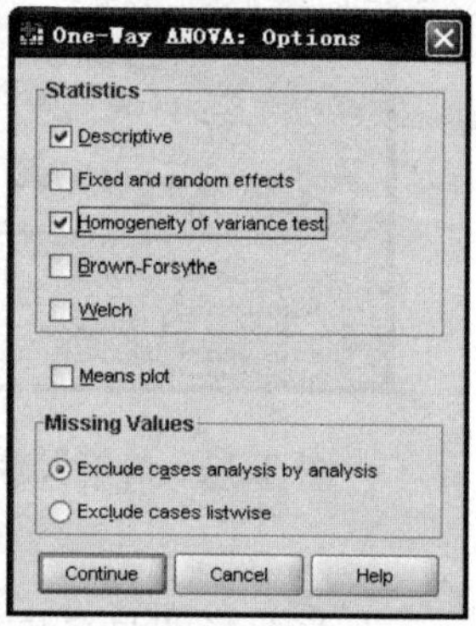

图 3.15　在选项对话框中选择方差分析的输出统计量

单击 Options 按钮，打开单因素方差分析选项对话框（见图 3.15）。在 Statistics 中勾选 Descriptive 和 Homogeneity of variance test。单击 Continue 按钮，回

到单因素方差分析对话框后单击 OK 按钮，输出分析结果(见表 3.20)。

表 3.20 教育程度不同的员工工资描述性统计量表

Descriptives

小时工资

	N	Mean	Std. Deviation	Std. Error	95% Confidence Interval for Mean		Minimum	Maximum
					Lower Bound	Upper Bound		
初中文化	55	16.5142	8.06310	1.08723	14.3344	18.6939	6.00	40.00
高中文化	259	20.1859	11.70234	.72715	18.7540	21.6178	2.12	88.80
大学文化	113	24.1200	13.27817	1.24911	21.6451	26.5949	8.00	79.92
大学以上文化	99	35.7919	19.01961	1.91154	31.9985	39.5853	12.00	99.92
Total	526	23.5844	14.77234	.64410	22.3191	24.8497	2.12	99.92

从描述性统计量表中可以看出，随着教育程度的提高，员工小时工资的均值从 16.5142 增加到 35.7919，小时工资的标准差从 8.0631 上升到 35.7919，这和上面的误差条形图分析结论是一致的。

Test of Homogeneity of Variances (方差齐次性检验表，见表 3.21)显示，Levene 统计量为 16.910，对应的显著性水平 *Sig.* = 0.000 < 0.05，因此在 5%的显著性水平下拒绝各组员工工资方差相等的假定，使用单因素方差分析的基本前提没有得到满足。

表 3.21 各组员工培训成绩的方差齐次检验表

Test of Homogeneity of Variances

小时工资

Levene Statistic	df1	df2	Sig.
16.910	3	522	.000

虽然三组员工成绩的方差不同，直接使用单因素方差不太恰当，但是利用单因素分析中的多重比较或配对比较(pairwise multiple comparisions)的方法，我们还是可以看出哪几组的员工工资存在显著差异。

单击常用工具栏中的 Recall recently used dialogs 按钮，在弹出的列表中选择 One-way ANOVA，再次进入单因素方差分析对话框，单击 Post Hoc 按钮，弹出 Post Hoc Multiple Comparisions(事后多重比较)对话框(见图 3.16)。在方差非齐次的条件下，选择 Equal Variances Not Assumed 复选框中的 Tamhane's T2，单击 Continue 按钮，回到单因素方差分析对话框后单击 OK 按钮，输出多重比较分析结果。

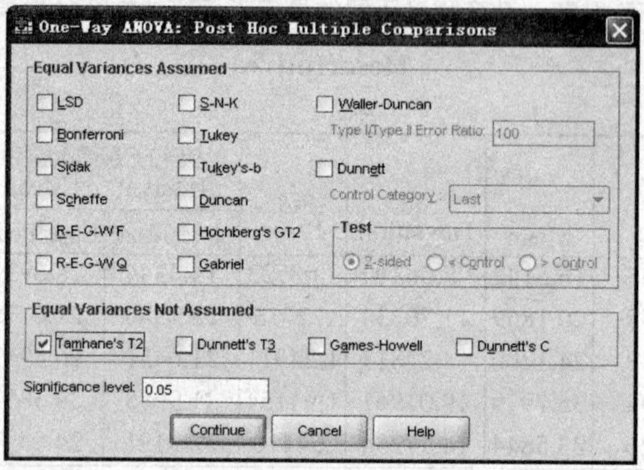

图 3.16　在多重比较事后检验对话框中选择检验统计量

从 Multiple Comparisons（多重比较表，见表 3.22）中可以看出，初中文化员工和高中文化员工小时工资之差为－3.67176(16.5142－20.1859)，其对应的显著性水平 $Sig. = 0.035 < 0.05$，在 5%显著性水平下拒绝这两组员工小时工资

表 3.22　各组员工小时工资的多重比较表

Multiple Comparisons

Dependent Variable: 小时工资
Tamhane

(I) 教育程度	(J) 教育程度	Mean Difference (I-J)	Std. Error	Sig.	95% Confidence Interval	
					Lower Bound	Upper Bound
初中文化	高中文化	−3.67176	1.30798	.035	−7.1770	−0.1666
	大学文化	−7.60582	1.65600	.000	−12.0181	−3.1935
	大学以上文化	−19.27774	2.19910	.000	−25.1441	−13.4113
高中文化	初中文化	3.67176	1.30798	.035	.1666	7.1770
	大学文化	−3.93405	1.44534	.042	−7.7766	−0.0915
	大学以上文化	−15.60597	2.04517	.000	−21.0718	−10.1402
大学文化	初中文化	7.60582	1.65600	.000	3.1935	12.0181
	高中文化	3.93405	1.44534	.042	.0915	7.7766
	大学以上文化	−11.67192	2.28348	.000	−17.7497	−5.5941
大学以上文化	初中文化	19.27774	2.19910	.000	13.4113	25.1441
	高中文化	15.60597	2.04517	.000	10.1402	21.0718
	大学文化	11.67192	2.28348	.000	5.5941	17.7497

*. The mean difference is significant at the .05 level.

相等的假设。类似地，在 5%显著性水平下也可以拒绝其他几组员工小时工资相等的假设，员工小时工资的差别和他们的教育程度是密切相关的。

【例 3.7】 新型 DVD 机的评价。

某个电子公司根据消费者的需要，研发出了一款新的 DVD 机，该公司的营销小组利用一个样机对 68 位消费者进行调查，收集了相关的数据。他们使用单因素方差分析来判断各年龄组的消费者对这种 DVD 的评价是否存在差别。

打开“新型 DVD 机评价.sav”。数据文件中使用的变量名、变量标签值及变量类型见表 3.23。

表 3.23　数据文件中变量名及变量标签值与变量类型

变量名 Variable name	变量标签值 Label Value	变量类型
评价得分		尺度变量
年龄分组	1=18～24 岁，2=25～31 岁 3=32～38 岁，4=39～45 岁 5=46～52 岁，6=53～59 岁	名义变量

数据来源：SPSS16.0 Samples 中的 dvdplayer.sav

单击 Analyze→Compare Means→One-way ANOVA，打开单因素方差分析对话框(见图 3.17)。在 One-Way ANOVA 对话框中，将变量“评价得分”移入右侧的 Dependent List 框中，将变量“年龄分组”移入右侧的 Factor 框中。

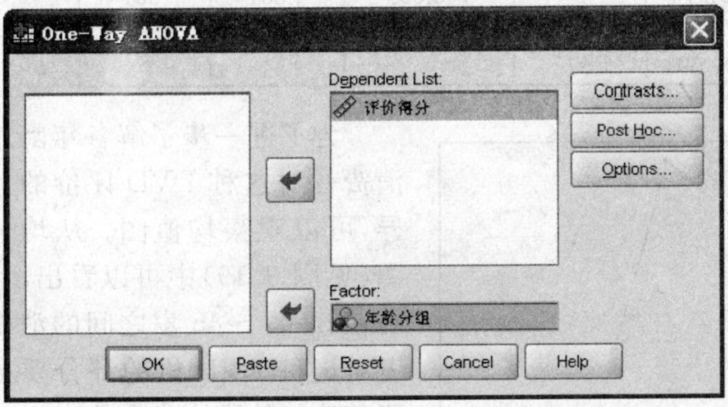

图 3.17　在单因素方差分析对话框进行设置

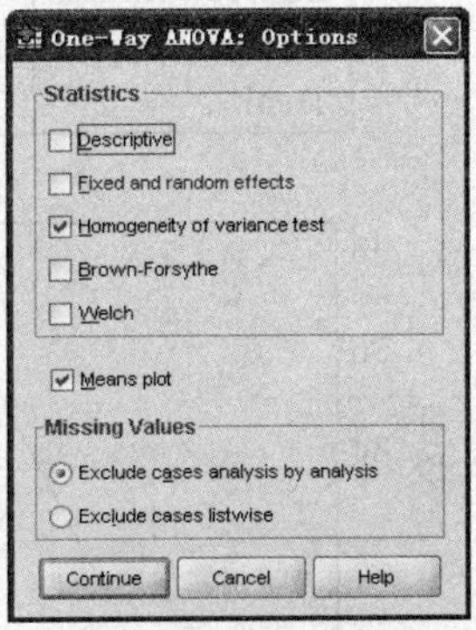

图 3.18　在选项对话框中选择输出均值图

单击 Options 按钮，在 One-Way ANOVA:Options 对话框中(见图 3.18)，选择 Homogeneity of variance test 和 Means plot，单击 Continue 按钮，回到原对话

框后单击 OK 按钮，输出方差分析结果和均值图。

Test of Homogeneity of Variances（方差齐次检验表）显示（见表 3.24），Levene 统计量 $F=0.574$，对应的显著性水平 $Sig.=0.720>0.05$，因此在 5% 的显著性水平下不能拒绝各组方差相等的假定，使用单因素方差分析的基本前提得到满足。

表 3.24　方差齐次检验表

Test of Homogeneity of Variances

评价得分

Levene Statistic	df1	df2	Sig.
.574	5	62	.720

ANOVA（方差分析表）显示（见表 3.25）$F=4.601$，其显著性水平 $Sig.=0.001<0.05$，在 5% 的显著性水平下拒绝各组均值相同的假定，不同年龄组的消费者对这种 DVD 的评分是存在显著差别的。

表 3.25　DVD 机评价得分的方差分析表

ANOVA

评价得分

	Sum of Squares	df	Mean Square	F	Sig.
Between Groups	733.274	5	146.655	4.601	.001
Within Groups	1976.417	62	31.878		
Total	2709.691	67			

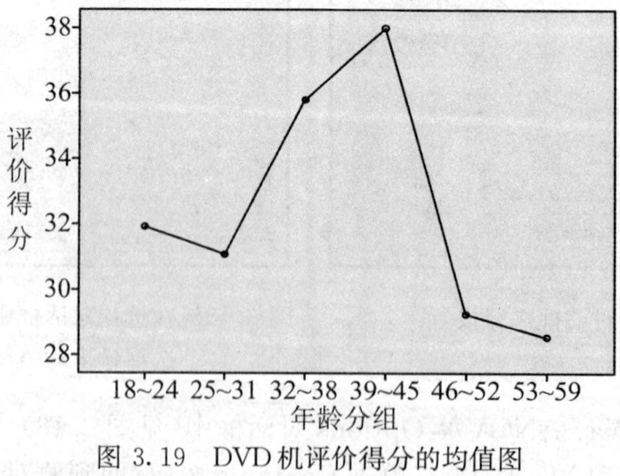

图 3.19　DVD 机评价得分的均值图

为了进一步了解各年龄组消费者对这种 DVD 评价的差异，可以观察均值图。从均值图（见图 3.19）中可以看出，年龄在 32 岁～45 岁之间的消费者对这种 DVD 机的评分要高于其他年龄段的消费者。

通过上面分析，研究者或许会提出两个问题：第一，年龄在 32 岁～38 岁以及 39 岁～45 岁之间的两组消费者对这种

DVD 的评价是否相同；第二，年龄小于 32 岁和大于 45 岁的消费者对这款 DVD 的评价是否完全相同。要进行这样的分组对照比较，可以使用单因素方差分析中的 Contrast 功能，使用这一功能的关键点在于设置各组的比较系数。在设置比较系数时，不参与比较的分组系数设定为 0，参与比较的分组系数一般设定为两个符号相反的数值。

我们比较在 32 岁～38 岁和 39 岁～45 岁这两组消费者时，设置 32 岁～38 岁年龄组的系数为－1，39 岁～45 岁年龄组的系数为 1，其他 4 个不参与比较的年龄组的系数都为 0。

在比较 32 岁以下消费者和 45 岁以上消费者时，设置 18 岁～24 岁和 24 岁～37 岁年龄组的系数为 0.5，32 岁～38 岁和 39 岁～45 岁这两个年龄组不参与比较，设置系数为 0，46 岁～52 岁和 53 岁～59 岁年龄组的系数为－0.5。

单击常用工具栏中的 Recall recently used dialogs 按钮，在弹出的列表中选择 One-way ANOVA，重新回到单因素方差分析对话框中。首先设置第一组的比较系数，单击对话框中的 Contrasts 按钮后弹出的 Contrasts 对话框，在 Coefficients 后的文本框中输入 0，单击下方的 Add 按钮，将 18 岁～24 岁年龄组的系数设置为 0。采用类似的设置方法，设置其他各年龄段消费者的比较系数（见图 3.20）。

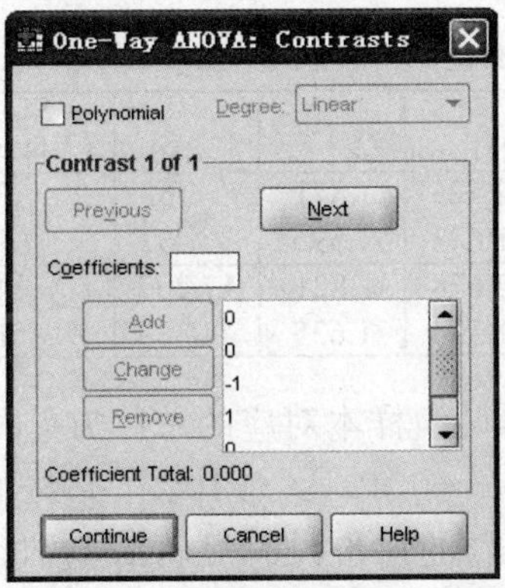

图 3.20　在比较对话框中设置第一组比较系数

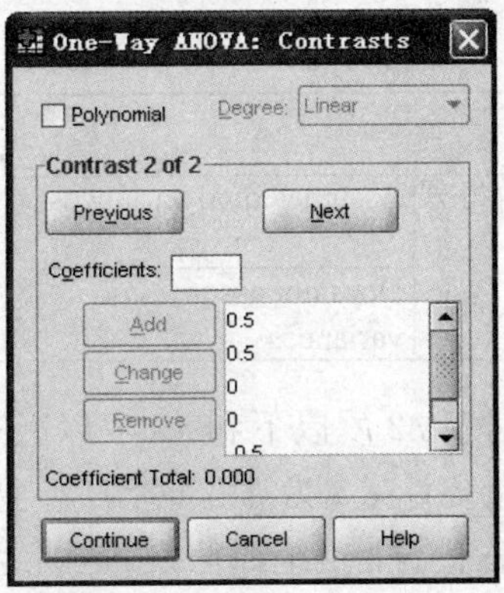

图 3.21　在比较对话框中设置第二组的比较系数

单击 Next 按钮，进行第二组比较系数的设置，在 Coefficients 后的文本框中输入 0.5，单击 Add 按钮，将 18 岁～24 年龄组消费者系数设置为 0.5（见图 3.21）。采用类似的设置方式，再设置其它各年龄段消费者的比较系数。单击

Continue 按钮，回到单因素方差分析对话框后单击 OK 按钮，输出分析结果。

Contrast Coefficients（比较系数表，见表 3.26）中显示的是设置系数，它实际上是进行比较时不同组别所对应的权数。

表 3.26　比较系数表

Contrast Coefficients

Contrast	年龄分组(岁)					
	18~24	25~31	32~38	39~45	46~52	53~59
1	0	0	–1	1	0	0
2	0.5	0.5	0	0	–.5	–.5

Contrast Test（对比检验表，见表 3.27）的结果根据各组方差是否相等，分为方差齐次（Assume equal variances）和方差非齐次（Does not assume equal variances）两个部分。对于 32 岁～38 岁和 39 岁～45 岁这两组消费者，如果他们对应的总体方差相同，检验统计量 t 为 0.871，显著性水平 $Sig = 0.387 > 0.10$，因此在 10% 的显著性水平下不能拒绝原假设。如果他们对应的总体方差不相同，比较检验统计量 t 为 1.596，对应的显著性水平 $Sig = 0.116 > 0.10$，同样不能拒绝原假定，这两组消费者对 DVD 的评价没有显著的差别。

表 3.27　对比检验表

Contrast Tests

		Contrast	Value of Contrast	Std. Error	t	df	Sig. (2-tailed)
评价得分	Assume equal variances	1	2.20	2.525	.871	62	.387
		2	2.61	1.633	1.596	62	.116
	Does not assume equal variances	1	2.20	2.678	.821	17.209	.423
		2	2.61	1.594	1.635	42.280	.110

对于 32 岁以下和 45 岁以上这两组消费者，两组样本对应的总体方差相同时的检验统计量 t 为 0.821，对应的显著性水平 $Sig = 0.423 > 0.10$，在 10% 的显著性水平下不能拒绝原假设，这两组消费者对 DVD 的评价没有显著的差别。这两组样本对应的总体方差不相同时的检验统计量 t 为 1.635，对应的显著性水平 $Sig = 0.110 > 0.10$，同样不能拒绝原假设。

根据上面的分析可以看出，不管是在两组样本对应的总体方差相等还是不相等的情况下，不同年龄段的消费者对 DVD 的评价没有显著的差别。

第 4 章　单变量方差分析

在第 3 章中，我们所介绍的单因素方差分析是检验单个分类自变量对单个因变量均值的影响。在本章的方差分析中，我们将主要检验两个分类自变量对单个因变量均值的影响。影响因变量的变量有很多，在方差分析中这些变量就称为因素(factor)，因素一般是名义变量或者定序变量，因素的不同的类型在方差分析中称为水平(level)，如果因素的所有可能水平在样本中都出现了，那么就被称为固定因素(fixed factor)。如果因素的所有水平在样本中没有出现或者没有完全出现，那么就被称为随机因素(random factor)。

为了对参数估计值进行检验，双因素变量分析作出如下假设：各样本是来自相互独立的随机样本，所有的样本观测值都是从正态总体中抽取获得。模型中误差值相互独立，并且和变量也相互独立。另外，方差分析还假定各因素水平形成的单元间方差相等。

4.1　单变量的双因素方差分析

双因素方差分析以一般线性模型 GLM(General Linear Model)为基础，设因素 A 有 r 个水平 $A_1,A_2,\cdots,A_r$，因素 B 有 c 个水平 $B_1,B_2,\cdots,B_c$，Y_{ij} 表示因素 A 和因素 B 各个水平的每一配合下的观测值，那么双因素方差分析模型的一般形式可以表示为：

$$Y_{ij}=\mu+\alpha_i+\beta_j+\varepsilon_{ij}$$

其中，μ 代表总体的平均水平，α_i 代表因素 A 在 i 水平下对因变量的效应，β_j 代表因素 B 在 j 水平下对因变量的效应，ε_{ij} 为一个服从正态分布 $N(0,\sigma^2)$ 的随机误差变量。如果要判断因素 A 和因素 B 是否对因变量产生影响，就要检验假设：

$$H_{01}:\alpha_1=\alpha_2=\cdots=\alpha_r=0 \text{ 和 } H_{02}:\beta_1=\beta_2=\cdots=\beta_c=0$$

如果拒绝 H_{01}，那么因素 A 对因变量产生影响。如果拒绝 H_{02}，那么因素 B 对因变量产生了影响。如果同时拒绝这两个假设，那么因素 A 和因素 B 对因变量的影响都是显著的。

利用 SPSS 的 Univarite(单变量方差分析)进行分析时,默认状态下会输出一个包括主效应和交互效应的模型,其方差模型可以表示为:

$$Y_{ijk} = \mu + \alpha_i + \beta_j + \alpha_i\beta_j + \varepsilon_{ijk}$$

其中,Y_{ijk} 为因素 A 在 i 水平和因素 B 在 j 水平上的第 k 次的观测值,$\alpha_i\beta_j$ 为因素 A 在 i 水平和因素 B 在 j 水平的交互效应,ε_{ijk} 为因素 A 在 i 水平和因素 B 在 j 水平上的第 k 个单元上的随机误差。

有交互作用双因素方差分析的原假设是: $H_0:\mu_{ij} = \mu(i = 1,\cdots,r;j = 1,\cdots c)$,它等价于下面三个假设:$H_{01}:\alpha_1 = \alpha_2 = \cdots = \alpha_r$,$H_{02}:\beta_1 = \beta_2 = \cdots = \beta_c$ 和 $H_{03}:\alpha_i\beta_j = 0$。和无交互作用的双因素方差分析类似,如果拒绝 H_{01} 和 H_{02},那么就可以认为因素 A 和因素 B 对因变量产生了影响;如果拒绝 H_{03},那么可以认为两个因素交互效应对因变量也产生了影响。

设 $\overline{Y}_{i.}$ 为因素 A 第 i 个水平的均值,$\overline{Y}_{.j}$ 为因素 B 第 j 行水平的均值,因素 A 和因素 B 交叉形成一个单元,n 为每个单元中样本的个数。$\overline{Y}_{ij}$ 为单元均值,$\overline{Y}$ 为总均值,总样本数 $N = rcn$,SPSS 进行交互作用的双因素方差分析表的构成如表 4.1。

表 4.1 交互作用双因素方差表

方差来源	平方和	自由度	均方差	F 统计量
Corrected model	$SS_{Corrected\ model} = SS_A + SS_B + SS_{A\times B}$	$r+c-3+(r-1)(c-1)$	$\frac{SS_{Corrected\ model}}{r+c+(r-1)(c-1)-3}$	$F_{Corrected\ model} = \frac{MS_{Corrected\ model}}{MS_{error}}$
Intercept		1	$MS_{Intercept} = \frac{SS_{Intercept}}{1}$	$F_{Intercept} = \frac{MS_{Intercept}}{MS_{误差}}$
因素 A	SS_A	$r-1$	$MS_A = \frac{SS_A}{r-1}$	$F_A = \frac{MS_A}{MS_{误差}}$
因素 B	SS_B	$c-1$	$MS_B = \frac{SS_B}{c-1}$	$F_B = \frac{MS_B}{MS_{误差}}$
交互作用	$SS_{A\times B}$	$(r-1)(c-1)$	$MS_{交互} = \frac{SS_{交互}}{(r-1)(c-1)}$	$F_{交互} = \frac{MS_{交互}}{MS_{误差}}$
Error(误差)	$SS_{误差}$	$rc(n-1)$	$MS_{误差} = \frac{SS_{误差}}{rc(n-1)}$	
Total	$SS_{Total} = SS$	rcn		
Corrected Total(总离差)	$SS_{Corrected\ Total}$	$rcn-1$		

和传统教材中的方差分析表相比，SPSS 方差分析中的方差来源增加了 Corrected model、Intercept 和 Total 这 3 个部分。其中，Corrected model 用来检验主效应（因素 A 和因素 B 的对因变量的影响）和交互效应（两个因素的交互作用对因变量的影响），Intercept 用来检验总体均值是否为零的假设，在一般的方差分析中，因变量的数值都大于零，这个检验并没有多少作用。在实际分析中我们可以忽略 Intercept 和 Total 这两个部分。需要注意的是，只有当两个固定因素的交互效应不显著时，才能得到两个主效应的合理解释，因此在分析方差分析表时，首先必须检验因素 A 和因素 B 的交互作用是否显著，在分析过程中也可以通过绘制轮廓图来判断两个因素之间是否存在交互效应。

【例 4.1】 鞋店销售额的影响因素分析。

一家鞋店零售商进行了一项研究，试图确定该鞋店每天的销售额是否与竞争者的数量以及商店的地理位置有影响，在研究中选择了 3 种类型的商店，这些鞋店根据竞争者数量不同，可以被分为 4 类。

打开"鞋店销售额的影响因素分析. sav"，使用 GLM 单变量分析过程对鞋店销售额进行双因素方差分析。数据文件中使用的变量名、变量标签值及变量类型见表 4. 2。

表 4. 2　数据文件中变量名、变量标签值及变量类型

变量名 Variable name	变量标签值 Label Value	变量类型
商店位置	0=位于近郊的商店 1=位于购物中心的商店 2=位于城内的商店	名义变量
竞争者数量	0=没有竞争者 1=1 个竞争者 2=2 个竞争者 3=3 个和 3 个以上竞争者	名义变量
销售额		尺度变量

数据来源：肯·布莱克，戴维·L·埃尔德雷奇. 商务与经济统计[M]. 北京：机械工业出版社，2003：318.

单击 Analyze→General Linear Model→Univariate...，打开单变量方差分析对话框（见图 4. 1）。选择 "销售额"作为因变量，移入右边的 Dependent Variable 方框中，选择"商店位置"和"竞争者数量"为固定因素，移入右边的 Fixed Factor 方框中。

单击 Plots 按钮，打开图形对话框，选择“商店位置”作为横坐标变量，移入 Horizontal Axis 方框下，选择“竞争者数量”为分离线变量，移入 Separate Lines 方框中(见图 4.2)。

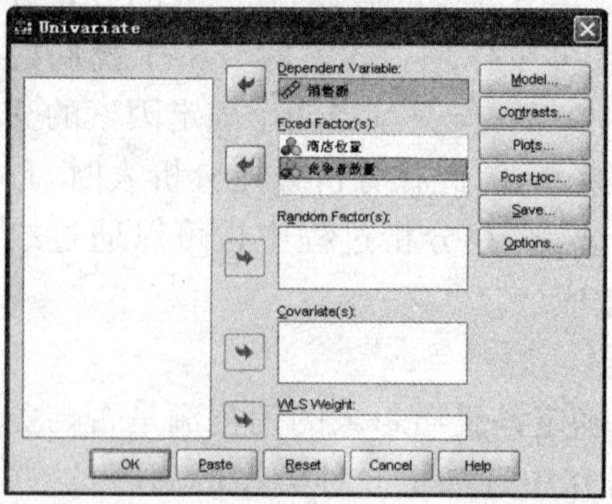

图 4.1　在单变量方差分析对话框中设置分析变量和固定因素

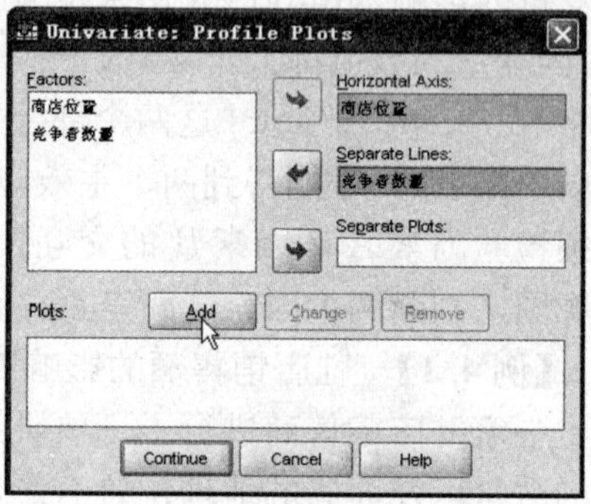

图 4.2　在 Plots 对话框中设置轮廓图的坐标

单击下方的 Add 按钮，将其移入下面的方框中。进一步单击 Continue 按钮，回到单因素分析对话框(见图 4.3)。

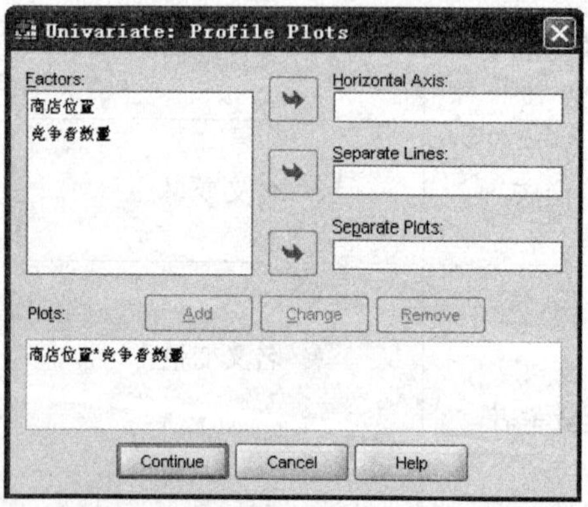

图 4.3　在轮廓图对话框设置 x 轴和分离线代表的变量

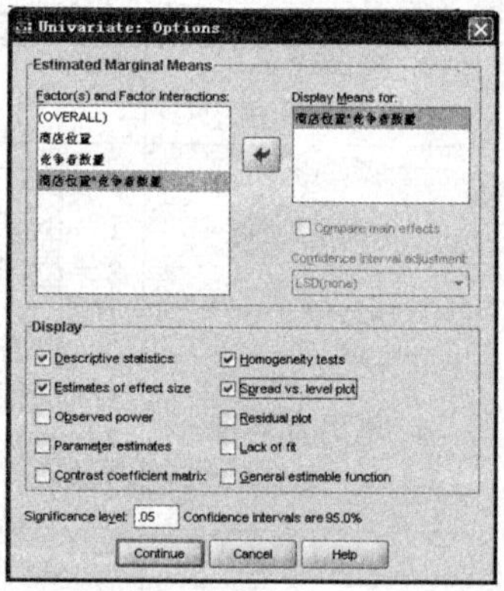

图 4.4　在选项对话框中选择输出的统计量

单击 Option 按钮，弹出选项对话框(见图 4.4)。从 Factor(s) and Factor interactions 列表框中选择“商店位置 * 竞争者数量”，将其移入右边的 Display Means for 方框，在下方的 Display 选项中勾选 Descriptive statistics、Homogeneity tests、Estimates of effect size 和 Spread vs. level plot，单击 Continue 按钮，回到单变量方差分析对话框，单击 OK 按钮，输出双因素方差分析结果。

Descriptive Statistics（描述性统计量表，见表 4.3）显示了“商店位置”和“竞争者数量”这两个因素的各个水平相结合后的统计量（见表 4.3）。表 4.3 中最后的 Total 部分显示，在没有竞争者的条件下，鞋店销售额的均值为 30.44；在有 1 个竞争者的条件下，鞋店销售额均值为 29.56；在有 2 个竞争者的条件下，鞋店销售额均值为 42.56；在 3 个以上竞争者条件下，鞋店销售额均值为 38.56，鞋店销售额的均值随着竞争者数量的增加基本呈现“减少→增加→减少”的 U 型变化趋势。这表明竞争者个数对鞋店销售额有一定的影响，在有 2 个竞争者的情况下，鞋店销售额在每类地区中都是取得最大值。

表 4.3　描述性统计量表

Descriptive Statistics

Dependent Variable: 销售额

商店位置	竞争者数量	Mean	Std. Deviation	N
位于近郊的商店	没有竞争者	38.67	7.767	3
	1个竞争者	36.00	4.359	3
	2个竞争者	52.67	5.686	3
	3个以上的竞争者	42.00	4.359	3
	Total	42.33	8.217	12
位于购物中心的商店	没有竞争者	26.00	4.583	3
	1个竞争者	31.33	3.215	3
	2个竞争者	47.33	3.055	3
	3个以上的竞争者	46.00	6.083	3
位于城内的商店	Total	37.67	10.325	12
	没有竞争者	26.67	7.767	3
	1个竞争者	21.33	4.041	3
	2个竞争者	27.67	1.528	3
	3个以上的竞争者	27.67	4.041	3
	Total	25.83	4.988	12
Total	没有竞争者	30.44	8.575	9
	1个竞争者	29.56	7.316	9
	2个竞争者	42.56	11.876	9
	3个以上的竞争者	38.56	9.369	9
	Total	35.28	10.590	36

从 Mean 这列也可以发现，近郊鞋店销售额总均值为 42.33，购物中心鞋店销售额的总均值为 37.67，城内鞋店销售额的均值 25.83，鞋店销售额均值在近郊总是取得最大值，而在城内总是取得最小值，这表明地理位置对鞋店销售额也存在

一定的影响，近郊鞋店的地理位置最为优越。

对比不同地理位置的鞋店，可以发现近郊鞋店和城内鞋店销售额均值和总销售额均值变化趋势是一致的，但是购物中心鞋店销售额均值呈现"增加→增加→减少"的变化趋势，和总变化趋势稍微有所不同，这表明竞争者个数和商店位置之间似乎存在交互作用。

描述性统计量表中的第三列 Std. Deviation 显示两个因素各水平下的标准差虽然存在一些差异，但是差距不大，模型可能基本满足方差齐次的假设条件，是否真的如此，需要进一步观察 Levene's 检验结果和 Spread-versus-Level 图。

Levene's Test of Equality of Error Variances (Levene's 误差齐次检验表，见表 4.4)显示根据因素水平分类的各单元因变量的方差是否相等，从统计量表中可以看出 $F=1.386$，对应的显著性水平 $Sig.=0.242>0.05$，没有理由拒绝各组方差相同的原假设。因此，各组因变量的标准差虽然存在一些差别，但是这种差别可能是由于一些偶然或者随机波动造成的。

表 4.4　Levene's 误差齐次检验表

Levene's Test of Equality of Error Variances[a]

Dependent Variable: 销售额

F	df1	df2	Sig.
1.386	11	24	.242

Tests the null hypothesis that the error variance of the dependent variable is equal across groups.

a. Design: Intercept+商店位置+竞争者数量+商店位置 * 竞争者数量

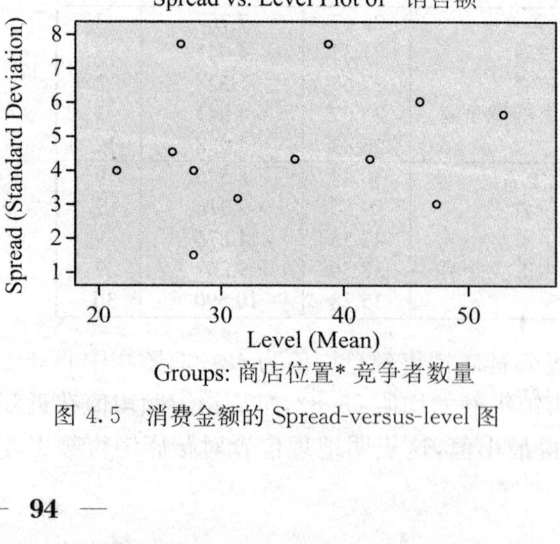

图 4.5　消费金额的 Spread-versus-level 图

Spread-versus-Level（分布-水平）图（见图 4.5）是以各组因变量均值作为横坐标，标准差为纵坐标而绘制的散点图，它为方差齐次检验提供了一个比较形象的依据。同时利用这个图形还可以进一步评价，如果方差齐次的假定得不到满足，是否是因为单元均值和标准差之间存在关系。从图 4.5 中可以看到散点图中没有明显变化的趋势，没有迹象表明各组因变量均值和标准差之间存在关系。

轮廓图(见图 4.6)是一种特殊的线图,它主要用来比较各种水平组合下均值的变化规律。在双因素方差分析中,如果第一个因素各水平均值的差异不随第二个因素水平取值的变化而变化,各条折线间相互平行,那么两个因素之间就不存在交互作用;反之如果各条折线之间存在交叉,那就表明两个因素之间存在交互作用。上面的轮廓图显示下方的两条折线出现明显的交叉现象,表明“商店位置”和“竞争者”数量之间存在交互效应。

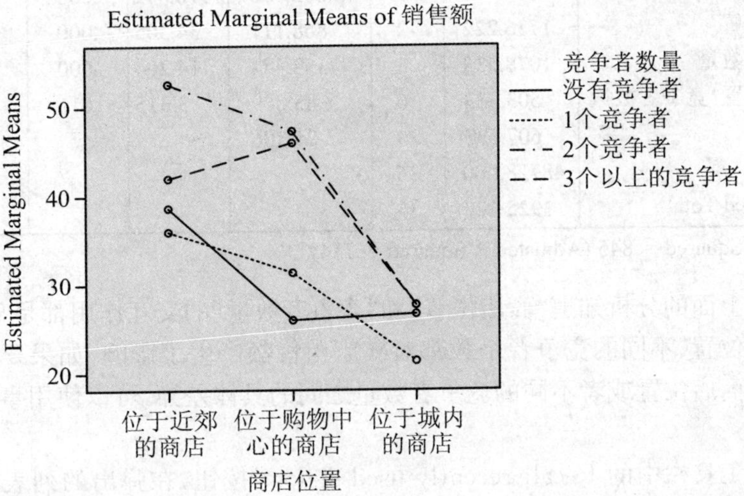

图 4.6　轮廓图

Test of Between-Subjects Effects(组间效果检验表,见表 4.5)是一个方差分析表,“商店位置 * 竞争者数量”对应的 $F=3.315$,其显著性水平 $Sig.=0.016<0.05$,在 5%的显著性水平下统计显著,进一步证明两个因素交互作用对鞋店销售的影响是明显的。由于两个因素交互作用显著,对“商店位置”和“竞争者数量”的主效应进行分析就没有太多的意义了。

组间效应检验表的最后一列 Partial Eta Squared 显示方差分析模型中每一部分对因变量方差的解释程度,偏 eta^2 统计量($\eta^2=\frac{SS_{effect}}{SS_{effect}+SS_{error}}$)类似于回归模型中拟合系数 R^2,它的值越大就表明某个部分对因变量方差的解释效果越强。Corrected Model 部分对应的 $\eta^2=\frac{3317.889}{3925.222}=0.845$,说明模型中的主效应和交互效应共同作用可以解释因变量 84.5%左右的方差变动,组间效应检验表的脚注也显示出相同的内容。

表 4.5　组间效应检验表

Tests of Between-Subjects Effects

Dependent Variable: 销售额

Source	Type III Sum of Squares	df	Mean Square	F	Sig.	Partial Eta Squared
Corrected Model	3317.889[a]	11	301.626	11.919	.000	.845
Intercept	44802.778	1	44802.778	1770.472	.000	.987
商店位置	1736.222	2	868.111	34.305	.000	.741
竞争者数量	1078.333	3	359.444	14.204	.000	.640
商店位置*竞争者数量	503.333	6	83.889	3.315	.016	.453
Error	607.333	24	25.306			
Total	48728.000	36				
Corrected Total	3925.222	35				

a. R Squared = .845 (Adjusted R Squared = .774)

通过上面的分析知道“商店位置”和“竞争者数量”的交互作用都是显著的，不同的商店位置、不同的竞争者个数都对鞋店销售额产生了影响，如果要进一步了解不同的商店位置或者不同的竞争者数量之间的具体差异，可以使用事后检验来进行分析。

单击工具栏中的 Recall recently used dialogs 按钮，在弹出的列表框中选择 Univariate，重新回到单变量方差分析对话框。单击 Post Hoc（事后检验）按钮，选择“商店位置”作为检验变量，移入右边的 Post Hoc Tests for 方框中（见图 4.7）。前面的 Levene's 误差齐次检验表（Levene's Test of Equality of Error Variances）显示各组因变量的方差相等，下面可以勾选 Equal Variances Assumed 中的 S-N-K 和 Tukey 复选框。单击 Continue 按钮，回到单变量方差分析对话框，单击 OK 按钮，输出方差分析结果。

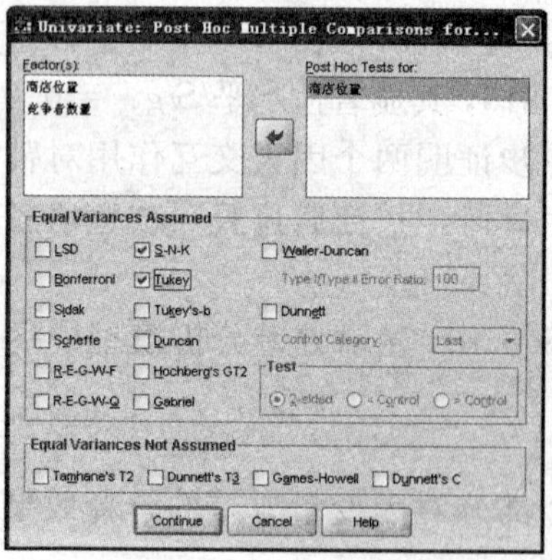

图 4.7　在多重事后比较对话框中选择比较因素和统计量

Multiple Comparisons（多重比较表，见表 4.6）中显示了三种购物方式之间均值比较的结果，它显示根据模型预测的每对因素的均值差异。

表 4.6　鞋店销售额的多重比较表

Multiple Comparisons

Dependent Variable: 销售额

	(I) 商店位置	(J) 商店位置	Mean Difference (I-J)	Std. Error	Sig.	95% Confidence Interval	
						Lower Bound	Upper Bound
Tukey HSD	位于近郊的商店	位于购物中心的商店	4.67	2.054	.079	−0.46	9.80
		位于城内的商店	16.50*	2.054	.000	11.37	21.63
	位于购物中心的商店	位于近郊的商店	−4.67	2.054	.079	−9.80	.46
		位于城内的商店	11.83*	2.054	.000	6.70	16.96
	位于城内的商店	位于近郊的商店	−16.50	2.054	.000	−21.63	−11.37
		位于购物中心的商店	−11.83*	2.054	.000	−16.96	−6.70

Based on observed means.

* The mean difference is significant at the .05 level.

从表 4.6 可以看出，近郊鞋店销售额均值高于其他位置鞋店销售额的均值。近郊鞋店销售额均值与购物中心鞋店销售额均值之差为 4.67(42.33－37.67)，其对应的标准差为 2.054（$Std.Error = \sqrt{MS_{error}} \times \sqrt{\frac{1}{n_i} + \frac{1}{n_j}} = \sqrt{25.306} \times \sqrt{\frac{1}{12} + \frac{1}{12}} = 2.054$，其中，$MS_{error}$ 为组内误差项的均方和，n_i 为第 i 组的个案数，n_j 为第 j 组的个案数)，显著性水平 $Sig. = 0.079 > 0.05$，近郊鞋店和购物中心鞋店销售额虽然存在差距，但是在 5％的显著性水平差距并不显著。近郊鞋店销售额均值与购物中心鞋店销售额均值之差为 16.50(即 42.33－25.28)，其对应的显著性水平 $Sig. = 0.000 < 0.05$，在 5％的显著性水平下统计显著，表明近郊鞋店和城内中心鞋店销售额均值之间差距是非常显著的。观察后面两组对比检验结果，也可以得到类似结论，购物中心鞋店销售额均值和城内中心鞋店销售额均值也存在显著的差异。

和 Tukey HSD 方法相比，S-N-K 方法的两两对比结果更加容易分析。输出结果中，各组在表格的纵向上按照均值从小到大排序，同时在表格的横向上各水平被分为若干个子集(Subset)，不同子集间均值存在显著差异，而相同子集内部各组均值两两之间不存在差别。由于 S－N－K 和 Tukey HSD 使用了不同的计算公式，因此最后的结果也不尽相同。表 4.7 显示，使用 S－N－K 方法，鞋店被分到了 3 个子集中，不同位置鞋店的销售额均值之间都存在差异。使用 Tukey HSD 方法，鞋店被分到 2 个子集中，其中城内鞋店单独属于一个子集，购物中心鞋店和近郊鞋店属于另外一个子集，这和前面对多重比较表（Multiple Comparison）的分析结论相一致。

表 4.7　销售额的事后检验表

销售额

	商店位置	N	Subset 1	2	3
Student-Newman-Keuls[a,b]	位于城内的商店	12	25.83		
	位于购物中心的商店	12		37.67	
	位于近郊的商店	12			42.33
	Sig.		1.000	1.000	1.000
Tukey HSD[a,b]	位于城内的商店	12	25.83		
	位于购物中心的商店	12		37.67	
	位于近郊的商店	12		42.33	
	Sig.		1.000	.079	

Means for groups in homogeneous subsets are displayed.
Based on Type III Sum of Squares
The error term is Mean Square(Error) = 25.306.
a. Uses Harmonic Mean Sample Size = 12.000.
b. Alpha = .05.

4.2　单变量的协方差分析

在进行方差分析时有时影响因变量的因素不仅仅是分类变量，比如在分析人体内胆固醇含量时，年长者体内的胆固醇含量一般情况下要高于年轻人，如果多组样本的年龄分布不同，就必须要考虑年龄对胆固醇含量的影响，由于年龄是尺度水平变量，在进行方差分析时就称为协变量。如果方差分析中包含协变量，那么这样的双因素方差分析就是所谓的协方差分析（ANCOVA）。

协方差分析要对因变量拟合多个模型，首先要确定协变量能否显著减少模型的误差，如果误差的减少是显著的，那么就将因变量的均值 $\overline{Y}_i$ 用调整后的处理均值 $\overline{Y}'_i$ 来进行替代，接下来就使用方差分析来比较处理均值之间的差别。

如果一个协变量方差模型中包含一个固定因素(假设有 k 个水平)和一个协变量,那么这个模型在协方差分析中称为全模型:

$$Y_{ij}=\mu+\beta_0X_0+\beta_1X_1+\cdots+\beta_kX_k+\varepsilon_{ij}$$

其中,Y_{ij} 代表因变量观测值,X_0 代表协变量,$X_1\cdots X_k$ 代表因素(分类变量)。

使用 SPSS 进行协方差分析时,需要模型满足几个条件:因变量与协变量之间的关系是线性的。对于固定因素的各个水平,回归模型的斜率系数 β_0 应该是相等的。固定因素和协变量之间应该是不相关的。

协方差分析首先利用因变量对固定因素(分类变量)和协变量建立回归模型。接下来再估计两个简略模型,简略模型Ⅰ中没有包含协变量,简略模型Ⅱ中没有包含因素,仅包含协变量。这 3 个回归模型的总方差平方和、离差平方和和残差平方和见表 4.8。

表 4.8　协方差分析涉及的三个模型

模型类型	全模型	简略模型Ⅰ	简略模型Ⅱ
模型形式	$Y_{ij}=\mu+\beta_0X_0+\beta_1X_1+\cdots+\beta_kX_k+\varepsilon_{ij}$	$Y_{ij}=\mu+\beta_1X_1+\cdots+\beta_kX_k+\varepsilon_{ij}$	$Y_{ij}=\mu+\beta_0X_0+\varepsilon_{ij}$
残差平方和	$RSS_{全}$	$RSS_{简略模型Ⅰ}$	$RSS_{简略模型Ⅱ}$
回归平方和	$ESS_{全}$	$ESS_{简略模型Ⅰ}$	$ESS_{简略模型Ⅱ}$
总方差	$TSS_{全}$	$TSS_{简略模型Ⅰ}$	$TSS_{简略模型Ⅱ}$

为了检验协变量对因变量的作用是否显著,提出假设:

$$H_0:\beta_0=0;H_1:\beta_0\neq 0$$

其本质就是判断向简略模型Ⅰ中引入协变量是否会显著减少模型中的误差平方和,减少的误差平方和记为 $SS_{协变量}=RSS_{简略模型Ⅰ}-RSS_{全}$,从而构建 F 统计量:

$$F_{协变量}=\frac{SS_{协变量}}{RSS_{全}/(n-k-1)}$$

如果计算得到的 $F_{协变量}\geq F_\alpha(1,n-k-1)$,则拒绝原假设。

如果判断出协变量和因变量之间存在显著的线性关系,接下来就要使用调整后的处理均值来检验因素的显著效应,也就是检验如下的假设:

$$H_0:\beta_1=\beta_2=\cdots=\beta_k=0;\ H_1:\beta_i\text{ 不全为 }0\ (i=1,2,\cdots,k)$$

其本质是判断向简略模型Ⅱ中引入固定因素后是否会显著减少模型中的误差平方和,这部分减少的误差平方和记为 $SS_{因素}=RSS_{简略模型Ⅱ}-RSS_{全}$,构建的 F 统计量为:

$$F_{因素}=\frac{SS_{因素}/k-1}{RSS_{全}/(n-k-1)}$$

如果计算得到的$F_{因素}\geq F_{\alpha}(k-1,n-k-1)$，则拒绝原假设，各因素对因变量的作用是显著的。

根据上面的分析，可以建立协方差分析时的方差分析表（见表4.9）：

表4.9 协方差的方差分析表

方差来源	平方和	自由度	均方差	F统计量
Corrected model	$ESS_{全}$	k	$\frac{SS_{Correced\ model}}{r+c+(r-1)(c-1)-3}$	$F_{Correced\ model}=\frac{MS_{Correced\ model}}{MS_{error}}$
Intercept		1	$MS_{Intercept}=\frac{SS_{Intercept}}{1}$	$F_{Intercept}=\frac{MS_{Intercept}}{MS_{误差}}$
因素	$SS_{因素}=RSS_{简略模型II}-RSS_{全}$	$k-1$	$MS_{因素}=\frac{SS_{因素}}{k-1}$	$F_{因素}=\frac{MS_{因素}}{MS_{误差}}$
协变量	$SS_{协变量}=RSS_{简略模型I}-RSS_{全}$	1	$MS_{协变量}=\frac{SS_{协变量}}{1}$	$F_{协变量}=\frac{MS_{协变量}}{MS_{误差}}$
Error(误差)	$RSS_{全}$	$n-k-1$	$MS_{误差}=\frac{SS_{误差}}{n-k-1}$	
Total	$SS_{Total}=SS_{Correced\ model}+SS_{Error}$	n		
Corrected Total 总离差	$TSS_{全}$	$n-1$		

回归模型的残差平方和SS_{Error}，实际上就是协方差模型全模型的误差平方和。

【例4.2】 花生米产量影响因素分析。

在一项研究中，研究人员为了解三种肥料（缓慢释放的肥料、快速释放的肥料和标准肥料）对花生米产量的影响，在温室中对30株花生进行了试验，在试验之前，研究者认识到花生米产量和花生植株的高度可能也有一定的关系，他们也记录下每株花生的高度。

打开"花生米产量的协方差分析.sav"，使用单变量方差分析对花生米产量影响因素进行协方差分析。数据文件中使用的变量名、变量标签值及变量类型见表4.10。

表 4.10　数据文件中变量名、变量标签值及变量类型

变量名 Variable name	变量标签值 Label Values	变量类型
肥料类型	0＝标准肥料 1＝缓慢释放的肥料 2＝快速释放的肥料	名义变量
植株高度		尺度变量
花生米产量		尺度变量

数据来源：奥特，朗格内克．统计学方法与数据分析引论[M]．北京：科学出版社，2003：1052．

数据文件中变量"植株高度"是尺度变量，在分析中作为协变量。变量"肥料类型"反应肥料对花生米产量的影响，在分析中作为固定因素。

在进行协方差分析之前要判断样本数据是否符合协方差分析的要求，首先要判断因变量和协变量之间是否存在线性关系，这个可以通过绘制散点图来实现。

单击 Graph→Legacy Dialogs→Scatter/Dot，在弹出的 Scatterplot 对话框中（见图 4.8），选择 Simple，单击 Define 按钮，弹出简单散点图对话框。将变量"产量"移入右边的 Y Axis（纵坐标轴）下的方框中，将变量"植株高度"移入右侧的 X Axis（横坐标轴）下的方框中，将变量"肥料类型"作为标识变量，移入 Set Markers by 方框中，单击 OK 按钮，输出散点图（见图 4.9）。

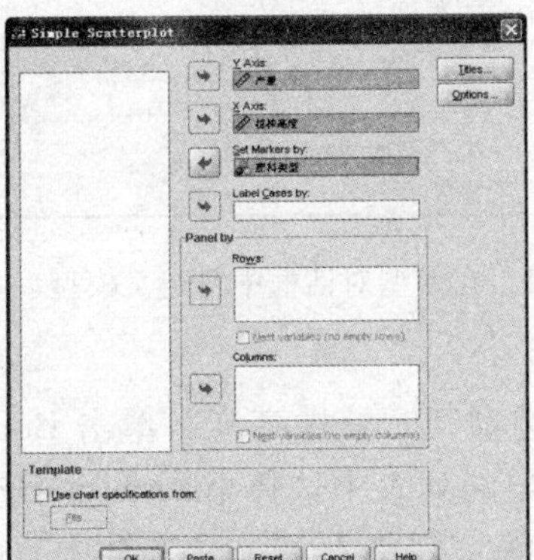

图 4.8

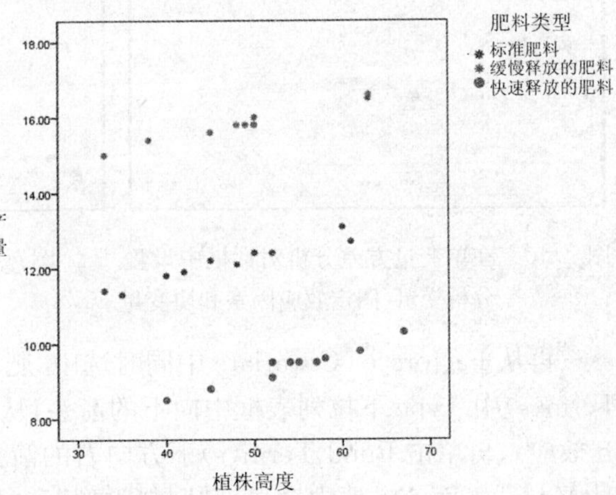

图 4.9

散点图显示花生虽然使用了三种不同类型的肥料，但是它们的产量和植株高度之间都存在比较明显的线性趋势，这三条直线近似平行的关系，表明它们的斜率系数也是非常接近的，因此，初步判断数据符合前两个假设条件。

前面已经提到过协方差分析的第三个假定就是协变量和因素之间不存在显著的交互作用，这个可以通过拟合包含交互作用项的模型来进行检验。SPSS 在进行协方差分析时，默认的饱和模型中没有包含协变量和因素之间的交叉作用，因此需要通过自定义的方式来设置模型的形式。

单击 Analyze→General Linear Model→Univariate...，打开单变量方差分析对话框(见图 4.10)。选择“产量”作为因变量，移入 Dependent Variables 方框中，选择“肥料类型”为固定因素，移入 Fixed Factors 方框中，选择“植株高度”为协变量，移入 Covariates 方框中。

单击 Model 按钮，进入模型设置对话框(见图 4.11)，在 Specify Model 项中单击 Custom(自定义模式)，从 Factors & Covariates 中同时选中“肥料类型”和“植株高度”，单击 Build Term(s) 中 Type 下拉列表框中的向下箭头，从弹出列表框中选择 Main effects(主效应)，再单击 Build Term(s)下方向右的箭头，将两个变量移到右边的 Model 方框中。

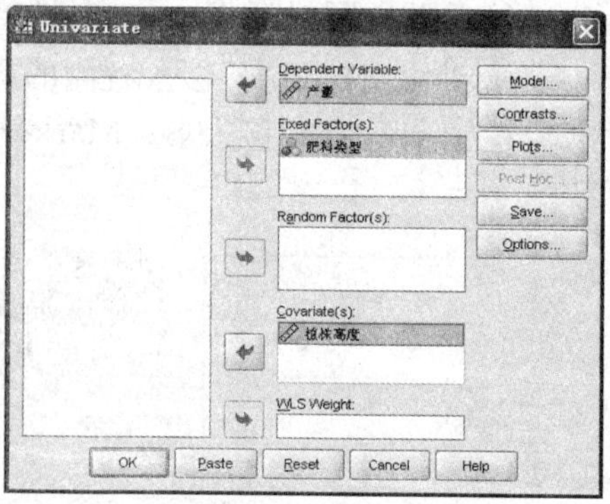

图 4.10　在单变量方差分析对话框中设置分析变量、固定效应因素和协变量

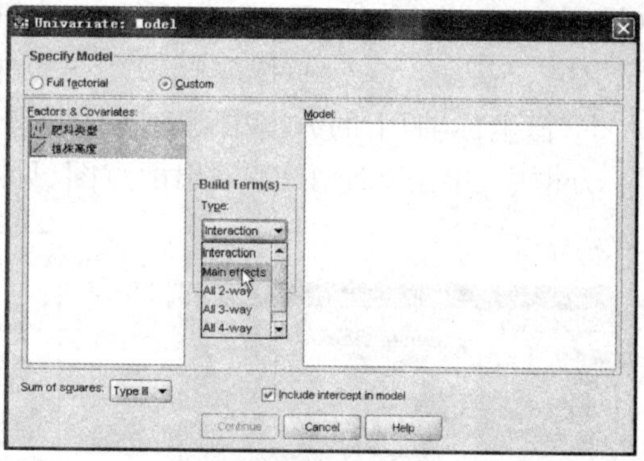

图 4.11　在模型对话框中自定义模型

再从 Factors & Covariate 中同时选中“肥料类型”和“植株高度”，单击 Build Term(s)中 Type 下拉列表框中向下的箭头，从弹出的列表中选择 Interaction(交互效应)，再单击 Build Term(s)下方向右的箭头，将它们移入 Model 方框中。此时 Model 下面的方框中会显示“肥料类型”和“植株高度”这两个主效应以及它们的交互效应“植株高度＊肥料类型”(见图 4.12)，单击 Continue 按钮，回到单变量

方差分析对话框。

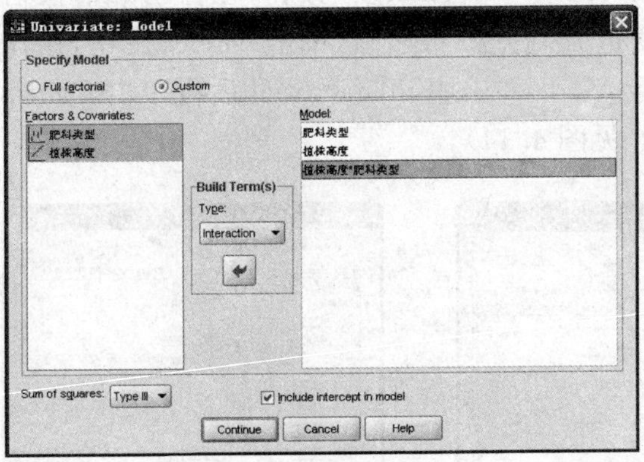

图 4.12

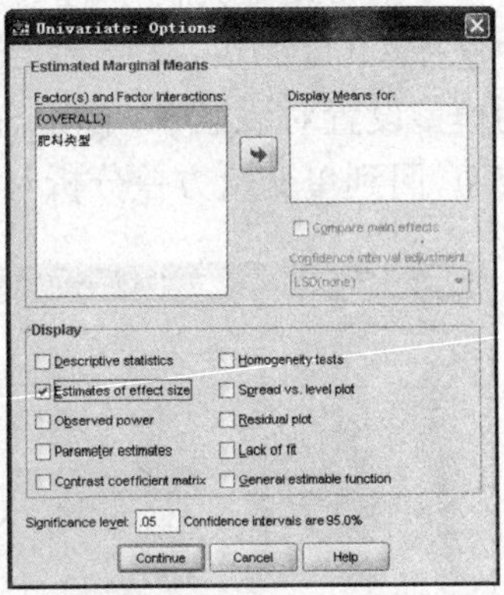

图 4.13 在选项对话框中选择输出统计量

单击 Options 按钮，在 Display 选项中勾选 Estimates of effect size（见图 4.13），单击 Continue 按钮，回到单变量方差分析对话框，单击 OK 按钮，输出协方差分析结果（见表 4.11）。

表 4.11 花生米产量的组间效应检验表

Tests of Between-Subjects Effects

Dependent Variable: 产量

Source	Type III Sum of Squares	df	Mean Square	F	Sig.	Partial Eta Squared
Corrected Model	214.437[a]	5	42.887	2887.703	.000	.998
Intercept	73.105	1	73.105	4922.286	.000	.995
肥料类型	6.696	2	3.348	225.439	.000	.949
植株高度	6.653	1	6.653	447.975	.000	.949
肥料类型 * 植株高度	.061	2	.031	2.063	.149	.147
Error	.356	24	.015			
Total	4869.850	30				
Corrected Total	214.794	29				

a. R Squared = 0.998 (Adjusted R Squared = 0.998)

从表 4.11 所示的 Tests of Between-Subjects Effects（组间效应检验）表中可以看出，交互作用项“植株高度 * 肥料类型”的 F 统计量为 2.063，对应的显著性水平 $Sig. = 0.149 > 0.05$，在 5% 显著性水平下不显著，说明固定因素和协变量之间的交互作用并不重要，协变量和固定因素独立的假定可以成立，下面的协方差分析模型中仅包含一个固定因素和一个协变量。

单击常用工具栏中的 Recall recently used dialogs 按钮，在弹出的下拉列表中选择 Uniavariate，重新回到单变量方差分析对话框，单击 Model 按钮，在弹出的模型设置对话框中，单击 Specify Model 中的 Full factorial 后再单击 Continue 按钮，回到单变量方差分析对话框(见图 4.14)。

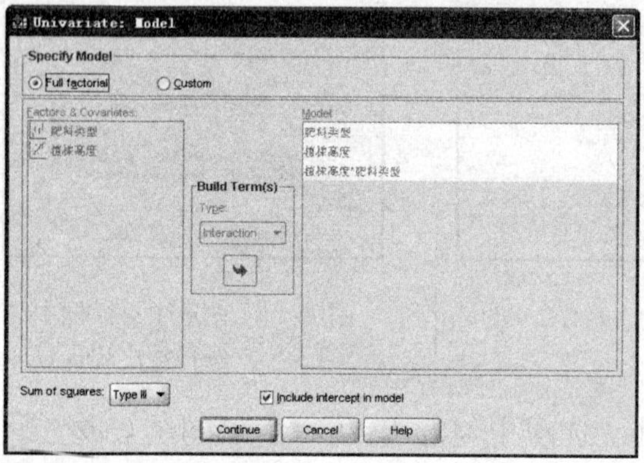

图 4.14 在模型对话框中选择默认的模型

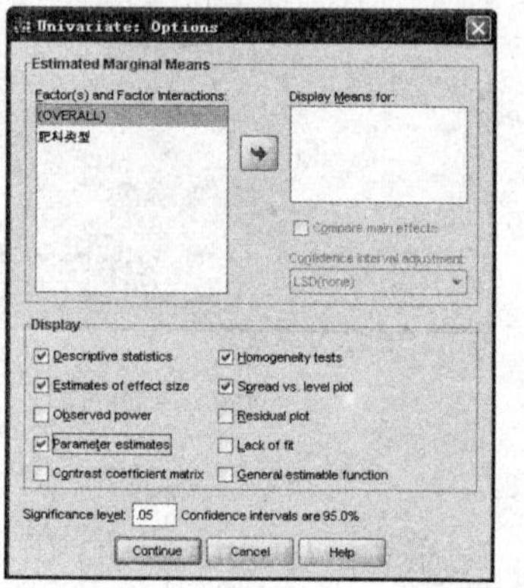

图 4.15 在选项对话框中增加输出的统计量

单击 Option 按钮，在选项设置对话框中(见图 4.15)，勾选 Display 选择中的 Descriptive statistics、Homogeneity tests、Spread vs level plot 和 Parameter Estimates。单击 Continue 按钮，回到单变量方差分析对话框，单击 OK 按钮后输出第二次协方差分析结果。

表 4.12 花生产量的描述性统计量表

Descriptive Statistics

Dependent Variable: 产量

肥料类型	Mean	Std. Deviation	N
标准肥料	12.1300	.55787	10
缓慢释放的肥料	15.8300	.47152	10
快速释放的肥料	9.4100	.50651	10
Total	12.4567	2.72152	30

Descriptive Statistics (描述性统计量，见表 4.12) 显示，施用标准肥料的花生平均产量为 12.13，施用缓慢释放肥料的花生平均产量最高，达到 15.83，而施用快速释放肥料的花生平均产量最低，仅达到 9.41，这三组花生平均产量之间还

是存在一定的差异，预示花生产量和肥料之间应该存在一定的关系。另外，从表 4.12 中还可以看出这三组花生产量的标准差相差不大，缓慢释放肥料组的标准差最小，仅为 0.4715；标准肥料组的标准差最大，达到 0.55787。

Levene's Test of Equality of Error Variances（Levene's 误差齐次检验表，见表 4.13）显示 Levene's 统计量为 0.939，其对应的显著性水平 *Sig*. ＝ 0.403 ＞ 0.05，在 5%显著性水平下统计不显著，表明没有违反方差齐次的假定，各组样本对应的总体方差相等。

表 4.13　花生产量的误差齐次 Levene's 检验统计量表

Levene's Test of Equality of Error Variances[a]

Dependent Variable: 产量

F	df1	df2	Sig.
.939	2	27	.403

Tests the null hypothesis that the error variance of the dependent variable is equal across groups.

a. Design: Intercept+植株高度+肥料类型

图 4.16 所示的 Spread-versus-Level（分布-水平）图显示了标准差的分布，也就是纵向 3 个散点之间的高度之差为 0.55787－0.4715＝0.0864，而三个散点横向的长度之差大约为 6.69（即 15.83－9.41），标准差的差值远远小于均值之差，这也进一步证明各组方差齐次的假定。

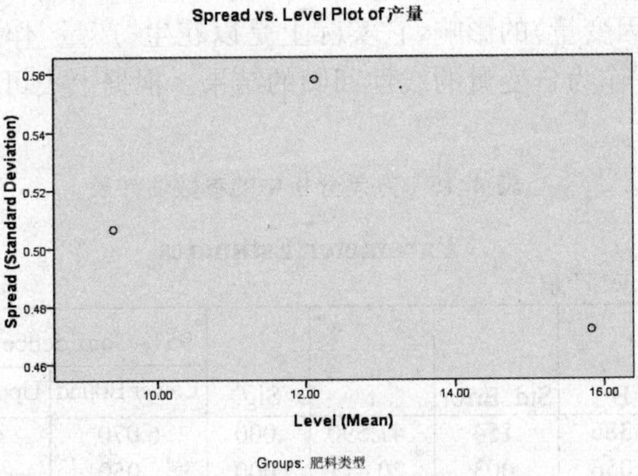

图 4.16　花生产量的水平-分布图

再次输出的 Tests of Between-Subjects Effects（组间效应检验表，见表 4.14）显示协变量“植株高度”的 *F* 统计量为 416.615，对应的显著性水平 *Sig*. ＝

0.000＜0.05，在5%显著性水平下拒绝原假设，花生产量随着植株高度的不同存在显著差异。"植株高度"对应的偏 $\eta^2 = 0.941$，协变量能够解释因变量94.1%左右的方差变动。固定因素"肥料类型"的 F 统计量为 6657.085，对应的显著性水平 $Sig. = 0.000 < 0.05$，在5%显著性水平下拒绝原假设，表明施用不同的肥料，花生的产量存在显著差异。"肥料类型"对应的偏 $\eta^2 = 0.998$，说明它能够解释因变量99.8%左右的方差变动。

表 4.14　不存在交互效应的组间效应检验表

Tests of Between-Subjects Effects

Dependent Variable: 产量

Source	Type III Sum of Squares	df	Mean Square	F	Sig.	Partial Eta Squared
Corrected Model	214.376[a]	3	71.459	4447.853	.000	.998
Intercept	78.471	1	78.471	4884.317	.000	.995
植株高度	6.693	1	6.693	416.615	.000	.941
肥料类型	213.904	2	106.952	6657.085	.000	.998
Error	.418	26	.016			
Total	4869.850	30				
Corrected Total	214.794	29				

a. R Squared = .998 (Adjusted R Squared = .998)

Parameter Estimates（参数估计表，见表 4.15）显示每一种影响因素（自变量）对花生产量（因变量）的影响，它实际上是以花生"产量"作为因变量，"植株高度"和"肥料类型"作为自变量的线性回归的结果。根据上表可以写出花生产量的线性模型：

表 4.15　方差分析中的参数估计表

Parameter Estimates

Dependent Variable: 产量

Parameter	B	Std. Error	t	Sig.	95% Confidence Interval Lower Bound	95% Confidence Interval Upper Bound	Partial Eta Squared
Intercept	6.385	.154	41.590	.000	6.070	6.701	.985
植株高度	.056	.003	20.411	.000	.050	.061	.941
[肥料类型=0]	3.144	.060	52.078	.000	3.020	3.268	.991
[肥料类型=1]	6.716	.059	114.784	.000	6.596	6.836	.998
[肥料类型=2]	0[a]	.	.	.	.	.	.

a. This parameter is set to zero because it is redundant.

标准肥料组：　$\hat{Y}_i = (6.385 + 3.144) + 0.056X_0 = 9.529 + 0.056X_0$

缓慢释放组：　$\hat{Y}_i = (6.385 + 6.716) + 0.056X_0 = 13.101 + 0.056X_0$

快速释放组：　$\hat{Y}_i = 6.385 + 0.056X_0$

其中，“肥料类型”相当于线性回归模型中的虚拟变量，施用快速释放肥料的花生([肥料类型＝2])作为参照组，因此其参数估计值为 0。该模型的截距系数最小，也就是表明该组的均值最小。

标准肥料组([肥料类型＝0])的系数为 3.144，表明在花生植株高度相同的情况下，这组花生产量比快速释放肥料组平均高出 3.144 个单位。缓慢释放组([肥料类型＝1])的系数为 6.716，表明在花生植株高度相同的情况下，这组花生产量比快速释放肥料组平均高出 6.716 个单位。标准肥料组和缓慢释放组参数估计值的 t 统计量都比较大，它们对应的显著性水平 *Sig.* 都小于 0.05，说明产量的差异在 5%的显著性水平下都是统计显著的。

4.3　单变量的随机效应方差分析

大多数的方差分析使用的都是固定效应模型(fixed effect models)，在这个模型中收集到因素(自变量)的所有水平(类型)。但是如果某个因素的水平是从一个较大的样本中随机收集的，此时可以使用随机效应模型(Random effect models)，比如，一位产品代理商需要测评一种补品中钙水平的测定是否准确，有很多实验室以及很多检测钙含量的方法，如果从中随机抽取 3 个实验室和 3 种检测方法，由于实验室和检测方法是作为随机变量来处理的，对它们的推断也是研究实验室和检测方法的总体效应的，那么它们对因变量的效应就称为随机效应，考虑到随机效应以后，也许能够解释因变量过度的波动性。

假设影响因变量的两个因素都是随机因素，存在交互效应的随机效应模型和与之对应的固定效应模型有着相同的形式，但是它们的假定和检验效应的统计量存在区别。

$$Y_{ijk} = \mu + \alpha_i + \beta_j + \alpha\beta_{ij} + \varepsilon_{ijk}$$

其中，Y_{ijk} 为因素 A 在 i 水平和因素 B 在 j 水平上的第 k 次的观测值，α_i 是因素 A 在 i 水平的随机效应，$\alpha_i \sim N(0,\sigma_\alpha^2)$。$\beta_j$ 是因素 B 在 j 水平的随机效应，$\beta_j \sim N(0,\sigma_\beta^2)$。$\varepsilon_{ijk}$ 为因素 A 在 i 水平和因素 B 在 j 水平上的第 k 观测上的随机误差。

这个模型有如下假定：

(1) $\alpha\beta_{ij}$ 为因素 A 在 i 水平和因素 B 在 j 水平的随机作用，$\alpha\beta_{ij} \sim N(0,\sigma_{\alpha\beta}^2)$。

(2) $\alpha\beta_{ij}$ 间相互独立。

(3) α_i、β_j、$\alpha\beta_{ij}$ 和 ε_{ijk} 之间相互独立。

固定效应模型(两个因素都是固定因素)和随机效应模型(两个因素都是随机因素)的对应方差分析表如表 4.16 所示。

表 4.16　固定效应模型和随机效应模型的方差分析表

<table>
<tr><th rowspan="2">方差来源</th><th rowspan="2">平方和</th><th rowspan="2">自由度</th><th colspan="2">F 统计量</th></tr>
<tr><th>固定效应模型</th><th>随机效应模型</th></tr>
<tr><td>Corrected model</td><td>$SS_{Corrected\ model} = SS_A + SS_B + SS_{A\times B}$</td><td>随机效应模型没有该项</td><td>$F_{Corrected\ model} = \frac{MS_{Corrected\ model}}{MS_{error}}$</td><td></td></tr>
<tr><td>Intercept</td><td></td><td></td><td>$F_{Intercept} = \frac{MS_{Intercept}}{MS_{误差}}$</td><td>$F_{Intercept} = \frac{MS_{Intercept}}{MS_{Intercept误差}}$</td></tr>
<tr><td>因素 A</td><td>SS_A</td><td>$r-1$</td><td>$F_A = \frac{MS_A}{MS_{误差}}$</td><td>$F_A = \frac{MS_A}{MS_{A*B}}$</td></tr>
<tr><td>因素 B</td><td>SS_B</td><td>$c-1$</td><td>$F_B = \frac{MS_B}{MS_{误差}}$</td><td>$F_B = \frac{MS_B}{MS_{A*B}}$</td></tr>
<tr><td rowspan="2">交互作用</td><td rowspan="2">$SS_{A\times B}$</td><td rowspan="2">$(r-1)(c-1)$</td><td>$H_0: \alpha\beta_{ij} = 0$
H_1:至少有一个 $\alpha\beta_{ij}$ 与其他的不同</td><td>$H_0: \sigma^2_{\alpha\beta} = 0$
$H_0: \sigma^2_{\alpha\beta} \neq 0$</td></tr>
<tr><td>$F_{交互} = \frac{MS_{交互}}{MS_{误差}}$</td><td>$F_{交互} = \frac{MS_{交互}}{MS_{误差}}$</td></tr>
<tr><td>Error(误差)</td><td>$SS_{误差}$</td><td>$rc(n-1)$</td><td></td><td></td></tr>
</table>

从表 4.16 可以看出,固定效应模型和随机效应模型中检验主效应的统计量是不一样的,固定效应模型中所有 F 统计量的分母都是方差模型误差项的均方差 $MS_{误差}$,而随机效应模型中两个主效应 F 统计量的分母是交互作用项的均方差 $MS_{A\times B}$。

【例 4.3】 补品中钙含量的测定。

一个消费品代理商需要了解某种补品中钙含量的测定是否准确,他从多个可以进行检测的实验室和多种检测钙含量的化验方法中随机抽取 3 个实验室和 3 种化验方法进行研究,每个实验室都要使用这 3 种化验方法。代理商准备好 18 个样品,每个实验室—化验方法的组合中都随机分配两个样品,进一步测定每个样品的钙含量。

打开"钙含量的测定.sav",使用 GLM 单变量分析建立包含两个随机因素的的方差模型。数据文件中使用的变量名、变量标签值及变量类型见表 4.17。

表 4.17

变量名 Variable name	变量标签值 Label Values	变量类型
化验方法	1=化验方法 A 2=化验方法 B 3=化验方法 C	名义变量
实验室	1=实验室 A 2=实验室 B 3=实验室 C	名义变量
钙含量		尺度变量

数据来源:奥特·朗格内克.统计学方法与数据分析引论[M].北京:科学出版社,2003:1096.

单击 Analyze→General Linear Model→Univariate...,打开单变量方差分析对话框(见图 4.17)。选择"钙含量"作为因变量,移入 Dependent Variable 方框中,选择"化验方法"和"实验室"作为随机因素,移入 Random Factors 方框中。

单击 Plots 按钮,打开 Profile plots(轮廓图)对话框(见图 4.18),选择"化验方法"作为横坐标变量,移入 Horizontal Axis 方框下,选择"实验室"为分离线变量,移入 Separate Lines 框中,单击下方的 Add 按钮,将其移入下面的方框中。单击 Continue 按钮,回到单因素分析对话框。

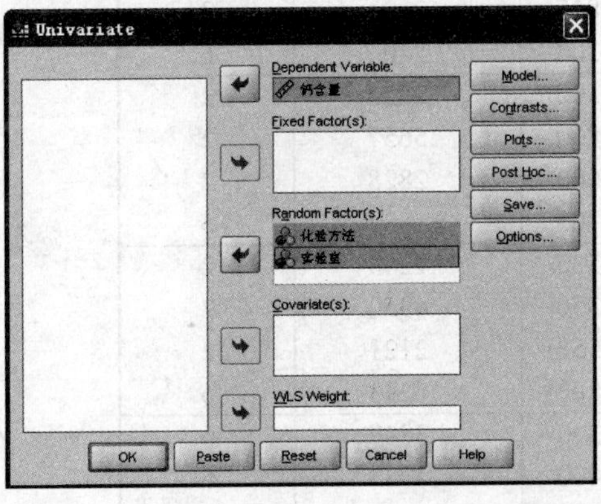

图 4.17　在单变量方差分析对话框中设置分析变量和固定效应因素

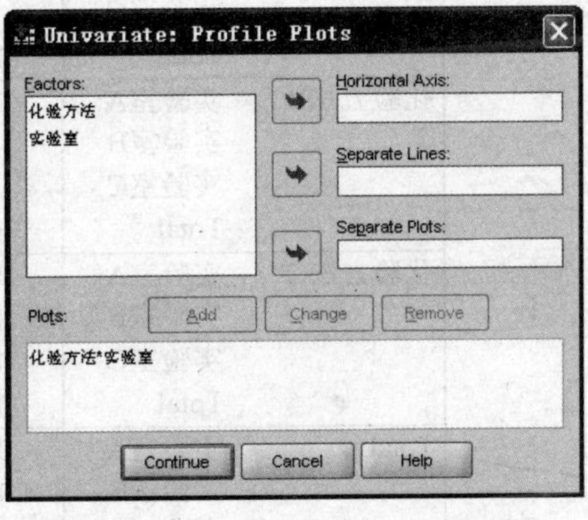

图 4.18　在 Profile Plots 对话框中设置坐标变量

单击 Option 按钮，在选项对话框中（见图 4.19），勾选 Display 中的 Descriptive statistics 和 Estimates of effect size，单击 Continue 按钮，回到单变量方差分析对话框，单击 OK 按钮，输出随机效应的方差分析结果（见表 4.18）。

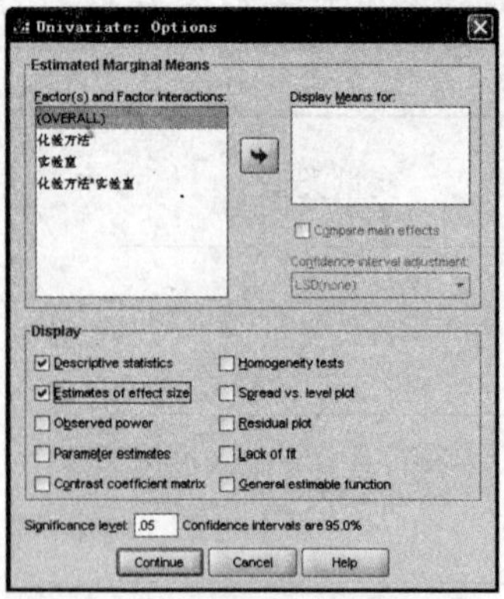

图 4.19　在选项对话框中设置输出统计量

Descriptive Statistics（描述性统计量表，见表 4.18）显示了“化验方法”和“实验室”这两个随机因素的各个水平相结合后的统计量。表中最后的 Total 部分显示，“实验室 *A*”钙含量总均值最大（11.30），“实验室 *B*”的钙含量总均值最小（10.1），这 3 个实验室的钙含量均值之间存在一定的差异。从 Mean 这列也可以发现，“化验方法 *C*”的钙含量总均值最大，“化验方法 *B*”的钙含量总均值最小，3 种化验方法的钙含量均值也存在一定的差异，但是差别不是很明显。

表 4.18　钙含量的描述性统计量表

Descriptive Statistics

Dependent Variable: 钙含量

化验方法	实验室	Mean	Std. Deviation	N
化验方法A	实验室A	10.900	.0000	2
	实验室B	10.150	.4950	2
	实验室C	9.850	.2121	2
	Total	10.300	.5404	6
化验方法B	实验室A	11.500	.2828	2
	实验室B	9.800	.5657	2
	实验室C	9.000	.2828	2
	Total	10.100	1.1832	6
化验方法C	实验室A	11.500	.4243	2
	实验室B	10.350	.4950	2
	实验室C	10.550	.2121	2
	Total	10.800	.6293	6
Total	实验室A	11.300	.3847	6
	实验室B	10.100	.4733	6
	实验室C	9.800	.7183	6
	Total	10.400	.8402	18

图 4.20 所示的轮廓图显示在化验方法的三个水平上，实验室的第一个水平，也就是"实验室 A"的钙含量均值始终大于其他两个水平。在化验方法的前两个水平上，实验室的第二个水平（"实验室 B"）的钙含量均值大于其第三个水平（"实验室 C"），但是在化验方法的第三个水平上，实验室的第二个水平的均值小于第三个水平，因此，下面的两条折线出现了交叉，预示着这两个随机因素可能会出现交互作用。

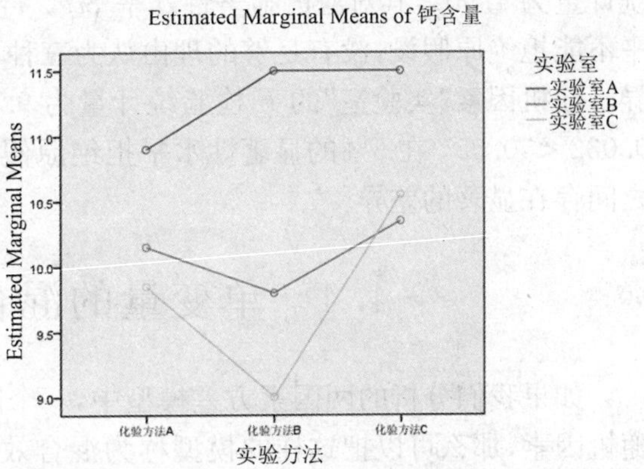

图 4.20　钙含量的轮廓图

Tests of Between-subjects Effects（组间效果检验表，见表 4.19）显示，两个随机因素的交互作用项"化验方法 * 实验室"的 F 检验统计量为 2.976，其对应的显著性水平 *Sig*. 为 0.08，如果在 5% 的显著性水平下，我们没有理由拒绝交互作用不显著的假设，但是在 10% 的显著性水平下，我们却可以拒绝交互作用不显著的假定，因此，判断这两个随机效应是否显著，和我们选定的显著性水平有一定的关系，从前面的轮廓图中看到均值线有交叉的线性，因此，我们应该有理由相信这两个随机因素存在一定的交互效应。

表 4.19　具有交互效应的组间效应检验表

Tests of Between-Subjects Effects

Dependent Variable: 钙含量

Source		Type III Sum of Squares	df	Mean Square	F	Sig.	Partial Eta Squared
Intercept	Hypothesis	1946.880	1	1946.880	469.128	.001	.995
	Error	9.542	2.299	4.150[a]			
化验方法	Hypothesis	1.560	2	.780	1.902	.263	.488
	Error	1.640	4	.410[a]			
实验室	Hypothesis	7.560	2	3.780	9.220	.032	.822
	Error	1.640	4	.410[b]			
化验方法 * 实验室	Hypothesis	1.640	4	.410	2.976	.080	.569
	Error	1.240	9	.138[c]			

a. MS(化验方法) + MS(实验室) - MS(化验方法 * 实验室)

b. MS(化验方法 * 实验室)

c. MS(Error)

需要注意的是，在随机效应模型中，即使两个随机因素的交互作用显著，也不影响我们对主效应的检验。根据表 4.19 我们看出随机因素“化验方法”的 F 检验统计量为 1.902，其对应的显著性水平 $Sig. = 0.263 > 0.05$，在 5% 的显著性水平不能拒绝原假设，没有足够的理由认为三种不同的化验方法之间存在显著的差异。随机因素“实验室”的 F 检验统计量为 9.220，其对应的显著性水平 $Sig. = 0.032 < 0.05$，在 5% 的显著性水平拒绝原假设，可以认为三种不同的“实验室”之间存在显著的差异。

4.4 单变量的混合效应模型

如果我们分析的两因素方差模型中，一个因素是固定因素而另外一个因素是随机因素，那么可以把这样的模型称为混合效应模型，它的模型结构和随机效应模型是一样的，即：

$$Y_{ijk} = \mu + \alpha_i + \beta_j + \alpha\beta_{ij} + \varepsilon_{ijk}$$

其中，Y_{ijk} 为固定因素 A 在 i 水平和随机因素 B 在 j 水平上的第 k 次的观测值，ε_{ijk} 为因素 A 在 i 水平和因素 B 在 j 水平上的第 k 观测上的随机误差。

这个模型有如下假定：

(1) α_i 是因素 A 第 i 水平的固定效应，$\sum \alpha_i = 0, \alpha_i \sim N(0, \sigma_\alpha^2)$。

(2) β_j 是因素 B 第 j 水平的随机效应，$\beta_j \sim N(0, \sigma_\beta^2)$。

(3) $\alpha\beta_{ij}$ 为因素 A 的第 i 个水平和因素 B 的第 j 水平的交互作用，$\sum \alpha\beta_{ij} = 0$，$\alpha\beta_{ij} \sim N(0, \sigma_{\alpha\beta}^2)$。

(4) β_j、$\alpha\beta_{ij}$ 和 ε_{ijk} 之间相互独立。

利用 SPSS 进行混合效应模型分析的方差分析表和随机效应模型相类似，参见表 4.20。

表 4.20 混合效应模型的方差分析表

方差来源	平方和	自由度	F 统计量
Intercept			$F_{Intercept} = \frac{MS_{Intercept}}{MS_{Intercept误差}}$
固定因素 A	SS_A	$r-1$	$F_A = \frac{MS_A}{MS_{A*B}}$
随机因素 B	SS_B	$c-1$	$F_B = \frac{MS_B}{MS_{A*B}}$

(续)表 4.20

方差来源	平方和	自由度	F 统计量
交互作用	$SS_{A\times B}$	$(r-1)(c-1)$	$F_{交互}=\dfrac{MS_{AB}}{MS_{误差}}$
Error(误差)	$SS_{误差}$	$rc(n-1)$	

【例 4.4】 防晒剂的效果。

某公司为了解两种不同的防晒剂在保护人们皮肤不受灼伤方面的效果,选取 40 位受试者参加防晒剂的试验,每 20 位受试者会被随机分配使用一种防晒剂,在试验之前技术员记录下受试者皮肤的颜色读数,使用一定量指定的防晒剂,并暴露在阳光中 2 小时之后,再读取受试者皮肤的颜色读数,两次颜色读数的差值作为测度防晒剂效果的指标,其差值越大表明灼伤程度越大。在进行实验时考虑到技术员在测量颜色读数之间存在的差异,从公司中随机抽取了 10 名技术员参与这项试验。

打开"防晒剂试验.sav",使用 GLM 单变量分析建立混合效应的方差分析模型。数据文件中使用的变量名、变量标签值及变量类型见表 4.21。

表 4.21　数据文件中变量名、变量标签值及变量类型

变量名 Variable name	变量标签值 Label Values	变量类型
防晒剂	1=防晒剂 A 2=防晒剂 B	名义变量
技术员	1=技术员 A 2=技术员 B …… 10=实验室 J	名义变量
皮肤颜色读数		尺度变量

数据来源:奥特·朗格内克.统计学方法与数据分析引论[M].北京:科学出版社,2003:1102.

单击 Analyze→General Linear Model→Univariate...,打开单变量方差分析对话框(见图 4.21)。选择"皮肤颜色读数"作为因变量,移入 Dependent Variable 方框中,选择"防晒剂"为固定因素移入 Fixed Factors 方框中。选择"技术员"作为随机因素,移入 Random Factors 方框中。

单击 Plots 按钮,打开图形对话框(见图 4.22),选择"防晒剂"作为横坐标变量，移入 Horizontal Axis 方框下，选择“技术员”为分离线变量，移入 Separate Lines 方框中，单击下方的 Add 按钮，将其移入下面的方框中。单击 Continue 按钮，回到单因素分析对话框。

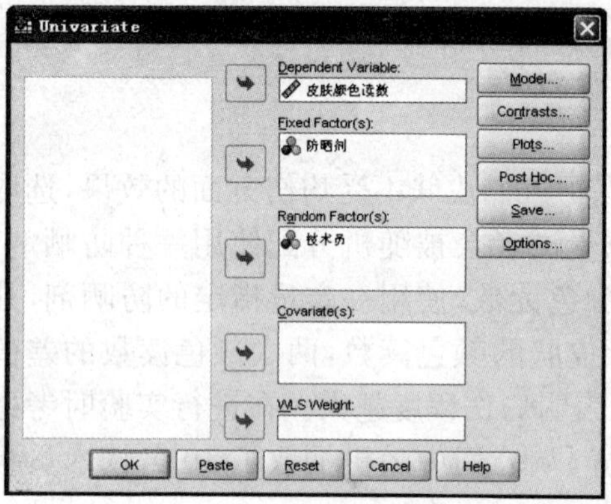

图 4.21 在单变量对话框中选择分析变量

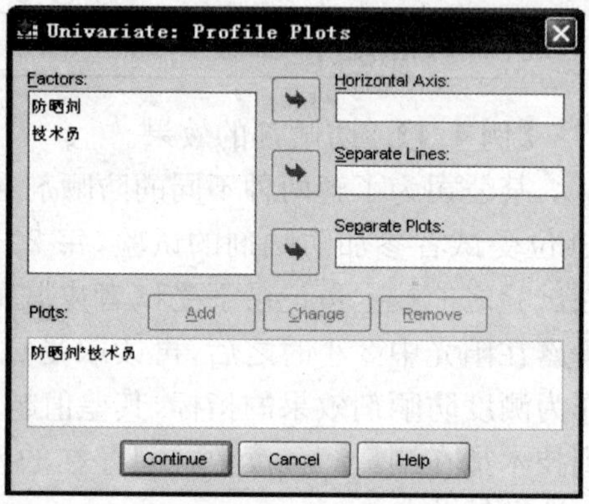

图 4.22 在 Profile Plots 对话框中选择坐标变量

单击 Option 按钮，在选项对话框中（见图 4.23），勾选 Display 中的 Descriptive statistics 和 Estimates of effect size，单击 Continue 按钮，回到单变量方差分析对话框，单击 OK 按钮，输出随机效应的方差分析结果。

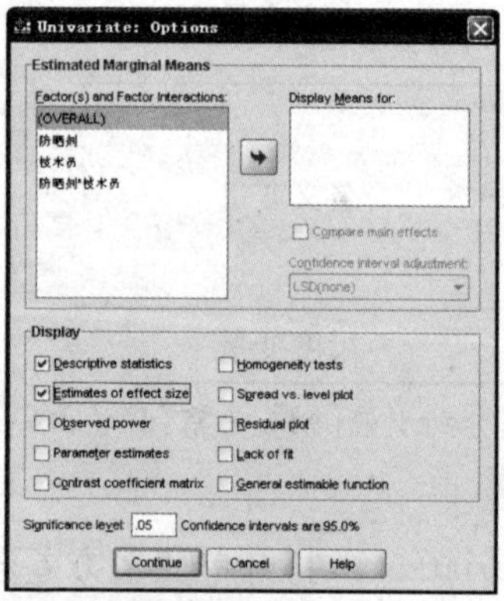

图 4.23 在选项对话框中设置输出统计量

表 4.22 组间效应因素表

Between-Subjects Factors

		Value Label	N
防晒剂	1	防晒剂A	20
	2	防晒剂B	20
技术员	1	技术员A	4
	2	技术员B	4
	3	技术员C	4
	4	技术员D	4
	5	技术员E	4
	6	技术员F	4
	7	技术员G	4
	8	技术员H	4
	9	技术员I	4
	10	技术员J	4

Between-subjects Factor（组间效应因素表，见表 4.22）显示固定因素“防晒剂”有两个水平，每 20 个受试者会被分配使用一种防晒剂。“技术员”作为随机因素，每一个技术员都会测试 4 位受试者，这其中有两个使用第一种防晒剂，两个使用第二种防晒剂。

Descriptive Statistics（描述性统计量表，见表 4.23）显示了“防晒剂”和“技术

表 4.23　皮肤颜色读数的描述性统计量表

Descriptive Statistics

Dependent Variable: 皮肤颜色读数

防晒剂	技术员	Mean	Std. Deviation	N
防晒剂A	技术员A	7.9000	.42426	2
	技术员B	3.5500	.07071	2
	技术员C	10.5000	.28284	2
	技术员D	4.1500	.35355	2
	技术员E	12.5000	.56569	2
	技术员F	5.7000	.28284	2
	技术员G	9.4000	.42426	2
	技术员H	13.4500	.35355	2
	技术员I	8.4000	.42426	2
	技术员J	2.6500	.21213	2
	Total	7.8200	3.65925	20
防晒剂B	技术员A	6.4500	.49497	2
	技术员B	4.5000	.28284	2
	技术员C	9.4000	.28284	2
	技术员D	2.4000	.14142	2
	技术员E	12.6000	.28284	2
	技术员F	4.4000	.56569	2
	技术员G	8.4500	.21213	2
	技术员H	13.2500	.49497	2
	技术员I	7.7500	.35355	2
	技术员J	2.3000	.28284	2
	Total	7.1500	3.78146	20
Total	技术员A	7.1750	.91788	4
	技术员B	4.0250	.57373	4
	技术员C	9.9500	.67577	4
	技术员D	3.2750	1.03401	4
	技术员E	12.5500	.36968	4
	技术员F	5.0500	.83467	4
	技术员G	8.9250	.61305	4
	技术员H	13.3500	.36968	4
	技术员I	8.0750	.49244	4
	技术员J	2.4750	.28723	4
	Total	7.4850	3.68848	40

员”这两个因素的各个水平相结合后的统计量。表中最后的 Total 部分显示，10 位技术员测量皮肤颜色的均值存在较大的差异，“技术员 J”读取的皮肤颜色均值最小，仅为 2.4750。“技术员 H”读取的皮肤颜色均值最大，为 13.35，这预示着技术员在读取皮肤颜色方法上似乎存在显著的差异。从表 4.23 中也可以看出受试者使用两种不同的防晒剂后，皮肤颜色读数也存在一定的差异，“防晒剂 A”的均值稍大于“防晒剂 B”，但是这种差距是否统计显著还应该分析后面的方差分析表。

轮廓图(见图 4.24)显示大部分技术员在测量受试者皮肤颜色读数时，“防晒剂 A”的均值都大于“防晒剂 B”，但是“技术员 B”和“技术员 E”读取的“防晒剂 A”的均值小于“防晒剂 B”，图形下方有两条直线出现了交叉，说明“防晒剂”和“技术员”这两个因素之间可能存在交互作用。

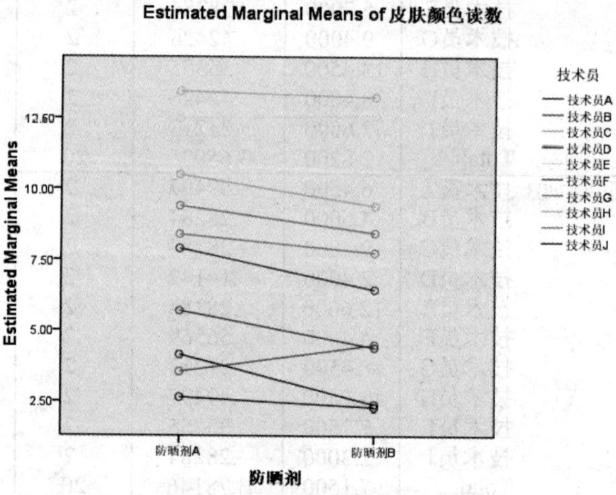

图 4.24 皮肤颜色读数的轮廓图

Tests of Between-subjects Effects(组间效果检验表，见表 4.24)显示，两个因素的交互作用项“防晒剂 * 技术员”的 F 检验统计量为 5.030，其对应的显著性水平 $Sig.=0.001<0.05$，在 5%的显著性水平下拒绝交互作用不显著的假定，从而可以判断出由技术员造成的皮肤颜色测度的差异对于两种防晒剂是不同。

在混合效应模型中，两个随机因素的交互作用显著，也不影响我们对主效应的检验。根据表 4.24 我们看出，固定因素“防晒剂”的 F 检验统计量为 6.761，其对应的显著性水平 $Sig.=0.029<0.05$，在 5%的显著性水平下拒绝原假设，可以认为两种防晒剂在保护人们皮肤方法上存在差异，由于“防晒剂 A”的均值大于

"防晒剂 B",因此平均说来,"防晒剂 B"更能够保护人们的皮肤。随机因素"技术员"的 F 检验统计量为 86.594,其对应的显著性水平 $Sig. = 0.000 < 0.05$,在 5%的显著性水平下拒绝原假设,我们有更加充足的理由认为技术员在读取皮肤颜色读数方面存在显著差异,技术员之间的测量差异是随机变异的重要来源。

表 4.24 具有交互效应的组间效应检验表

Tests of Between-Subjects Effects

Dependent Variable: 皮肤颜色读数

Source		Type III Sum of Squares	df	Mean Square	F	Sig.	Partial Eta Squared
Intercept	Hypothesis	2241.009	1	2241.009	38.975	.000	.812
	Error	517.486	9	57.498			
防晒剂	Hypothesis	4.489	1	4.489	6.761	.029	.429
	Error	5.976	9	.664			
技术员	Hypothesis	517.486	9	57.498	86.594	.000	.989
	Error	5.976	9	.664			
防晒剂* 技术员	Hypothesis	5.976	9	.664	5.030	.001	.694
	Error	2.640	20	.132			

a. MS(技术员)
b. MS(防晒剂 * 技术员)
c. MS(Error)

第 5 章 相关分析

相关分析是研究两个或多个变量之间相互关系的一种统计方法,SPSS 的 Correlate(相关分析)功能主要包括 Bivariate(双变量相关分析)过程、Partial(偏相关分析)过程和 Distance(距离分析)过程。本章主要分析双变量相关分析和偏相关分析。

5.1 双变量相关分析

双变量相关(The Bivariate Correlations)分析能够计算两个随机变量的相关系数,并且用相关系数矩阵的形式显示出来,它可以判断两个刻度变量或者定序变量之间相关(关联)的程度及方向。双变量相关分析中会涉及到皮尔逊(Pearson)相关系数、斯皮尔曼(Spearman)秩相关系数和肯德尔(Kendall)秩相关系数。

1. 皮尔逊相关系数

如果两个随机变量 X 和 Y 都服从正态分布,那么研究它们之间相关程度时最常用的统计量就是皮尔逊乘积矩相关系数,它又可以称为简单相关系数,或者零阶(zero order)相关系数:

$$r=\frac{\sum_{i=1}^{n}(X_i-\bar{X})(Y_i-\bar{Y})}{\sqrt{\sum_{i=1}^{n}(X_i-\bar{X})^2}\cdot\sqrt{\sum_{i=1}^{n}(Y_i-\bar{Y})^2}}$$

其中,$\bar{X}$ 为随机变量 X 的均值;$\bar{Y}$ 为随机变量 Y 的均值。

在皮尔逊乘积矩相关系数公式中,两个变量的地位是平等的,没有自变量和因变量之分,这是相关分析和回归分析的差异所在,使用皮尔逊相关系数主要是研究两个变量之间的线性相关性,因此在计算进行线性相关分析之前一定要绘制两个变量之间的散点图,判断两个变量之间是否真的存在线性相关趋势,否则可能会得到错误的结论。

如果两个变量不服从正态分布，或者变量的测度水平是定序水平的，那么应该使用斯皮尔曼秩相关系数和肯德尔秩相关系数这两种非参数的相关系数来研究两者之间的关系。

2. 斯皮尔曼秩相关系数

斯皮尔曼秩相关系数 r_s 可以分析两个定序变量或者数值变量之间的相关性，它将两个变量分别按照从小到大的顺序排列，得到两组变量的的秩 $X_1, X_2, \cdots, X_n$ 和 $Y_1, Y_2, \cdots, Y_n$，然后用 $d_i = X_i - Y_i$ 来度量这组变量秩的差距，d_i 越小，两个变量之间的差距越小，它们的相关性越强，d_i 增大时，两个变量之间的差距越大，它们的相关性也就越弱了。在计算斯皮尔曼秩相关系数 r_s 时，不能直接使用两个变量的秩差 d_i，因为一组数据中正的秩差和负的秩差相互抵消，为此可以利用秩差的平方 d_i^2。

斯皮尔曼秩相关系数 r_s 可以从皮尔逊相关系数公式推导出来，它的计算公式如下：

$$r_s = 1 - \frac{6\sum d_i^2}{n^3 - n}$$

如果对两个变量进行排序时出现变量值的秩相等，即同分(tie)现象时，需要用修正因子 $T_X = \dfrac{\sum(t_i^3 - t_i)}{12}$ 和 $T_Y = \dfrac{\sum(t_j^3 - t_j)}{12}$ 对 X_i、Y_i 的离差平方和进行修正(其中 t_i 为变量 X 的第 i 个同分秩出现的次数，t_j 为变量 Y 的第 j 个同分秩出现的次数)，经过修正后的离差平方和 $\sum x_i^2 = \dfrac{n^3 - n}{12} - \sum T_X$，$\sum y_i^2 = \dfrac{n^3 - n}{12} - \sum T_Y$，再将它们代入上面的斯皮尔曼秩相关公式就可以得到存在同分现象时两个变量的秩相关系数：

$$r_s = \frac{\sum x_i^2 + \sum y_i^2 - \sum d_i^2}{2\sqrt{\sum x_i^2 \sum y_i^2}}$$

3. 肯德尔秩相关系数

肯德尔秩相关系数可以检验定序变量或者数值变量之间的相关性，和斯皮尔曼秩相关一样，它们主要还是研究定序变量之间的相关性。在计算肯德尔秩相关

系数 τ_b 的过程中，要将两组变量数据分别按照从小到大的顺序排列，得到两组数据的秩，利用秩之间的关系来度量两个变量之间的相关或者关联性。

假设有两位老师对 4 篇文章打分，成绩排列的顺序如表 5.1 所示。

表 5.1　4 篇作文评分的排序

文章	老师 X	老师 Y
A	3	3
B	4	1
C	2	4
D	1	2

如果将 4 篇文章重新排列，老师 X 的秩以自然顺序排列，示于表 5.2。

表 5.2　重新排列后的作文评分顺序

文章	老师 X	老师 Y
D	1	2
C	2	4
A	3	3
B	4	1

既然老师 X 的秩处于自然顺序，其自然顺序对之和为 $3+2+1=C_4^2=6$。那么老师 Y 的秩有多少处于自然顺序呢？肯德尔秩相关系数就是围绕着它们之间的关系来建立的。

接下来分析老师 Y 的秩，其第一个秩为 2，小于其后的 4 和 3，处于自然顺序，但是它大于最后的秩，处于非自然状态，因此包含秩 2 的自然顺序对有 $1+1-1=1$ 个；采用同样的方法可以分析包含秩 4 的自然顺序对有 -2 个，包含秩 3 的自然顺序对有 -1 个，老师 Y 的自然顺序对之和为 -2。如果两组变量的秩完全相同，老师 X 的秩处于自然顺序时，老师 Y 的秩也应该处于自然顺序，那么实际的自然顺序对与最大可能的顺序对之间的比例关系就可以度量这两个变量之间的相关程度，为此提出肯德尔秩相关系数 τ_b：

$$\tau_b=\frac{\text{变量 }Y\text{ 的秩的实际自然顺序对}}{\text{变量 }Y\text{ 的秩的最大自然顺序对}}$$

上面两位老师对 4 篇文章评分的肯德尔秩相关系数 $\tau_b=\frac{-2}{6}=-0.3333$。

更为一般的，若设定变量 Y 的秩的实际自然顺序对用符号 S 表示，Y 的秩的最大自然顺序对为 $C_n^2=\frac{n(n-1)}{2}$，因此 $\tau_b=\frac{S}{\frac{n(n-1)}{2}}=\frac{2S}{n(n-1)}$。为了计算方便，可以用下面的方法确定 S 的值：从 Y 的左边第一个数开始，数出它右侧比它大的秩的个数，然后将此数减去右侧比它小的秩的个数，Y 的所有的秩都按照这种方法来求，所得结果相加就得到 S。

比如前面的例子中，秩 2 右边的秩 3 和 4 大于它，而秩 1 小于它，秩 2 对 S 的贡献为 $(+2-1)=1$；秩 4 右边没有秩再大于它，秩 3 和 1 都小于它，秩 4 对 S 的贡献为 $(0-2)=-2$；秩 3 右边仅有的秩 1 也小于它，秩 3 对于 S 的贡献为 $(0-1)=-1$，这些贡献的总和 $S=+1-2-1=-2$，和前面推导出来的结果是一样的。

如果两组变量评秩的过程中出现较多的同分现象，需要对上面的肯德尔秩相关系数进行修正。分别计算两个变量秩的修正因子 $T_X=\frac{\sum(t_i^3-t_i)}{12}$ 和 $T_Y=\frac{\sum(t_j^3-t_j)}{12}$，其中 t_i 为变量 X 的第 i 个同分秩出现的次数，t_i 为变量 Y 的第 j 个同分秩出现的次数，从而得到肯德尔秩相关系数的修正公式：

$$\tau_b=\frac{S}{\sqrt{\frac{n(n-1)}{2}-T_X}\sqrt{\frac{n(n-1)}{2}-T_Y}}$$

我们利用样本数据计算出样本的相关系数，利用样本相关系数对总体相关系数进行推断。为了检验总体中两个随机变量是否显著相关，提出下面的假设：

$$H_0:\rho=0,H_1:\rho\neq 0$$

对于大样本数据，在原假设成立的条件下，皮尔逊相关系数和斯皮尔曼相关系数的检验统计量用 $t=\frac{\sqrt{n-2}\cdot r}{\sqrt{1-r^2}}$，服从自由度为 $n-2$ 的 t 分布。如果 t 统计量对应的伴随概率 $p<\alpha$（或显著性水平 $Sig.<\alpha$），则拒绝原假设，两个随机变量之间存在显著相关性。

对肯德尔秩相关系数的显著性进行检验时，当两组样本容量较大时，检验统计量 $Z=\frac{\tau_b}{\sqrt{\frac{2(2n+5)}{9n(n-1)}}}$ 服从标准正态分布。在给定的显著性水平 α 下，如果 Z 的伴随概率 $p<\alpha$，则拒绝原假设，两个变量之间的相关性显著。

【例 5.1】 国有企业不同行业收入和利润的关系。

工业企业的利润和收入之间存在较为明显的关系，但是不同行业的利润和收入存在较大的差异，收集到 2006 年中国国有企业 39 个行业的主营业务收入与利润总额的数据，使用相关分析来研究两者的关系。

打开“2006 年不同行业国有企业主营业务收入与利润.sav”。数据文件中使用的变量名、变量标签值及变量类型见表 5.3。

表 5.3 数据文件中变量名、变量标签值及变量类型

变量名 Variable name	变量标签值 Label Value	变量类型
行业名称		名义变量
行业类型	0=轻工业 1=重工业	尺度变量
主营业务收入		尺度变量
利润总额		尺度变量

在分析两个变量线性相关性的时候，只有两个变量都近似服从正态分布而且没有离群值时，使用皮尔逊相关系数检验两个变量之间相关程度时才能产生最好的效果，因此在进行相关分析之前应该使用散点图来判断两个变量之间是否近似服从正态分布以及数据中是否存在离群值。

单击 Graph→Legacy Dialogs→Scatter/Dot，在弹出的 Scatterplot 对话框中（见图 5.1），选择 Simple，单击 Define 按钮，弹出简单散点图对话框。将变量“利润总额”移入右边的 Y Axis（纵坐标轴）下的方框中，将变量“主营业务收入”移入右侧的 X Axis（横坐标轴）下的方框中，将变量“行业类型”作为标记变量，移入 Set Markers by 方框中，在输出的散点图中，两个不同行业的散点会用不同的颜色显示出来，以示区别。

单击 OK 按钮，输出散点图（见图 5.2）。从散点图中可以看出，利润总额随着主营业务收入的增加而逐渐增加。散点图左上方和右下方侧有两个数据点远远偏离其他数据，这两个点都属于重工业类型。为了显示这两个离群点，双击散点图后将其激活，在 SPSS Chart Editor 窗口中（见图 5.3），单击常用工具栏中的 Data Label Mode 按钮。

依次单击左上角和右下角的两个散点，散点上分别显示 22 和 27（见图 5.4），表示这两个离群点分别对应第 22 和第 27 号个案。返回到 Data View 窗口中，可以发现这两个个案分别属于“石油和天然气开采业”和“石油加工、炼焦及核燃料加工业”。

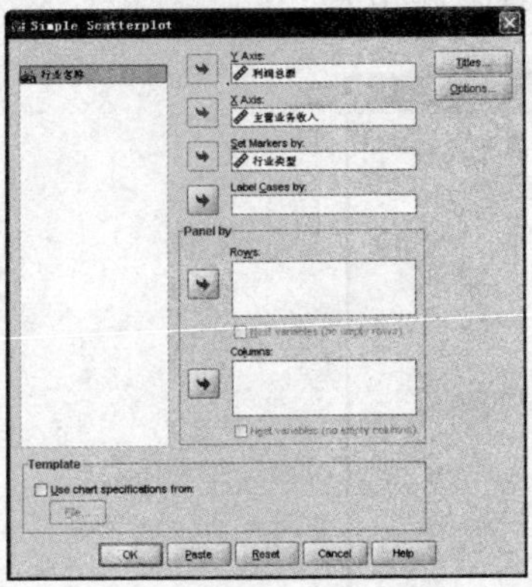

图 5.1　在简单散点图对话框中设置 y 轴和 x 轴代表的变量

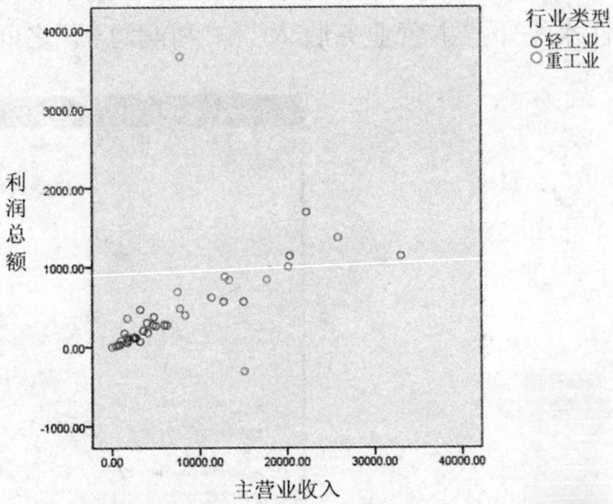

图 5.2　利润总额对主营业务收入的散点图

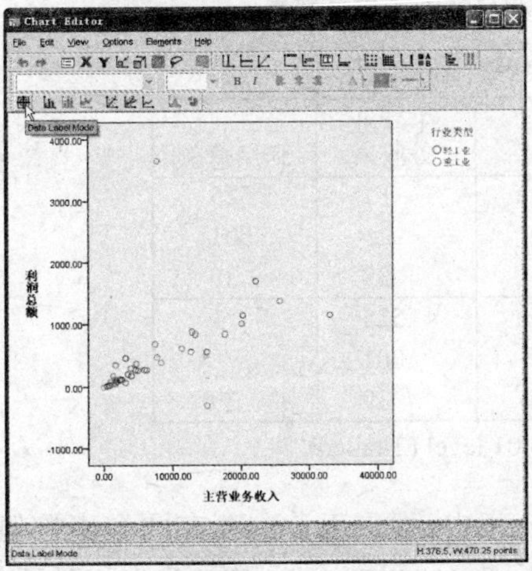

·图 5.3　处于激活状态的 Chart Editor 窗口

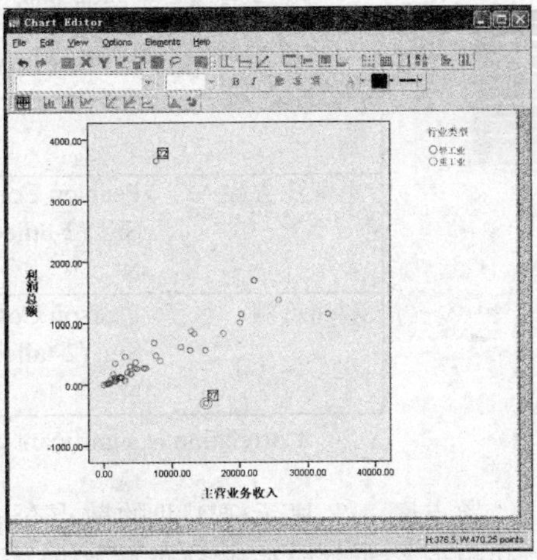

图 5.4　显示离群点个案编号的散点图

通过散点图确定“主营业务收入”和“利润总额”之间存在线性关系，接下来可计算两者间的皮尔逊相关系数来检验它们之间的线性关系是否显著。单击 Analyze→Correlation→Bivariate Correlation，打开双变量相关系数对话框(见图 5.5)。

在对话框中，从左侧变量列表框中选择“主营业务收入”和“利润总额”移入右侧的 Variables 方框中，单击 OK 按钮，输出这两个变量的相关系数表。

从Correlations(相关系数表,见表5.4)中可以看到这两个变量之间的皮尔逊相关系数 $r=0.525$,其对应的显著性水平 $Sig.=0.001<0.05$,在5%的显著性水平下"主营业务收入"和"利润总额"之间显著线性相关。

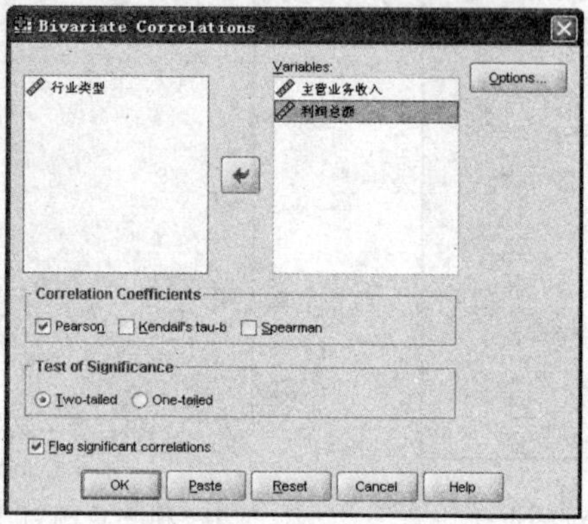

图 5.5　双变量相关系数对话框

表 5.4　主营业务收入和利润总额的相关系数表

Correlations

		主营业务收入	利润总额
主营业务收入	Pearson Correlation	1	.525
	Sig. (2-tailed)		.001
	N	39	39
利润总额	Pearson Correlation	.525**	1
	Sig. (2-tailed)	.001	
	N	39	39

**. Correlation is significant at the 0.01 level (2-tailed).

散点图5.2显示轻工业的散点分布比较集中,而重工业中存在两个离群值,因此根据企业所属的类型将原数据文件进行拆分,可能会发现重工业和轻工业"利润总额"和"主营业务收入"之间不同的相关关系。对原文件进行拆分,单击Data→Split File,在拆分文件对话框中(见图5.6),选择Compare groups单选钮,将变量"行业类型"移入右边Groups Based on下方,单击OK按钮,完成数据的拆分。

要对拆分过的文件进行相关分析,单击工具栏中的Recall recently used dialogs按钮,在弹出的下拉列表中选择Bivariate Correlation,重新回到双变量相关系数对话框，单击 OK 按钮后输出相关系数表（见表 5.5）。从上面的相关系数表中可以看出，轻工业的“主营业务收入”和“利润总额”之间的相关系数 $r=0.899$，其双尾显著性水平 $Sig.=0.000<0.05$，在 5%显著性水平下两者的线性关系显著。重工业的“主营业务收入”和“利润总额”之间的相关系数 $r=0.257$，其双尾显著性水平 $Sig.=0.356>0.05$，在 5%显著性水平两个变量之间的线性关系不显著。因此，将企业按照轻工业和重工业分类后，企业“主营业务收入”和“利润总额”之间的线性相关性存在一定的区别，产生这个问题的原因可能是重工业的“主营业务收入”和“利润总额”数据中存在两个离群值，导致这两个变量之间的线性关系不显著。如果将两个离群值剔除，或许可以提高两个变量之间的线性相关性。

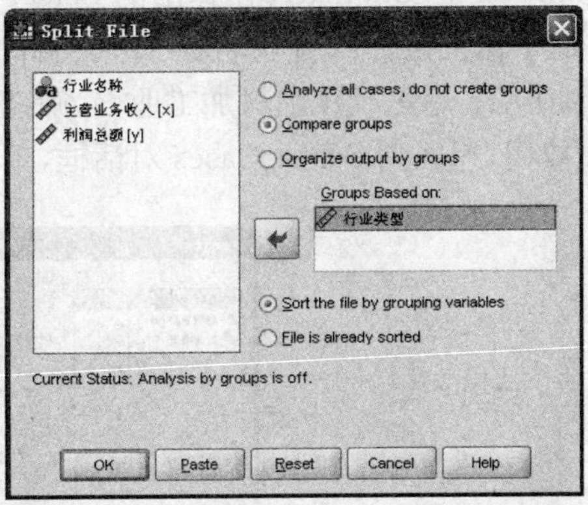

图 5.6　在拆分文件对话框中选择拆分变量

表 5.5　文件拆分后的相关系数表

Correlations

行业类型			主营业务收入	利润总额
轻工业	主营业务收入	Pearson Correlation	1	.899**
		Sig. (2-tailed)		.000
		N	24	24
	利润总额	Pearson Correlation	.899**	1
		Sig. (2-tailed)	.000	
		N	24	24
重工业	主营业务收入	Pearson Correlation	1	.257
		Sig. (2-tailed)		.356
		N	15	15
	利润总额	Pearson Correlation	.257	1
		Sig. (2-tailed)	.356	
		N	15	15

**. Correlation is significant at the 0.01 level (2-tailed).

单击 Data→Select Cases...，在 Select Cases 对话框中（见图 5.7）单击 If

condition is satisfied。在弹出的 Select Cases:If 对话框中(见图 5.8),在右侧的方框中输入条件:(行业名称 ~= '石油和天然气开采业')&(行业名称~='石油加工、炼焦及核燃料加工业'),筛选出存在离群值的两个个案。单击 Continue 按钮,返回到 Select Cases 对话框,单击 OK 按钮,完成数据的筛选。

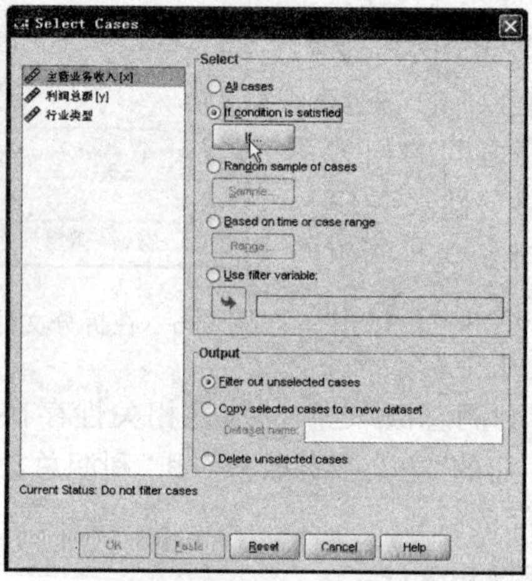

图5.7 在 Select Case 对话框选择 If condition is satisfied

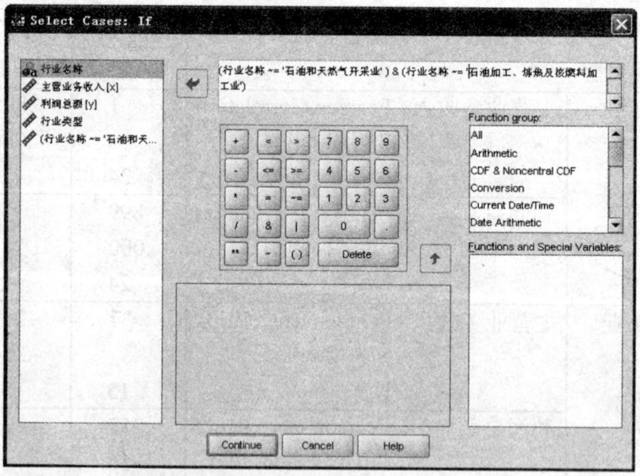

图 5.8 在 If 对话框中设置筛选条件

单击工具栏中的 Recall recently used Dialogs 按钮,在弹出的下拉列表中选择 Bivariate Correlation,重新回到双变量相关系数对话框,单击 OK 按钮,输出相关系数矩阵。

从相关系数表(见表 5.6)中可以看出,将离群值筛选后,重工业"主营业务收入"和"利润总额"之间的皮尔逊相关系数 r 已经从原先的 0.257 增加到 0.957,对应的显著性水平 $Sig. = 0.000 < 0.05$,在 5%的显著性水平下统计显著。剔除离群值后,两个变量之间的线性关系已经变得显著起来了。

表 5.6　分行业的相关系数表

Correlations

行业类型			主营业务收入	利润总额
轻工业	主营业务收入	Pearson Correlation	1	.899**
		Sig. (2-tailed)		.000
		N	24	24
	利润总额	Pearson Correlation	.899**	1
		Sig. (2-tailed)	.000	
		N	24	24
重工业	主营业务收入	Pearson Correlation	1	.957**
		Sig. (2-tailed)		.000
		N	13	13
	利润总额	Pearson Correlation	.957**	1
		Sig. (2-tailed)	.000	
		N	13	13

**. Correlation is significant at the 0.01 level (2-tailed).

研究两个刻度变量或者定序变量之间关系时还可以使用 Spearman's rho 或者 Kendall's tau-b 统计量,它们对变量的分布不作要求。单击工具栏中的 Recall recently used dialogs 按钮,在弹出的下拉列表中选择 Bivariate Correlation,重新回到双变量相关系数对话框(见图 5.9),在 Correlation Coefficients 中取消 Pearson 选项,选择 Kendall's tau-b 和 Spearman,单击 OK 按钮后输出相关系数表(见表 5.7)。

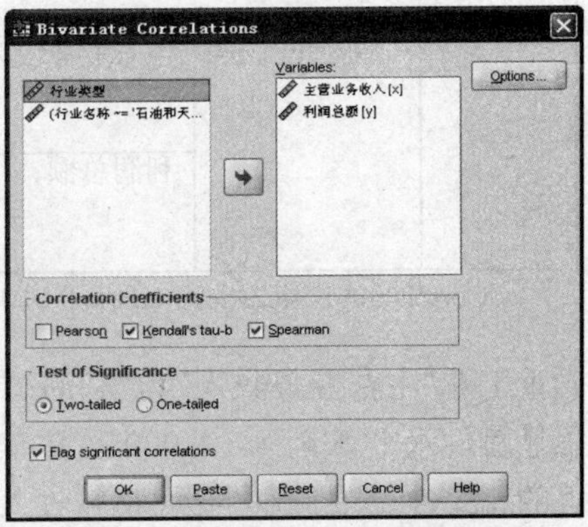

图 5.9　在双变量相关系数对话框中选择输出两个秩相关系数

肯德尔秩相关系数和斯皮尔曼秩相关系数都属于非参数相关系数,相关系数表显示轻工业“主营业务收入”与“利润总额”的肯德尔秩相关系数 $\tau_b = 0.761$，其对应的双尾显著性水平 $Sig. = 0.000 < 0.05$，在 5%显著性水平下两个变量之间存在显著的相关性。轻工业“主营业务收入”与“利润总额”的斯皮尔曼秩相关系数 $r_s = 0.913$，其对应的双尾显著性水平 $Sig. = 0.000 < 0.05$，在 5%显著性水平下两个变量之间存在明显的相关性。

表 5.7 非参数相关系数表

Correlations

行业类型				主营业务收入	利润总额
轻工业	Kendall's tau_b	主营业务收入	Correlation Coefficient	1.000	.761**
			Sig. (2-tailed)	.	.000
			N	24	24
		利润总额	Correlation Coefficient	.761**	1.000
			Sig. (2-tailed)	.000	.
			N	24	24
	Spearman's rho	主营业务收入	Correlation Coefficient	1.000	.913**
			Sig. (2-tailed)	.	.000
			N	24	24
		利润总额	Correlation Coefficient	.913**	1.000
			Sig. (2-tailed)	.000	.
			N	24	24
重工业	Kendall's tau_b	主营业务收入	Correlation Coefficient	1.000	.846**
			Sig. (2-tailed)	.	.000
			N	13	13
		利润总额	Correlation Coefficient	.846**	1.000
			Sig. (2-tailed)	.000	.
			N	13	13
	Spearman's rho	主营业务收入	Correlation Coefficient	1.000	.945**
			Sig. (2-tailed)	.	.000
			N	13	13
		利润总额	Correlation Coefficient	.945**	1.000
			Sig. (2-tailed)	.000	.
			N	13	13

**. Correlation is significant at the 0.01 level (2-tailed).

重工业“主营业务收入”与“利润总额”肯德尔相关系数 $\tau_b = 0.846$，其对应的双尾显著性水平 $Sig. = 0.000 < 0.05$，在 5%显著性水平下两个变量之间存在显著的相关性。重工业“主营业务收入”与“利润总额”斯皮尔曼秩相关系数 $r = 0.945$，其对应的双尾显著性水平 $Sig. = 0.000 < 0.05$，在 5%显著性水平下两个变量之间相关性显著。

由此可见，使用双变量相关分析，我们首先得到“主营业务收入”与“利润总额”之间的相关系数表，这两个变量之间存在显著的线性相关性，但是根据企业所属的行业类型进行相关分析后发现重工业企业的“主营业务收入”与“利润总额”的线性关系不显著，这是因为重工业企业的数据中存在离群值，剔除离群值以后，它们之间的线性相关性变得统计显著。此外，使用 Spearman's rho 统计量来研究上述两个变量之间关系也可以得到相似的结论。

5.2 偏相关分析

双变量相关分析是研究两个变量之间的相关关系，有时在分析两个变量之间相关关系时，往往会有其他变量的影响因素混合在里面，此时计算出来的相关系数可能并不能真正反映两个变量之间的关系。比如，在教育研究中经常作多学科成绩之间的相关分析，但是相关性大小往往会受到很多混杂因素如智商、认知水平等的影响，这样其真正的相关性会被扩大或缩小。在研究语文成绩和数学成绩的关系时，人们发现智商高者数学和语文成绩往往都好，因此数学成绩和语文成绩的相关中隐含着智商这一混杂因素。为了研究数学成绩和语文成绩之间的关系，可以将智商作为控制变量，在保持智商不变的情况下，研究数学成绩和语文成绩之间的相关性，这样的相关分析就是偏相关分析。

假设有三个随机变量 X、Y 和 Z，如果以变量 Z 为控制变量，那么变量 X 和 Y 之间的偏相关系数计算公式为：

$$r_{XY,Z}=\frac{r_{XY}-r_{XZ}r_{YZ}}{\sqrt{1-r_{XZ}^2}\sqrt{1-r_{YZ}^2}}$$

$r_{XY,Z}$ 又称为一阶相关系数(first order correlation)，其中，r_{XY} 为变量 X 和 Y 之间的零阶相关系数，r_{XZ} 为变量 X 和 Z 之间的零阶相关系数，r_{YZ} 为变量 Y 和 Z 之间的零阶相关系数。

为了检验偏相关系数 $r_{XY,Z}$ 是否显著地不等于 0，提出下面的假设：

$$H_0: r_{XY,Z}=0, H_1: r_{XY,Z}\neq 0$$

对于大样本数据，在原假设成立的条件下，使用 $t=\frac{\sqrt{n-k-2}\cdot r}{\sqrt{1-r^2}}$ 进行检验，其中，k 为控制变量的个数。如果 t 统计量对应的伴随概率 $p<\alpha$（或显著性水平 $Sig.<\alpha$），则拒绝原假设，两个随机变量之间的偏相关显著。

如果变量 X 和 Y 之间的控制变量有两个，比如 Z_1 和 Z_2，那么 X 和 Y 之间的偏相关系数计算公式为：

$$r_{XY,Z_1Z_2}=\frac{r_{XY,Z_1}-r_{XZ_2,Z_1}r_{YZ_2,Z_1}}{\sqrt{1-r_{XZ_2,Z_1}^2}\cdot\sqrt{1-r_{YZ_2,Z_1}^2}}$$

r_{XY,Z_1Z_2} 又称为二阶相关系数(second order correlation)。公式中 $r_{XY.Z_1}$ 是以 Z_1 为控制变量,变量 X 和 Y 的偏相关系数;$r_{XZ_2.Z_1}$ 是以 Z_1 为控制变量,变量 X 和 Z_2 的偏相关系数;$r_{YZ_2.Z_1}$ 是以 Z_1 为控制变量,变量 Y 和 Z_2 的偏相关系数。

多于两个控制变量的偏相关系数可以采用上面的类似公式进行计算。

【例 5.2】 语文成绩与数学成绩的关系。

为了研究语文成绩和数学成绩之间的关系,一位老师收集到 30 名学生某学期语文成绩、数学成绩和智商的数据。

打开"学习成绩和智商.sav"。使用偏相关分析来研究如果扣除智商的影响,数学成绩和语文成绩的相关性如何。数据文件中使用的变量名及变量类型见表 5.8。

表 5.8 数据文件中变量名及变量类型

变量名 Variable name	变量类型
语文成绩	尺度变量
数学成绩	尺度变量
智商	尺度变量

单击 Analyze→Correlate→Partial,打开偏相关分析对话框(见图 5.10)。选择"语文成绩"和"数学成绩"为分析变量,移入 Variables 文本框中,选择"智商"为控制变量,移入 Controlling for 方框中。

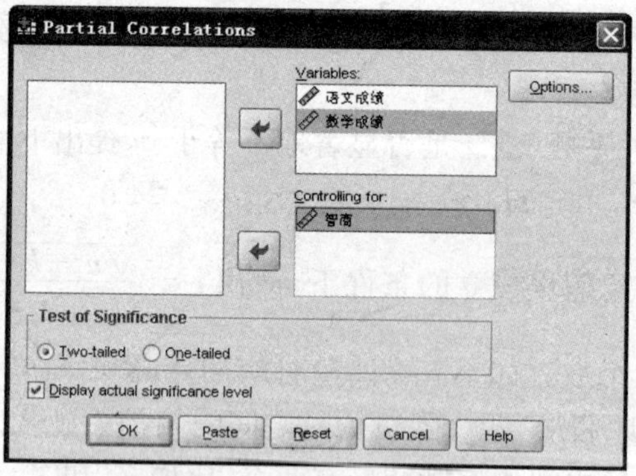

图 5.10 在偏相关系数对话框中设置分析变量和控制变量

单击 Options 按钮，打开偏相关选项设置对话框(见图 5.11)，在 Statistics 中，选择 Zero-order correlations，在输出的相关系数表中显示包括控制变量在内的所有变量之间的相关系数表，单击 Continue 按钮，回到偏相关分析对话框，单击 OK 按钮后输出分析结果(见表 5.9)。

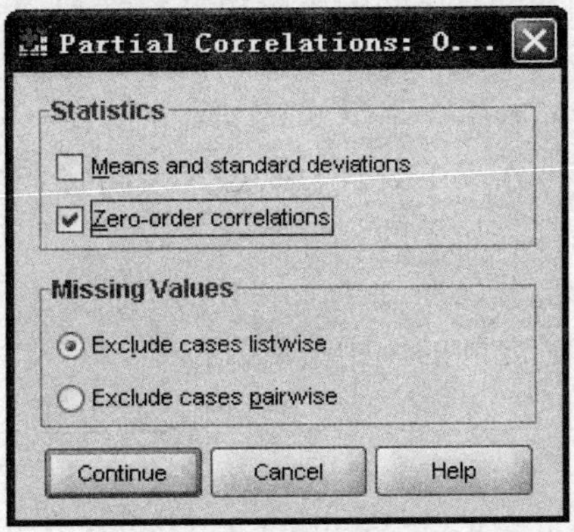

图 5.11 在选项对话框中选择输出的统计量

表 5.9 偏相关系数表

Correlations

Control Variables			数学成绩	语文成绩	智商
-none-[a]	数学成绩	Correlation	1.000	.870	.902
		Significance (2-tailed)	.	.000	.000
		df	0	28	28
	语文成绩	Correlation	.870	1.000	.894
		Significance (2-tailed)	.000	.	.000
		df	28	0	28
	智商	Correlation	.902	.894	1.000
		Significance (2-tailed)	.000	.000	.
		df	28	28	0
智商	数学成绩	Correlation	1.000	.330	
		Significance (2-tailed)	.	.081	
		df	0	27	
	语文成绩	Correlation	.330	1.000	
		Significance (2-tailed)	.081	.	
		df	27	0	

a. Cells contain zero-order (Pearson) correlations.

通过在 Options 中的设置，相关系数表(见表 5.9)中同时输出三个变量的零阶(zero order)相关系数和偏相关系数。

相关系数表的上半部分(Control Variables none)显示的是没有添加控制变量时,三个变量两两之间的相关系数。"数学成绩"和"语文成绩"之间的零阶相关系数 $r_{XY}=0.870$,对应的显著性水平 $Sig.=0.000<\alpha=0.05$,在5%的显著性水平下统计显著,如果没有其他的控制变量,这两个变量之间的确存在显著线性相关性。"数学成绩"和"智商"之间的零阶相关系数 $r_{XZ}=0.902$,对应的显著性水平 $Sig.=0.000<\alpha=0.05$,在5%的显著性水平下统计显著。"语文成绩"和"智商"之间的零阶相关系数 $r_{YZ}=0.894$,对应的显著性水平 $Sig.=0.000<\alpha=0.05$,在5%的显著性水平下统计显著。这表明"语文成绩"和"数学成绩"与"智商"之间的线性关系都是显著的。

相关系数表的下半部分(Control Variables 智商)显示以"智商"为控制变量,"数学成绩"和"语文成绩"之间的偏相关系数:

$$r_{XY,Z}=\frac{r_{XY}-r_{XZ}r_{YZ}}{\sqrt{1-r_{XZ}^2}\sqrt{1-r_{YZ}^2}}=\frac{0.870-0.902\times0.894}{\sqrt{1-0.902^2}\times\sqrt{1-0.894^2}}=0.330$$

其对应的显著性水平 $Sig.=0.081>\alpha=0.05$,在5%的显著性水平下不再统计显著。通过上面的分析可以发现数学成绩与语文成绩的简单相关系数明显大于偏相关系数,只考虑简单相关系数时,两个成绩之间是显著线性相关的,但是扣除智商的影响以后,两个成绩之间已经不存在显著相关性,因此在研究不同类型学科成绩关系时一定要考虑智商等混杂因素对研究结果的影响。

第 6 章 回归模型分析

线性回归模型在社会经济活动中得到了广泛的应用，SPSS 的 Regression 菜单中包含了四个部分：第一部分由 Linear（线性回归）组成，其中包括一元线性回归模型和多元线性回归模型，这是使用最为频繁的分析过程。第二部分由 Nonlinear（非线性回归）模型组成，它包括 Curve Estimation（曲线估计）和 Nonlinear 两类。第三部分由 Logistic 回归、Ordinal 回归和 Probit 回归组成，这三类回归模型中，因变量都是定性变量。第四部分由 Weight Estimation（加权最小二乘回归）、Two－Stage Least Square（两阶段最小二乘回归）和 Optimal Scaling（最优尺度回归）组成，另外 SPSS16.0 新增了 Partial Least Square（偏最小二乘回归）。本章主要介绍线性回归中的一元线性回归、多元线性回归、曲线估计、非线性回归和 Losistic 回归。

6.1 一元线性回归模型

一元线性回归模型是研究一个自变量和一个因变量之间线性关系的回归模型，在建立一元线性回归模型之前要判断两个变量是否服从正态分布，是否可以直接进行线性回归分析。如果变量不服从正态分布需要进行变量变换，让它们满足线性回归分析的需要。接下来应该绘制两个变量的散点图，判断两个变量之间是否存在比较明显的线性趋势，如果存在，那么使用线性回归分析变量之间的关系才是合适的，否则就要考虑采用曲线估计或者非线性回归的方法来进行研究。

线性回归模型使用的基本估计方法是普通最小二乘法，它对回归模型有一些基本假设条件，比如无自相关假定、同方差假定，我们可以选择输出 Dubin－Watson 统计量来判断模型中是否存在一阶自相关，可以通过绘制残差图判断数据中是否存在异方差。

在进行回归分析时，有时模型中会出现异常值或者离群值（Outliers）。在自变量的观测值 X_i 中会产生异常值，在因变量的观测值 Y_i 也会产生异常值，有时自变量和因变量的观测值会同时出现异常值。有时异常值的出现是因为记录数据时产生的错误，有时异常值代表着真实存在的极端值。虽然是异常值，但它并非总是非常显著影响回归模型，因此，在建立回归模型时，有时需要判断异常值是否显著影响回归模型。使用 SPSS 进行回归分析时，还可以选择输出线性诊断统计量，如库克距离、杠杆率等判断数据中是否存在异常值。

【例 6.1】 私营企业不同行业的收入和利润的关系。

工业企业的利润和主营业务收入之间存在较为明显的关系，一般来说，企业的主营业务收入越多，企业的利润也会越高。但是不同行业的利润和收入存在较大的差异，为了分析两者的关系，收集到 2006 年中国私营企业 39 个行业的主营业务收入与利润总额的数据。

打开"2006 年中国私营企业不同行业的收入与利润.sav"。使用线性回归模型来研究主营业务收入与利润总额之间的关系。数据文件中使用的变量名、变量标签值及变量类型见表 6.1。

表 6.1 数据文件中变量名、变量标签、变量标签值及变量类型

变量名 Variable name	变量标签 Label	变量标签值 Value Label	变量类型
行业			名义变量
X	主营业务收入		尺度变量
Y	利润总额		尺度变量
行业类型		0=轻工业 1=重工业	名义变量

在进行回归分析之前，首先绘制散点图来分析利润总额和主营业务收入的关系，判断使用线性模型来研究这两个变量之间的关系是否合理。

单击 Graphs→Legacy Dialogs→Scatter/Dot，弹出 Scatter/Dot 对话框(见图 6.1)，选择 Simple Scatter，单击 Define 按钮，弹出简单散点图对话框(见图 6.2)。

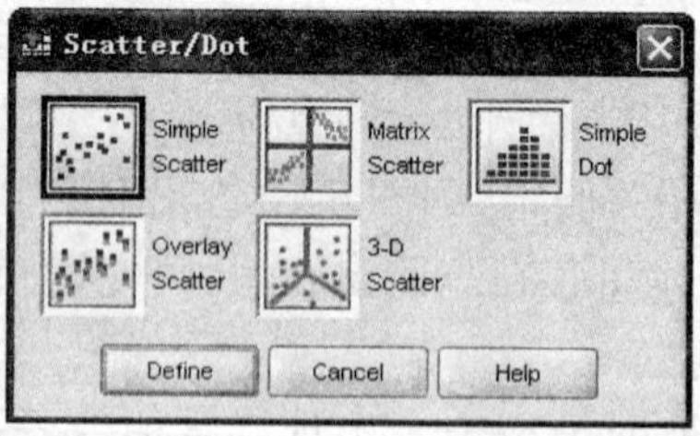

图 6.1 在 Scatter/Dot 对话框中选择简单散点图

选择"利润总额"作为因变量，移入 Y Axis(纵坐标)方框下。选择"主营业务收入"作为自变量，移入 X Axis(横坐标)方框下，单击 OK 按钮，生成简单散点图(见图 6.3)。

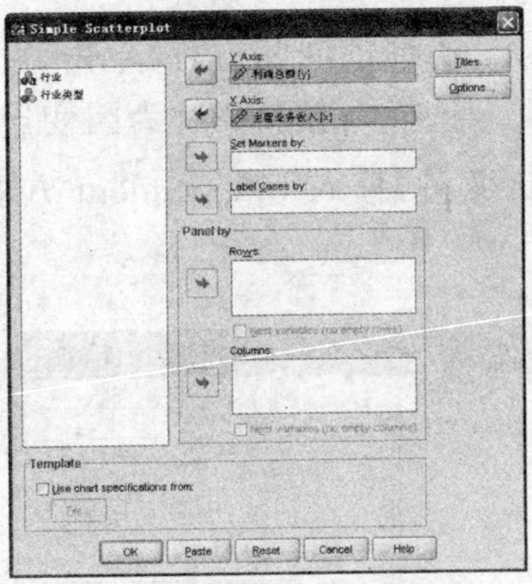

图 6.2　在简单散点图中设置 y 轴和 x 轴代表的变量

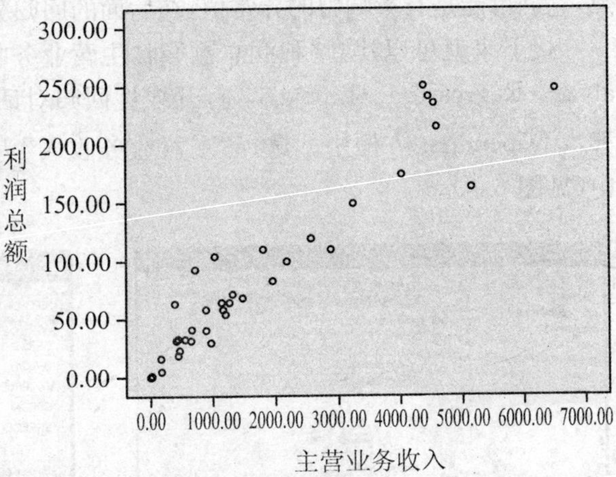

图 6.3　利润总额对主管业务收入的散点图

为了更好地观察两个变量之间的关系，可以为散点图添加拟合直线。双击生成的散点图，在弹出的 Chart Editor 编辑器中，单击 Add Fit line at Total 按钮，弹出 Properties 对话框(见图 6.4)，单击 Close 按钮后再关闭 Chart Editor 编辑器，生成带有拟合直线的散点图(见图 6.5)。

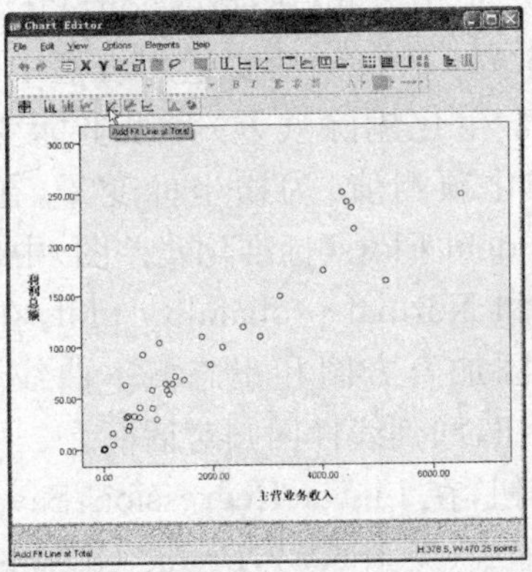

图 6.4　在激活的 Chart Editor 窗口中选择 Add Fit line at Total 按钮

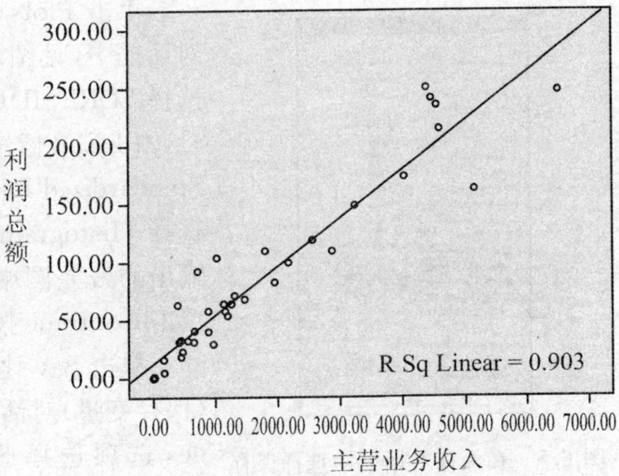

图 6.5　添加了拟合直线的散点图

从上面的散点图中可以看出，两个变量之间的线性关系还是比较明显的，采用线性方程来研究两者的关系是合适的。随着“主营业务收入”的增加，“利润总额”也相应增加，但是其变动程度也有所增加。散点图的右上角有几个散点偏离其他的散点，它们可能是有影响力的异常值，在后面的回归分析中可以进一步研究它。

接下来就可以建立“利润总额”对“主营业务收入”的线性回归方程，单击 Analyze→Regression→Linear…，打开线性回归对话框。选择“利润总额”为因变量，移入 Dependent 方框中。选择“主营业务收入”为自变量，移入 Independent 方框中(见图 6.6)。

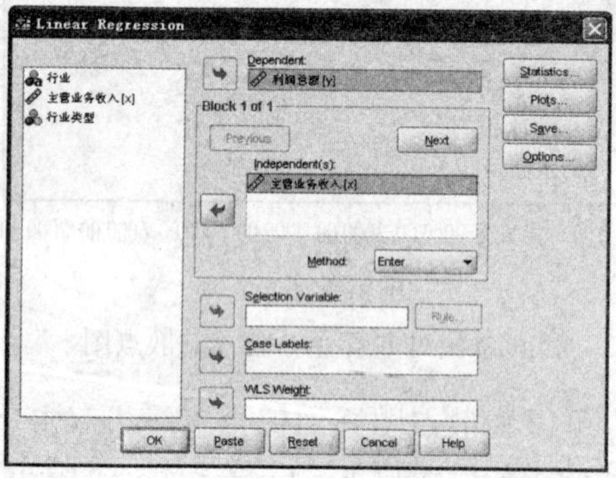

图 6.6　在线形回归对话框设置自变量、因变量和标志变量

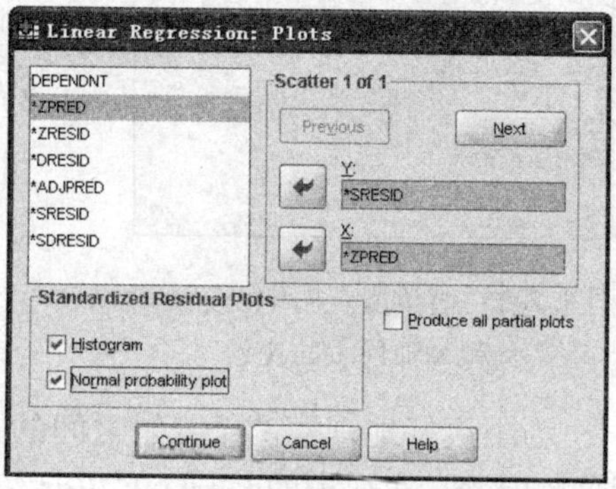

图 6.7　在图形对话框中设置残差图

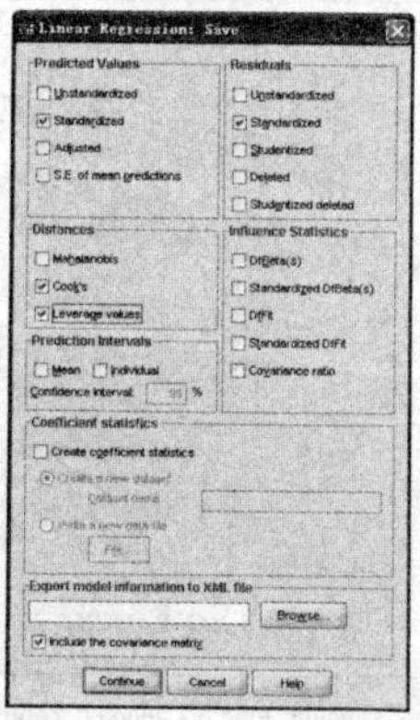

图 6.8　在保存对话框中选择保存的预测值、残差和异常点检验统计量

单击 Plots 按钮，在 Line Regression：Plots 对话框中(见图 6.7)，从左侧的变量列表框中，选择 SDRESID(学生化剔除残差)为纵坐标变量，ZPRED(标准化预测值)为横坐标变量，在 Standardized Residual Plots(标准化残差图)中，选择 Histogram 和 Normal probability plot，在输出的残差图中添加直方图和正态概率曲线。单击 Continue 按钮，回到线性回归对话框。

单击 Save 按钮，在 Linear Regression：Save (保存变量)对话框中(见图 6.8)，Predicted Values 选项选择 Standardized，Residuals 中选择 Standardized 将标准化预测值和标准化残差保存为新变量。Distances 中选择 Cook's 和

Leverage values，将库克距离和杠杆率保存为新变量。单击 Continue 按钮，回到线性回归对话框，单击 OK 按钮，输出回归结果(见表 6.2)。

表 6.2　利润总额对主营业务收入的一元线性回归输出结果

Coefficients[a]

Model		Unstandardized Coefficients B	Unstandardized Coefficients Std. Error	Standardized Coefficients Beta	t	Sig.
1	(Constant)	12.381	5.351		2.314	.026
	主营业务收入	.042	.002	.950	18.511	.000

a. Dependent Variable: 利润总额

Coefficients (系数表，表 6.2)显示回归方程的未标准化参数估计值系数(Unstandardized Coefficients)、参数估计值的标准误差(Std. Error)、标准化参数估计值(Standardized Coefficients)、参数的显著性检验统计量 t 及其对应的双尾显著性水平 $Sig.$。根据系数表写出"利润总额"对"主营业务收入"的线性回归方程：$\hat{Y}_i = 12.381 + 0.042X_i$，斜率系数的 t 统计量为 18.511，对应的显著性水平 $Sig. < \alpha = 0.05$，在 5%显著性水平下拒绝自变量和因变量之间不存在线性关系的假设，也就表明自变量"主营业务收入"通过了参数的显著性检验。

表 6.3　回归模型方差分析表

ANOVA[b]

Model		Sum of Squares	df	Mean Square	F	Sig.
1	Regression	194582.6	1	194582.568	342.669	.000[a]
	Residual	21010.253	37	567.845		
	Total	215592.8	38			

a. Predictors: (Constant), 主营业务收入

b. Dependent Variable: 利润总额

回归模型的 ANOVA 表(方差分析表，见表 6.3)从方程总体显著性的角度来判断方程的可接受程度。从方差分析表中可以看出回归平方和 $ESS = 194582.6$，其对应的自由度为自变量的个数，本例中只有一个自变量，因此回归平方和的自由度 $df = 1$。残差平方和 $RSS = 21010.253$，其对应的自由度为 $df = 37$。因变量的总离差平方和 $TSS = 215592.8$，其对应自由度为 $df = 38$。F 统计量对应的

显著性水平 $Sig. = 0.000 < 0.05$，在5%的显著性水平下方程总体回归显著。

Model Summary（模型综述表，见表6.4）报告模型和因变量间关系的密切程度。R 实际上是相关系数 r，表明因变量观测值和拟合值间的线性相关性。R^2 是拟合系数，也称判定系数，表明自变量对因变量的解释程度。本例中拟合系数为0.903，说明自变量可解释因变量90.3%左右的方差变动，模型的拟合效果较好。

表 6.4　例 6.1 的回归模型综述表

Model Summary[b]

Model	R	R Square	Adjusted R Square	Std. Error of the Estimate
1	.950[a]	.903	.900	23.82949

a. Predictors: (Constant), 主营业务收入
b. Dependent Variable: 利润总额

残差就是因变量观测值和其拟合值之差（$resid = Y_i - \hat{Y}_i$），如果线性回归方程的拟合程度较好，其残差和标准化残差应该近似服从正态分布。观察残差或标准化残差的直方图和正态P-P图可以帮助我们判断参数是否服从正态分布。从下面带有正态曲线的直方图（见图6.9）中可以看出，回归模型的标准化残差分布呈现"两头小、中间大"的趋势，近似接近正态分布。

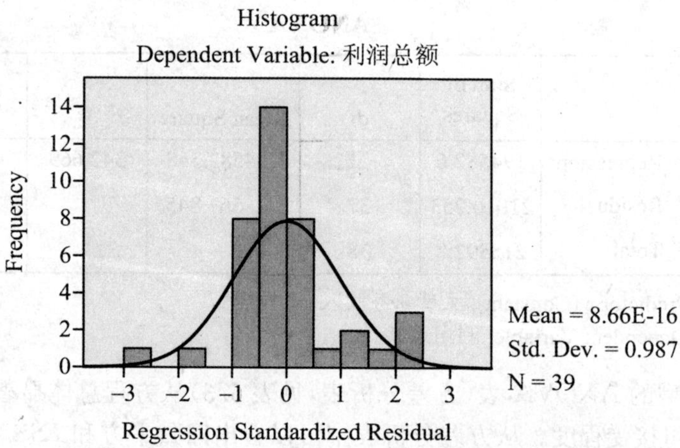

图 6.9　例 6.1 回归模型标准化残差的直方图

同样，残差的P-P图（见图6.10）也分布在过原点、倾斜角为45°的直线附近，

也进一步表明本例中的残差近似服从正态分布。

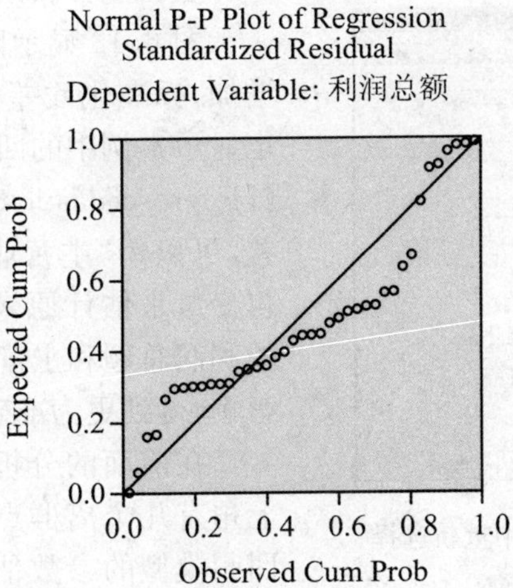

图 6.10　例 6.1 回归模型标准化残差的正态 P-P 图

以标准化预测值为横坐标，学生化剔除残差为纵坐标的散点图显示（见图 6.11），随着“主营业务收入”的增加，学生化剔除残差的分散程度变大。如果以“主营业务收入”为横坐标，标准化残差为纵坐标绘制残差图，也可以得到相似的结论。

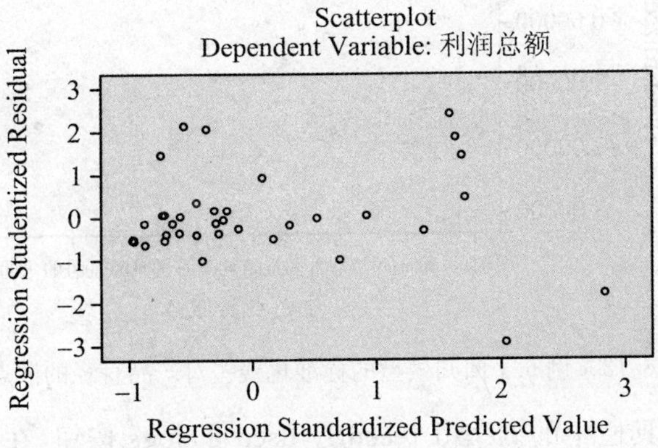

图 6.11　例 6.1 回归模型的学生化剔除残差对标准化预测值的散点图

单击常用工具栏中的 Recall recently used dialogs 按钮，在弹出的列表中选择 Simple Scatter，重新进入简单散点图对话框（见图 6.12），将“利润总额”从 Y

Axis 方框中移出；将“Standardized Residual”移入，单击 OK 按钮，输出标准化残差对主营业务收入的散点图。

图 6.13 显示随着“主营业务收入”的增加，标准化残差有增大的趋势。这其实也显示本例中的回归方程可能存在异方差(Heteroscedasticity)问题，为了解决异方差，可以用“主营业务收入”的倒数作为加权变量来估计原来的方程，从而减少较高的利润总额和主营业务收入对回归方程的影响，得到更为准确的回归方程。

在前面的分析中，我们发现图 6.4 右上角有几个离群点，这些离群点也许会对回归模型的参数估计产生一定的影响，为此可以使用一些统计量来分析回归方程中的离群点。

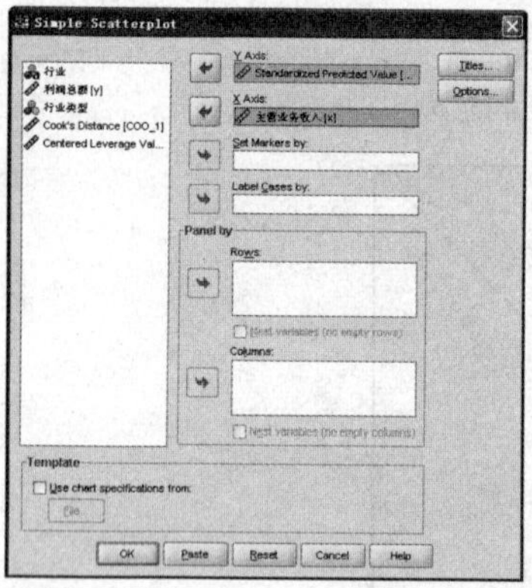

图 6.12　在散点图中重新选择纵坐标变量

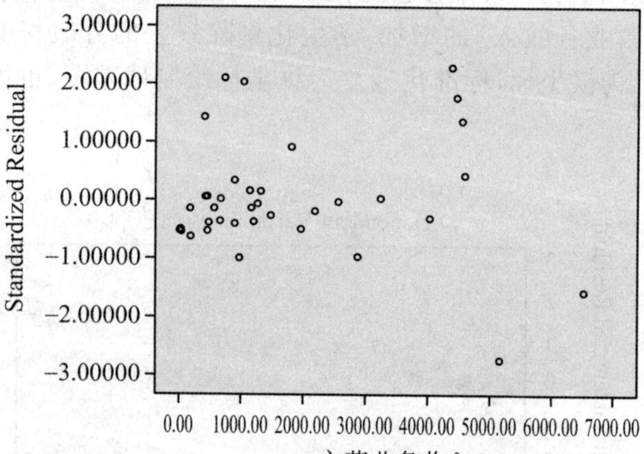

图 6.13　例 6.1 回归模型的标准化残差对产品直径的散点图

单击常用工具栏中的 Recall recently used dialogs 按钮，在弹出的列表中选择 Simple Scatter，重新回到简单散点图对话框(见图 6.14)，单击 Reset 按钮。从变量列表框中选择 Cook's Distance(库克距离)为纵坐标变量，移到右边的 Y Axis 方框下。选择 Centered Leverage Value(杠杆率)为横坐标变量，移到右边的 X Axis 方框下；选择“行业”为标志变量，移入右边的 Label Cases by 方框中。单击

OK 按钮，生成库克距离对杠杆率的散点图（见图 6.15）。

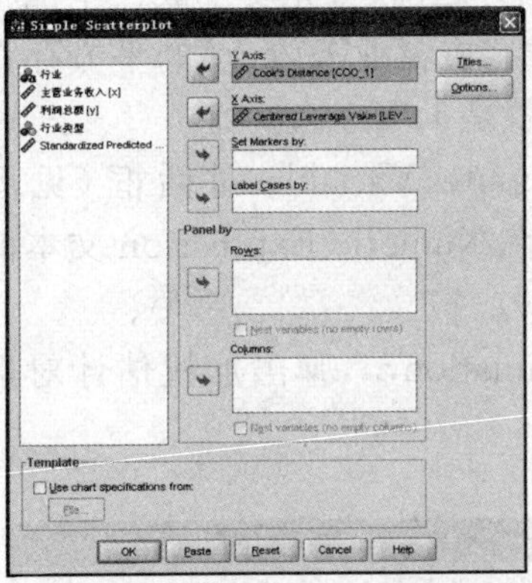

图 6.14　在简单散点图对话框中设置 y 轴变量和 x 轴变量

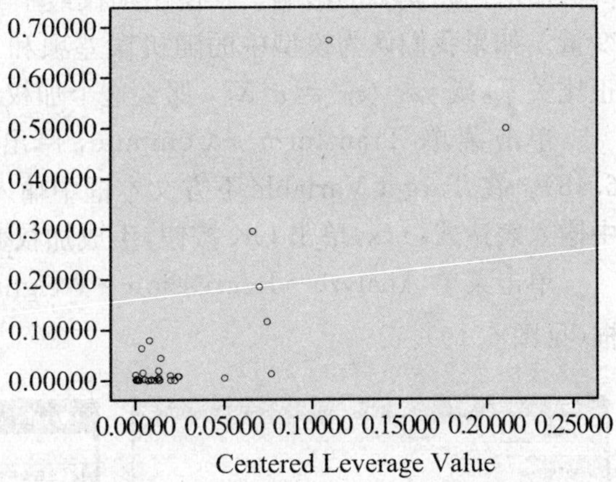

6.15　库克距离对杠杆率的散点图

从这个散点图，我们同样可以发现右上角有两个散点和其他散点相距甚远。为了识别这两个散点，双击散点图将其激活，在 Chart Editor 编辑器中（见图 6.16），单击工具栏上的 Data Label Mode，出现十字箭头以后，分别单击这两个离群点，这两个散点上分别显示出“黑色金属冶炼及压延加工业”和“纺织业”（见图 6.17），这两个行业的杠杆率和库克距离都比较大，它们对回归直线的斜率会产生影响。

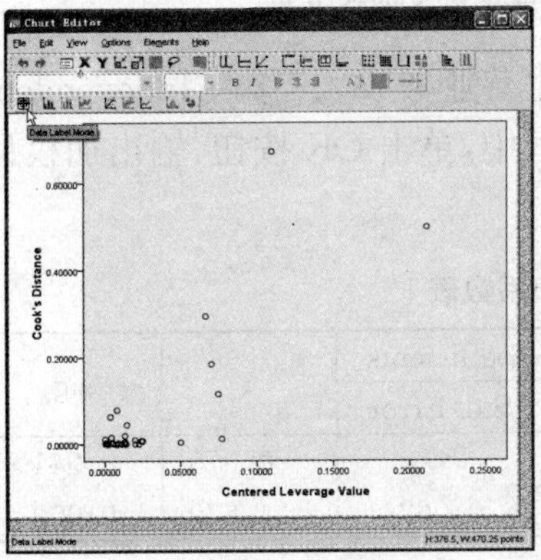

图 6.16　在 Chart Editor 编辑器中单击 Data Label Mode 按钮

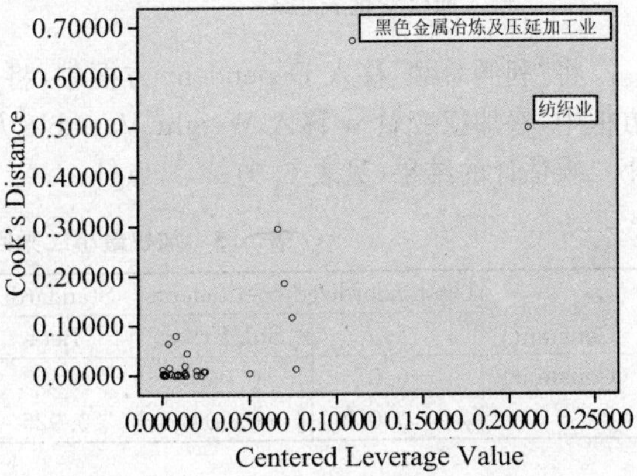

图 6.17　显示异常值变量标签的散点图

使用加权最小二乘法，可以解决模型中的异方差问题，同时减少有影响力的离群值对回归模型的影响。在使用加权最小二乘估计之前，首先要生成一个加权变量。如果我们认为模型中的随机误差项和自变量“主营业务收入”的平方存在正比关系，既 $\text{var}(\varepsilon_i)=\sigma^2X_i^2$，那么这个加权变量就是 $1/X_i$。

单击菜单 Transform→Compute，弹出 Compute Variable 对话框（见图 6.18）。在 Target Variable 下方文本框中输入 w；在 Numeric Expression 文本框中输入表达式：1/x，单击 OK 按钮，生成加权变量 w。

单击菜单 Analyze→Regression→Weight Estimation...，弹出加权估计对话框（见图 6.19）。

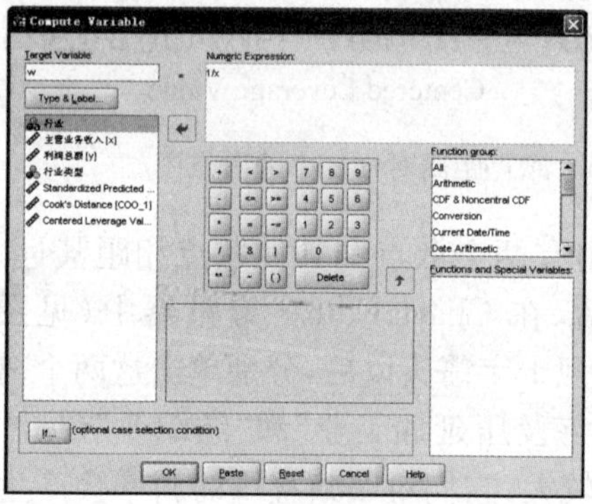

图 6.18　在 Compute Variable 对话框中输入加权变量表达式

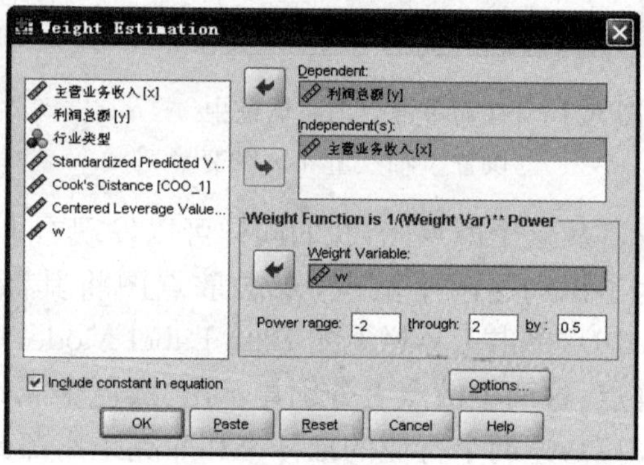

图 6.19　在加权估计对话框中选择因变量、自变量及加权变量

将“利润总额”移入 Dependent 方框中，将“主营业务收入”移入 Independent 方框中，将加权变量 w 移入 Weight Variable 方框中，单击 OK 按钮，输出加权最小二乘估计的结果（见表 6.5）。

表 6.5　加权最小二乘回归系数表

Constant	Unstandardized coefficients		Standardized coefficients		t	sig
	B	Std. Error	Beta	Std. Error		
(Constant)	−0.07	0.094			−0.075	0.941
×	0.053	0.004	0.925	0.062	14.830	0.000

从表 6.5 的结果中可以看出，加权最小二乘估计的斜率系数为 0.053，比普通最小二乘估计量有所提高。斜率系数的标准差为 0.004，比原先的标准差稍大一点。

表 6.6　加权最小二乘估计的模型综述表 Model Summary

Multiple R	0.025
R Square	0.856
Adjusted R Square	0.852
Std. Error of the Estimate	0.131
Log-likelihood Function Value	−163.622

对比表 6.4 和表 6.6 可以发现，加权最小二乘回归模型随机误差项标准差的估计值(Std. Error of the Estimate)，由原先的 23.8295 下降到 0.1313，随机误差项的估计误差减小非常明显，说明加权最小二乘回归对模型的拟合效果要优于普通最小二乘回归。

6.2　曲 线 估 计

建立回归模型时，如果因变量和自变量之间是非线性的，而因变量和估计参数的关系仍旧是线性的，那么使用曲线估计的方法研究它们之间的关系是非常合适的。

利用 SPSS 提供的曲线估计方法，可以迅速得到回归模型(线性回归模型、二项式回归模型、双曲线模型等)的参数估计值和与之相应的曲线图，共 11 种，下面通过实例来加以介绍。

【例 6.2】　人口预测模型。

一个国家的人口随着时间的变化会逐渐增加，但是受到自然条件的制约，人口总量的增长是有一定的限度的，在对人口总量进行预测时，使用曲线拟合方法建立人口预测模型。

打开“人口预测模型.sav”，数据文件中使用的变量名、变量标签及变量类型见表 6.7。

表 6.7　数据文件中变量名、变量标签及变量类型

变量名 Variable name	变量标签 Label	变量类型
年份		名义变量
T	年份序时值	尺度变量
Y	人口数	尺度变量

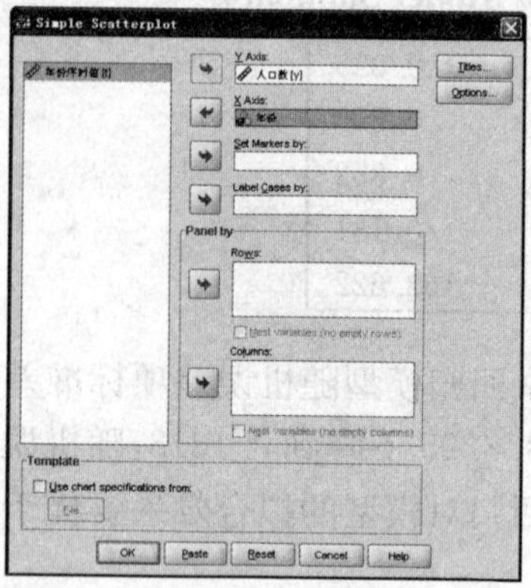

图 6.20 在简单散点图对话框中设置剔除趋势的销售额对广告费用的散点图

在进行曲线估计之前，首先绘制人口数和时间之间的散点图。单击 Graphs→Legacy Dialogs→Scatter/Dot…，弹出散点图选项对话框，选择简单散点图，单击 Define 按钮，弹出简单散点图设置对话框（见图 6.20）。选择“人口数”为纵坐标变量，移入 Y Axis 方框中，选择“年份”为横坐标变量，移入 X Axis 方框中，单击 OK 按钮，输出散点图（见图 6.21）。

从散点图（见图 6.21）中可以看出人口数随着时间变化而逐年增加，但是增长速度逐渐放缓，人口数随着时间的变化呈现明显的非线性趋势，此时仍旧使用普通的线性回归模型，可能会造成模型估计偏差以及其他的一些问题，为此可以使用曲线估计。单击 Analyze→Regression→Curve Estimation…，打开曲线估计对话框（见图 6.22）。选择“人口数”为因变量，移入 Dependent 方框中，选择“年份”为自变量，移入 Variable 方框中，从下方的 Models 中选择 Linear（线性回归模型）和 Exponential（指数回归模型）。

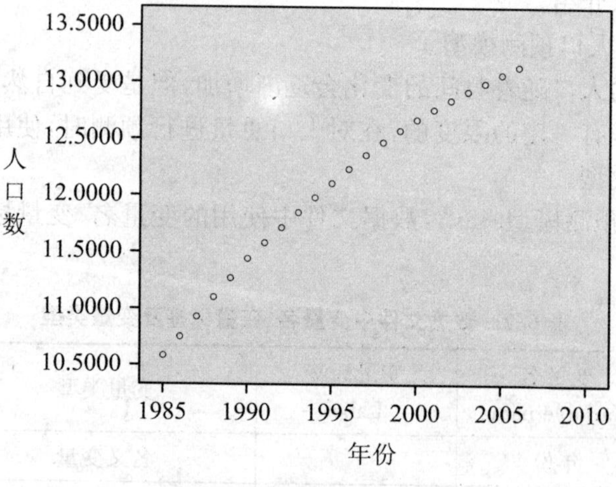

图 6.21 人口数与时间的散点图

单击 Save 按钮，在保存变量对话框中（见图 6.23）选择保存 Predicted values

和 Residuals，将因变量预测值（拟合值）和回归模型残差作为新变量保存在原来的数据文件中。单击 Continue 按钮回到主对话框，单击 OK 按钮弹出信息提示框（见图 6.24），提示通过在保存变量对话框中的设定，将有四个新变量增加到原来的数据文件中，单击 OK 按钮输出曲线估计结果，同时会保存四个新的变量。

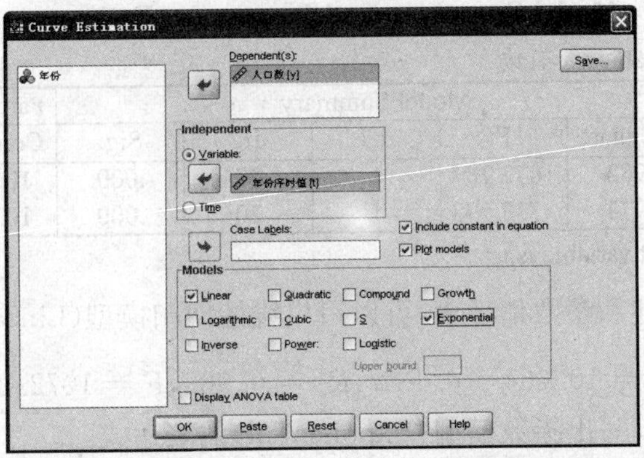

图 6.22　在曲线估计对话框中选择分析变量、线性模型和二项式模型

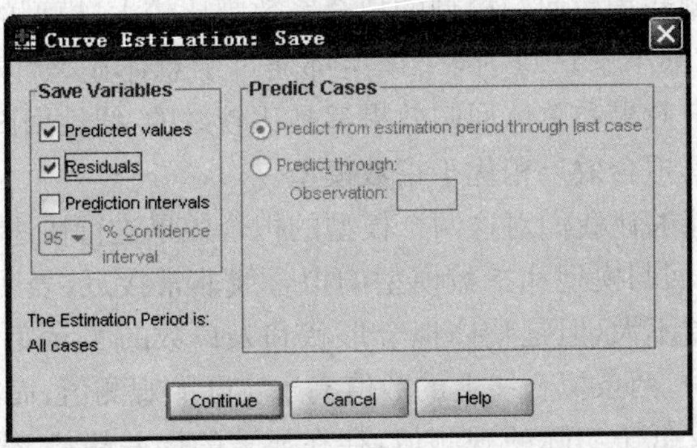

图 6.23　在保存对话框中选择保存预测值和残差

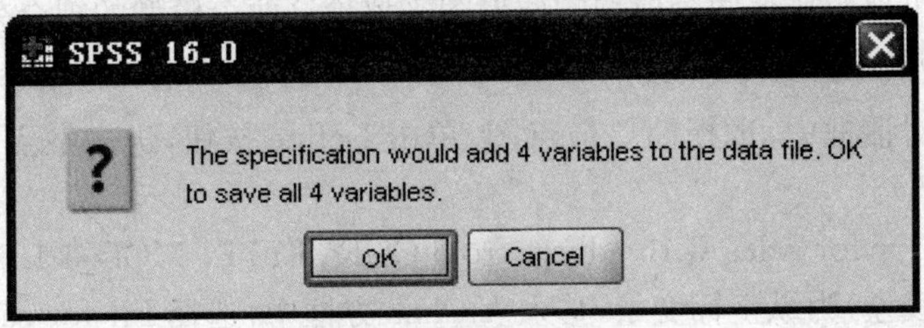

图 6.24　信息提示框

在前面的设置过程中，如果没有选择输出方差表，曲线估计就在模型综述和参数估计表（Model Summary and Parameter Estimates，见表6.8）中显示参数的估计值、拟合系数R^2以及F检验统计量。

表6.8 曲线模型的模型综述和参数估计表

Model Summary and Parameter Estimates

Dependent Variable: 人口数

Equation	Model Summary					Parameter Estimates	
	R Square	F	df1	df2	Sig.	Constant	b1
Linear	.982	1072.287	1	20	.000	10.664	.122
Exponential	.973	733.198	1	20	.000	10.706	.010

The independent variable is t.

根据模型综述和参数估计表，可以写出线性回归模型（Linear）的表达式：

$$\hat{Y}_t = 10.664 + 0.122t, R^2 = 0.982, F = 1072.287$$

同样我们可以写出指数模型（Exponential）的表达式：

$$\hat{Y}_t = 10.706e^{0.01t}, R^2 = 0.973, F = 733.198$$

线性回归模型和指数回归模型的拟合系数都比较大，模型的F统计量对应的显著性水平$Sig.$都小于0.05，两个模型都通过了总体显著性检验，说明这两个模型对数据的拟合效果和总体回归效果都是比较好的，线性回归模型的拟合系数更大一些，因此，其拟合效果稍优于指数模型。

曲线拟合图能够让我们对这两个模型的拟合效果进行快速评价，从这个图形中可以看出，线性回归模型和指数模型的拟合线非常接近，表明这两个模型对数据的拟合程度相差不大，但是整体拟合形状和人口数的实际变化形态有区别，在开始和结束的年份，两条拟合线上的数值高于实际的观测值，而在中间年份，两条拟合线上的数值又低于实际的观测值，存在显著的误差趋势，线性回归模型和指数回归模型未必很好地拟合了人口数（见图6.25）。

接下来可以对比这两个模型的残差图来评价这两个模型的拟合效果。首先，生成线性回归模型的残差图，单击 Graphs→Legacy Dialogs→Scatter/Dot…，在散点图选项对话框中，选择简单散点图，单击 Define 按钮，进入散点图设置对话框（见图6.26）。

选择 Error for sales with advert from CURVEFIT, MOD_1 LINEAR（线性回归模型的残差）为纵坐标变量，移入 Y Axis 方框中，选择 Fit for sales with advert from CURVEFIT, MOD_1 LINEAR（线性回归模型的拟合值）为横坐标变

量，移入 X Axis 方框中，单击 OK 按钮，输出线性回归模型残差对拟合值的散点图（见图 6.27）。

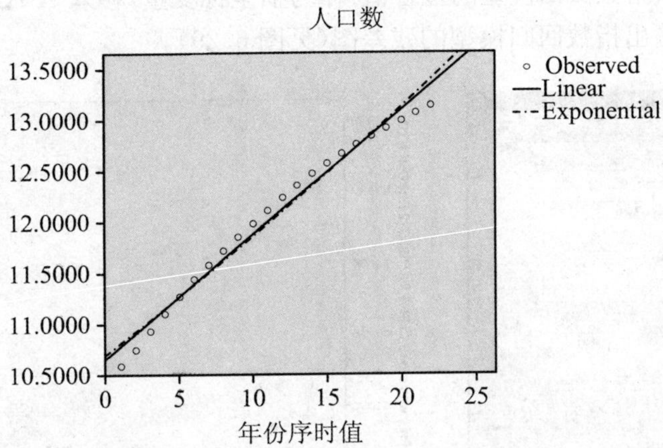

图 6.25　直线和二项式回归模型的拟合图

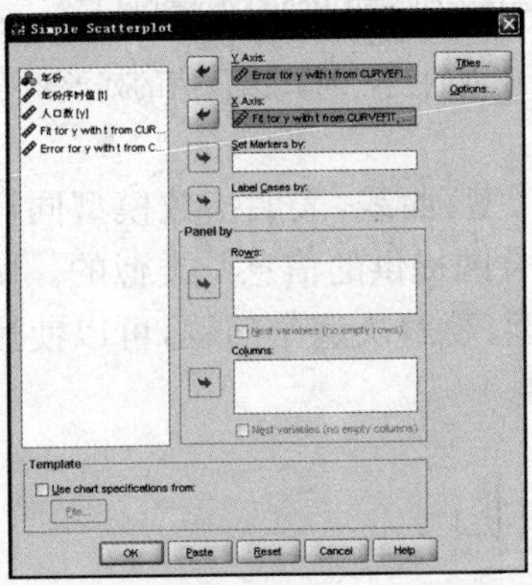

图 6.26　在简单散点图中设置线性模型残差对线性模型拟合值的残差图

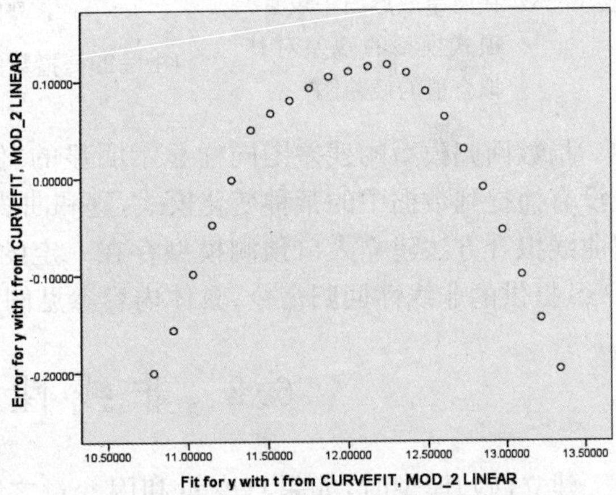

图 6.27 线性回归模型残差对其拟合值的散点图

上面的散点图增强了我们先前的怀疑，从散点图中可以看到一个明显的“倒 U 型”曲线，也就是说数据中有某种变化模式，而线性回归模型并没有捕捉到。

接着生成指数回归模型的散点图，单击常用工具栏中的 Recall recently used dialogs 按钮，在弹出的列表中选择 Simple Scatter，回到散点图对话框（见图 6.28），单击 Reset 按钮，返回系统默认的设定状态。将 Error for sales with advert from CURVEFIT, MOD_1 Exponential(指数回归模型的残差)作为纵坐标变量,移入 Y Axis 方框中,将 Fit for sales with advert from CURVEFIT, MOD_1 Exponential(指数回归模型的拟合值)作为横坐标变量,移入 X Axis 方框中,单击 OK 按钮,输出指数回归模型的残差图(见图 6.29)。

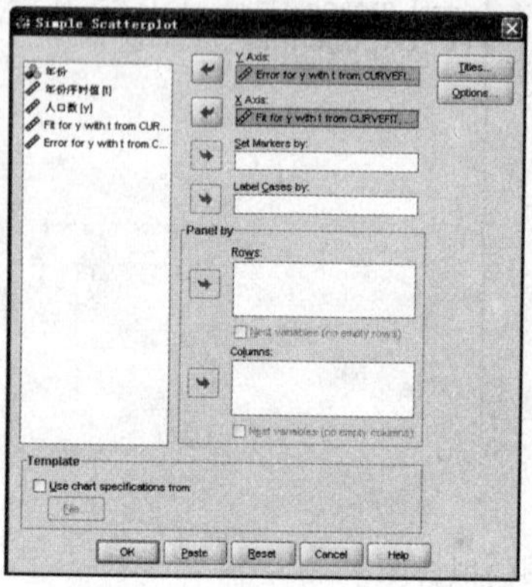

图 6.28　在简单散点图中设置二项式模型的残差对其拟合值的残差图

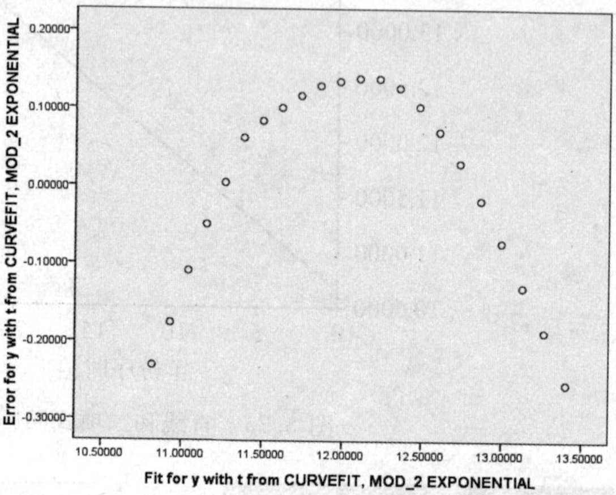

图 6.29　指数回归模型的残差对其拟合值的残差图

指数回归模型的残差图同样显示明显的"倒 U 型"曲线,表明指数模型同样也没有捕捉到数据中的某种变化模式,这和曲线拟合图提供的信息是类似的。使用曲线拟合方法建立人口预测模型存在一定的问题,要解决这个问题,可以使用 SPSS 提供的非线性回归命令,具体内容参见例 6.3。

6.3　非线性回归

建立回归模型时,如果自变量和因变量之间的关系是"非本质线性"的(not intrinsically linear),也就是没有办法将这种模型直接转化为线性模型时,可以使用非线性回归的方法。

回归模型,不管是线性还是非线性的,都可以用下面的公式表达:

$$Y_i = F(X_i, \beta_i) + \varepsilon_i$$

其中,Y 代表因变量,X 代表自变量(预测变量),β 代表参数值,ε 代表随机误差。

F 是 X 的函数,在线性回归模型中,F 的一般形式为 $F(X_i, \beta_i) = \sum \beta_i X_i$,其中 X_i 为第 i 个自变量,β_i 为第 i 个回归系数。如果一个模型是线性模型,那么因

变量 Y 必须是回归系数 β 的线性函数。

而因变量 Y 和自变量之间存在非线性的关系，都可以使用一定的方法转化为线性模型，因此它本质上仍旧可以被当作线性模型，比如模型 $Y = bX^2 + \varepsilon_i$，虽然自变量和因变量之间是非线性的，但是 Y 和 b 之间还是线性关系，这个模型是线性的。有时即使随机误差项以乘数的形式出现，如 $Y = e^{bX}\varepsilon$，将模型两边取对数，转化为双对数模型 $\ln Y = bX + \ln \varepsilon$，这样的模型仍旧是线性的。

因此，当因变量和估计参数之间的函数是非线性的时候，这样的回归模型才是真正的非线性回归模型。

【例 6.3】 人口预测模型的进一步分析。

仍旧使用例 6.2 中的数据，从散点图 6.21 中可以看出人口数随着时间变化而逐年增加，但是增长速度逐渐放缓，要合理刻画变量之间这种变化模式，可以选择逻辑斯蒂回归模型。回归模型形式定下来后，就要为模型的估计参数设定初始值。

逻辑斯蒂模型呈现 S 型变化，其表达形式为：

$$Y = \frac{b_1}{1 + b_2 e^{-b_3 t}},\quad 其中, b_1 > 0, b_2 > 0, b_3 > 0$$

b_1 代表人口数的最大值，假设中国人口总数的最大值为 15(亿)，因此可以将 15 作为 b_1 的初始值。当 $t = 0$ 时，因变量取得最小值 $Y_{\min} = \dfrac{b_1}{1 + b_2}$，从原数据表中看出，因变量最小值大约是 10.5851。当 $t \to \infty$，因变量取得其极大值，$Y_{\max} = b_1$，根据因变量最大值和最小值之间的关系可以确定 $b_2 = \dfrac{Y_{\max}}{Y_{\min}} - 1 = \dfrac{15}{10.5851} - 1 = 0.2418$，因此取 0.2418 作为 b_2 的初始值。b_3 可以利用图中两个独立点计算的斜率系数作为初始值，比如取点 (1,10.5851) 和 (22,13.1448)，它们的斜率系数为 (13.1448 − 10.5851)/(22 − 1) = 0.1219，将 0.1219 作为 b_3 的参数初始值。

初始值设定以后，就可以使用非线性回归方法来建立人口数随时间变化的模型了。

单击 Analyze→Regression→Nonlinear…，打开非线性回归对话框(见图 6.30)。选择“人口数”为因变量，移入 Dependent 方框中，在 Model Expression 下的文本框中输入模型的表达式“b1/(1+ b2 * exp(−b3 * t))”。

单击 Parameters…. 按钮，打开参数设置对话框(见图 6.31)，在 Name 后的文本框中输入第一个估计参数名 b1，在 Starting Value 后输入其初始值 15，单击

Add 按钮，设置好第一个参数初始值。采用同样的方式，输入 b2 和 b3 的参数初始值（见图 6.32），单击 Continue 按钮，回到主对话框。

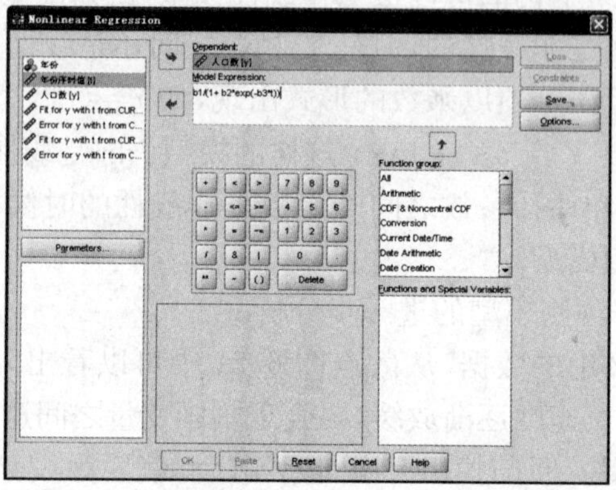

图 6.30　在非线性回归对话框中选择因变量和设置模型表达式

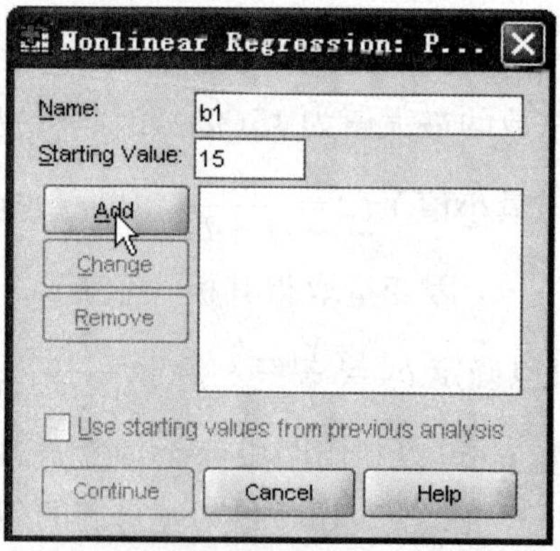

图 6.31　在参数对话框中设置第一个残差估计值的初始值

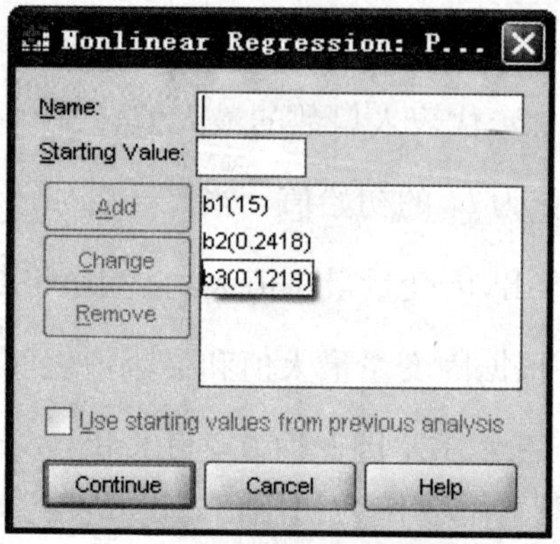

图 6.32　设置好三个参数估计值初始值后的参数对话框

参数初始值设定好后，还要对参数估计值的符号进行限制。单击 Constraints 按钮，打开参数约束条件设置对话框（见图 6.33），选择 Define parameter constraint，从左侧的 Parameter 列表框中选择 b1，移入右边的方框中，再从其右侧的下拉框中选择大于等于号“＞＝”，在后面的文本框中输入 0，单击 Add 按钮，设定第一个估计参数 b1≥0。采用同样的方式，设定第二个和第三个估计参数估计值的约束条件（见图 6.34）。

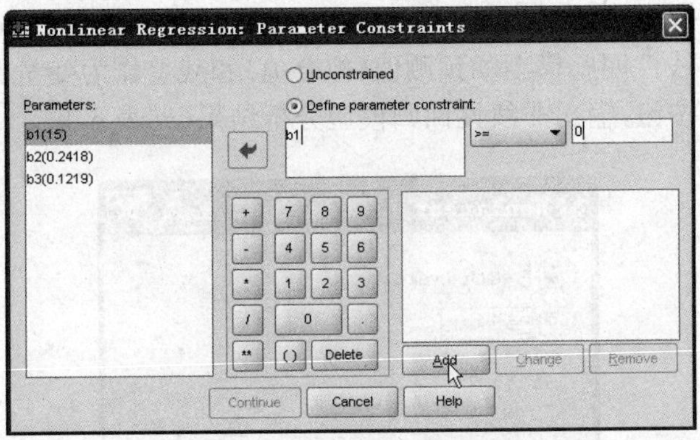

图 6.33　在参数约束条件对话框中设定第一个参数估计值的符号

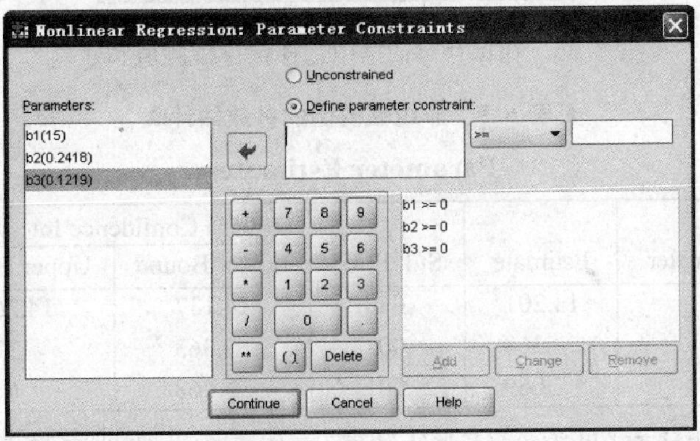

图 6.34　设置好三个参数估计值符号后的参数约束条件对话框

完成上面的任务以后，单击 Continue 按钮，会弹出一个警告框（见图 6.35），说明经过上面设定以后，SPSS 将使用序贯二次程序算法（sequential quadratic programming algorithm）来估计非线性回归的参数，而不再使用原先默认的 Levenberg－Marquardt 算法。单击 OK 按钮，返回到非线性回归对话框。

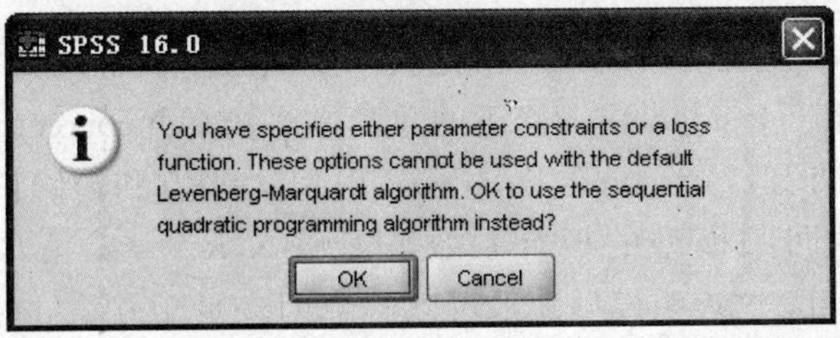

图 6.35　spss 警告框显示非线性模型的算法发生了改变

单击 Save 按钮，打开保存变量对话框（见图 6.36），选择 Predicted values 和 Residuals，将非线性回归模型的预测值（拟合值）和残差作为变量保存到原数据文件中，单击 OK 按钮，输出非线性回归模型分析结果（见表 6.9）。

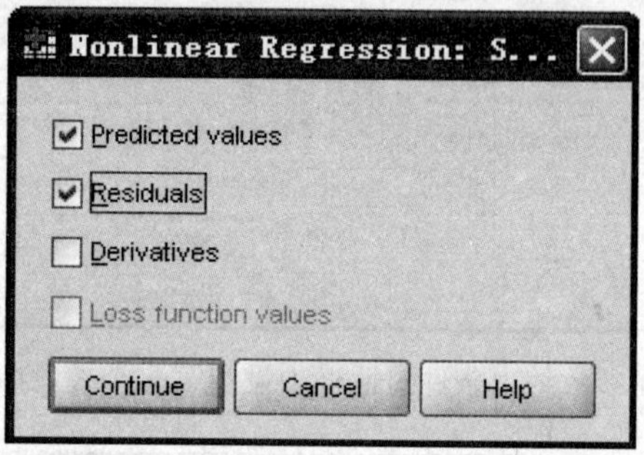

图 6.36　在保存对话框中选择保存预测值和残差

表 6.9　非线性模型的参数估计表

Parameter Estimates

Parameter	Estimate	Std. Error	95% Confidence Interval	
			Lower Bound	Upper Bound
b1	14.201	.030	14.137	14.264
b2	.368	.002	.363	.373
b3	.069	.001	.068	.071

根据参数估计表（见表 6.9）中的结果，可以写出非线性回归模型的表达式：

$$\hat{Y}_t = \frac{14.201}{1 + 0.368e^{-0.069t}}$$

需要注意的是，非线性回归模型中参数不能像线性回归模型那样进行直观的解释，参数的意义随着模型形式的不同而发生变化。从表 6.9 中还可以看出，3 个参数估计值对应的标准误差都比较小，参数估计值的置信区间较窄，这表明模型的拟合效果较好。

非线性回归模型的方差分析表（见表 6.10）也显示了回归平方和（Regression）、残差平方和（Residual）、未修正的总离差平方（Uncorrected Total）和已经修正的总离差平方和（Corrected Total）。利用残差平方和与修正的总离差平方，可以计算非线性回归模型的拟合系数，本例中，$R^2 = 1 - RSS/CSS = 1 - 0.001/13.371 = 1$，这表明模型几乎可以解释因变量 100%左右的变动，模型的总体拟合效果较好。

表 6.10　非线性模型的方差分析表

ANOVA[a]

Source	Sum of Squares	df	Mean Squares
Regression	3215.317	3	1071.772
Residual	.001	19	.000
Uncorrected Total	3215.319	22	
Corrected Total	13.371	21	

Dependent variable: 人口数

a. R squared = 1 − (Residual Sum of Squares) / (Corrected Sum of Squares) = 1.000.

可以绘制残差图，进一步观察模型的拟合效果。单击 Graphs→Legacy Dialogs→Scatter/Dot…，打开散点图选项对话框（见图 6.37），选择简单散点图，单击 Define 按钮，选择 Residuals（残差）为纵坐标变量，移入 Y Axis 方框，选择 Predicted Values（因变量预测值）为横坐标变量，移入 X Axis 方框，单击 OK 按钮，生成残差与因变量预测值的残差图（见图 6.38）。

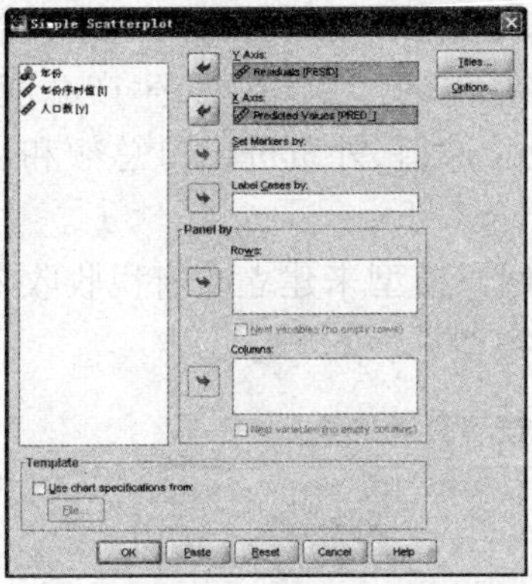

图 6.37　在简单散点图中设置非线性模型残差对其拟合值的散点图

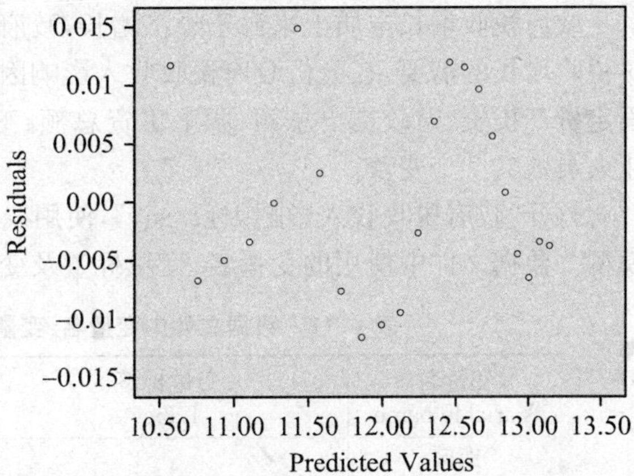

图 6.38　非线性模型残差对其预测值的散点图

从图 6.38 中没有发现残差按照固定的模式变化，表明残差和预测值是相互独立的，从这个角度来说，逻辑斯蒂回归模型是可以接受的。

使用非线性回归模型，我们建立了一个逻辑斯蒂回归模型。使用非线性模型进行分析时，要为估计参数设定初始值，并且需要设置参数估计值的符号，虽然这需要花费一点时间，但是非线性回归模型的拟合效果很好，残差和因变量也相互独立，参数估计值可以合理解释，这样做是非常值得的。

6.4 多元线性回归模型

多元线性回归模型和一元线性回归模型的基本假定相同，但是由于模型中有多个自变量的存在，就要求自变量之间不存在相关性，也就是要满足无多重共线性的假定，但是由于我们分析的数据都是样本数据，而多重共线性是一个样本现象，没有多重共线性的多元回归模型基本上是不存在的，只不过有时候回归模型的共线性非常严重，可能会导致回归模型中多个自变量无法通过参数的显著性检验，或者回归模型的偏斜率系数符号和理论或者经验设定的相反，此时就要分析多重共线性对回归模型的影响，SPSS 的回归分析中就提供了 VIF、Tolerance 等多重共线性诊断的检验统计量。在建立多元回归模型时经常碰到的问题就是如何筛选变量，SPSS 也提供了 Stepwise 法、Remove 法、Backward 法和 Froward 法，它们可以帮助我们选择一个从统计角度来说可能是最优的多元线性回归模型。

【例 6.4】 政府税收收入影响因素分析。

政府税收增长本质上来源于经济增长，政府财政政策和财政行为决定了政府对税收增长的需要，在分析政府税收收入影响因素时，选择了人均国民生产总值、固定资产投资、财政支出总额、职工工资总额、工业总产值、外贸进出口总额和从业人员数共 7 个变量。

打开“政府税收收入影响因素.sav”，使用线性回归模型来建立政府税收收入模型。数据文件中使用的变量名、变量标签及变量类型见表 6.11。

表 6.11 数据文件中变量名、变量标签与变量类型

变量名 Variable name	变量标签 Label	变量类型
地区		名义变量
Y	税收收入	尺度变量
X1	人均国民生产总值	尺度变量
X2	固定资产投资	尺度变量
X3	财政支出总额	尺度变量
X4	职工工资总额	尺度变量
X5	工业总产值	尺度变量
X6	外贸进出口总额	尺度变量
X7	从业人员数	尺度变量

单击 Analyze→Regression→Linear…，打开线性回归对话框(见图 6.39)，选择“税收收入”为因变量，移入右边的 Dependent 方框下。将“人均国民生产总值”与“从业人员数”之间的 7 个变量作为自变量，移入右边的 Independent 方框中。

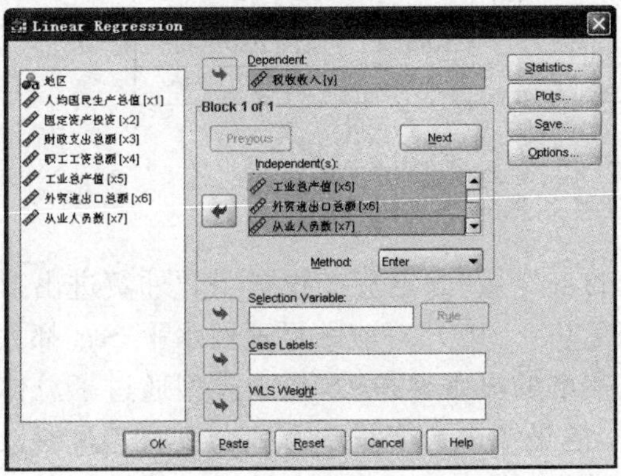

图 6.39　在线性回归对话框中选择因变量和自变量

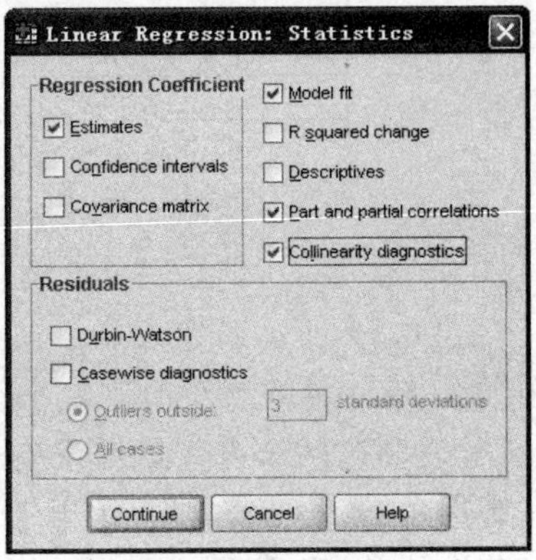

图 6.40　在统计对话框中选择输出统计量

单击 Statistics 按钮，在统计量设置对话框中(见图 6.40)，选择 Part and partial correlations 和 Collinearity diagnostics，在输出结果中显示偏相关系数、部分相关系数和共线性诊断检验统计量，单击 Continue 按钮，回到线性回归对话框，单击 OK 按钮，输出多元回归分析结果。

从表 6.12 所列方差分析表可以看出，F 统计量为 324.3，对应的显著性水平 $Sig. = 0.000 < 0.05$，方程总体回归效果显著。

表 6.12　例 6.6 多元回归模型的方差分析表

ANOVA[b]

Model		Sum of Squares	df	Mean Square	F	Sig.
1	Regression	7E+014	7	9.295E+013	324.300	.000[a]
	Residual	7E+012	23	2.866E+011		
	Total	7E+014	30			

a. Predictors: (Constant), 从业人员数, 人均国民生产总值, 外贸进出口总额, 固定资产投资, 财政支出总额, 职工工资总额, 工业总产值

b. Dependent Variable: 税收收入

表 6.13 所示模型综述表显示模型的拟合系数 R^2 为 0.990，这 7 个自变量共

同作用可以解释因变量99%左右的变动，说明模型的拟合效果非常好。

表 6.13　例 6.6 多元回归模型的模型综述表

Model Summary

Model	R	R Square	Adjusted R Square	Std. Error of the Estimate
1	.995[a]	.990	.987	535370.396

a. Predictors: (Constant), 从业人员数, 人均国民生产总值, 外贸进出口总额, 固定资产投资, 财政支出总额, 职工工资总额, 工业总产值

表 6.14 所示系数表显示模型中的自变量“固定资产投资”和“外贸进出口总额”的 t 统计量的绝对值比较小(1.397 和 0.290)，对应的显著性水平 Sig 都大于 0.10，表明这两个自变量都没有通过参数的显著性检验，由于模型通过了总体的显著性检验，模型的拟合效果非常好，但是 7 个自变量中有 2 个没有通过参数的显著性检验，那么产生这个问题的原因可能是自变量之间的多重共线性。

表 6.14　例 6.4 多元回归模型的系数表

Coefficients[a]

Model		Unstandardized Coefficients		Standardized Coefficients	t	Sig.	Correlations			Collinearity Statistics	
		B	Std. Error	Beta			Zero-order	Partial	Part	Tolerance	VIF
1	(Constant)	−1133022	313270.6		−3.617	.001					
	人均国民生产总值	48.778	14.703	.128	3.318	.003	.728	.569	.069	.293	3.410
	固定资产投资	−332.656	238.163	−.193	−1.397	.176	.783	−.280	−.029	.023	43.670
	财政支出总额	.492	.076	.590	6.475	.000	.914	.804	.135	.052	19.065
	职工工资总额	4800.581	1029.803	.569	4.662	.000	.924	.697	.097	.029	34.129
	工业总产值	183.174	60.461	.473	3.030	.006	.894	.534	.063	.018	55.812
	外贸进出口总额	−.013	.046	−.032	−.290	.774	.912	−.060	−.006	.036	28.139
	从业人员数	−10883.1	2354.426	−.538	−4.622	.000	.763	−.694	−.097	.032	31.058

a.Dependent Variable: 税收收入

系数表后面的Correlations(相关系数)可以揭示回归模型中可能存在的多重共线性问题。将自变量的零阶相关系数(zero－order correlation)和后面的偏相关系数(the partial correlation)对比，可以发现大部分自变量的零阶相关系数显著大于对应的偏相关系数，比如第 1 个自变量“人均国民生产总值”的零阶相关系数为 0.728，而偏相关系数为 0.569，出现这种情况就表明某个自变量对因变量的解释同样也会包含其他自变量对因变量的解释，无法单独确定该自变量对因变量

的解释效果，模型中可能存在多重共线性问题。

系数表最后部分的 Collinearity Statistics 显示 Tolerance（容许度）和 VIF（方差膨胀因子）这 2 个检验多重共线性常用的统计量。容许度是某个自变量的方差不能被其他自变量解释的百分比（$Tol_i = 1 - R_i^2$），当容许度接近 0 时，模型中会出现高度共线性问题。从表 6.14 中可以看出，除了第一个自变量“人均国民生产总值”的容许度比较大以外，其他 6 个自变量的容许度都比较小，说明这些自变量 90％以上的方差都能被其他自变量解释。方差膨胀因子（$VIF_i = 1/(1 - R_i^2)$）是刻画模型中存在多重共线性时，参数估计值的方差扩大的倍数。当方差膨胀因子大于 2 时，就可以认为模型中存在共线性问题；方差膨胀因子大于 10 时，模型中可能存在较为严重的多重共线性问题。本例中最小的方差膨胀因子为 3.410，进一步表明模型中可能存在多重共线性问题。

表 6.15　例 6.4 回归模型的多重共线性诊断表

Collinearity Diagnostics[a]

Model	Dimension	Eigenvalue	Condition Index	Variance Proportions							
				(Constant)	人均国民生产总值	固定资产投资	财政支出总额	职工工资总额	工业总产值	外贸进出口总额	从业人员数
1	1	6.836	1.000	.00	.00	.00	.00	.00	.00	.00	.00
	2	.651	3.240	.05	.01	.00	.00	.00	.00	.02	.00
	3	.315	4.661	.01	.13	.00	.00	.00	.00	.01	.00
	4	.099	8.305	.21	.30	.01	.00	.00	.01	.05	.00
	5	.069	9.985	.34	.01	.01	.00	.04	.03	.01	.02
	6	.020	18.591	.23	.00	.01	.42	.09	.03	.00	.01
	7	.007	30.677	.12	.27	.31	.01	.31	.18	.03	.40
	8	.003	48.919	.05	.29	.66	.56	.55	.74	.88	.56

a. Dependent Variable: 税收收入

Collinearity Diagnostics（共线性诊断表，见表 6.15）中的统计量进一步表明模型中存在严重的共线性问题。对模型中的常数项和所有的自变量计算主成分的特征值（Eigenvalue），一个模型中有 k 个自变量，那么加上常数项就有 $k+1$ 个维度，也就有 $k+1$ 特征值。如果前面的几个主成分的特征值（Eigenvalue）较大，而后面的主成分特征值较小，甚至接近于 0，那么自变量之间高度相关，样本数据的很小变化都会导致参数估计值产生很大的变化。将模型中主成分对应的最大特征值除以某个自变量特征值，就得到检验多重共线性的另外一个统计量：条件

指数 CI（$CI_i = \sqrt{\frac{\lambda_{\max}}{\lambda_i}}$）。条件指数 $CI > 15$ 时，表明模型中可能存在多重共线性问题，$CI > 30$ 时，模型中可能出现了比较严重的共线性问题。本例中有 2 个自变量的条件指数都大于 30，说明模型中存在严重共线性问题。

共线性诊断表最后部分显示的是变异构成(variance proportions)，它表明每个主成分对自变量(包括常数项)方差变异的解释程度，也称为主成分对模型中各个自变量(包括常数项)的贡献程度。如果某个主成分对两个或者多个自变量的解释程度比较大，比如都大于 0.50，那么模型中这几个自变量之间可能存在一定的共线性。本例中第 8 个主成分对"固定资产投资"等 6 个自变量的解释程度都超过了 50%，表明这些变量之间存在多重共线性。

上面的多重共线性检验统计量都表明模型中存在较为严重的多重共线性，为了对模型中的多重共线性问题进行修正，可以选择 SPSS 提供的逐步回归法(stepwise)、剔除法(remove)、向后剔除法(backward)、向前选择法(forward)来建立多元线性回归模型，从理论的角度来选择一个最优的多元线性回归模型，下面使用其中的逐步回归法来建立一个多元线性回归模型。

单击 Recall recently used dialogs 按钮，在弹出的列表中选择 Linear Regression，重新回到线性回归对话框(见图 6.41)，单击 Method 右侧的下拉箭头，从弹出的列表框中选择 Stepwise。

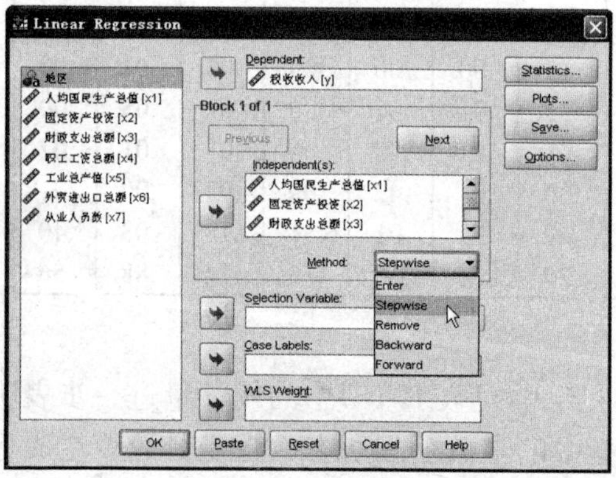

图 6.41　在线性回归对话框中重新设置因变量和自变量

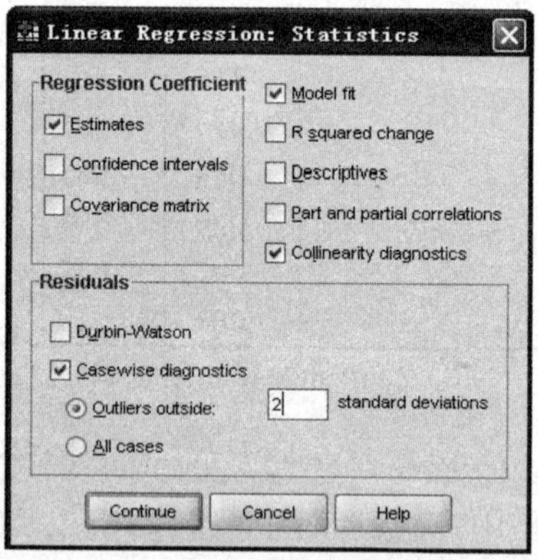

图 6.42　在统计量对话框中重新选择输出统计量

单击 Statistics 按钮，在统计量设定对话框中(见图 6.42)，取消 Part and partial correlation 选项，在 Residuals 中，选择 Casewise diagnostics，并在其后的文本

框中输入 2，单击 Continue 按钮，回到主对话框。

单击 Plots 按钮，在图形设置对话框中（见图 6.43），选择 SDRESID（学生化剔除残差）作为纵坐标变量，选择 ZPRED（标准化预测值）作为横坐标变量，分别移入 Y 和 X 后的文本框中，选择 Standardized Residual Plots 下面的 Histogram，单击 Continue 按钮，回到主对话框。

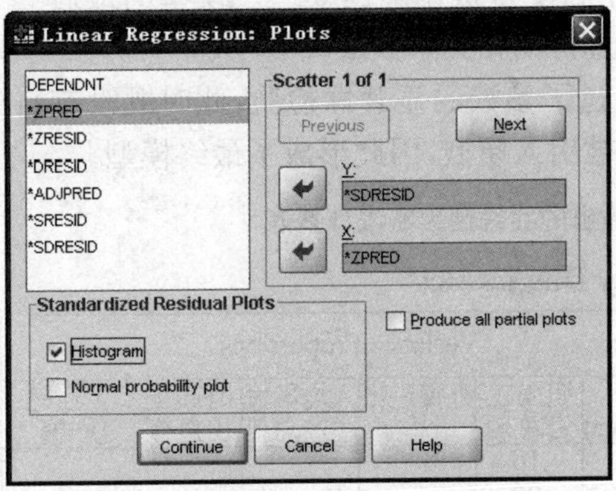

图 6.43 在图形对话框中设置残差图中的 y 轴变量和 x 轴变量

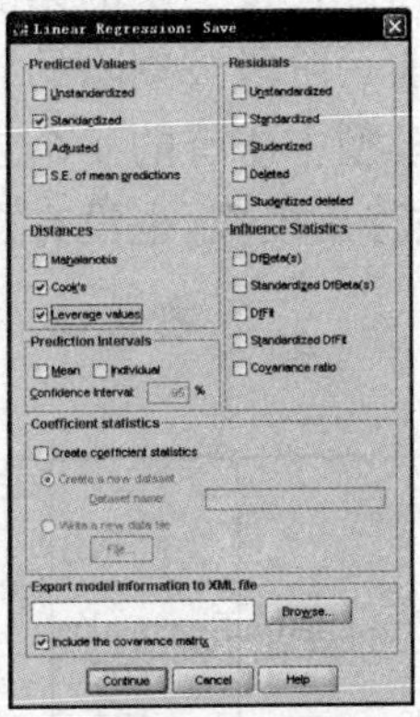

图 6.44 在保存变量对话框中选择保存变量

单击 Save 按钮，在 Predicted Values 中选择 Standardized（见图 6.44），在 Distances 中选择 Cook's 和 Leverage values，单击 Continue 按钮，回到主对话框，单击 OK 按钮，输出回归分析结果。

Collinearity Diagnostics（共线性诊断统计量表，见表 6.16）显示，使用逐步回归法经历了 6 个阶段，最终选择了包含 4 个自变量的多元线性回归模型，观察第 6 个模型，也就是最终模型各个主成分的条件指数，可以发现它们都小于 15，模型中不再存在严重的多重共线性问题。

从表 6.17 所示模型综述表也可以看出，最终模型的修正拟合系数 $\bar{R}^2 = 0.977$，大于第 1 个模型的修正拟合系数；而最终回归模型随机误差项的标准差（Std. Error of the Estimate）$\hat{\sigma} = 715020.0813$，小于最初的模型，这表明最终模型的估计误差有所减小，拟合效果相应地有所提高。

对比分析表 6.18 和表 6.19，可以了解逐步回归法选择自变量的过程。逐步回归法的第一步选择"职工工资总额"作为自变量，这是因为"职工工资总额"和"税收收入"的相关程度是最为密切（零阶相关系数达到 0.924，参见表 6.14），这个过程中其他 6 个自变量都被剔除出模型，接下来将这 6 个自变量对应的偏相关系数最大的，也就是“外贸进出口总额”移入到模型中，形成第二阶段的回归模型。采用类似方式，在逐步回归模型的第三步、第四步分别引入了“人均国民生产总值”和“财政支出总额”。但是在第四阶段的回归模型中，自变量“职工工资总额”的 $t=1.411$，其对应的显著性水平 $Sig.=0.170>0.05$，没有通过参数的显著性检验，因此在接下来的第五步中，这个自变量被剔除出模型。模型的最后一个阶段，从前一阶段被剔除的 4 个变量中选择偏相关系数最大的“从业人员数”引入模型，而模型中所有的 4 个自变量都通过了参数的显著性检验，此时既没有自变量需要被移出模型，也没有自变量能够被引入模型，因此形成了最终模型。

表 6.16　逐步回归法输出的共线性诊断统计量表

Collinearity Diagnostics[a]

Model	Dimension	Eigenvalue	Condition Index	Variance Proportions					
				(Constant)	职工工资总额	外贸进出口总额	人均国民生产总值	财政支出总额	工业总产值
1	1	1.809	1.000	.10	.10				
	2	.191	3.077	.90	.90				
2	1	2.388	1.000	.03	.02	.03			
	2	.542	2.100	.23	.00	.25			
	3	.071	5.814	.74	.98	.72			
3	1	3.241	1.000	.01	.01	.02	.02		
	2	.561	2.403	.12	.00	.26	.01		
	3	.129	5.021	.18	.16	.01	.94		
	4	.069	6.835	.68	.83	.72	.04		
4	1	4.183	1.000	.01	.00	.01	.01	.00	
	2	.564	2.724	.07	.00	.26	.01	.00	
	3	.160	5.116	.01	.03	.01	.75	.04	
	4	.074	7.496	.64	.14	.72	.15	.02	
	5	.019	14.771	.27	.83	.00	.08	.94	
5	1	3.246	1.000	.01		.02	.02	.01	
	2	.558	2.413	.07		.31	.00	.00	
	3	.144	4.747	.06		.01	.87	.15	
	4	.052	7.916	.86		.66	.11	.84	
6	1	4.056	1.000	.00		.01	.01	.00	.01
	2	.639	2.520	.07		.13	.02	.00	.02
	3	.191	4.603	.02		.11	.49	.03	.13
	4	.081	7.076	.34		.74	.49	.00	.29
	5	.033	11.059	.57		.01	.00	.97	.56

a.Dependent Variable: 税收收入

表 6.17　逐步回归法输出的模型综述表

Model Summary[g]

Model	R	R Square	Adjusted R Square	Std. Error of the Estimate
1	.924[a]	.854	.849	1818823.73596
2	.964[b]	.929	.924	1289054.91881
3	.977[c]	.954	.949	1061464.05248
4	.988[d]	.977	.973	769831.17486
5	.987[e]	.975	.972	783844.08105
6	.990[f]	.980	.977	715020.08131

a. Predictors: (Constant), 职工工资总额
b. Predictors: (Constant), 职工工资总额, 外贸进出口总额
c. Predictors: (Constant), 职工工资总额, 外贸进出口总额, 人均国民生产总值
d. Predictors: (Constant), 职工工资总额, 外贸进出口总额, 人均国民生产总值, 财政支出总额
e. Predictors: (Constant), 外贸进出口总额, 人均国民生产总值, 财政支出总额
f. Predictors: (Constant), 外贸进出口总额, 人均国民生产总值, 财政支出总额, 工业总产值
g. Dependent Variable: 税收收入

表 6.18　逐步回归法输出的系数表

Coefficients[a]

Model		Unstandardized Coefficients		Standardized Coefficients	t	Sig.	Collinearity Statistics	
		B	Std. Error	Beta			Tolerance	VIF
1	(Constant)	−1117196	555630.6		−2.011	.054		
	职工工资总额	7800.875	598.866	.924	13.026	.000	1.000	1.000
2	(Constant)	206304.7	462581.6		.446	.659		
	职工工资总额	4537.489	733.691	.538	6.184	.000	.335	2.988
	外贸进出口总额	.198	.036	.474	5.453	.000	.335	2.988
3	(Constant)	−691366	448848.8		−1.540	.135		
	职工工资总额	4065.867	616.897	.482	6.591	.000	.321	3.116
	外贸进出口总额	.166	.031	.396	5.322	.000	.309	3.234
	人均国民生产总值	76.955	20.354	.202	3.781	.001	.602	1.662
4	(Constant)	−1892950	403690.4		−4.689	.000		
	职工工资总额	1054.431	747.112	.125	1.411	.170	.115	8.688
	外贸进出口总额	.145	.023	.347	6.329	.000	.299	3.339
	人均国民生产总值	90.158	14.993	.236	6.013	.000	.583	1.715
	财政支出总额	.339	.067	.407	5.033	.000	.138	7.248
5	(Constant)	−2003269	403259.7		−4.968	.000		
	外贸进出口总额	.154	.022	.369	6.871	.000	.324	3.082
	人均国民生产总值	95.646	14.744	.251	6.487	.000	.625	1.600
	财政支出总额	.416	.041	.498	10.108	.000	.385	2.599
6	(Constant)	−1744300	381728.0		−4.569	.000		
	外贸进出口总额	.127	.023	.303	5.473	.000	.254	3.943
	人均国民生产总值	100.139	13.565	.263	7.382	.000	.615	1.627
	财政支出总额	.328	.051	.393	6.416	.000	.208	4.818
	工业总产值	66.296	26.108	.171	2.539	.017	.171	5.834

a. Dependent Variable: 税收收入

表 6.19 逐步回归法输出的剔除变量表

Excluded Variables[g]

Model		Beta In	t	Sig.	Partial Correlation	Collinearity Statistics		
						Tolerance	VIF	Minimum Tolerance
1	人均国民生产总值	.280	3.885	.001	.592	.651	1.536	.651
	固定资产投资	.043	.334	.741	.063	.306	3.263	.306
	财政支出总额	.412	2.382	.024	.411	.145	6.901	.145
	工业总产值	.367	2.835	.008	.472	.242	4.140	.242
	外贸进出口总额	.474	5.453	.000	.718	.335	2.988	.335
	从业人员数	−.480	−3.164	.004	−.513	.167	5.989	.167
2	人均国民生产总值	.202	3.781	.001	.588	.602	1.662	.309
	固定资产投资	.165	1.840	.077	.334	.291	3.441	.154
	财政支出总额	.322	2.665	.013	.456	.142	7.026	.123
	工业总产值	.169	1.549	.133	.286	.202	4.950	.202
	从业人员数	−.174	−1.210	.237	−.227	.120	8.307	.065
3	固定资产投资	.250	3.904	.001	.608	.273	3.657	.139
	财政支出总额	.407	5.033	.000	.702	.138	7.248	.115
	工业总产值	.264	3.242	.003	.537	.191	5.230	.191
	从业人员数	.200	1.295	.207	.246	.070	14.199	.037
4	固定资产投资	.131	2.010	.055	.373	.191	5.241	.096
	工业总产值	.157	2.286	.031	.416	.165	6.075	.111
	从业人员数	−.263	−1.893	.070	−.354	.043	23.511	.036
5	固定资产投资	.147	2.361	.026	.420	.207	4.823	.126
	工业总产值	.171	2.539	.017	.446	.171	5.834	.171
	从业人员数	.013	.156	.877	.031	.136	7.336	.086
	职工工资总额	.125	1.411	.170	.267	.115	8.688	.115
6	固定资产投资	.010	.057	.955	.011	.026	38.101	.022
	从业人员数	−.078	−.945	.354	−.186	.114	8.810	.085
	职工工资总额	.087	1.036	.310	.203	.111	9.046	.111

a. Predictors in the Model: (Constant), 职工工资总额
b. Predictors in the Model: (Constant), 职工工资总额, 外贸进出口总额
c. Predictors in the Model: (Constant), 职工工资总额, 外贸进出口总额, 人均国民生产总值
d. Predictors in the Model: (Constant), 职工工资总额, 外贸进出口总额, 人均国民生产总值, 财政支出总额
e. Predictors in the Model: (Constant), 外贸进出口总额, 人均国民生产总值, 财政支出总额
f. Predictors in the Model: (Constant), 外贸进出口总额, 人均国民生产总值, 财政支出总额, 工业总产值
g. Dependent Variable: 税收收入

图 6.45 所示的最终回归模型的标准化残差图基本服从正态分布，模型的拟合效果还是比较好的。

从 Casewise Diagnositcs（个案诊断表，见表 6.20）中可以看出，第 2 号个案的标准化残差为负值，第 11 号个案的标准化残差为正值，它们的绝对值在所有残差

中应该是比较大的。其中 2 号个案代表天津，11 号个案代表浙江。天津税收收入的标准化残差值为负数，该地区实际税收收入小于拟合值，浙江的标准化残差为正数，该地区实际税收收入大于拟合值。

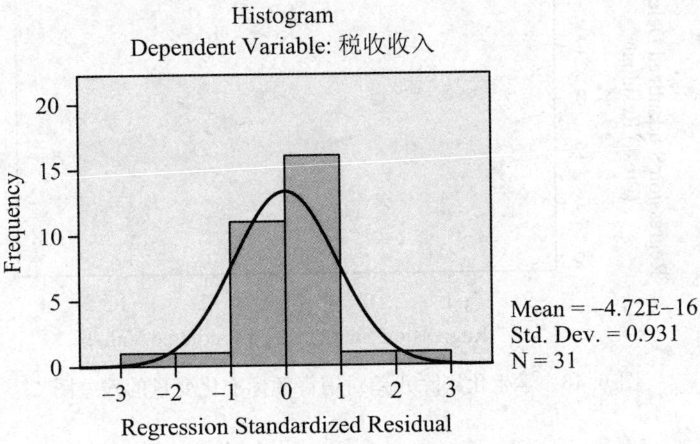

图 6.45　最终回归模型的标准化残差图

表 6.20　最终回归模型的个案诊断表

Casewise Diagnostics[a]

Case Number	Std. Residual	税收收入	Predicted Value	Residual
2	–2.955	3426480	5539610.4	–2113130
11	2.625	11841800	9964691.9	1877108

a. Dependent Variable: 税收收入

图 6.46 所示学生化剔除残差对销售额标准化变量的残差图显示有些离群点，为了识别这些散点，双击图形将其激活，在 Chart Editor 窗口中，选择工具栏中 Data Label Mode，再单击这几个偏离的散点，进一步可以看出其中 2 号散点的学生化剔除残差值较小，11 号散点的学生化残差值较大(见图 6.47)，这和个案诊断表反映的信息是一致的。另外 19 号散点的标准化预测值较大，因此进一步可以分析库克距离和中心趋势杠杆率之间的关系，判断是否存在影响模型参数估计的数据点。单击常用工具栏中的 Recall recently used dialogs 按钮，在弹出的列表中选择 Simple Scatter，重新回到简单散点图对话框(见图 6.48)，单击 Reset 按钮，将 Cook's Distance 作为纵坐标变量，移入 Y Axis 方框，将 Centered Leverage Value 作为横坐标变量，移入 X Axis，单击 OK 按钮，输出库克距离对杠杆率散点

图(见图 6.49)。

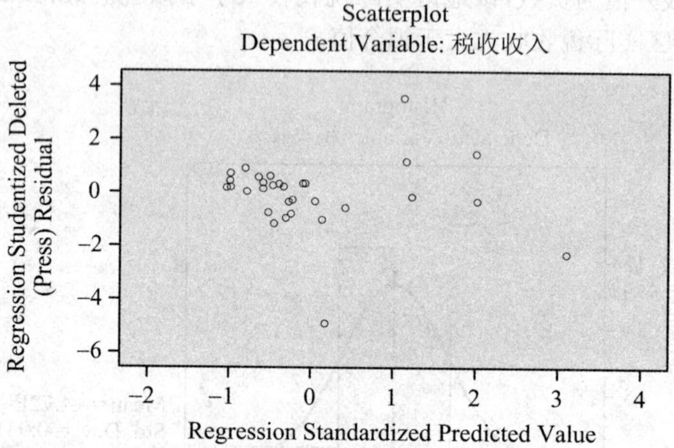

图 6.46 学生化剔除残差对销售额标准化变量的残差图

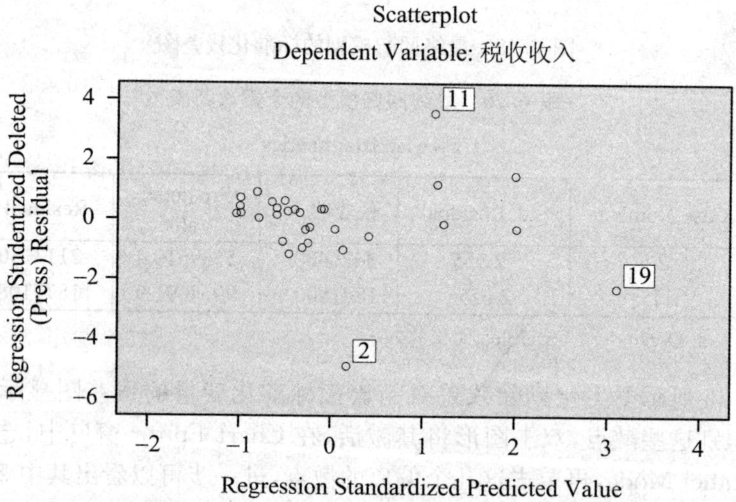

图 6.47 显示离群值个案标签的残差图

在图 6.49 所示散点图中,有一个散点偏离散点集聚中心,采用类似的方法将它标识出来。该标识点显示这是 19 号个案,该个案的库克距离和杠杆率都比较大,因此远远偏离散点的集聚中心,它可能对模型的参数估计产生一定的影响,在进一步的回归分析中需要考虑这个问题。

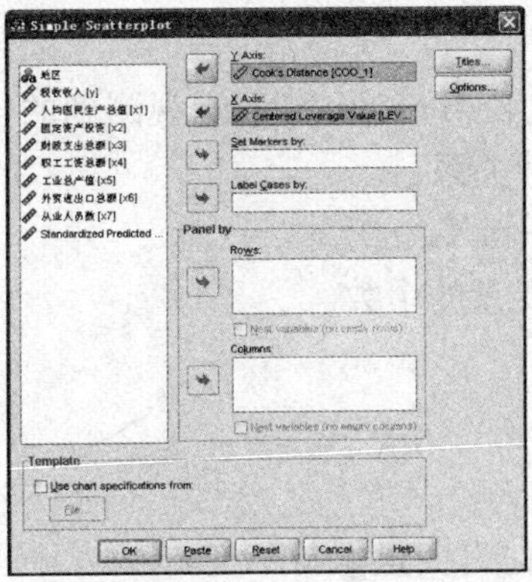

图 6.48 在简单散点图中设置库克距离对杠杆率的散点图

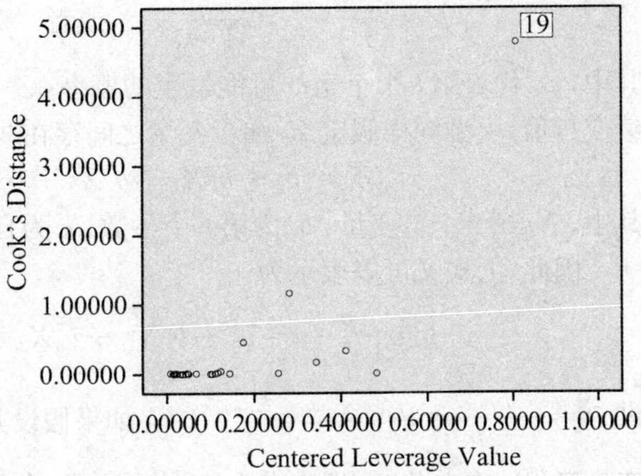

图 6.49 显示离群值个案标签的库克距离对杠杆率的散点图

6.5 二元逻辑斯蒂回归模型

对有两个结果的二元分类因变量(响应变量)的发生概率建模时,可以使用二元逻辑斯蒂回归模型来进行分析。比如,一家邮寄商品公司想通过增加邮寄品的比例来促进公司销售额的增长,一位医生想准确诊断一种肿瘤发生的概率,一位贷款部门的官员想知道下一位客户是否有可能欠债不还。使用逻辑斯蒂回归模型,邮寄商品公司能够向那些有可能做出反应的人们投递邮件,医生能够决定肿瘤可能是良性还是恶性的,贷款部门的官员能够评估向某一位特定客户增加贷款的风险。

由于事件发生的概率都在 0 和 1 之间变动,使用普通的线性回归模型对概率建模是不切实际的,因为线性回归模型容许因变量的值大于 1 或者小于 0。逻辑斯蒂回归模型是广义线性回归模型一种,它对普通线性回归模型进行了扩展,使得因变量的数值能够在 0 和 1 之间变动。

在建立逻辑斯蒂回归模型之前,首先应该考虑存在我们不能观测的连续变量 Z,这个变量可以认为是事件发生的倾向。比如,在银行贷款的那个例子中,Z 就代表客户欠款不还的倾向,Z 的数值越大,客户不还款的可能性就越大。

在逻辑斯蒂回归模型中,Z 和事件发生概率的关系可以用下面的函数联系起来:

$$p_i=\frac{e^{Z_i}}{1+e^{Z_i}}=\frac{1}{1+e^{Z_i}} \quad 或者 \quad Z_i=\log\left(\frac{p_i}{1-p_i}\right)$$

其中，p_i 代表第 i 个个案的可能发生的概率；Z_i 代表第 i 个个案不能观测到的连续变量值，模型同样假定 Z_i 和自变量之间存在线性关系：

$$Z_i=b_0+b_1X_1+b_2X_2+\cdots+b_kX_k+\varepsilon_i$$

其中，X_i 第 i 个自变量，b_i 为第 i 个参数，k 为自变量的个数。

因此，上式又可以表示为：

$$\log\frac{p_i}{1-p_i}=b_0+b_1X_{1i}+b_2X_{2i}+\cdots+b_kX_{ki}+\varepsilon_i$$

设 $\Omega=\frac{p_i}{1-p_i}=\mathrm{e}^{b_0+b_1X_1+b_2X_2+\cdots+b_kX_k+\varepsilon_i}$，如果假设其他自变量保持不变，让第 i 个自变量变化一个单位时，把它带入 Ω 的表达式，有 $\Omega^*=\mathrm{e}^{b_0+b_1X_1+b_2X_2+\cdots b_i(X_i+1)+b_kX_k+\varepsilon_i}=\mathrm{e}^{b_i}\Omega$，$b_i$ 表示在其他自变量保持不变的情况下，X_i 的单位变化将使因变量的比率比(Odd Ratio)变化 e^{b_i} 个单位，这种变化是以乘数的形式表现出来的。

对于二元逻辑斯蒂回归函数，因变量 Y_i 的概率函数可以表示为：$P(Y_i)=p_i^{Y_i}(1-p)^{1-Y_i}$，其中，$Y_i=0,1$；$(i=1,2,\cdots,n)$，那么 $Y_1,Y_2,\cdots,Y_n$ 的似然函数为 $L=\prod_{i=1}^{n}p_i^{Y_i}(1-p_i)^{1-Y_i}$，将似然函数两端取对数，有：

$$\begin{aligned}\ln L&=\sum_{i=1}^{n}[Y_i\ln p_i+(1-Y_i)\ln(1-p_i)]\\&=\sum_{i=1}^{n}\left[Y_i\ln\frac{\mathrm{e}^{Z_i}}{1+\mathrm{e}^{Z_i}}+(1-Y_i)\ln\left(1-\frac{\mathrm{e}^{Z_i}}{1+\mathrm{e}^{Z_i}}\right)\right]\\&=\sum_{i=1}^{n}[Y_iZ_i-\ln(1+\mathrm{e}^{Z_i})]\\&=\sum_{i=1}^{n}[Y_i(b_0+b_1X_1+b_2X_2+\cdots+b_kX_k)-\ln(1+\mathrm{e}^{b_0+b_1X_1+\cdots+b_kX_k})]\end{aligned}$$

使用极大似然估计迭代法，可以得到逻辑斯蒂回归模型的参数估计值。

【例 6.5】 上市公司信用风险分析。

为了分析上市公司的信用风险，收集到 250 个上市公司的年报数据。打开“上市公司信用风险.sav”，使用二元逻辑斯蒂回归模型对每股收益、每股净资产、净资产收益率、主营收入增长率和主营利润增长率这 5 个经济指标对上市公司的信用风险进行分析。数据文件中使用的变量名、变量标签值及变量测度类型见表 6.21。

表 6.21　数据文件中使用的变量名、变量标签、变量标签值及变量类型

变量名 Variable name	变量标签 Label	变量标签值 Value Label	变量类型
股票名称			名义变量
X1	每股收益		尺度变量
X2	每股净资产		尺度变量
X3	净资产收益率		尺度变量
X4	主营收入增长率		尺度变量
X5	主营利润增长率		尺度变量
是否 ST 公司		0=非 ST 公司 1=ST 公司	尺度变量

建立二元逻辑斯蒂回归模型，单击 Analyze→Regression→Binary Logistic …，打开逻辑斯蒂回归对话框(见图 6.50)。选择“是否 ST 公司”为因变量，移入 Dependent 方框中，选择“每股收益”与“主营利润增长率”之间的 5 个变量为协变量，移入 Covariates 方框中，在 Method(回归方法)中选择默认的 Enter 法。

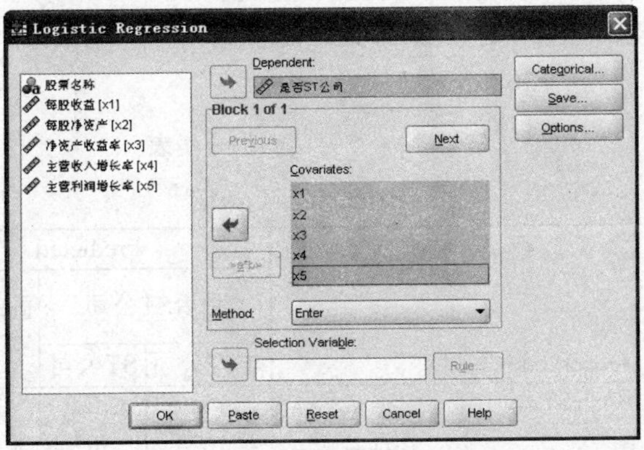

图 6.50　在逻辑斯蒂回归对话框中选择因变量、协变量和回归方法

单击 Save 按钮，打开保存变量对话框(见图 6.51)。在保存变量对话框中，选择 Predicted Values 中 Probabilities，在 Influence 中勾选 Cook's，Residuals 中勾选 Studentized。将预测概率、库克距离和学生化残差作为新变量保存到原数据文件中，单击 Continue 按钮回到逻辑斯蒂回归对话框。

单击 Options 按钮，打开选项对话框（见图 6.52）。在选项对话框中，选择 Statistics and Plots 下的 Classification plots 和 Hosmer-Lemeshow goodness-of-fit，单击 Continue 按钮，回到逻辑斯蒂对话框，单击 OK 按钮，输出回归结果。

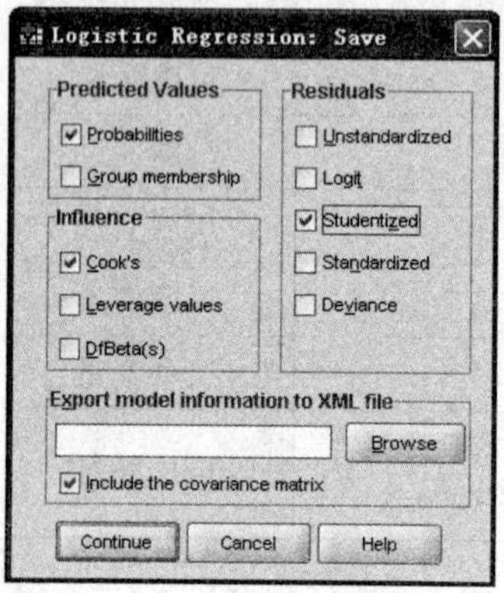

图 6.51　在保存对话框中选择保存变量

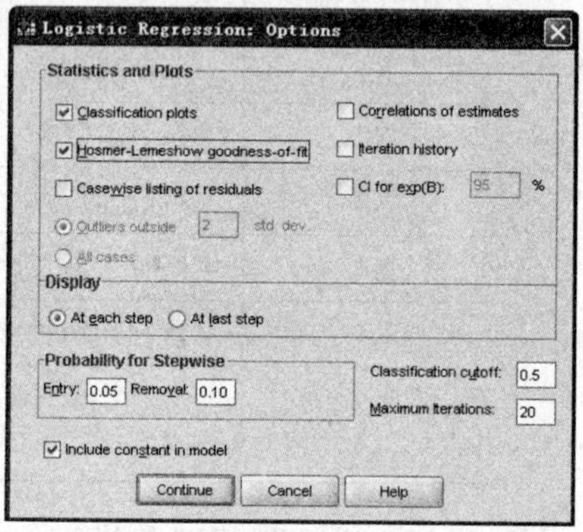

图 6.52　在选项对话框中选择输出的统计量和图形

SPSS 首先输出不包含任何自变量，而只有常数项的输出结果，Classfication Table（分类表，见表 6.22）显示此时利用两类公司中最大的频数进行分类，在 250 个样本数据中，非 ST 公司的频数最多，因此将所有个案都划分到非 ST 公司中，分类正确率为 59.2%（148/250）。

表 6.22　初始回归的分类表

Classification Table[a,b]

Observed			Predicted: 是否ST公司: 非ST公司	Predicted: 是否ST公司: ST公司	Predicted: Percentage Correct
Step 0	是否ST公司	非ST公司	148	0	100.0
		ST公司	102	0	.0
	Overall Percentage				59.2

a. Constant is included in the model.
b. The cut value is .500

表 6.23 所示 Hosmer and Lemeshow 检验表中的统计量，可以帮助我们判断模型是否充分描述了数据。SPSS 在进行 Hosmer 和 Lemeshow 拟合优度检验时，根据模型预测概率的大小将所有观测个案 10 等分，然后利用每一组个案中因

变量的观测频数和期望频数来计算检验统计量，在原假设（观测频数和期望频数没有差异）成立的情况下，Hosmer 和 Lemeshow 统计量服从自由度为 $k-2$ 的卡方分布。如果卡方统计量的显著性水平较小（ $Sig. < \alpha = 0.05$），那么就拒绝原假设；如果卡方统计量的显著性水平较大，那么不能拒绝原假设，可以认为因变量的观测频数和期望频数没有什么差异，在可接受的显著性水平下，模型较好地拟合了数据。本例中，$\chi^2 = 18.844$，对应的显著性水平 $Sig. = 0.016 < 0.05$，在5%的显著性水平下统计显著，说明模型比较充分地拟合了数据。

表 6.23 Hosmer 和 Lemeshow 拟合优度检验表

Hosmer and Lemeshow Test

Step	Chi-square	df	Sig.
1	18.844	8	.016

Model Summary（模型综述表，见表 6.24）中输出似然比检验统计量（−2 log-likelihood）、Cox and Snell 拟合系数和 Nagelkerke 拟合系数这三个统计量，它们都是以极大似然估计为基础，模仿普通线性回归模型中的拟合系数而构建的，又可以称为伪拟合系数（Psedo-R Squared）。似然比检验统计量的值越小，意味着回归模型的似然值越小，模型的拟合效果越差；它的值越大，回归模型的似然值越大，模型的拟合效果越好。Cox and Snell 拟合系数（ $R_{CS}^2 = 1 - \left(\frac{L_0}{L_x}\right)^2$ ）的最大值事实上总是小于 1，而 Nagelkerke 拟合系数（ $R_N^2 = \frac{R_{CS}^2}{\max\,(R_{CS}^2)}$ ）是对 Cox and Snell 拟合系数的一个修正，能够让拟合系数最大值达到 1。这两个伪拟合系数的数值越大，模型所能解释的因变量的变动程度也越大，模型的拟合效果也越好。本例中 Cox and Snell 拟合系数和 Nagelkerke 拟合系数的数值都不是很大，说明回归模型的拟合效果一般。

表 6.24 模型综述表

Model Summary

Step	-2 Log likelihood	Cox & Snell R Square	Nagelkerke R Square
1	230.631[a]	.349	.471

a. Estimation terminated at iteration number 6 because parameter estimates changed by less than .001.

在分析 Hosmer 和 Lemeshow 统计量时还应该将它和 Hosmer-Lemeshow

检验相依表(Contingency Table for Hosmer and Lemeshow Test)联系起来。因为 Hosmer 和 Lemeshow 统计量就是根据表 6.25 中分组数据的观测频数和期望频数计算出来的。比如本例中 Hosmer 和 Lemeshow 检验的卡方统计量就是利用下面的公式计算出来的：

$$\chi^2 = \sum_{I=1}^{10} \frac{(O_i - E_i)^2}{E_i} = \frac{(23 - 24.199)^2}{24.199} + \cdots + \frac{(25 - 24.456)^2}{24.199} = 18.844$$

表 6.25 Hosmer 和 Lemeshow 检验 Contingency 表

Contingency Table for Hosmer and Lemeshow Test

		是否ST公司 = 非ST公司		是否ST公司 = ST公司		
		Observed	Expected	Observed	Expected	Total
Step 1	1	23	24.199	2	.801	25
	2	24	22.407	1	2.593	25
	3	21	21.179	4	3.821	25
	4	21	19.715	4	5.285	25
	5	20	17.609	5	7.391	25
	6	16	14.997	9	10.003	25
	7	7	13.031	18	11.969	25
	8	6	9.253	19	15.747	25
	9	10	5.066	15	19.934	25
	10	0	.544	25	24.456	25

将所有的自变量移入逻辑斯蒂回归模型后，Classfication Table（分类表，见表 6.26)显示在原先的 148 家“非 ST 公司”中，使用模型分类后有 131 家公司被划分到“非 ST 公司”，有 17 家被划分到“ST 公司”；原先的 102 家“ST 公司”，38 家被划分到“非 ST 公司”，64 家被划分到“ST 公司”，个案分类的正确率达到了 78.0%((131＋64)/250)。和初始的分类表相比，个案分类准确率提高了 28% 左右。

Variable in the Equation（方程中包含的变量表，见表 6.27)显示模型的参数估计值(B)、参数估计值的标准误差(S. E)、沃尔德统计量(Wald)及其对应的自由度(df)和显著性水平(*Sig.*)，表 6.27 中最后一列是参数估计值的指数值(Exp(B))。沃尔德统计量是参数估计值与其标准误差之比的平方（$Wald_i = (\hat{\beta}_i / se(\hat{\beta}_i))^2$)，其作用类似于普通线性回归模型中的 t 统计量。如果某个自变量沃尔德统计量的显著性水平很小(小于 0.05 或 0.10)，那么该自变量在模型中就起到一定的解释作用，一般最终模型中自变量都会通过沃尔德统计量的检验。从变量表中可以看到 X_2 和 X_3 参数估计值对应的显著性水平 *Sig*. 都大于 0.10，这两个自变量在回归模型中的作用并不显著。

表 6.26　最终模型的分类表

Classification Table[a]

Observed			Predicted		
			是否ST公司		Percentage Correct
			非ST公司	ST公司	
Step 1	是否ST公司	非ST公司	131	17	88.5
		ST公司	38	64	62.7
	Overall Percentage				78.0

a. The cut value is .500

表 6.27　最终模型中包含的变量系数表

Variables in the Equation

		B	S.E.	Wald	df	Sig.	Exp(B)
Step 1[a]	x1	−3.785	.602	39.492	1	.000	.023
	x2	.032	.067	.228	1	.633	1.033
	x3	.028	.035	.668	1	.414	1.029
	x4	−1.138	.361	9.969	1	.002	.320
	x5	1.108	.328	11.413	1	.001	3.028
	Constant	−.075	.178	.178	1	.673	.928

a. Variable(s) entered on step 1: x1, x2, x3, x4, x5.

在分析逻辑斯蒂回归模型时还可以绘制残差图来判断模型的拟合效果。绘制残差图时，可以用方差或库克距离（Cook's distances）作为纵坐标变量，预测的概率（predicted probabilities）为横坐标变量。在保存变量对话框中无法直接生成方差，但是把学生化残差开方以后就可以得到这个统计量。为此需要利用 Transform 命令生成该变量，单击 Transform→Compute Variable，打开计算变量对话框（见图 6.53）。在目标变量（Target Variable）下的文本框中输入变量名“方差”，在公式表达式（Numeric Expression）下输入：sre_1 * * 2”，单击 OK 按钮，生成新变量。

接下来先绘制方差对预测概率的散点图，单击 Graphs→Legacy Dialogs→Scatter/Dot…，在弹出的对话框中选择简单散点图，再单击 Define 按钮，选择“方差”为纵坐标变量，移入 Y axis，选择 Predicted probability 为横坐标变量，移入 X axis（见图 6.54），单击 OK 按钮，生成方差对预测概率的散点图（见图 6.55）。

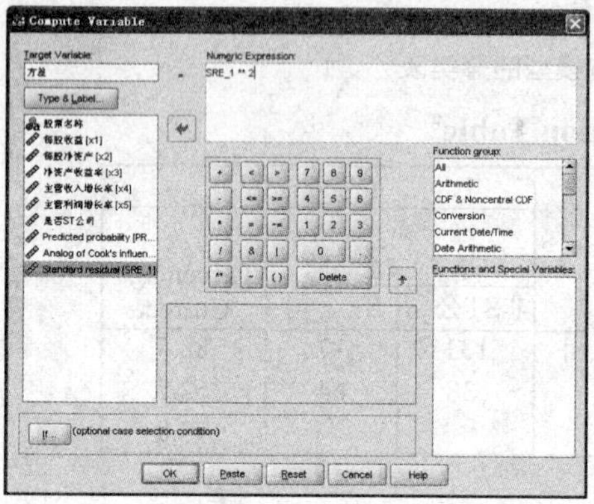

图 6.53　在计算变量对话框中设置变量名称和表达式

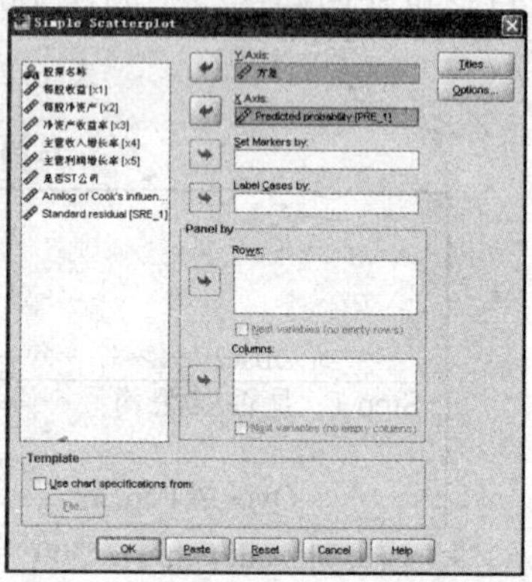

图 6.54　在简单散点图中设置方差变化值对预测概率的散点图

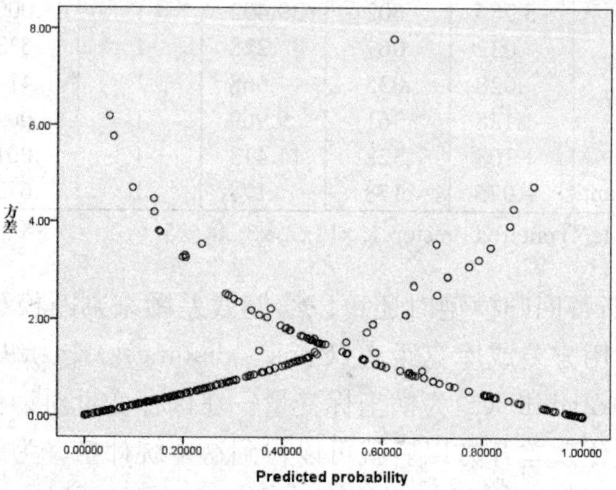

图 6.55　方差值对预测概率的散点图

图 6.55 所示散点图显示两个截然不同模式变化的曲线：一条从左下角向右上角延伸，对应着因变量值为 0 的个案，也就是那些非 ST 公司，如果它们的预测概率很大，那么模型对它们的拟合效果就不好；另外一条从左上角向右下角延伸，对应着因变量值为 1 的个案，也就是那些 ST 公司，如果它们对应的预测概率很

小,那么模型对它们的拟合也不好。

这个散点图能够帮助我们识别那些拟合模型比较差的个案,如果某个案的方差较大,那么该个案对数据的拟合效果就不太好。散点图显示有一个离群点的存在。

进一步绘制库克距离对预测概率的散点图,单击常用工具栏中的 Recall recently used dialogs 按钮,重新回到散点图对话框(见图 6.56)。将"方差"从 Y axis 方框中移出,将库克距离 Coo_1 移入。单击 OK 按钮,输出库克距离对预测概率的散点图(见图 6.57)。

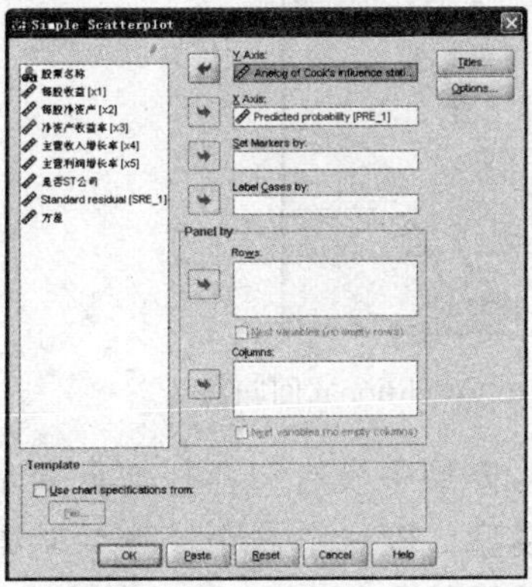

图 6.56　在简单散点图中设置库克距离对预测概率的散点图

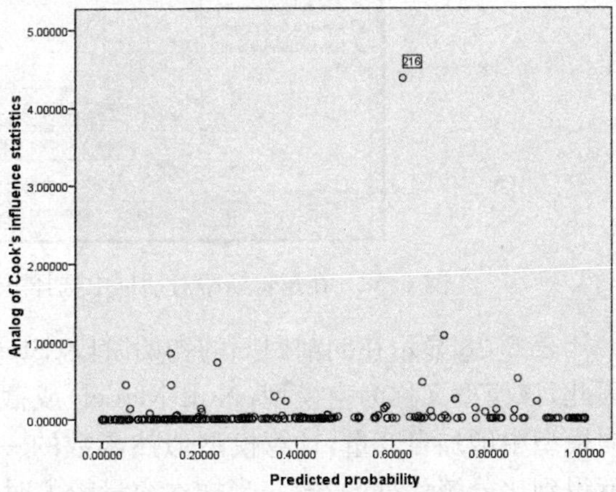

图 6.57　库克距离对预测概率的散点图显示存在离群值

图 6.57 所示库克距离的散点图显示:绝大部分个案的库克距离都分布在 0 和 1 之间,但是也有一个个案的库克距离超过了 4,也就是存在一个高杠杆率的点。双击这个散点图,在弹出的 Chart Editor 窗口中,单击工具栏上的 Data Label Mode 按钮,再单击这个高杠杆率点,显示它对应第 216 号个案,该点对于模型的参数估计可能会产生影响。

如果二元逻辑斯蒂回归模型中有多个自变量,我们通常希望在模型中容纳那些对模型有显著影响的自变量。和普通的多元回归模型类似,在构建二元逻辑斯蒂回归模型的时候,SPSS 提供了多种逐步回归的方法,它们可以选择应引入模型的"最合适"的自变量。

单击常用工具栏中的 Recall recently used dialogs 按钮,在弹出的列表中选择 Logisgtic Regression,重新回到逻辑斯蒂回归对话框(见图 6.58)。单击

Method 右侧的下拉箭头，从弹出的列表框中选择 Forward：LR（基于极大似然估计的逐步向前回归），通过分析输出结果中的方程不包含的变量（Variable not in the Equation）等表，我们可以深入了解向前逐步回归法是如何选择自变量的。单击 OK 按钮，输出向前逐步回归法得到的结果。

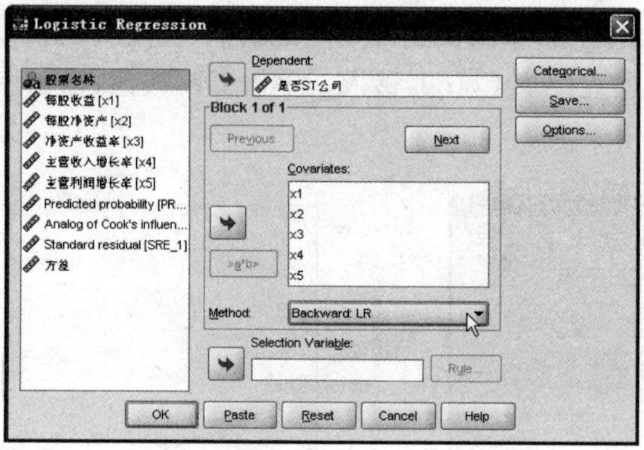

图 6.58 在逻辑斯蒂对话框中选择 Forward Conditional 回归法

表 6.28 显示在向前回归的初始阶段（Step 0），模型中没有包含任何自变量，因此，该模型又称为空模型（Null Model）或截距模型。以这个截距模型为基础，向模型中增加自变量，计算模型似然函数的一阶偏导数和信息矩阵，将两者相乘就得到比分统计量 Score。当样本容量较大时，比分统计量 Score 服从卡方分布。那些比分统计量较大，而且显著性水平小于 0.05 的自变量将被引入模型。从表 6.28 中看出，变量 X_1（每股收益）的比分统计量最大（54.779），在 5%的显著性水平下统计显著（$Sig. = 0.000 < 0.05$），因此向前回归的第一步（Step 1）中应该引入 X_1。

表 6.28 Forward：LR 回归法初始阶段中未包含在模型中的变量系数表

Variables not in the Equation

			Score	df	Sig.
Step 0	Variables	x1	54.779	1	.000
		x2	21.435	1	.000
		x3	2.059	1	.151
		x4	4.735	1	.030
		x5	.033	1	.856
	Overall Statistics		65.423	5	.000

表 6.29 显示向前逐步回归在第一个阶段就得到了最终模型，模型中增加了比分统计量最大的变量 X_1，剔除了其他 4 个自变量。

表 6.29　Forward: LR 最终模型中的变量系数表

Variables in the Equation

		B	S.E.	Wald	df	Sig.	Exp(B)
Step 1[a]	x1	-3.391	.505	45.112	1	.000	.034
	Constant	-.023	.166	.019	1	.891	.977

a. Variable(s) entered on step 1: x1.

第一个阶段(step 1)中所有被剔除出去的变量，它们的比分统计量对应的显著性水平都大于 0.05，因此再也不能向模型增加自变量了(见表 6.30)。

表 6.30　Forward: LR 法最终模型中未包含的变量系数表

Variables not in the Equation

			Score	df	Sig.
Step 1	Variables	x2	.299	1	.585
		x3	.019	1	.889
		x4	.084	1	.772
		x5	2.557	1	.110
	Overall Statistics		11.090	4	.026

表 6.31　Forward: LR 法的 Model if Term Romoved 表

Model if Term Removed

Variable		Model Log Likelihood	Change in -2 Log Likelihood	df	Sig. of the Change
Step 1	x1	-169.031	92.279	1	.000

表 6.31 所示 Model if Term Romoved 表中，同样显示向前逐步回归过程中模型引入自变量的相关信息。逻辑斯蒂回归模型求解参数时使用极大似然估计法，其回归方程的整体检验要通过似然估计值(likehood)来进行分析。似然估计值表达的是在假设模型为真实情况下所能观察到的这一特定样本数据的概率，其值在[0,1]之间，取自然对数后为负数，因此为了分析处理方便，通常将似然函数值取对数后再乘以－2，用似然比检验统计量 $-2LL$（-2 log-likelihood）表示。向前逐步回归法选择的那些自变量，它们对应的似然比检验统计量变化值(Change in －2 log-likelihood)都应该有显著的变化，这个统计量比沃尔德

(Wald)统计量(参见表 6.29)更加可靠。在判别某个自变量对模型是否有显著影响的时候,如果似然比检验统计量和沃尔德统计量相冲突,最好还是相信似然比检验统计量变化值。

将该表和 Model Summary(模型综述表,见表 6.32)联系起来,分析模型中逐步引入某个自变量的缘由。逐步回归的第一步中引入自变量 X_1 后,模型的似然比检验统计量增加了 $(-2\times-169.03-245.782)=92.279$,而且其对应的显著性水平 $Sig.=0.000<0.05$,因此,向模型中增加这个自变量有充足的理由。

表 6.32　Forward:LR 法的模型综述表

Model Summary

Step	-2 Log likelihood	Cox & Snell R Square	Nagelkerke R Square
1	245.782[a]	.309	.416

a. Estimation terminated at iteration number 6 because parameter estimates changed by less than .001.

模型综述表(表 6.32)显示,和变量全部移入法相比,向前逐步回归模型的似然比统计量 $-2LL$ 增加了一点,但是 Cox and Snell 拟合系数和 Nagelkerke 拟合系数都下降了。这都表明逐步回归模型的拟合程度不断增大,模型所能解释的因变量的方差变动也越来越大。

使用向前逐步回归法得到的 Classfication Table (分类表,见表 6.33)表显示模型在划分 ST 公司时的错误明显增加,由原先的 38 家增加到 51 家,使得分类准确率降低到 $(132+51)/250=73.2\%$,从模型的经济意义、伪拟合系数和分类准确率这几个角度来分析,向前逐步回归法的效果并不是很理想。

表 6.33　Forward:LR 法得到的分类表

Classification Table

	Observed		Predicted 是否ST公司 非ST公司	Predicted 是否ST公司 ST公司	Predicted Percentage Correct
Step 1	是否ST公司	非ST公司	132	16	89.2
		ST公司	51	51	50.0
	Overall Percentage				73.2

a. The cut value is .500

对模型进一步的检验过程中，还可以使用向后逐步回归法(Backward)，这种方法一开始把所有的自变量都引入模型，在后面的回归步骤中，把那些对模型没有什么作用的自变量逐个剔除，直到模型中所有的自变量都统计显著为止。单击常用工具栏中的 Recall recently used dialogs 按钮，在弹出的列表中选择 Logistic Regression，重新回到逻辑斯蒂回归对话框(见图 6.59)。单击 Method 右侧的下拉箭头，从弹出的列表框中选择 Backward:LR(基于极大似然估计的向后逐步回归)，单击 OK 按钮，输出向后逐步回归法得到的结果。

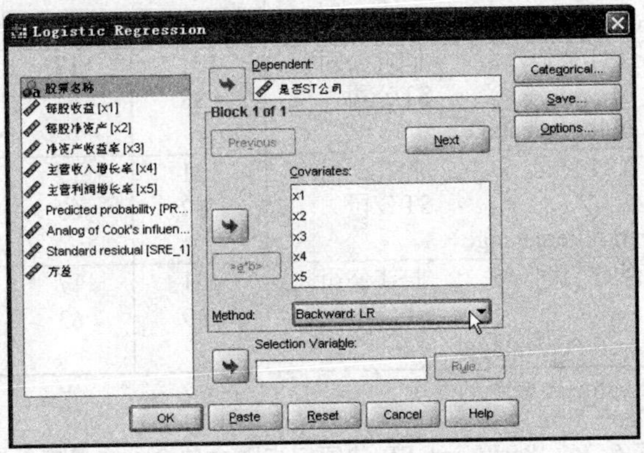

图 6.59　在逻辑斯蒂回归对话框中选择 Backward:LR 回归法

表 6.34 所示模型综述表显示，在向后逐步回归的第一步(Step 1)，模型的似然比统计量 $-2LL$ (-2 log-likelihood)为 230.631，到第三步(step 3)其值增加到 231.363。Cox and Snell 拟合系数和 Nagelkerke 拟合系数到第三步中也有所减小，但是和第一步相比减小的幅度并不是很大。

表 6.34　Backward:LR 法的模型综述表

Model Summary

Step	-2 Log likelihood	Cox & Snell R Square	Nagelkerke R Square
1	230.631	.349	.471
2	230.856	.349	.470
3	231.363	.347	.469

a. Estimation terminated at iteration number 6 because parameter estimates changed by less than .001.

使用向后逐步回归法进得到的分类表(Classfication Table)表(见表 6.35)显示，模型的分类准确率到达 (132 + 51)/250 = 76.6%，和变量全部进入法建立的模型相差不大，它仅利用了 X_1 、X_4 和 X_5 就能达到这个效果。虽然向后逐步回归法建立模型的拟合优度稍低于变量全部进入法建立的模型，但是它需要利用的信息少于变量全部进入法，从这个角度来说可以选择这种方法建立的模型。

表 6.35 Backward:LR 法得到的分类表

Classification Table[a]

	Observed		Predicted 是否ST公司 非ST公司	ST公司	Percentage Correct
Step 1	是否ST公司	非ST公司	131	17	88.5
		ST公司	38	64	62.7
	Overall Percentage				78.0
Step 2	是否ST公司	非ST公司	131	17	88.5
		ST公司	39	63	61.8
	Overall Percentage				77.6
Step 3	是否ST公司	非ST公司	131	17	88.5
		ST公司	39	63	61.8
	Overall Percentage				77.6

a. The cut value is .500

表 6.36 Backward:LR 法回归步骤中包含的变量系数表

Variables in the Equation

		B	S.E.	Wald	df	Sig.	Exp(B)
Step 1[a]	x1	−3.785	.602	39.492	1	.000	.023
	x2	.032	.067	.228	1	.633	1.033
	x3	.028	.035	.668	1	.414	1.029
	x4	−1.138	.361	9.969	1	.002	.320
	x5	1.108	.328	11.413	1	.001	3.028
	Constant	−.075	.178	.178	1	.673	.928
Step 2[a]	x1	−3.667	.541	46.007	1	.000	.026
	x3	.027	.035	.604	1	.437	1.027
	x4	−1.090	.342	10.137	1	.001	.336
	x5	1.063	.311	11.703	1	.001	2.896
	Constant	−.055	.173	.100	1	.752	.947
Step 3[a]	x1	−3.593	.526	46.631	1	.000	.028
	x4	−1.054	.336	9.838	1	.002	.349
	x5	1.026	.304	11.390	1	.001	2.791
	Constant	−.066	.172	.148	1	.700	.936

a. Variable(s) entered on step 1: x1, x2, x3, x4, x5.

根据表 6.36 中的结果，可以写出向后逐步回归法建立的逻辑斯蒂回归模型表达式：

$$\ln\frac{p}{1-p}=-0.066-3.593X_1-1.054X_4+1.026X_5$$

逻辑斯蒂回归模型参数估计值的意义不像普通回归模型那样明了，虽然参数估计值(B)(b_i)在检验自变量的作用时非常方便，但是参数估计值的指数值 Exp(B)(e^{b_i})却容易解释一点，在前面已经解释过，它表明在其他条件不变情况下，某个自变量的单位变化，事件发生比率比(概率)的变化。比如变量 X_1 的 $e^{b_1}=0.028$，这就表明在其他条件不变的情况下，每股收益每增加一个单位，那么某个公司被划分到非 ST 公司的概率仅为 2.8%。

逐步回归法操作起来虽然方便，但是也有一定的局限性。因为逐步回归法仅仅是从统计显著特性的角度来选择变量的，它也许会选择没有什么实际意义的自变量。如果对数据有一些先验的经验，我们就应该利用这些已知的信息，避免使用逐步回归法。然而如果我们面临的自变量数量过多，无从下手的时候，使用逐步回归法，并且不断调整模型，这样分析也许比没有任何模型的效果要好得多。

6.6　多元逻辑斯蒂回归模型

如果分类响应的因变量结果超过两个，那么可以使用多元逻辑斯蒂回归模型来进行分析。这种类型的回归和二元逻辑斯蒂回归模型非常相似，且更为一般，因为分类因变量并不局限于只有两个类别。如果因变量的值不是按照自然顺序排列的，使用普通线性回归模型进行分析不太适合，此时使用多元逻辑斯蒂回归模型也许是一个最佳的选择。

比如，在一次调查过程中，参与者都要求从很多种竞争性商品中选择他们最喜欢的一种。使用多元逻辑斯蒂回归模型，就能将对某种产品感兴趣的参与者进行分类，然后制定相应的广告策略。

和二元逻辑斯蒂回归模型不同的是，如果因变量有 k 个类型，那么通常要选择某个类型作为参考类型，其他类型与之对比，得到 $k-1$ 个逻辑斯蒂回归函数：

$$\log itP_i=\frac{\log p_i}{\log p_0}=b_0+b_1X_1+\cdots+b_kX_k+\varepsilon_i$$

多元逻辑斯蒂回归模型的参数估计值同样也是通过极大似然估计迭代法而获得的。

【例 6.6】 早餐营销计划。

在一项早餐营销推广活动中，一家消费者包装品公司调查了 880 位顾客，记录下他们的年龄、性别、婚姻状况的信息，并且询问他们的生活方式是否积极（以每周是否锻炼两次为参考标准）。每一个参与者品尝了3种早餐，要求他回答最喜欢哪一种类型的早餐。

打开“早餐营销计划.sav”，数据文件中使用的变量名、变量标签值及变量类型见表6.37。

表6.37 数据文件中变量名、变量标签值与变量类型

变量名 Variable name	变量标签值 Label Values	变量类型
年龄类型	1=31岁以下 2=31岁～45岁 3=46岁～60岁 4=60岁以上	名义变量
性别	0=男性 1=女性	尺度变量
生活状态	0=不积极 1=积极	尺度变量
早餐变量	1=早餐棒 2=燕麦类 3=谷物类	尺度变量

使用多元逻辑斯蒂回归模型为客户喜欢的早餐类型进行划分，因变量早餐类型超过两个，因此必须使用多元逻辑斯蒂回归模型来分析。

单击Analyze→Regression→Multinomial Logistic…，打开多元逻辑斯蒂回归模型对话框（见图6.60）。

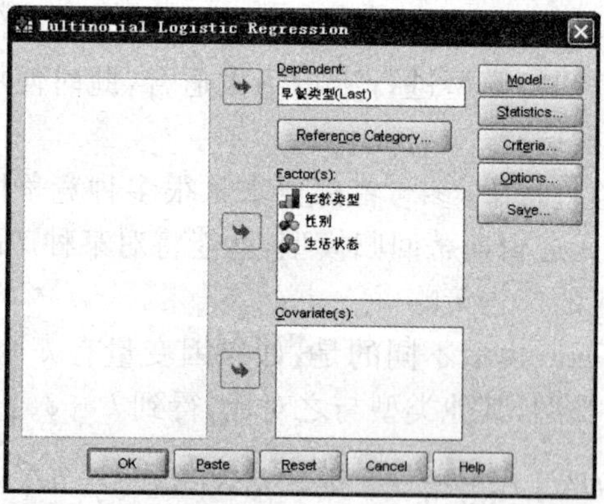

图6.60 在多元逻辑斯蒂回归模型中设置因变量和因子

选择“早餐类型”为因变量，移入Dependent方框中。选择变量“年龄类型”、“性别”和“生活状态”在建立模型时作为因子，将它们移入Factors方框中。

单击Model按钮，打开多元逻辑斯蒂回归模型的模型选择对话框（见图

6.61），在 Specify Model 中选择 Custom/Stepwise，从 Build Terms 下方的列表框中选择 Main effects，将“年龄类型”和“生活状态”作为强迫进入项，移入右边的 Forced Entry Terms 方框中，单击 Continue 按钮，回到主对话框。

在主对话框中单击 Statistics 按钮，打开统计量对话框（见图 6.62），增加 Cell probabilities、Classification table 和 Goodness of fit，单击 Continue，回到主对话框，单击 OK 按钮，输出多元逻辑斯蒂回归模型的结果。

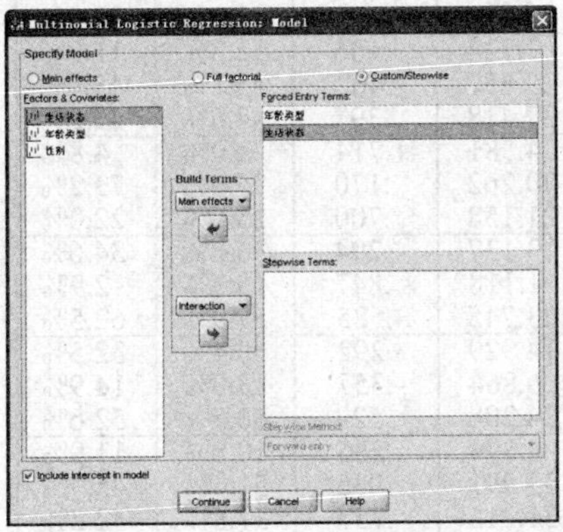

图 6.61 在模型对话框中自定义模型形式

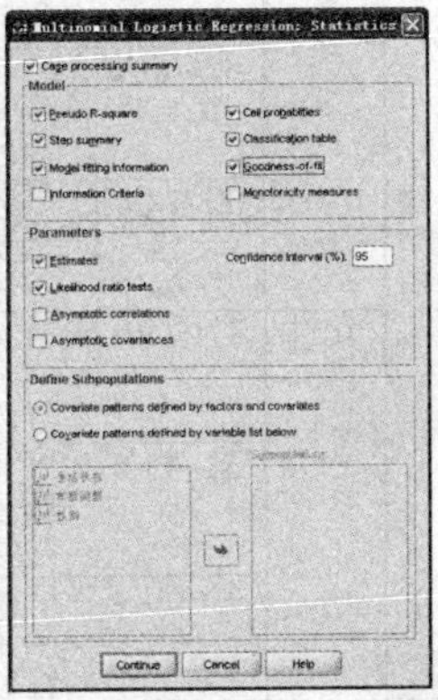

图 6.62 在统计量对话框中设置输出的统计量

表 6.38 所示 Goodness-of-Fit（拟合系数检验）表中包含皮尔逊(Pearson)和方差统计量(Deviance)，它们可以判别模型是否充分拟合了数据。在原假设成立的条件下，这两个检验统计量服从卡方分布，如果它们对应的显著性水平很小，模型就没有充分拟合数据。本例中，两个检验统计量的显著性水平 *Sig*. 都大于 0.10，因此模型很好地拟合了数据。

表 6.38 例 6.6 的拟合系数检验表

Goodness-of-Fit

	Chi-Square	df	Sig.
Pearson	19.075	22	.641
Deviance	21.801	22	.472

在二元逻辑斯蒂回归模型中已经介绍过，逻辑斯蒂回归模型中拟合系数统计量都是利用观测频数和预测频数表（Observed and Predicted Frequency，见表 6.39）中的数据计算出来的，本例中因子（自变量）和因变量是以交叉列表的形式

表 6.39　例6.6的观测频数和预测频数表

Observed and Predicted Frequencies

生活状态	性别	年龄类型	早餐类型	Frequency			Percentage	
				Observed	Predicted	Pearson Residual	Observed	Predicted
不积极	男性	31岁以下	早餐棒	12	11.063	.348	37.5%	34.6%
			燕麦类	0	.941	-.985	.0%	2.9%
			谷物类	20	19.996	.001	62.5%	62.5%
		31-45岁	早餐棒	16	13.955	.666	37.2%	32.5%
			燕麦类	6	6.416	-.178	14.0%	14.9%
			谷物类	21	22.629	-.497	48.8%	52.6%
		46-60岁	早餐棒	8	7.724	.106	12.3%	11.9%
			燕麦类	28	29.857	-.462	43.1%	45.9%
			谷物类	29	27.418	.397	44.6%	42.2%
		60岁以上	早餐棒	1	4.581	-1.714	1.0%	4.8%
			燕麦类	71	70.262	.170	74.0%	73.2%
			谷物类	24	21.158	.700	25.0%	22.0%
	女性	31岁以下	早餐棒	14	13.137	.294	36.8%	34.6%
			燕麦类	2	1.118	.847	5.3%	2.9%
			谷物类	22	23.745	-.585	57.9%	62.5%
		31-45岁	早餐棒	14	14.929	-.292	30.4%	32.5%
			燕麦类	6	6.864	-.357	13.0%	14.9%
			谷物类	26	24.208	.529	56.5%	52.6%
		46-60岁	早餐棒	8	8.794	-.285	10.8%	11.9%
			燕麦类	38	33.991	.935	51.4%	45.9%
			谷物类	28	31.215	-.757	37.8%	42.2%
		60岁以上	早餐棒	5	3.817	.620	6.3%	4.8%
			燕麦类	57	58.551	-.392	71.3%	73.2%
			谷物类	18	17.631	.099	22.5%	22.0%
积极	男性	31岁以下	早餐棒	28	28.553	-.152	52.8%	53.9%
			燕麦类	0	.927	-.971	.0%	1.7%
			谷物类	25	23.520	.409	47.2%	44.4%
		31-45岁	早餐棒	23	28.208	-1.419	42.6%	52.2%
			燕麦类	8	4.948	1.440	14.8%	9.2%
			谷物类	23	20.845	.602	42.6%	38.6%
		46-60岁	早餐棒	13	11.730	.427	27.1%	24.4%
			燕麦类	16	17.297	-.390	33.3%	36.0%
			谷物类	19	18.974	.008	39.6%	39.5%
		60岁以上	早餐棒	3	3.684	-.378	9.1%	11.2%
			燕麦类	26	21.560	1.624	78.8%	65.3%
			谷物类	4	7.755	-1.542	12.1%	23.5%
	女性	31岁以下	早餐棒	30	31.247	-.328	51.7%	53.9%
			燕麦类	2	1.014	.987	3.4%	1.7%
			谷物类	26	25.739	.069	44.8%	44.4%
		31-45岁	早餐棒	37	32.909	1.032	58.7%	52.2%
			燕麦类	4	5.772	-.774	6.3%	9.2%
			谷物类	22	24.319	-.600	34.9%	38.6%
		46-60岁	早餐棒	10	10.752	-.264	22.7%	24.4%
			燕麦类	15	15.855	-.269	34.1%	36.0%
			谷物类	19	17.393	.496	43.2%	39.5%
		60岁以上	早餐棒	9	5.917	1.344	17.0%	11.2%
			燕麦类	31	34.627	-1.047	58.5%	65.3%
			谷物类	13	12.456	.176	24.5%	23.5%

The percentages are based on total observed frequencies in each subpopulation.

显示出来。比如，频数表中的第一行代表那些生活方式不积极、男性、年龄在 31 岁以下、喜欢早餐棒的顾客。观测频数(Observed)这一列显示按照交叉列联形式(协差)模式观测到的个案数，预测频数(Predicted)这一列显示如果模型正确的话，按照协差模式预测到的个案数，观测频数为 0 的单元格出现在第 2 行和第 14 行。皮尔逊残差(Pearson Residual)测度观测频数和预期频数之差($residual_i = O_i - E_i$)，残差值越大，模型的拟合效果越差。如果采用交叉列联形式得到的单元频数很多都是空的，使用拟合系数来检验效果就不好了。

Model Fitting Information(模型拟合信息表，见表 4.40)显示截距模型(空模型)和最终模型的似然比检验结果，卡方检验统计量就是空模型和最终模型的似然比统计量之差：$\chi^2 = -2LL_{null} - C - 2LL_{final} = 511.637 - 135.915 = 375.722$，其对应的显著性水平小于 0.05，在 5%的显著性水平下统计显著，因此最终模型的效果要远好于截距模型。

表 6.40 例 6.6 的拟合信息表

Model Fitting Information

Model	ModelFitting Criteria	Likelihood Ratio Tests		
	-2 Log Likelihood	Chi-Square	df	Sig.
Intercept Only	511.637			
Final	135.915	375.722	8	.000

Likelihood Ratio Test(似然比检验表，见表 6.41)中显示的统计量，可以用来

表 6.41 例 6.6 的似然比检验表

Likelihood Ratio Tests

Effect	Model Fitting Criteria	Likelihood Ratio Tests		
	-2 Log Likelihood of Reduced Model	Chi-Square	df	Sig.
Intercept	135.915	.000	0	.
年龄类型	451.066	315.151	6	.000
生活状态	160.949	25.034	2	.000

The chi-square statistic is the difference in -2 log-likelihoods between the final model and a reduced model. The reduced model is formed by omitting an effect from the final model. The null hypothesis is that all parameters of that effect are 0.

a. This reduced model is equivalent to the final model because omitting the effect does not increase the degrees of freedom.

检验每个因子对模型的影响。每个因子(自变量)的似然比统计量(－2 log-likelihood)都是根据缩减模型(没有该效果的模型)进行计算出来的，卡方检验统计量是缩减模型和截距模型(模型拟合信息表)的似然比统计量之差，仅包含截距也就是空回归模型的似然比统计量 $-2LL_{null}=135.915$，自变量“年龄类型”的似然比统计量 $2LL=-451.066$。因此，其对应的卡方统计量为 $\chi^2=451.066-135.915=315.151$。自变量“生活状态”的似然比统计量 $-2LL=160.949$，其对应的卡方统计量为 $\chi^2=160.949-135.915=25.304$，两个自变量的卡方统计量的显著性水平都小于 0.01，因此它们在逻辑斯蒂回归模型的作用都是非常显著的。

和二元逻辑斯蒂回归模型相比，多元逻辑斯蒂回归模型 Pseudo R-Square(伪拟合系数表，见表 6.42)中增加了 McFadden 拟合系数，和 Cox and Snell 拟合系数及 Nagelkerke 相似，它的数值越大，那么模型(自变量或因子)解释的因变量的方差波动越大。本例中三个伪拟合系数都不是很大，模型的拟合效果一般。

表 6.42　例 6.6 的伪拟合系数表

Pseudo R-Square

Cox and Snell	.348
Nagelkerke	.392
McFadden	.197

和二元逻辑斯蒂回归模型相比，多元逻辑斯蒂回归模型输出的分类表(Classification，见表 6.43)相对简单一点，它也是使用多元逻辑斯蒂回归模型对数据进行分类的实际结果，对每个个案来说，预测响应分类(predicted response category)是根据最大的模型预测概率来进行选择的，表中对角线上的单元频数都是预测准确的，而非对角线上的频数都是预测错误的。分类表显示，选择早餐棒的 231 位顾客中有 118 名预测准确，选择燕麦片的 310 位顾客中有 251 位预测准确，选择谷物的 339 位顾客中有 127 名预测准确，总的预测准确率达到了 56.4%(496/880)。

图 6.43　例 6.6 的分类表

Classification

Observed	Predicted			
	早餐棒	燕麦类	谷物类	Percent Correct
早餐棒	118	34	79	51.1%
燕麦类	14	251	45	81.0%
谷物类	96	116	127	37.5%
Overall Percentage	25.9%	45.6%	28.5%	56.4%

使用多元逻辑斯蒂回归模型进行参数估计时，通常要选择一个和总预测准确率相近的类型，或者说众数类型作为参考类型(reference category)，这个参照类型一般是在截距模型(空模型)中选取的，这点在例 6.5 中已经提及。Case Processing Summary(个案处理综述表，见表 6.44)显示三种早餐中选择谷物类(Cereal)的顾客最多，达到了 38.5%，因此谷物类早餐就是所谓的众数类别(Modal Category)，它和总的预测准确率接近程度也是最大的，如果使用空模型对原始数据进行分类，总的分类准确率应该就是 38.5%。

表 6.44 例 6.6 的个案处理综述表

Case Processing Summary

		N	Marginal Percentage
早餐类型	早餐棒	231	26.3%
	燕麦类	310	35.2%
	谷物类	339	38.5%
年龄类型	31岁以下	181	20.6%
	31-45岁	206	23.4%
	46-60岁	231	26.3%
	60岁以上	262	29.8%
性别	男性	424	48.2%
	女性	456	51.8%
生活状态	不积极	474	53.9%
	积极	406	46.1%
Valid		880	100.0%
Missing		0	
Total		880	
Subpopulation		16	

表 6.45 所示 Parameter Estimates (参数估计表)对自变量的效果进行了综述分析。在前面设定因变量的参考类型时使用默认的选项，也就是以最后一种早餐，即谷类早餐为对比基础，因此，表中显示的是早餐棒和燕麦类早餐的参数估计值，这些参数估计值是根据顾客的“年龄类型”和“生活态度”估计出来的。

根据参数估计表中写出早餐棒对应的多元逻辑斯蒂回归模型：

$$\ln\frac{p}{1-p}=-0.744+0.938\,\text{年龄类型}_1+1.047\,\text{年龄类型}_2+0.263\,\text{年龄类型}_3-0.786\,\text{生活状态}$$

(*wald*)	(8.989)	(11.333)	(0.629)	(18.945)
(*wald*)	(63.770)	(80.174)	(28.727)	(0.902)
(*Sig.*)	(0.003)	(0.001)	(0.428)	(0.000)

表 6.45　例 6.6 的参数估计表

Parameter Estimates

早餐类型[a]		B	Std. Error	Wald	df	Sig.	Exp(B)	95% Confidence Interval for Exp(B)	
								Lower Bound	Upper Bound
早餐棒	Intercept	-.744	.287	6.707	1	.010			
	[年龄类型=1]	.938	.313	8.989	1	.003	2.555	1.384	4.719
	[年龄类型=2]	1.047	.311	11.333	1	.001	2.848	1.549	5.239
	[年龄类型=3]	.263	.332	.629	1	.428	1.301	.679	2.494
	[年龄类型=4]	0	.	.	0	.	.	.	.
	[生活状态=0]	-.786	.181	18.945	1	.000	.456	.320	.649
	[生活状态=1]	0	.	.	0	.	.	.	.
燕麦类	Intercept	1.022	.195	27.478	1	.000			
	[年龄类型=1]	-4.256	.533	63.770	1	.000	.014	.005	.040
	[年龄类型=2]	-2.461	.275	80.174	1	.000	.085	.050	.146
	[年龄类型=3]	-1.115	.208	28.727	1	.000	.328	.218	.493
	[年龄类型=4]	0	.	.	0	.	.	.	.
	[生活状态=0]	.178	.187	.902	1	.342	1.195	.828	1.724
	[生活状态=1]	0	.	.	0	.	.	.	.

a. The reference category is: 谷物类.
b. This parameter is set to zero because it is redundant.

表 6.45 中显示在 31 岁以下(年龄类型=1)和 31 岁～45 岁(年龄类型=2)这两个年龄阶段并且选择早餐棒的顾客，他们的参数估计值为正，对应的显著性水平 $Sig. < 0.05$，都通过了参数的显著性检验，和选择谷类早餐的顾客相比，他们选择早餐棒的概率要大得多。生活态度不积极(生活状态=0)并且选择早餐棒的顾客，他们的参数估计值为负，对应的显著性水平 $Sig. < 0.05$，也都通过了参数的显著性检验，和选择谷类早餐的顾客相比，他们选择早餐棒的概率较小。

燕麦类早餐对应的多元逻辑斯蒂回归表达式为：

$$\ln\frac{p}{1-p}=1.022-4.256\,\text{年龄类型}_1-2.461\,\text{年龄类型}_2-1.115\,\text{年龄类型}_3+0.178\,\text{生活方式}$$

$(wald)$　　　(63.770)　　　(80.174)　　　(28.727)　　　(0.902)

$(Sig.)$　　　(0.000)　　　(0.000)　　　(0.000)　　　(0.342)

选择燕麦(Oatmeal)的所有年龄段顾客的参数估计值都是负值，对应的显著性水平 $Sig. < 0.05$，都通过了参数的显著性检验，和选择谷类早餐的顾客相比，他们选择燕麦类早餐的概率要小得多。生活态度不积极且选择燕麦的顾客，他们的参数估计值为正，对应的显著性水平 $Sig. = 0.342 > 0.05$，没有通过参数的显著性检验，因此生活态度不积极的顾客在选择燕麦类早餐方面和谷类早餐时可能没有什么明显的差别。

【例6.7】　配对个案—控制研究。

配对个案—控制研究(A matched case-control study)是数据收集中的一种回顾性方法,当我们感兴趣事件发生的可能性很小,或者通过预先设计试验来收集数据的方法不太现实,有时还涉及到伦理问题的时候,通常使用这种方法。

比如说,保险公司在研究某种为期10年的人寿保险合同时,他们要寻找客户可能申请赔偿的风险因素。随机选取一些合同,得到客户申请赔偿的机会是很小的,与其这样还不如收集大量的样本数据,从而获得客户申请索赔的充分资料,这样进行推断分析的结果才是有效的。为了解决这个问题,保险公司的分析员选择了配对个案—控制方法来进行研究。

打开"客户申请赔偿的风险因素分析.sav"。数据文件中使用的变量名、变量标签值及变量类型见表6.46。

表6.46　数据文件中使用的变量名、变量标签值及变量类型

变量名 Variable name	变量标签值 Label Values	变量类型
申请赔偿		名义变量
年龄		尺度变量
性别	0=男性　1=女性	尺度变量
个案组身高		尺度变量
控制组身高		尺度变量
个案组体重		尺度变量
控制组体重		尺度变量
个案组吸烟史	0=从未吸烟　1=吸烟	名义变量
控制组吸烟史	0=从未吸烟　1=吸烟	名义变量
个案组心血管史	0=无家族病史　1=有家族病史	名义变量
控制组心血管史	0=无家族病史　1=有家族病史	名义变量
个案组的职业风险	0=非危险职业　1=危险职业	名义变量
控制组的职业风险	0=非危险职业　1=危险职业	名义变量
身高差分变量		尺度变量
体重差分变量		尺度变量

(续)表 6.46

变量名 Variable name	变量标签值 Label Values	变量类型
吸烟史差分变量		尺度变量
心血管史差分变量		尺度变量
职业危险差分变量		尺度变量

数据文件中，把所有申请赔偿的客户划分到个案组，而没有申请赔偿的客户划分到控制组。它们都是按照“年龄”和“性别”这两个变量来进行配对的，因变量“申请赔偿”是个案组和控制组是否申请赔偿的差值，这个差值始终都是一个常数1。在进行风险分析时，选取了客户的身高、体重、吸烟史、心血管病史和职业危险等影响因素，具体分析时使用这 5 个变量的差分变量。吸烟史、心血管病史和职业危险是以 0 和 1 进行编码的，因此它们的差分变量取值都在－1、0 和 1 之间变动。对数据文件有所了解以后，就可以使用多元逻辑斯蒂回归模型进行分析。

单击 Analyze→Regression→Multinomial Logistic…，打开多元逻辑斯蒂回归模型对话框(见图 6.63)。

选择“申请赔偿”为因变量，移入 Dependent Variable 方框中，选择“身高差分变量”、“体重差分变量”等 5 个差分变量为协变量，移入 Covariates 方框中(见图 6.64)。

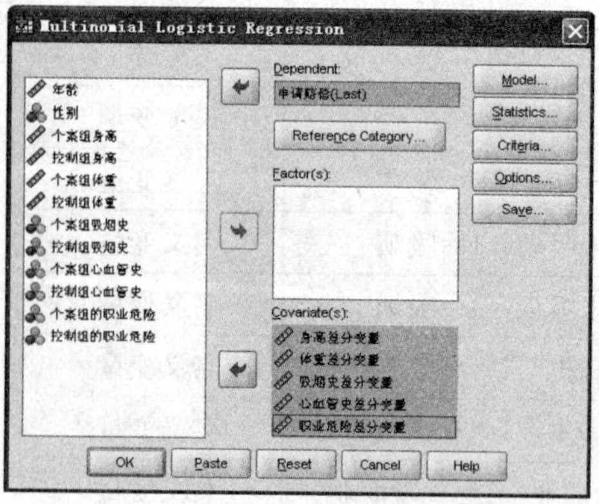

图 6.63　在多元逻辑斯蒂回归对话框中设置因变量和谐变量

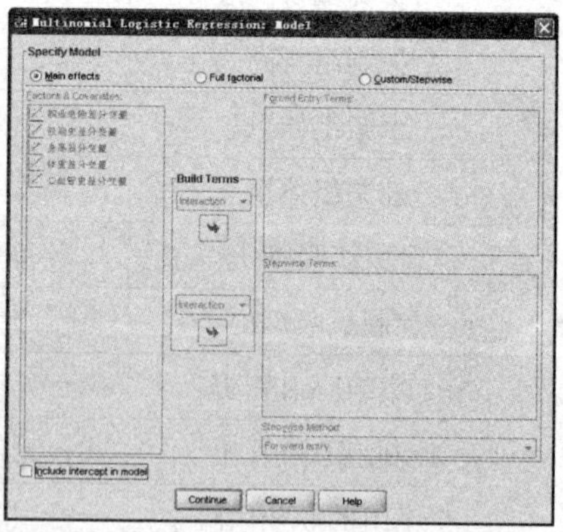

图 6.64　在模型对话框中选择取消 Include intercept in model 选项

单击 Model 按钮，取消左下角的 Include intercept in model 选项。单击 OK 按钮，输出分析结果。

由于因变量“申请赔偿”只有一个值，频数表中的观测频数和预期频数没有办法计算出来，因此配对个案—控制研究无法使用多元逻辑斯蒂回归模型中常用的拟合系数统计量，出于同样的原因，交叉表（crosstabulation table）在配对个案—控制研究中也是无效的。

但是 Model Fitting Infromation（模型拟合信息表，见表 6.47）依然是有效的，和截距模型（空模型）相比，似然比统计量（$-2LL$）由原先的 97.041 下降到 64.108，χ^2 统计量对应的显著性水平小于 0.05，模型的拟合效果显著，因此最终模型优于截距模型（空模型）。

表 6.47　例 6.7 的模型拟合信息表

Model Fitting Information

Model	Model Fitting Criteria	Likelihood Ratio Tests		
	–2 Log Likelihood	Chi-Square	df	Sig.
Null	97.041			
Final	64.108	32.933	5	.000

配对个案—控制研究中，似然比和伪拟合系数也仍然有用，而逐步回归法是以似然统计量为基础的，因此它在个案—控制研究中也可以使用。Likelihood Ratio Tests（似然比检验统计量表，见表 6.48）显示，“身高差分变量”的卡方检验

表 6.48　例 6.7 的似然比检验统计量表

Likelihood Ratio Tests

Effect	Model Fitting Criteria	Likelihood Ratio Tests		
	-2 Log Likelihood of ReducedModel	Chi-Square	df	Sig.
身高差分变量	64.200	.092	1	.761
体重差分变量	68.966	4.858	1	.028
吸烟史差分变量	69.887	5.779	1	.016
心血管史差分变量	68.156	4.049	1	.044
职业危险差分变量	72.400	8.293	1	.004

The chi-square statistic is the difference in -2 log-likelihoods between the final model and a reduced model. The reduced model is formed by omitting an effect from the final model. The null hypothesis is that all parameters of that effect are 0.

统计量 $\chi^2=0.092$，对应的显著性水平 $Sig.=0.761>0.05$，在 5% 的显著性水平下统计不显著，因而不是一个风险因素，而其他 4 个差分变量检验统计量的显著性水平都小于 0.05，在 5% 的显著性水平下统计显著，都可以认为是影响是否申请赔偿的风险因素。

根据 Parameter Estimates（参数估计表，见表 6.49），我们可以知道上述四个风险因素对申请赔偿的影响。"体重差分变量"对应的 $\exp(\beta)$ 系数为 1.090（$e^{b_2}=1.090$），在其他几个因素保持不变的情况下，如果客户多增加 1kg 体重，那么申请赔偿的比率比是原来的 1.090 倍。"吸烟史差分变量"对应的 $\exp(\beta)$ 系数为 3.550（$e^{b_3}=3.550$），在其他因素保持不变的情况下，吸烟客户申请赔偿的比率比是不吸烟客户的 3.550 倍。"心血管史差分变量"对应的 $\exp(\beta)$ 系数为 2.528（$e^{b_4}=2.528$），在其他因素保持不变情况下，有心血管病史的客户申请赔偿的比率比是没有心血管病史客户的 2.528 倍。"职业危险差分变量"对应的 $\exp(\beta)$ 系数为 4.193（$e^{b_5}=4.193$），在其他因素保持不变的情况下，从事危险职业客户申请赔偿的比率比普通职业要高出 4.193 倍，因此，在所有的风险因素中，职业危险的作用是最为明显的。

表 6.49　例 6.7 的参数估计表

Parameter Estimates

申请赔偿		B	Std. Error	Wald	d	Sig.	Exp(B)	95% Confidence Interval for Exp(B) Lower Bound	Upper Bound
1	身高差分变量	.016	.053	.092	1	.762	1.016	.916	1.127
	体重差分变量	.086	.043	4.076	1	.044	1.090	1.003	1.185
	吸烟史差分变量	1.267	.566	5.009	1	.025	3.550	1.170	10.770
	心血管史差分变量	.927	.487	3.631	1	.057	2.528	.974	6.563
	职业危险差分变量	1.433	.550	6.803	1	.009	4.193	1.428	12.310

第 7 章　聚类分析和判别分析

利用 SPSS 的 Classify 过程中可以进行 Two-Stage Cluster（两步聚类分析）、K-Means Cluster（快速聚类分析）、Hierarchical Cluster（系统聚类分析）和 Discriminant（判别分析）。两步聚类是一种探索性的聚类方法，可以对样本容量很大的数据进行分析而且可以自动选择聚类的个数。和两步聚类一样，快速聚类也适合分析样本容量较大的数据，但是它只能对个案进行聚类。系统聚类是最常用的一种聚类方法，它既可以对个案也可以对变量进行聚类。判别分析是在已知研究对象的类型并且已经获取各类型的一批已知个案的观察数据基础之上，根据某些准则建立判别函数，然后对未知类型的个案进行判别分类的过程。

7.1　两步聚类分析

两步聚类分析法是一种探索性的方法，它可以揭示一组数据中不明显的，但自然存在的类别，这种方法使用的算法和传统的聚类方法有所不同，它可以对分类变量和连续变量进行聚类，可以自动选择聚类的个数并且能够有效分析大量数据。

为了处理分类变量和连续变量，两步聚类分析法使用最大似然距离测度法，这种方法假定聚类模型中的变量相互独立，并且连续变量都服从正态分布，分类变量服从多项分布。经验的内在检验表明，这种方法是稳健统计方法，即使独立性和分布的假定得不到满足，最后的聚类分析也不会有多大的影响，但是在分析的时候还是要知道这些假定得到满足的程度。

两步聚类分析法的两个分析阶段可以小结如下：

第一步是预聚类：首先建立一个聚类特征树，第一个个案在树的叶茎上，包含了这个个案中所有的变量信息，后面的变量要么增加到已存在的叶茎上，要么形成一个新的叶茎，当然这是根据它们之间的相似性来实现的，同时用两个叶茎之间的距离作为相似性标准的测度。一个包含多个个案的叶茎，当然会包含这些个案中变量的综合信息。因此，聚类特征树是数据文件的摘要（综述）分析。

第二步是正式聚类：接下来使用凝聚的聚类算法，对聚类特征树的叶茎进行分类，凝聚的聚类法能产生很多的聚类结果，对每一种聚类结果，使用施瓦茨准则统计量和赤池准则统计量来进行比较分析，选择最好聚类个数。

【例 7.1】 汽车类型分组。

汽车制造商需要对目前的市场进行评估，分析他们的汽车面临的竞争局面。利用已知的数据对汽车进行分类，可以使用聚类分析来自动完成这个任务。

打开“汽车类型. sav”，使用两步聚类法，根据汽车的物理特性对汽车进行分类。数据文件中使用的变量名、变量标签值及变量测度类型见表 7.1。

表 7.1 数据文件中使用的为量名、变量标签值及变量类型

变量名 Variable name	变量标签值 Label Value	变量测度类型 Measure
每升汽油行使千米数		尺度变量
引擎排量		尺度变量
马力		尺度变量
重量		尺度变量
加速时间		尺度变量
原产国	1＝美国 2＝欧洲 3＝日本	名义变量
汽缸数量	3＝3 缸 4＝4 缸 5＝5 缸 6＝6 缸 8＝8 缸	名义变量

数据来源：SPSS16. 0. Samples 中的 Cars. sav

单击 Analyze→Classify→TwoStep Cluster…，打开两步聚类法对话框（见图 7.1）。从左边的变量列表框中，选择“原产国”和“汽缸数量”为分类变量，移入右边的 Categorical Variables 方框中，选择“每升汽油行使千米数”、“引擎排量”、“马力”、“重量”和“加速时间”为连续变量，移入 Continuous Variables 方框中。

单击两步聚类分析对话框中下方的 Plots 按钮，弹出 Plots(图形设置)对话框（见图 7.2），在 Variable Importance Plot 中勾选 Rank of variable importance，再单击 Rank Variables 中的 By variable；勾选 Confidence level 复选框后单击 Continue 按钮，回到两步聚类对话框。

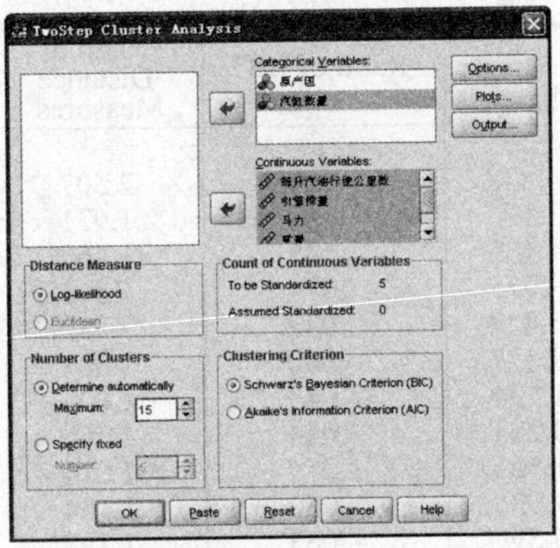

图 7.1　在两步聚类分析对话框中选择分类变量和连续分析变量

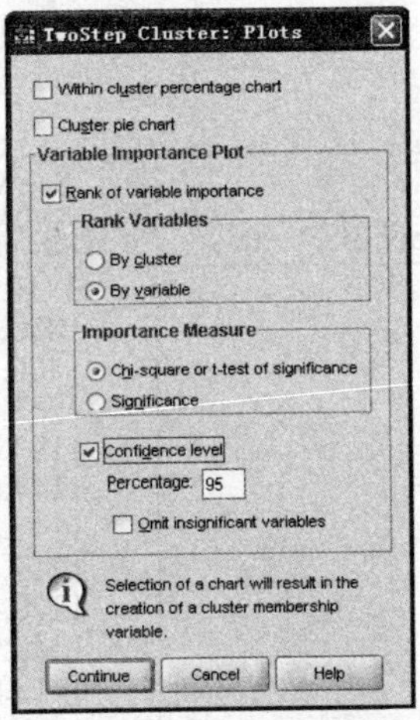

图 7.2　在图形对话框中选择输出变量重要性图

在两步聚类对话框中，单击 Output 按钮，打开输出结果对话框（见图 7.3），勾选 Statistics 中的 Information criterion（AIC or BIC），在输出结果中显示自动聚类表。单击 Continue 按钮回到两步聚类对话框，单击 OK 按钮后输出两步聚类分析结果。

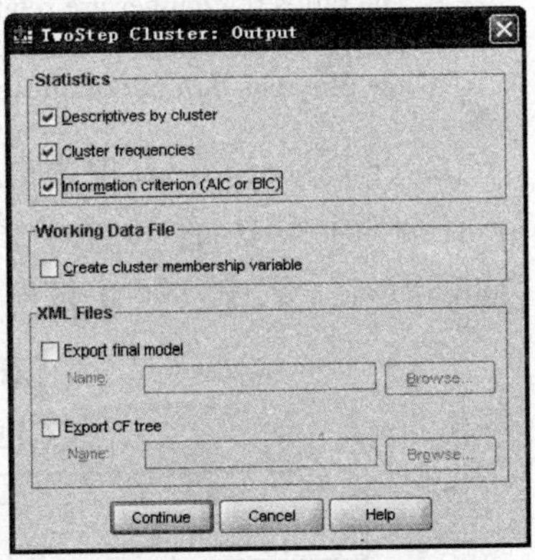

图 7.3　在输出结果对话框中增加输出信息准则统计量

Auto-Clusteing（自动聚类表，见表 7.2）概述了选择聚类个数的过程。对每一个潜在的聚类数计算聚类准则（本例中为 BIC 准则，又称施瓦茨贝耶斯信息准则）。BIC 的值越小表明聚类模型越好，但是其聚类过程存在一些问题，有时 BIC 的值随着聚类个数的增加逐渐减少，在这种情形下，使用 Ratio of BIC Change（BIC 的变化率）和 Ratio of Distance Measures（距离测度变化率）来确定最好的聚类结果，一个较好的聚类结果应同时具有比较大的 BIC 变化率和距离测度变化率。

从表 7.2 可看出，将所有的个案聚为两类时，BIC 的值不是最小（1830.038），但是此时的 BIC 变化率（1.000）和距离测度比率（2.507）却是最大的，因此 SPSS

自动输出的聚类数为 2 个。

表 7.2 自动聚类表

Auto-Clustering

Number of Clusters	Schwarz's Bayesian Criterion (BIC)	BIC Change[a]	Ratio of BIC Changes[b]	Ratio of Distance Measures[c]
1	3034.876			
2	1830.038	−1204.838	1.000	2.507
3	1406.862	−423.176	.351	1.921
4	1232.427	−174.435	.145	1.463
5	1143.452	−88.975	.074	1.513
6	1117.025	−26.427	.022	2.582
7	1165.302	48.277	−.040	1.081
8	1217.126	51.824	−.043	1.035
9	1270.409	53.283	−.044	1.765
10	1341.994	71.585	−.059	1.014
11	1413.919	71.925	−.060	1.184
12	1489.516	75.597	−.063	1.198
13	1568.403	78.887	−.065	1.006
14	1647.382	78.979	−.066	1.078
15	1727.559	80.177	−.067	1.056

a. The changes are from the previous number of clusters in the table.

b. The ratios of changes are relative to the change for the two cluster solution.

c. The ratios of distance measures are based on the current number of clusters against the previous number of clusters.

Cluster Distribution(聚类分布表,见表 7.3)显示每个聚类的频数。表 7.3 显示,在全部个案中,有 15 个个案因为缺少一个或多个变量值而被剔除,在用来聚类的 391 个个案中,206 个被聚为第一类,185 个被聚为第二类。

表 7.3 聚类分布表

Cluster Distribution

		N	% of Combined	% of Total
Cluster	1	206	52.7%	50.7%
	2	185	47.3%	45.6%
	Combined	391	100.0%	96.3%
Excluded Cases		15		3.7%
Total		406		100.0%

表 7.4 所示 Centriods (聚类中心表)显示连续变量在每一类中的均值和标准差,输出结果中的表格非常宽,分析起来很不方便,可以对这个表进行转置。在结果输出窗口中,双击该表,将它激活,弹出 Pivoting Trays(托盘转置)对话框(见

图 7.4,如果没有显示该对话框,单击菜单 Viewer→Pivot→Pivoting Trays),将 Cluster ID 的图标从行托盘(Row tray)中拖动到列托盘上(Columns tray),将 Continuous Variables 和 Statistics 的图标从列托盘(Columns tray)中拖动到行托盘(Row tray)上。单击 Pivoting Trays(托盘转置)对话框右上角的☒,关闭该对话框。

表 7.4 聚类中心表

Centroids

		每千米耗油量		引擎排量		马力①		重量		加速时间	
		Mean	Std. Deviation	Mean	Std. Deviation	Mean	Std. Deviation	Mean	Std. Deviation	Mean	Std. Deviation
Cluster	1	29.09	5.772	109.46	22.310	78.75	14.721	2318.55	353.729	16.55	2.413
	2	17.24	4.110	288.41	75.412	132.63	36.416	3701.95	602.671	14.41	2.685
	Combined	23.48	7.781	194.13	104.631	104.24	38.278	2973.10	845.826	15.53	2.758

①马力为非法定计量单位,1马力=735.49875W,由于SPSS中仍使用它,故本书未做换算处理。

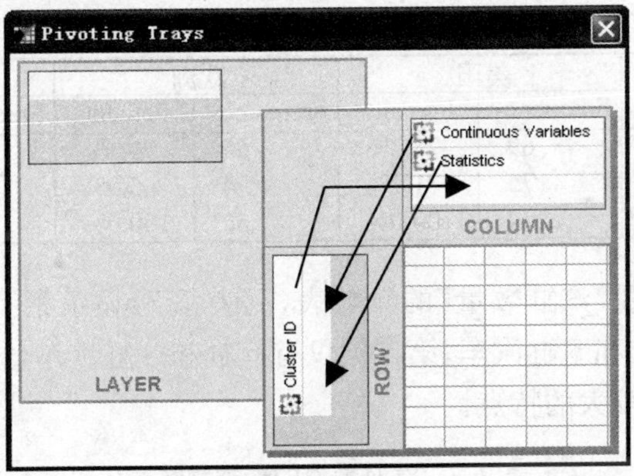

图 7.4 在 Pivoting Trays 对话框中进行列转置

分析转置后的聚类中心表(见表 7.5),可以发现连续变量将这两个类别很好地分离出来。和第二类汽车相比,变量"每升汽油行使千米数"和"加速时间"在第一类中的均值大,而第一类汽车的"引擎排量"、"马力"和"重量"的均值较小,表明第一类汽车的车型较小,但是省油,且具有加速度快的特点;第二类汽车的车型较大,因此比较耗油,加速时间没有第一类汽车快速。

频数表显示分类变量在两类汽车中的频数,表 7.6 显示第一个分类变量"原产国"的频数表,第一类汽车中,原产自美国、欧洲和日本的汽车数量相差不大,而第二类汽车中,原产自美国的汽车为 175 辆,而产自欧洲和日本的第二类汽车非常少,这也符合美国产的汽车体积比较大,耗油量较高的典型特征。

表 7.5　转置后的聚类中心表

Centroids

		Cluster		
		1	2	Combined
每升汽油行使千米数	Mean	29.09	17.24	23.48
	Std. Deviation	5.772	4.110	7.781
引擎排量	Mean	109.46	288.41	194.13
	Std. Deviation	22.310	75.412	104.631
马力	Mean	78.75	132.63	104.24
	Std. Deviation	14.721	36.416	38.278
重量	Mean	2318.55	3701.95	2973.10
	Std. Deviation	353.729	602.671	845.826
加速时间	Mean	16.55	14.41	15.53
	Std. Deviation	2.413	2.685	2.758

表 7.6　汽车类型的聚类频数表

原产国

	美国		欧洲		日本	
	Frequency	Percent	Frequency	Percent	Frequency	Percent
Cluster 1	69	28.3%	64	94.1%	73	92.4%
2	175	71.7%	4	5.9%	6	7.6%
Combined	244	100.0%	68	100.0%	79	100.0%

第二个分类变量“汽缸数量”的频数表(见表 7.7)显示第一类汽车以 4 缸为主,只有少量的 3 缸和 5 缸汽车;第二类仅有 6 缸和 8 缸汽车,这也符合第二类汽车引擎排量和马力较大的特点。

表 7.7　气缸数量的聚类频数表

汽缸数量

		Cluster		
		1	2	Combined
3缸	Frequency	4	0	4
	Percent	100.0%	.0%	100.0%
4缸	Frequency	199	0	199
	Percent	100.0%	.0%	100.0%
5缸	Frequency	3	0	3
	Percent	100.0%	.0%	100.0%
6缸	Frequency	0	83	83
	Percent	.0%	100.0%	100.0%
8缸	Frequency	0	102	102
	Percent	.0%	100.0%	100.0%

接下来我们可以分析变量重要性图。图 7.5 显示第一类汽车的分类变量的重要性图,图中的横轴代表 χ^2 检验统计量,纵轴代表分类变量,分类变量按照其重要程度降序排列,图中的两条虚线代表判断每个变量显著性水平的临界值。如果某个变量显著,那么其条形图的长度(χ^2 统计量值)应该超过这虚线。图 7.5 显示"汽缸数量"和"原产国"对应的条形图长度都超过了显著性水平的临界值,表明这两个分类变量在分类过程中的作用是显著的。

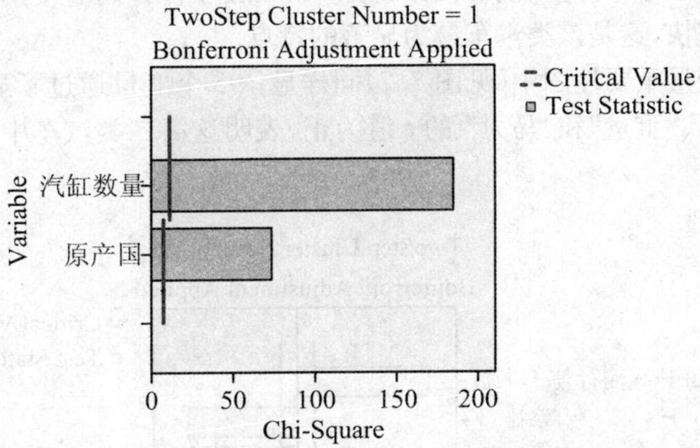

图 7.5　第一类汽车中两个分类变量的重要性图

在连续变量的重要性图中(见图 7.6),横轴代表 t 检验统计量,纵轴代表连续变量,连续变量同样按照其重要程度降序排列,图 7.6 中的两条虚线代表判断每

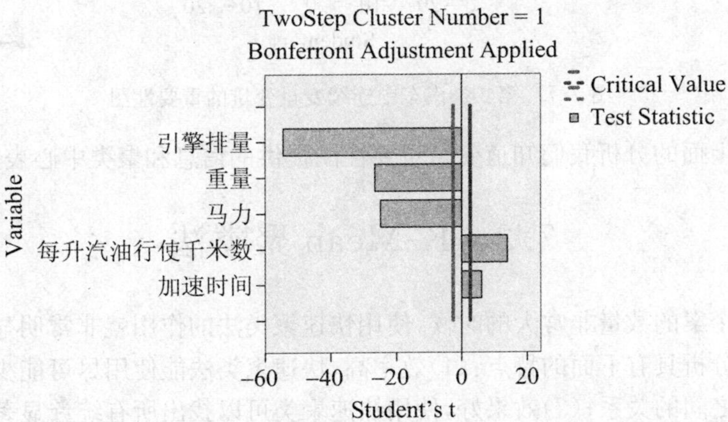

图 7.6　第一类汽车中连续变量的重要性图

个变量显著性水平的临界值。如果某个变量在分类中的作用显著，那么其条形图的长度（t 统计量值）应该超过这虚线。如果某个变量的 t 值为负，表明该变量在聚类中的作用小于平均水平；t 值为正，表明该变量在聚类中的作用大于平均水平。从第一类变量重要性图中（图 7.6）可以看到，5 个变量对应的条形图长度都超过了显著性水平，这些变量对第一类别的形成都产生了明显的作用。其中变量“每升汽油行使千米数”和“加速时间”的 t 值为正，而其他变量的 t 值都是负值，说明第一类汽车中的“每升汽油行使千米数”和“加速时间”高于平均水平，因此，节省汽油和加速快，这是该类汽车最为显著的特点。

第二类变量重要性图中（见图 7.7）同样显示 5 个变量通过了显著性检验，变量“引擎排量”、“重量”和“马力” 的 t 值为正，表明这第二类汽车中三个变量高于平均水平。

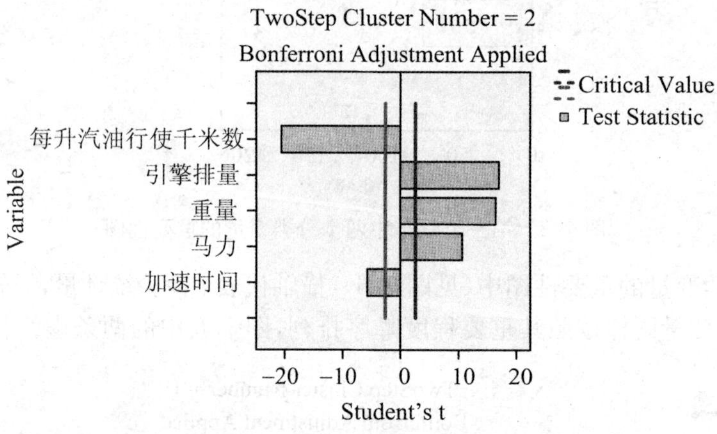

图 7.7　第二类汽车中连续变量变量的重要性图

通过上面的分析我们知道变量重要性图提供的信息和聚类中心表是一致的。

7.2　K-Mean 聚类法

如果个案的数量非常大的时候，使用快速聚类法的作用就非常明显了。一个好的聚类分析具有下面的特点：(1)效率高，快速聚类法能使用尽可能少的聚类数说明个案之间的关系；(2)效果好，使用快速聚类可以找出所有统计显著并且具有经济(商业)价值的类别。

K-Means 聚类法首先建立一个初始聚类中心，我们可以自己设定这个聚类中心，或者使用聚类分析法为聚类中心寻找多维空间的观测值。得到初始聚类中心后，根据个案和聚类中心的距离进行聚类，获得初始聚类方案，接下来再根据每个初始聚类的均值重新聚类，反复循环，直到聚类中心的位置改变很小，达到收敛标准为止。

【例 7.2】 体操比赛评分。

在一次体操比赛中，有 7 位专业裁判和 1 位体操爱好者对 300 名运动员的成绩进行打分，打开“体操比赛评分.sav”，使用 K-Means 聚类法对这些运动成绩进行分类。数据文件中使用的变量名、变量标签及变量类型见表 7.8。

表 7.8　数据中的变量名、变量标签与变量类型

变量名 Variable name	变量标签 Label	变量类型
裁判 1 打分	意大利裁判	尺度变量
裁判 2 打分	韩国裁判	尺度变量
裁判 3 打分	罗马尼亚裁判	尺度变量
裁判 4 打分	法国裁判	尺度变量
裁判 5 打分	中国裁判	尺度变量
裁判 6 打分	美国裁判	尺度变量
裁判 7 打分	俄罗斯裁判	尺度变量
裁判 8 打分	体操爱好者	尺度变量

单击 Analyze → Classify → K-Means Cluster…，打开 K-Means 聚类分析对话框（见图 7.8）。将左侧变量列表框中的所有变量都作为分析变量，移入 Variables 方框中。在 Number of Clusters 后的文本框中保持默认的 2，初步将运动员分为 2 类。

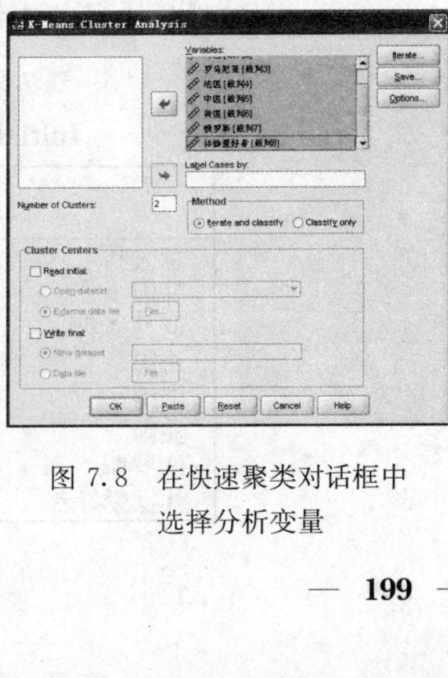

图 7.8　在快速聚类对话框中选择分析变量

单击 Iterate 按钮，打开迭代设置对话框。在默认状态下，快速聚类的最大迭代数为 10，但是迭代 10 次未必能够收敛，因此可以增大最大迭代数，本例中在 Maximum Iterations 后输入 20，设置最大迭代数为 20 次（见图 7.9），单击 Continue 按钮，回到 K-

Means 聚类分析对话框。

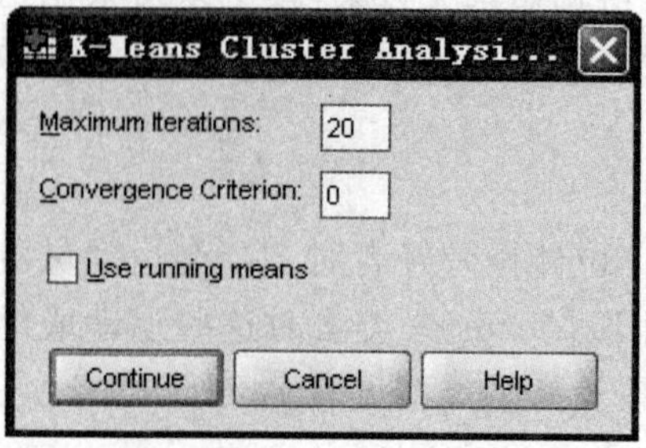

图 7.9　在迭代对话框中选择最大迭代步数

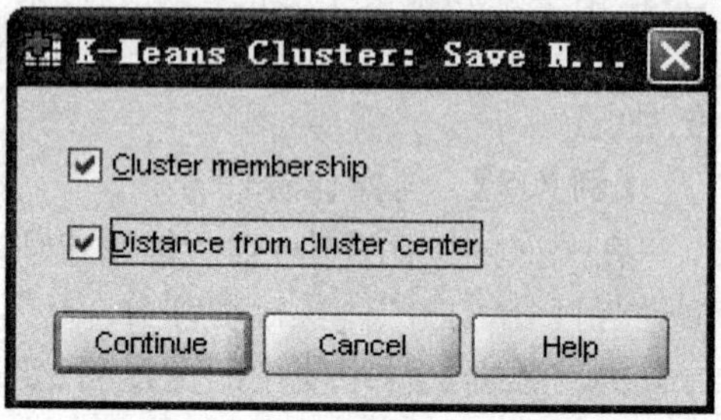

图 7.10　在 Save 对话框中选择保存变量

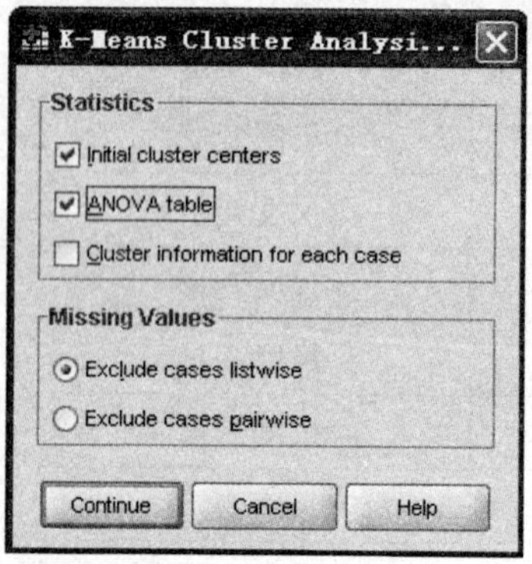

图 7.11　在选项对话框中选择输出统计量

单击 Save 按钮，进入保存变量对话框（见图 7.10）。勾选 Cluster membership，将每个个案所属的类别以及每个个案与聚类中心的距离作为两个新变量，保存在原来的数据文件中。

单击 Options 按钮，在 Statistics 中选择 Initial cluster centers 和 ANOVA table（见图 7.11），单击 Continue 按钮，回到 K-Means 聚类对话框，再单击 OK 按钮，输出聚类结果。

Initial Cluster Centers（初始聚类中心表，见表 7.9）显示初始聚类方案中每一类别个案的均值。第一类个案的均值在 7.00 左右，第二类个案的均值在 9.5～10.0 之间变动。

表 7.9　初始聚类中心表

Initial Cluster Centers

	Cluster	
	1	2
意大利	7.00	9.90
韩国	7.10	10.00
罗马尼亚	7.00	9.70
法国	7.20	9.80
中国	7.00	9.50
美国	7.00	10.00
俄罗斯	7.00	10.00
体操爱好者	7.00	10.00

Iteration History(迭代历史表,见表7.10)显示每一步迭代过程的进展情况。在迭代过程的第1步,聚类中心值变化很大。第2步开始,聚类中心值的变化就很小了,迭代到第4步,聚类中心已经收敛。

表7.10 迭代历史表

Iteration History[a]

Iteration	Change in Cluster Centers	
	1	2
1	2.336	2.125
2	.032	.031
3	.014	.014
4	.000	.000

a. Convergence achieved due to no or small change in cluster centers. The maximum absolute coordinate change for any center is .000. The current iteration is 4. The minimum distance between initial centers is 8.007.

Final Cluster Center(最终聚类中心,见表7.11)显示最终聚类方案中,第一类个案均值有所增加,在7.34～8.43之间;第二类个案的均值有所减小,在8.59～9.68之间。初始的聚类中心和最终聚类中心都显示两类个案的聚类中心存在较为明显的区别,第二类个案的均值比第一类要大1个单位左右。

表7.11 最终聚类中心表

Final Cluster Centers

	Cluster	
	1	2
意大利	7.78	9.20
韩国	8.24	9.58
罗马尼亚	7.41	8.74
法国	8.43	9.49
中国	7.49	8.57
美国	8.06	9.68
俄罗斯	7.34	9.00
体操爱好者	7.76	9.17

ANOVA(方差分析表,见表7.12)显示变量对聚类的结果贡献是否显著。F值较大的变量,在聚类时的分离作用也最明显。表7.12显示,所有变量的F都比较大,对应的显著性水平都比较小,通过了参数的显著性检验,说明这些变量,也就是8名裁判的评分在聚类分析中都起到了明显的作用。从方差分析表中同样可以发现,“体操爱好者”评分对应的F统计量是最小的,表明和专业裁判相比,他

（她）的评分作用仍旧是最小的。

表 7.12　快速聚类分析输出的方差分析表

ANOVA

	Cluster		Error		F	Sig.
	Mean Square	df	Mean Square	df		
意大利	150.996	1	.248	298	608.232	.000
韩国	132.860	1	.229	298	580.960	.000
罗马尼亚	133.969	1	.221	298	607.044	.000
法国	84.517	1	.177	298	478.559	.000
中国	87.331	1	.162	298	538.421	.000
美国	196.856	1	.263	298	749.157	.000
俄罗斯	205.173	1	.273	298	751.475	.000
体操爱好者	149.023	1	.580	298	256.861	.000

The F tests should be used only for descriptive purposes because the clusters have been chosen to maximize the differences among cases in different clusters. The observed significance levels are not corrected for this and thus cannot be interpreted as tests of the hypothesis that the cluster means are equal.

Number of Cases in each Cluster（每个聚类过程中的个案数表，见表 7.13）显示每一类客户中的个案数量，从表 7.13 中可以看出，两类运动的人数相差不大，各占 50%左右。

表 7.13　快速聚类分析中每个聚类过程中的个案数表

Number of Cases in each Cluster

Cluster	1	148.000
	2	152.000
Valid		300.000
Missing		.000

在前面的保存对话框中，每个个案与聚类中心距离和所属的类别都作为新变量保存在数据文件中。可以用这两个新保存的变量绘制箱形图来判断分类的个案中是否存在异常值，单击 Graphs→Legacy Dialogs→Boxplot…，打开箱形图对话框（见图 7.12）。

单击 Define 按钮，在箱形图设置对话框中（见图 7.13），选择 QCL_2（Distance of Case from its Classification Cluster Center）为分析变量，移入右边的 Variable 方框中，选择 QCL_1（Cluster Number of Case）为分类轴变量，移入 Category Axis 方框中，单击 OK 按钮，输出个案和聚类中心距离箱形图（见图 7.14）。

个案和聚类中心距离的箱形图其实是一个诊断图，从中可以找出各类个案中是否存在离群值。图 7.14 显示这两类个案与聚类中心距离的波动性不是很大，基本服从对称分布，不存在离群值。

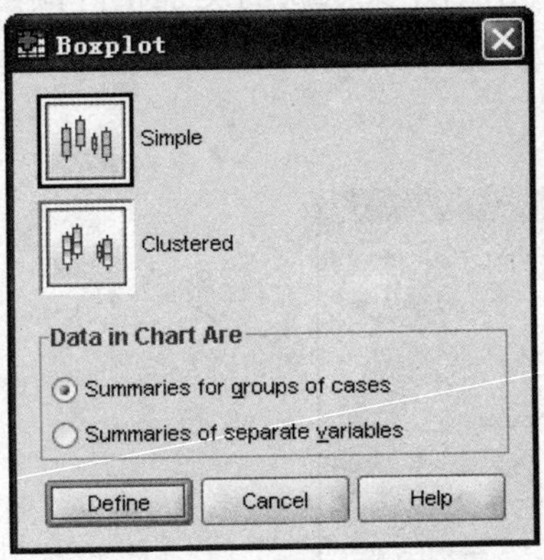

图 7.12　在箱形图对话框中选择简单箱形图

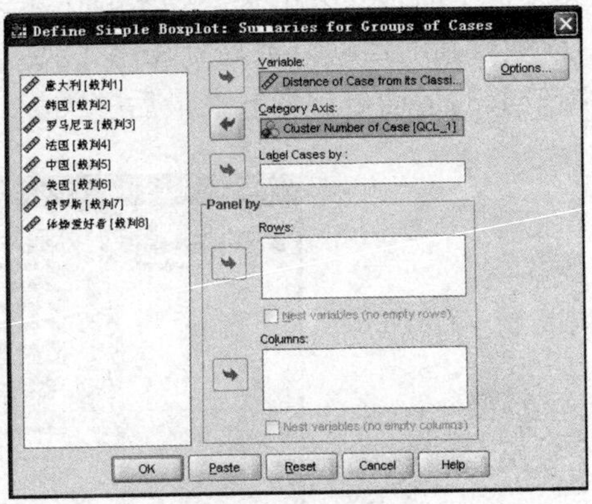

图 7.13　在简单箱形图设置对话框中设置分析变量和分类轴变量

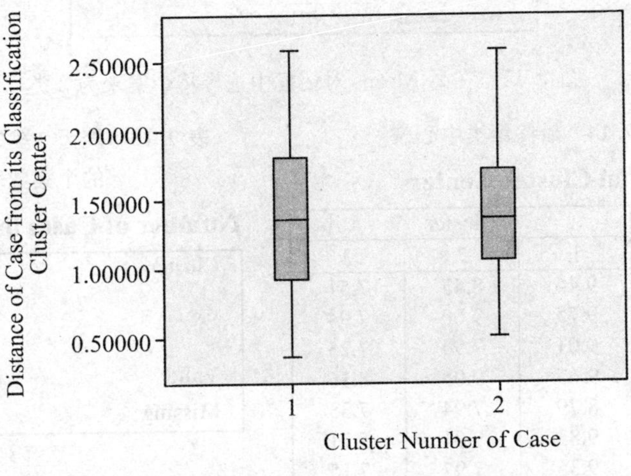

图 7.14　个案和聚类中心距离的箱形图

接下来可以比较分析聚为 3 类时的 K-Means 聚类，单击常用工具栏中的 Recall recently used dialogs 按钮，选择 K-Means Analysis，重新回到 K-Means 聚类分析对话框（见图 7.15），在 Number of Clusters 后输入 3，单击 OK 按钮后再次输出聚类结果。

表 7.14 所示的最终聚类中心表显示，将所有个案聚为 3 类时，第 1 类个案的

均值在 9.01～9.83 之间，似乎对应第一次聚类分析中的第 2 类个案；第 2 类个案的均值在 7.94～9.05 之间；第 3 类的均值在 7.15～8.16 之间，似乎对应第一次聚类分析中的第 3 类个案。和第一次聚类分析相比，个案所属的类别正好颠倒过来，成绩较高的运动员被划分在第 1 类，成绩处于中间位置的被划分到第 2 类，而成绩较低的运动员被划分在最后一类。

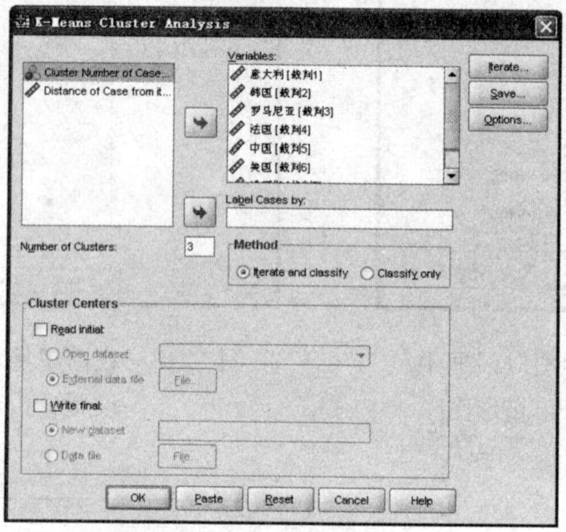

图 7.15　在 K-Means 对话框中选择将个案聚为 3 类

表 7.14　最终聚类中心表

Final Cluster Centers

	Cluster		
	1	2	3
意大利	9.44	8.47	7.51
韩国	9.75	9.00	7.94
罗马尼亚	9.01	7.94	7.25
法国	9.65	9.05	8.16
中国	8.79	7.94	7.33
美国	9.83	9.01	7.71
俄罗斯	9.35	7.97	7.15
体操爱好者	9.36	8.46	7.52

表 7.15　聚为 3 类时每一类别中的个案数表

Number of Cases in each Cluster

Cluster	1	102.000
	2	103.000
	3	95.000
Valid		300.000
Missing		.000

从表 7.15 可以看出，聚为 3 类时每一类中运动员的人数相差不大。

接下来再次绘制个案和聚类中心距离的箱形图判断分类个案中是否还会存在离群值。单击常用工具栏中的 Recall recently used dialogs 按钮，选择 Define Simple Boxplot: Summaries for Groups of Cases，重新回到简单箱形图对话框(见图 7.16)。单击 Reset 按钮，选择 QCL_4(Distance of Case from its Classification

Cluster Center)为分析变量，移入右边的 Variable 方框中，选择 QCL_1(Cluster Number of Case)为分类轴变量，移入 Category Axis 方框中，单击 OK 按钮，输出聚为 3 类时的个案和聚类中心距离箱形图(见图 7.17)。

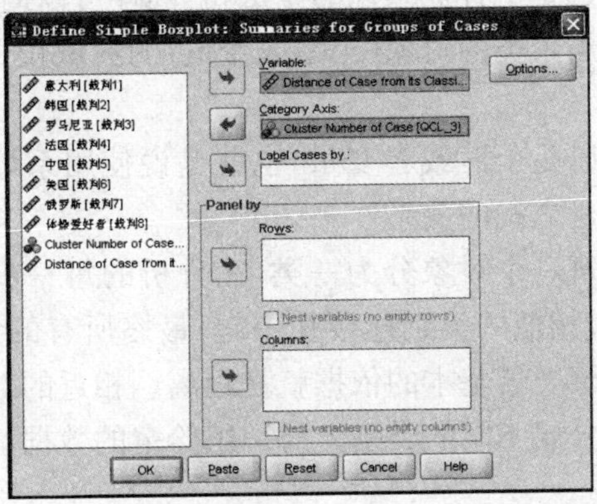

图 7.16 在简单箱型图对话框中设置分类变量和分析变量

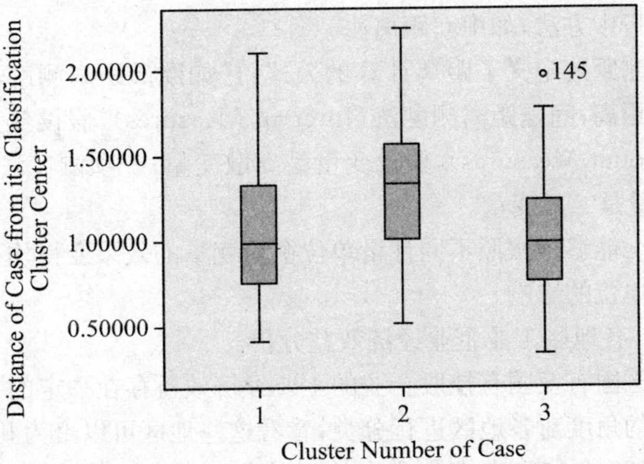

图 7.17 聚为 3 类时个案和聚类中心距离的箱形图

图 7.17 显示聚为 3 类时，前面两类个案与聚类中心距离的分布都不是对称的，第 1 类个案似乎属于右偏分布，第 2 类个案似乎属于左偏分布，第 3 类个案的波动性不大，但是其中有个离群值(第 145 号个案)。与图 7.14 对比，可以发现将运动员的成绩聚为 2 类时的效果可能更好一点。这个例子其实强调了聚类分析的探索性的特征，只有不断地对比聚类结果，才有可能得到最好的聚类个数。

7.3　系统聚类法

系统聚类分析法也是一种探索性的方法，它同样可以揭示一组数据中不明显但自然存在的类别。当聚类的对象(个案或变量)的数量较少时，使用这种方法特别有效。

聚类中的对象可以是个案或者变量，也就是说使用系统聚类法，可以对个案进行分类或者分析变量之间的关系。

聚类分析首先将每一个对象分为一类，在分析的每一步，分离对象的标准并不严格，只要将两个最相似的类别连接在一起，最终所有的对象都进入一个完整的分类数就可以了。聚类最基本的依据就是距离。相近的对象应该属于同一类，距离很远的对象应该分属不同的类别。对一组给定的数据，如何分类依靠下面几个参数的设定：

(1)聚类方法：定义了聚类形成的规则，比如在计算两个类别的距离时，可以使用它们之间的最近距离法(最近的距离)或最远距离法(最远的距离)，当然还可以使用它们的折中方法，如中间距离法。

(2)测度(测距)：定义了距离计算的公式，比如欧氏距离测度，计算两个类别之间的"直线"距离；间隔距离测度法(Interval Measures)，假设变量是刻度变量；计数测度法(Count Measures)，假设变量是离散变量；二项测度法(Binary Measures)，假设变量是二元变量。

(3)标准化：能够把按照不同计量单位衡量变量的效果变得均衡起来，分析时不受变量计量单位的影响。

【例7.3】　各地区工业企业经济效益分析。

我国各地区国有及国有控股企业的主要经济效益存在一定的差异，从企业的主要经济效益的角度对各地区进行分类，看看这些地区可以聚为几个类别。现收集到我国部分(20个)省、直辖市和自治区的相关数据，使用系统聚类法来进行分析。

打开"国有控股企业主要经济指标.sav"，数据文件中使用的变量名、变量标签及变量测度类型见表7.16。

单击Analyze→Classify→Hierarchical Cluster…，打开系统聚类对话框(见图7.18)，从右侧变量列表框中选择"工业增加值率"、"总资产贡献率"、"资产负债率"、"流动资产周转次数"、"工业成本费用利润率"和"产品销售率"为分析变量，移入右侧 Variables 方框中；选择“地区”为标签变量，移入 Label Cases by 方框中。

表 7.16　数据文件中变量名、变量标签与变量类型

变量名 Variable name	变量标签 Label	变量类型
地区		名义变量
x1	工业增加值率	尺度变量
x2	总资产贡献率	尺度变量
x3	资产负债率	尺度变量
x4	流动资产负债率	尺度变量
x5	工业成本费用利润率	名义变量
x6	产品销售率	名义变量

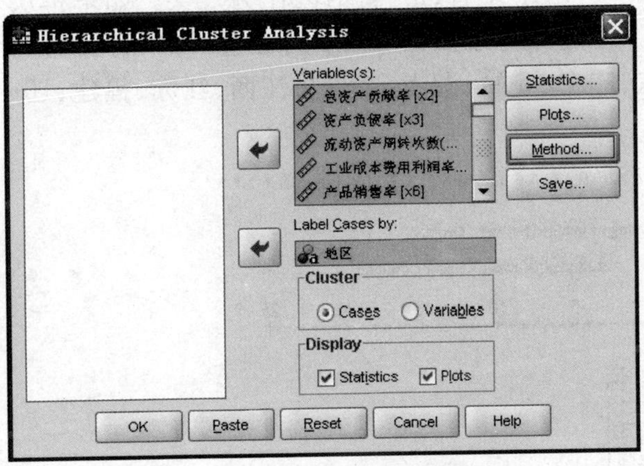

图 7.18　在系统聚类分析对话框中设置分析变量和标签变量

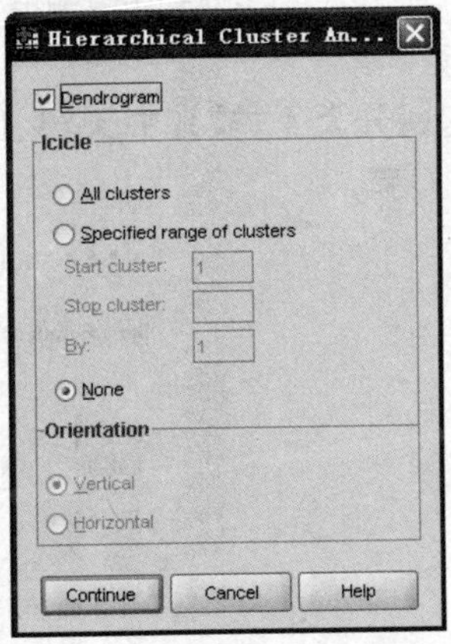

图 7.19　在图形设置对话框中选择输出树形图

单击系统聚类对话框下方的 Plots 按钮，打开图形设置对话框（见图 7.19）。在默认状态下，SPSS 会输出 Icile（冰柱图），但是，如果个案数比较多时，分析冰柱图比较困难，因此选择 Dendrogram（树形图），在 Icicle 中选择 None，单击 Continue 按钮，回到主对话框。

单击主对话框中的 Method 按钮，打开系统聚类分析的方法对话框（见图

7.20)，从 Cluster method 中选择默认的 Between groups linkage(组间连接法)。为了消除原始数据不同单位的影响，需要对原始数据进行标准化，在 Transform Values 选项中，单击 Standardize 右侧的下拉箭头，从下拉列表框中选择 Z scores，单击 Continue 按钮，回到主对话框，再单击 OK，输出系统聚类分析结果。

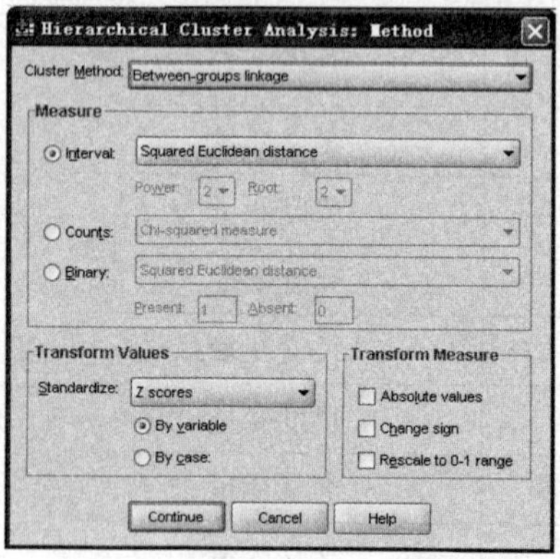

图 7.20　在模型对话框中选择聚类方法和距离测度方法

首先看一下 Dendrogram(树形图，见图 7.21)，它用图形简要概况了系统聚类分析的结果。个案依次显示在图形的纵坐标方向，而横坐标显示各类相聚的距离。分解树形图，决定聚类的个数是一个主观的分析过程。如果在树形图中用一把垂直的尺子从图形的右端向左移动，比如在 25 到 10 之间移动可以将所有的个案分为两大类，其中第 8 个个案，即黑龙江单独作为一类，其他的 19 个省、市、自治区作为一类。如果将尺子移动到 10 和 5 中间位置，可以将所有的个案划分为 4 类，其中天津、山东、广东、安徽、湖南。河北、江西、江苏、福建、辽宁、

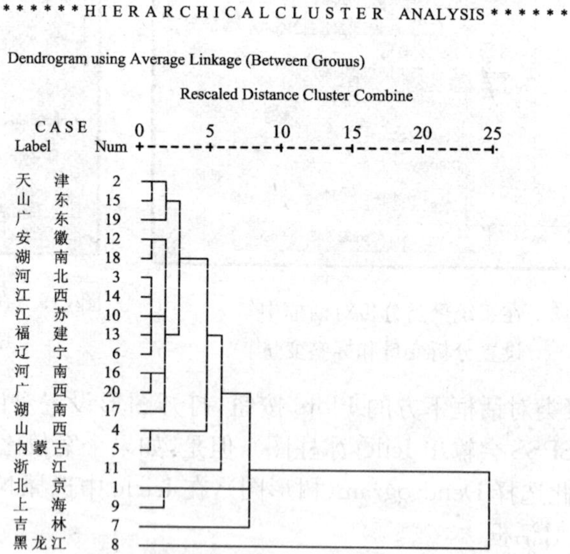

图 7.21　使用组间连接法得到的聚类树形图

河南、广西、湖北、山西、内蒙古和浙江是一类，北京和上海是一类，吉林和黑龙江分别作为一类。如果将尺子再向左侧移动可以划分的类型更多，但是各类型中间的区别也就越来越不明显。

Agglomeration Schedule（聚结表，见表 7.17）用数字表格简要概述系统聚类的过程和结果。比如聚类的第一步（Stage 1），2 号个案和 15 号个案的 coefficients 最小，它们之间的距离最近，因而聚积在一起，它们形成新的个案（个案号仍为 2）。到第 11 步的时候，这个新个案又会和 19 号个案（第三步聚类过程中形成的个案）聚积起来；第二步（Stage 2），3 号个案和 14 号个案聚积在一起，形成新的个案，在第 6 步和第 10 号个案聚类；其他步骤中个案的聚类方式依次类推。

个案数很多的时候，聚结表会变得很长。但是和树形图相比，聚结表清楚地显示各聚类阶段中的距离（系数）差距。距离系数之间较大的变化（跳越）显示一个较好的聚类结果，距离系数跳越之前的个案可以聚为一类，其后的个案聚为另外一类。表 7.17 中第 18 步和第 19 步之间距离系数的差距的差距最大，达到了 32.571，在这里分类可以分为 2 类，也就是前面所有的个案聚为一类，最后一步和第 8 号个案聚类，这和上面用树形图分为 2 类的结果是一样的。

表 7.17　使用组间连接法得到的聚结表

Agglomeration Schedule

Stage	Cluster Combined		Coefficients	Stage Cluster First Appears		Next Stage
	Cluster 1	Cluster 2		Cluster 1	Cluster 2	
1	2	15	.399	0	0	11
2	3	14	.451	0	0	6
3	12	18	.542	0	0	9
4	10	13	.606	0	0	6
5	16	20	.917	0	0	10
6	3	10	1.634	2	4	8
7	4	5	1.860	0	0	15
8	3	6	2.030	6	0	9
9	3	12	2.285	8	3	12
10	16	17	2.822	5	0	12
11	2	19	3.036	1	0	14
12	3	16	3.716	9	10	14
13	1	9	3.815	0	0	17
14	2	3	5.483	11	12	15
15	2	4	8.308	14	7	16
16	2	11	11.053	15	0	17
17	1	2	13.580	13	16	18
18	1	7	14.735	17	0	19
19	1	8	47.266	18	0	0

如果对聚类结果不是很满意，可以考虑使用采用其他的聚类方法进行分析，比如，采用完全连接法（最远距离法）来分类。重新回到系统聚类对话框（见图7.22），单击 Method 按钮，在系统聚类方法设置对话框中（见图 7.23），从 Cluster Method 的下拉列表框中选择 Furthest neighbor（最远距离法），其他选项保持不变。单击 Continue，回到系统聚类对话框。

使用系统聚类时可以在输出结果中显示个案所属的类别，从而帮助我们判断个案的归属。单击 Statistics 按钮，在弹出的统计量设置对话框中（见图 7.23），单击 Cluster Membership 选项中的 Single Solution 单选钮，在 Number of Cluster 后面设定个案的分类数，比如 5，单击 Continue 按钮，返回到系统聚类对话框，单击 OK 按钮，输出按照最远距离法计算的聚类结果。

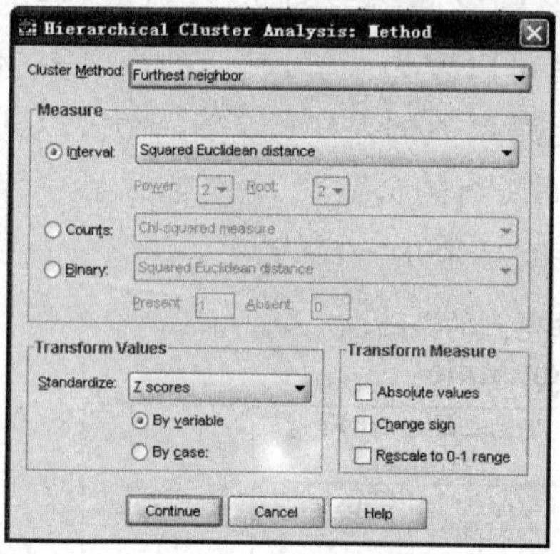

图7.22　在模型对话框中重新选择聚类方法

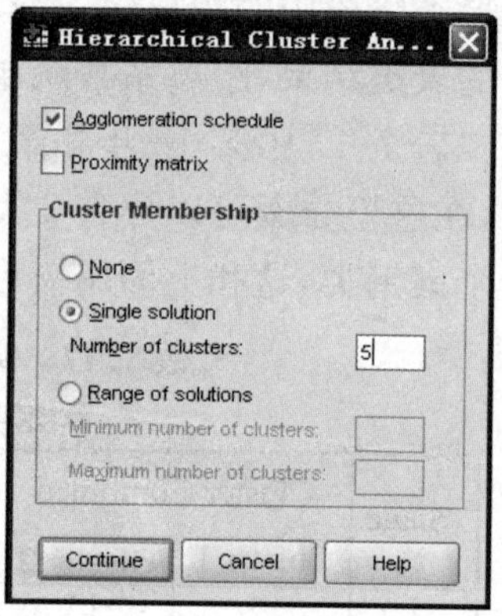

图 7.23　在 Save 对话框中选择保存变量

表 7.18　聚类归属表

Cluster Membership

Case	5 Clusters
1:北　京	1
2:天　津	2
3:河北	2
4:山　西	3
5:内蒙古	3
6:辽　宁	2
7:吉　林	4
8:黑龙江	5
9:上　海	1
10:江　苏	1

(续)表 7.18

Case	5 Clusters
11:浙　江	2
12:安　徽	2
13:福　建	2
14:江　西	2
15:山　东	2
16:河　南	3
17:湖　北	3
18:湖　南	2
19:广　东	2
20:广　西	3

聚类归属表显示每个个案所属的类别，根据表 7.18 可以看到北京、上海、江苏被划分到第一类，天津、河北、辽宁、浙江、安徽、福建、江西、山东、湖南和广东被划分到第二类，山西、内蒙古，河南、湖北和广西被划分到第三类，吉林单独作为第四类，黑龙江被单独划分为最后一类。

分析聚类和树形图，我们也可以得到类似的结论(见图 7.24)。

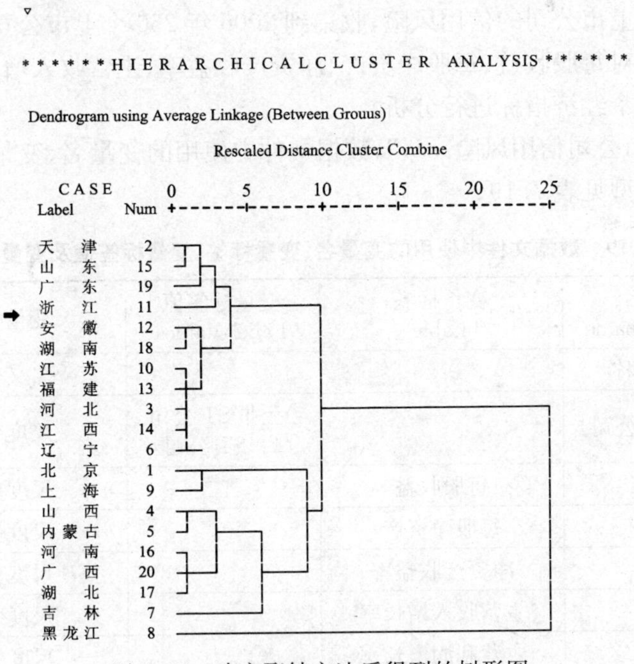

图 7.24　改变聚结方法后得到的树形图

从上面的分类结果中，我们可以看出完全连接法的分类效果要好于组间连接法，分类相对清晰，效果令人满意。

7.4 判别分析

在分析某个因变量和一个或多个预测变量（自变量）之间的关系时，可以使用判别分析来建立模型。给定一组自变量，判别分析试图寻找能够最好分离各组个案的变量的线性组合。这些组合就称为判别函数。

判别分析过程，首先自动寻找尽可能将各组分类的第一个判别函数，然后再寻找第二个判别函数，它和第一个判别函数不相关，同样也尽可能将各组分离。这个过程逐渐循环下去，一直达到判别函数个数的最大值，这个值是根据自变量和因变量类别来决定的。

判别模型需要下列的假定：自变量之间不存在高度相关性；某个自变量的均值和方差不相关；两个自变量之间的相关系数在各组之间保持不变；每个自变量服从正态分布。

【例 7.4】 上市公司信用风险分析。

为了分析上市公司的信用风险，收集到 2006 年 250 个上市公司的年报数据。使用判别分析对每股收益、每股净资产、净资产收益率、主营收入增长率和主营利润增长率这 5 个经济指标进行分析。

打开“上市公司信用风险. sav”，数据文件中使用的变量名、变量标签、变量标签值及变量类型见表 7. 19。

表 7.19 数据文件中使用的变量名、变量标签、变量标签值及变量类型

变量名 Variable name	变量标签 Lable	变量标签值 Label Values	变量类型
股票名称			名义变量
是否 ST 公司		0＝非 ST 公司 1＝ST 公司	尺度变量
x1	每股收益		尺度变量
x2	每股净资产		尺度变量
x3	净资产收益率		尺度变量
x4	主营收入增长率		尺度变量
x5	主营利润增长率		尺度变量

单击 Analyze→Classify→Discriminant…，打开判别分析对话框（见图 7.25）。从判别分析对话框右侧的变量列表框中，选择“是否 ST 公司”作为分组变量，移到右边的 Grouping Variable 方框中。

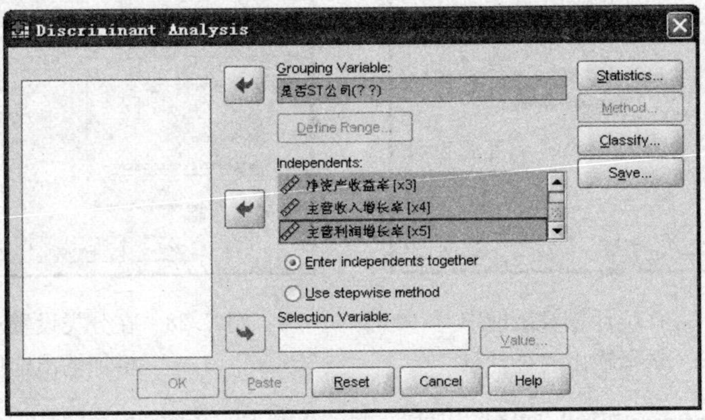

图 7.25　在判别分析对话框中设置分组变量和自变量

单击 Define Range 按钮，在 Minimum 后的文本框中输入 0，在 Maximum 后的文本框中输入 1（见图 7.26），单击 Continue 按钮，回到主对话框。从右边的变量列表框中，选择每股收益、每股净资产、净资产收益率、主营收入增长率和主营利润增长率这 5 个变量为判别变量，移入右边的 Independent variables 方框中。

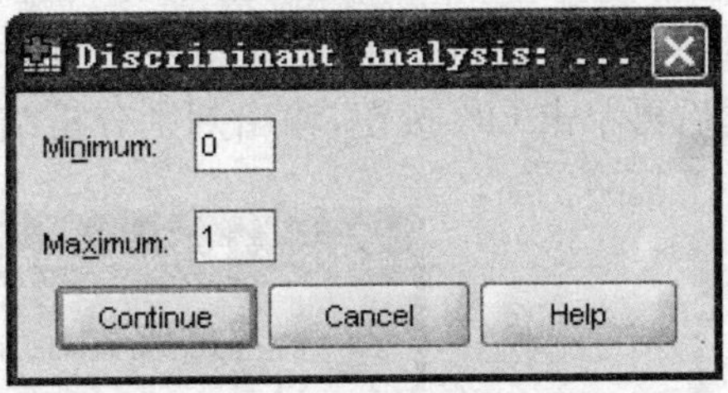

图 7.26　在定义范围对话框中设置分组变量的数值

单击 Statistics 按钮，在统计量设置对话框（见图 7.27）的 Descriptives（描述性统计量）中选择 Means、Univariate ANOVAs 和 Box's M，输出结果中将显示各组均值和合并样本均值、单变量的方差分析表和检验各组协方差是否相等的 Box's M 统计量。在 Function Coefficients（判别函数系数）中选择 Fisher's 和 Unstandardized，输出结果中将显示标准化典型判别函数系数和未标准化典型判别函数系数。Matrices（矩阵）中选择 Within-groups correlation，输出结果中将显示组内相关系数矩阵。

单击 Continue 按钮，回到判别分析主对话框，单击 Classify 按钮，在分类设置对话框中（见图 7.28），除了默认的几个选项以外，还选择 Summary table 和

Leave-one-out classification. 这两个选项，在输出结果中将显示分类结果表。

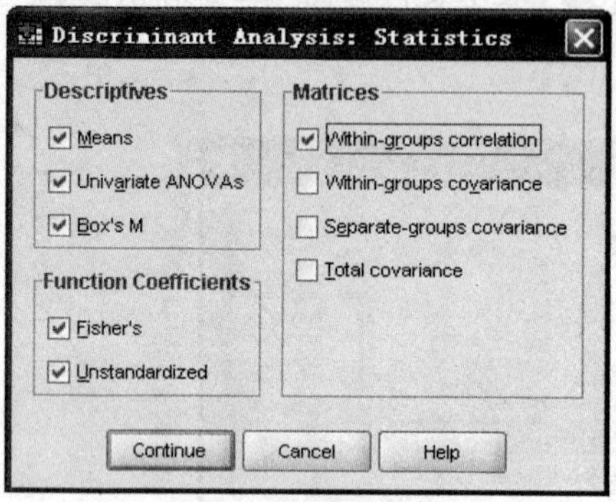

图 7.27　在统计量对话框中选择输出的统计量

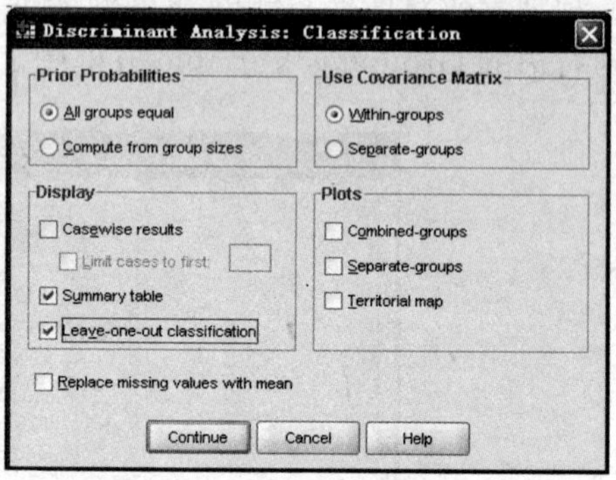

图 7.28　在分类设置对话框中增加输出选项

单击 Continue 按钮，回到主对话框，单击 Save 按钮，在保存变量对话框中(见图 7.29)，选择 Predicted group membership(预测分组成员)和 Probabilities of group membership(分组成员后验概率)这两项，将每个个案所属的组别和在每组中的概率都作为新变量保存下来。单击 Continue 按钮，返回到判别分析对话框后再单击 OK 按钮，输出判别分析结果。

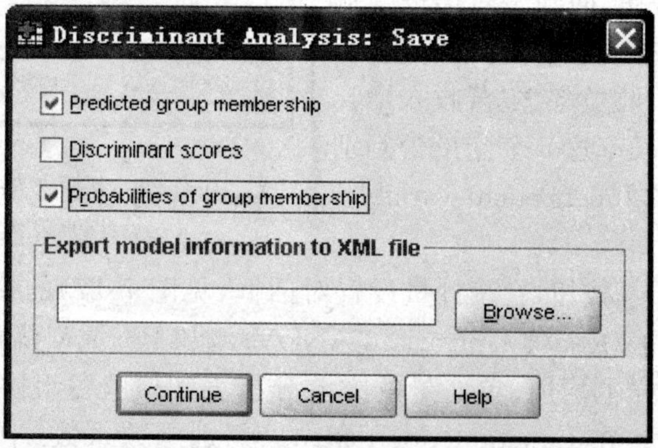

图 7.29　在保存对话框中选择保存变量

返回到 Data View 窗口，可以发现原数据文件中增加了 Dis_1、Dis1_1 和 Dis2_1 这三个变量(见图 7.30)，其中变量 Dis_1 显示使用判别函数预测个案所属的类别，Dis1_1 显示使用判别函数预测个案属于第一类的概率，Dis2_1 是预测个案属于第二类的概率，如果某个案属于第一类的概率大于第二类的概率，那么该个案就被划分到第一类，反之则被分为第二类。比如第一个上市公司“福晶科技”，它属于第一类的概率为 0.6722，大于属于第二类的概率 0.3278，因此使用判别模型进行分类，它被划分为第一类，也就是“非 ST 公司”。

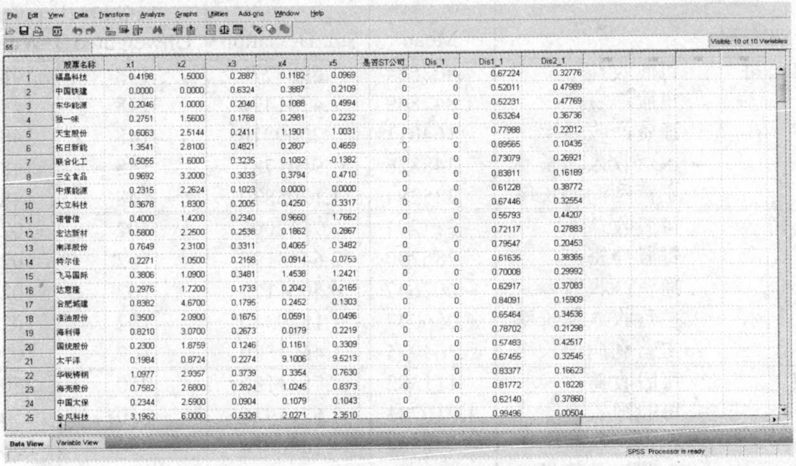

	股票名称	x1	x2	x3	x4	x5	是否ST公司	Dis_1	Dis1_1	Dis2_1
1	福晶科技	0.4198	1.5000	0.2887	0.1182	0.0969	0	0	0.67224	0.32776
2	中国铁建	0.0000	0.0000	0.6324	0.3887	0.2109	0	0	0.52011	0.47989
3	东华能源	0.2046	1.0000	0.2040	0.1088	0.4994	0	0	0.52231	0.47769
4	独一味	0.2751	1.5600	0.1768	0.2981	0.2232	0	0	0.63264	0.36736
5	天宝股份	0.6063	2.5144	0.2411	1.1901	1.0031	0	0	0.77988	0.22012
6	拓日新能	1.3541	2.8100	0.4821	0.2807	0.4659	0	0	0.89565	0.10435
7	联合化工	0.5055	1.6000	0.3235	0.1082	-0.1382	0	0	0.73079	0.26921
8	三全食品	0.9692	3.2000	0.3033	0.3794	0.4710	0	0	0.83811	0.16189
9	中煤能源	0.2315	2.2624	0.1023	0.0000	0.0000	0	0	0.61228	0.38772
10	大立科技	0.3678	1.8300	0.2005	0.4250	0.3317	0	0	0.67446	0.32554
11	诺普信	0.4000	1.4200	0.2340	0.9660	1.7662	0	0	0.55793	0.44207
12	宏达新材	0.5800	2.2500	0.2538	0.1862	0.2867	0	0	0.72117	0.27883
13	南洋股份	0.7649	2.3100	0.3311	0.4065	0.3482	0	0	0.79547	0.20453
14	特尔佳	0.2271	1.0500	0.2158	0.0914	0.0753	0	0	0.61635	0.38365
15	飞马国际	0.3806	1.0900	0.3481	1.4538	1.2421	0	0	0.70008	0.29992
16	达意隆	0.2976	1.7200	0.1733	0.2042	0.2165	0	0	0.62917	0.37083
17	合肥城建	0.8382	4.6700	0.1795	0.2452	0.1303	0	0	0.84091	0.15909
18	淮油股份	0.3500	2.0900	0.1675	0.0591	0.0496	0	0	0.65464	0.34536
19	海利得	0.8210	3.0700	0.2673	0.0179	0.2219	0	0	0.78702	0.21298
20	国统股份	0.2300	1.8759	0.1246	0.1161	0.3309	0	0	0.57483	0.42517
21	太平洋	0.1984	0.8724	0.2274	9.1006	9.5213	0	0	0.67455	0.32545
22	华锐铸钢	1.0977	2.9357	0.3739	0.3354	0.7630	0	0	0.83377	0.16623
23	海亮股份	0.7582	2.6800	0.2824	1.0245	0.8373	0	0	0.81772	0.18228
24	中国太保	0.2344	2.5900	0.0904	0.1079	0.1043	0	0	0.62140	0.37860
25	金风科技	3.1962	6.0000	0.5328	2.0271	2.3510	0	0	0.99496	0.00504

图 7.30　Data View 窗口中显示新增的变量

Group Statistics(分组统计量表，见表 7.20)显示两组样本(公司)以及合并样本的均值及标准差。两类公司“每股收益”和“主营利润增长率”的均值相差不大，“非 ST 公司”的“每股净资产”和“主营收入增长率”的均值明显地大于“ST 公司”，另外“ST 公司”的“净资产收益率”的均值是负值。

Classification Function Coefficients (判别函数系数表，见表 7.21)显示的是 Fisher's 线性判别函数的系数，每一组都有一个判别函数，利用判别函数可以计算出每个个案的判别得分。根据表 7.21 分别写出“非 ST 公司”和“ST 公司”的判别函数 f_1 和 f_2：

$$f_1 = 0.533x_1 + 0.231x_2 + 0.003x_3 + 0.183x_4 + 0.021x_5 - 1.050$$

$$f_2 = -1.018x_1 + 0.158x_2 - 0.012x_3 - 0.515x_4 + 0.644x_5 - 0.981$$

需要注意的是，上面公式中的变量 x_1，x_2，x_3，x_4 和 x_5 是判别变量的标准化变量。

SPSS 利用上面的两个判别模型计算出每个个案的判别得分 f_1 和 f_2，如果某个案的判别得分 $f_1 > f_2$，那么该个案被划分到第一类，反之就被划分到第二类。比如，将第一个个案的对应的标准化变量带入到上面两个判别函数中，可以计算

得到 $f_1=-0.8289$，$f_2=-1.4546$，由于 $f_1>f_2$，因此，第一个个案被划分到第一类。

表 7.20　分组统计量表

Group Statistics

是否ST公司		Mean	Std. Deviation	Valid N (listwise) Unweighted	Weighted
非ST公司	每股收益	.402684	.5987770	148	148.000
	每股净资产	1.847849	2.4241496	148	148.000
	净资产收益率	.164011	.2069816	148	148.000
	主营收入增长率	.348826	.9541781	148	148.000
	主营利润增长率	.335284	1.1295870	148	148.000
ST公司	每股收益	−.311291	.7512003	102	102.000
	每股净资产	.286290	2.6443196	102	102.000
	净资产收益率	−.602642	6.5001172	102	102.000
	主营收入增长率	.056047	1.1529340	102	102.000
	主营利润增长率	.364975	1.4691880	102	102.000
Total	每股收益	.111382	.7511180	250	250.000
	每股净资产	1.210733	2.6261926	250	250.000
	净资产收益率	−.148784	4.1600474	250	250.000
	主营收入增长率	.229372	1.0475982	250	250.000
	主营利润增长率	.347398	1.2763373	250	250.000

表 7.21　判别函数系数表

Classification Function Coefficients

	是否ST公司 非ST公司	ST公司
每股收益	.533	−1.018
每股净资产	.231	.158
净资产收益率	.003	−.012
主营收入增长率	.183	−.515
主营利润增长率	.021	.644
(Constant)	−1.050	−.981

Fisher's linear discriminant functions

Pooled Within-Groups Matrices（合并组内相关系数矩阵，见表 7.22）显示 5 个变量（预测变量）之间的相关系数，这 5 个变量两两之间的相关性并不是很强，只有“主营收入增长率”和“主营利润增长率”的相关系数稍大一点，达到 0.796。

表 7.22　合并组内相关系数矩阵

Pooled Within-Groups Matrices

		每股收益	每股净资产	净资产收益率	主营收入增长率	主营利润增长率
Correlation	每股收益	1.000	.368	.071	.164	.188
	每股净资产	.368	1.000	.009	.113	.031
	净资产收益率	.071	.009	1.000	−.003	−.064
	主营收入增长率	.164	.113	−.003	1.000	.796
	主营利润增长率	.188	.031	−.064	.796	1.000

Log Determinants(对数行列式,见表 7.23)和 Box's M 统计量都是检验各组协方差是否相同的统计量。其中对数行列式(Log Determinants)是检验各组变动性的一种测度方法。如果某组的对数行列式值比较大,那么该组的变动性也就比较大。各组之间的对数行列式值相差较大,那么各组的协方差矩阵也就不相等。本例中,“非 ST 公司”的对数行列式值为－5.420,“ST 公司”的对数行列式为 5.369(见表 7.23),两组样本的对数行列式值有较大的差距,它们对应的协方差矩阵应该是不相等的,但是这种差距是否显著,可以观察下面的检验统计量(见表 7.24)。

表 7.23　对数行列式表

Log Determinants

是否ST公司	Rank	Log Determinant
非ST公司	5	−5.420
ST公司	5	5.369
Pooled within-groups	5	3.216

The ranks and natural logarithms of determinantsprinted are those of the group covariance matrices.

表 7.24　各组协方差是否相等的检验统计量表

Test Results

Box's M		1052.144
F	Approx.	68.557
	df1	15
	df2	188704.2
	Sig.	.000

Tests null hypothesis of equal population covariance matrices.

Box's M 是检验各组协方差是否相等的统计检验量(见表 7.24),它的基本公式是:Box's M= $(n-k)\ln\left|\frac{S}{n-k}\right|-\sum_{i=1}^{k}\left|\frac{S_i}{n_i-1}\right|$,其中,$n$ 为样本容量,k 为组数,S 为 k 组样本的合并协方差矩阵,S_i 为第 i 组协方差矩阵,n_i 为第 i 组样本个数。在检验的时候将其转化为 F 统计量来进行分析,如果其对应的显著性水平较小,就拒绝 k 组样本协方差相等的原假设。本例中 Box's M 统计量对应的显著性水平小于 0.05,因此拒绝两组样本协方差相等的假设。

接下来可以观察输出结果中 The Tests of Equality of Group Means(各组均值相等检验表)、The Discriminant Function Coefficients(判别函数系数表)和 Structure Matrix(结构矩阵表)。这三个表中输出的统计量能帮助我们评估每个变量对模型的贡献。

Tests of Equality of Group Means (组均值相等检验表,见表 7.25)实际上就是单变量方差分析表。如果某个判别变量的 F 统计量通过了显著性检验,那么这个判别变量在判别模型中的作用是显著的,反之这个判别变量的作用就不显著。表 7.25 显示变量“每股收益”、“每股净资产”和“主营收入增长率”这三个判别变量的 F 统计量对应的显著性水平 *Sig*. 都小于 0.05,通过了显著性检验,判别作用显著;变量“净资产收益率”和“主营利润增长率” F 统计量没有通过显著性检验,判别作用不显著。

表 7.25　组均值相等检验统计量表

Tests of Equality of Group Means

	Wilks' Lambda	F	df1	df2	Sig.
每股收益	.781	69.589	1	248	.000
每股净资产	.914	23.258	1	248	.000
净资产收益率	.992	2.060	1	248	.153
主营收入增长率	.981	4.788	1	248	.030
主营利润增长率	1.000	.033	1	248	.857

组均值相等检验表中的 Wilks' Lambda 统计量是测度判别变量作用大小的统计量,如果某判别变量的 Wilks' Lambda 值较小,那么这个变量在判别分析中的作用就较大。变量“每股收益”的 Wilks' Lambda 值最小,它在判别模型中的作用最大,变量“每股净资产”、“主营收入增长率”、“净资产收益率”和“主营利润增长率”在判别模型中的作用依次降低。

Standardized Canonical Discriminant Function Coefficients (标准化典型判

别函数系数)表中显示判别变量的标准化典型判别系数,这个系数也是比较判别变量作用大小的另外一种尺度,如果某个变量的典型判别系数的绝对值比较大,那么它的判别能力也就比较强。如果将表 7.26 中典型判别系数按照绝对值大小降序排列,各变量排列的次序依次为:“每股收益”、“主营利润增长率”、“主营收入增长率”、“每股净资产”和“净资产收益率”。和表 7.25 中变量作用大小相对比,排名第一的依旧是“每股收益”,“主营利润增长率”由原先的最后一位上升到第二位,“每股净资产收益率”由原先的第二位下降到第四位,两个表中提供的信息有较大的差异。

表 7.26 标准化典型判别函数系数

Standardized Canonical Discriminant Function Coefficients

	Function
	1
每股收益	.855
每股净资产	.152
净资产收益率	.050
主营收入增长率	.602
主营利润增长率	-.661

结构矩阵(Struture Matrix)显示的是每个判别变量和标准化典型判别函数变量之间的相关系数。结构矩阵中各变量的排序是按照相关系数的大小降序排列的,由表 7.27 可以看出变量的排列顺序和表 7.25 相同,但是和表 7.26 不同。产生这种差异的原因可能是由于“主营利润增长率”和“主营收入增长率”之间的共线性问题造成的(从表 7.22 中可以看到这两个变量间的相关系数最大,达到 0.796)。由于结构矩阵不受变量间共线性的影响,因此我们可以确定在标准化典

表 7.27 结构矩阵

Structure Matrix

	Function
	1
每股收益	.890
每股净资产	.514
主营收入增长率	.233
净资产收益率	.153
主营利润增长率	-.019

Pooled within-groups correlations between discriminating variables and standardized canonical discriminant functions Variables ordered by absolute size of correlation within function.

型判别系数表中，共线性抬高了变量“主营利润增长率”在判别模型中的重要性。因此，在分析判别变量作用大小时，我们还是以结构矩阵或者组均值相等检验统计量表作为参考依据。

除了上面几个检验单个判别变量对判别函数贡献程度的统计量表以外，SPSS 的判别分析还提供了特征值和 Wilks' Lambda 统计量来分析判别模型的总体拟合程度。特征值表(Eigenvalues)显示了判别函数的特征值(Eigenvalue)、特征值的贡献率(% of Variance)、特征值的累积贡献率(Cumulative %)和典型相关系数(Canonical Correlaion)，提供了每个判别函数相对有效性(功效)的信息。其中特征值是组内离差矩阵的行列式和组间离差均值的行列式之比($\lambda = |A|/|W|$)，如果判别分析只有两组变量，典型相关系数就是特征值表中最有用的测度统计量，它等于判别得分和组之间的皮尔逊相关系数，又可以用公式$\sqrt{\lambda/1+\lambda}$求得，本例中上市公司只有两个类别，只使用了一个判别函数，因此表 7.28 中显示一个特征值，它的贡献率和累积贡献率都是 100%。判别得分和样本分组之间的典型相关系数为 0.513，说明它们之间有一定的联系。

表 7.28　特征值表

Wilks' Lambda

Test of Function(s)	Wilks' Lambda	Chi-square	df	Sig.
1	.738	74.484	5	.000

Wilks' Lambda 表中 Wilks' Lambda 统计量测度每个判别函数对个案分组的效果，它是组间离差与总离差之比($Wilk's\ \Lambda = |W|/|T|$)。判别函数对应的 Wilks' Lambda 统计量越小，它的识别能力越强。在检验过程中，使用卡方统计量($\chi^2 = -\left(n-\dfrac{k+p}{2}-1\right)\ln\Lambda$，自由度 $df = p(k-1)$，其中，p 为变量个数)来分析判别函数的识别能力，如果 χ^2 统计量的显著性水平 $Sig.$ 小于给定的显著性水平 α，那么数据就适合进行判别分析。本例中 $\chi^2 = 74.484$，其对应的显著性水平 $Sig. = 0.000 < 0.05$，在 5%的显著性水平下统计显著，因此用判别函数对数据进行分组的效果，要好于随机分组。

Classfication Results(分类结果表，见表 7.29)显示判别模型的实际分析结果。从表 7.29 中的 Original 部分可以看到，原先的 148 家“非 ST 公司”中，使用判别分析后有 132 家公司被划分到“非 ST 公司”，有 16 家被划分到“ST 公司”；原先的 102 家“ST 公司”，36 家被划分到“非 ST 公司”，66 家被划分到“非 ST 公司”,总体来说个案分类的正确率达到 (132＋66)/250＝79.2%。

表 7.29　分类结果表

Classification Results[b,c]

		是否ST公司	Predicted Group Membership 非ST公司	ST公司	Total
Original	Count	非ST公司	132	16	148
		ST公司	36	66	102
	%	非ST公司	89.2	10.8	100.0
		ST公司	35.3	64.7	100.0
Cross-validated[a]	Count	非ST公司	131	17	148
		ST公司	38	64	102
	%	非ST公司	88.5	11.5	100.0
		ST公司	37.3	62.7	100.0

a. Cross validation is done only for those cases in the analysis. In cross validation, each case is classified by the functions derived from all cases other than that case.
b. 79.2% of original grouped cases correctly classified.
c. 78.0% of cross-validated grouped cases correctly classified.

分类结果表中的 Cross-validated(交互检验部分)利用交互验证方法来分析判别效果,交互验证方法在判断某个案所属类别时,将该个案从样本中剔除,利用其他的样本数据建立判别函数,再利用这个判别函数来判断该个案所属的类别,这种方法可以非常有效地避免强影响点对判别效果的影响。交互验证的结果表明,148 家“非 ST 公司”划分正确的有 131 家,102 家“上市公司”划分正确的有 61 家,总的分类准确率达到(131＋64)/250＝78%,比原先稍微降低一点,但是总的来说分类准确率还是比较高的。

【例 7.5】　电信客户分类。

某电信公司根据客户使用的服务类型,将客户分为四种类型。如果能够使用判别分析对客户进行分类,预测客户所属的类型,那么就能为单个的未来客户定制服务。

打开“电信客户的判别分析. sav”,使用判别分析对客户进行分类。数据文件中使用的变量名、变量标签、变量标签值及变量测度类型见表 7. 30。

单击 Analyze→Classify→Discriminant…,打开判别分析对话框(见图 7. 31)。从右侧的变量列表框中选择“客户类型”为分组变量,移入右边的 Grouping Variable 方框中。选择“年龄”到“家庭人数”之间的 9 个变量为判别变量,移入右边的 Independent Variables 方框中。本例中待分析的变量较多,可以使用 SPSS 提供的逐步判别法来进行判别分析,因此需要单击 Use Stepwise Method 单选钮。

表 7.30　数据文件中变量名、变量标签、变量标签值与变量类型

变量名 Variable name	变量标签 Label	变量标签值 Label Values	变量类型
年龄			名义变量
婚姻状态		0=未婚 1=已婚	尺度变量
居住年限	在目前住所居住的时间		尺度变量
家庭收入			尺度变量
教育程度		1=未读完高中 2=高中学历 3=大专学历 4=本科学历 5=研究生学历	名义变量
工作年限	在目前单位工作的时间		尺度变量
是否退休		0=未退休 1=退休	名义变量
性别		0=男性 1=女性	名义变量
家庭人数			尺度变量
客户变量		1=基本服务 2=电子服务 3=增值服务 4=全部服务	名义变量

数据来源：SPSS 16.0 Samples 中的 telco.saw

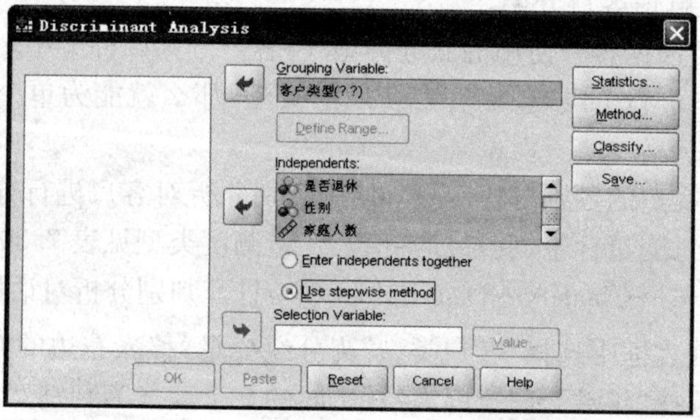

图 7.31　在判别分析对话框中设置分组变量、待分析变量和逐步判别方法

单击 Grouping Variable 方框下方的 Define Range 按钮，打开分类变量定义范围对话框，在 Minimum 后文本框中输入 1，在 Maximum 后的文本框中输入 4（见图 7.32），单击 Continue 按钮，回到判别分析对话框。

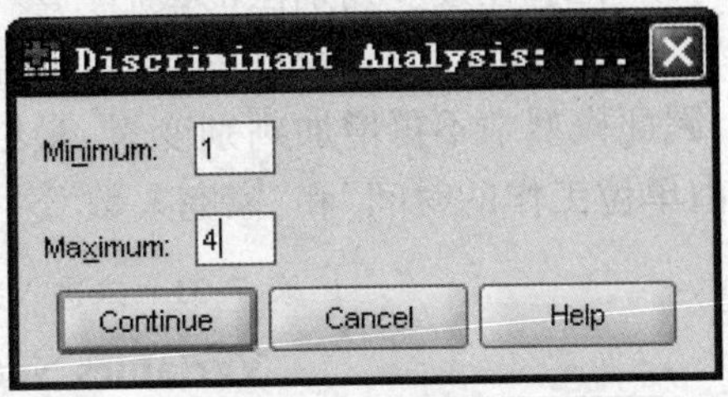

图 7.32　在 Define Raange 对话框中设置类别个数

单击 Statistics 按钮，打开统计量设置对话框（见图 7.33），Descriptives（描述性统计量）中选择 Means、Univariate ANOVAs 和 Box's M。Function Coefficients（判别函数系数）中选择 Fisher's 和 Unstandardized。Matrices（矩阵）中选择 Within-groups correlation。

单击 Continue 按钮，回到判别分析主对话框，单击 Classify 按钮，打开分类设置对话框（见图 7.34）。选择 Summary table 和 Territorial map，输出结果中将显示分类结果表和领域图。单击 Continue 按钮，回到判别分析对话框，单击 OK 按钮，输出判别分析结果。

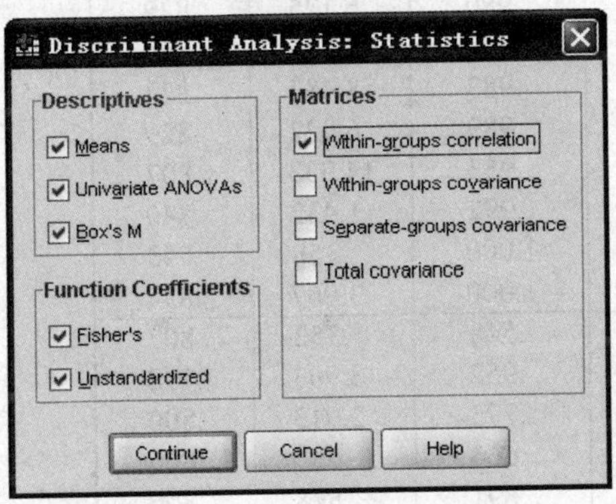

图 7.33　在统计量对话框中选择输出的统计量

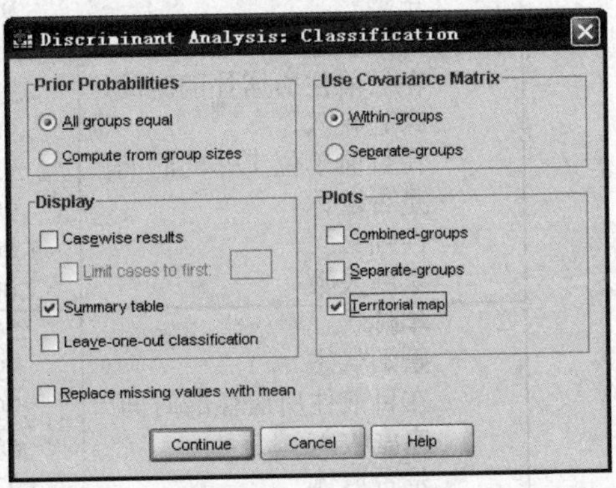

图 7.34　在分类对话框中选择输出的图表

Variable Not in the Analysis（未进入判别分析中的变量表，见表 7.31）显示在逐步判别法的第一步（Step 0），判别分析模型中没有包含任何判别变量。在随后的分析中，具有最大 F 统计量（F to enter）的判别变量将被逐步引入模型，这些判别变量的 F 统计量都超过进入标准（默认为 3.84）。

在没有任何判别变量的模型中，变量“教育程度”的 F 统计量最大，达到61.454，因此，在下一步的建模过程中，这个变量肯定会被引入模型。从表7.1中还可以看到，在逐步判别法的最后一步（Step 3），变量“年龄”、“婚姻状态”、“在目前住所居住的时间”、“家庭收入”、“是否退休”和“性别”的 F 统计量都低于进入标准，因此模型中不再增加判别变量，最终的判别模型中只引入了“教育程度”、“在目前单位工作的时间”和“家庭人数”这三个变量。

表 7.31　未进入判别分析中的变量表

Variables Not in the Analysis

Step		Tolerance	Min. Tolerance	F to Enter	Wilks' Lambda
0	年龄	1.000	1.000	7.521	.978
	婚姻状态	1.000	1.000	3.500	.990
	在目前住所居住的时间	1.000	1.000	8.433	.975
	家庭收入	1.000	1.000	6.689	.980
	教育程度	1.000	1.000	61.454	.844
	在目前单位工作的时间	1.000	1.000	16.976	.951
	是否退休	1.000	1.000	3.005	.991
	性别	1.000	1.000	.373	.999
	家庭人数	1.000	1.000	3.976	.988
1	年龄	.980	.980	6.125	.829
	婚姻状态	.999	.999	3.803	.834
	在目前住所居住的时间	.983	.983	8.487	.823
	家庭收入	.989	.989	6.022	.829
	在目前单位工作的时间	.953	.953	14.933	.807
	是否退休	.992	.992	1.432	.840
	性别	1.000	1.000	.358	.843
	家庭人数	1.000	1.000	3.967	.834
2	年龄	.563	.548	.352	.807
	婚姻状态	.999	.952	3.903	.798
	在目前住所居住的时间	.798	.773	2.913	.800
	家庭收入	.689	.664	.634	.806
	是否退休	.927	.891	.528	.806
	性别	.998	.951	.391	.807
	家庭人数	.979	.934	4.841	.796
3	年龄	.535	.535	.252	.795
	婚姻状态	.605	.593	1.507	.792
	在目前住所居住的时间	.776	.771	3.514	.787
	家庭收入	.688	.657	.687	.794
	是否退休	.917	.880	.353	.795
	性别	.997	.931	.395	.795

Variable in the Analysis（分析中的变量表，见表 7.32）显示了判别分析三个步骤中判别变量的 Tolerance（容许度）、F to Remove 以及 Wilk's Lambda 统计量。判别分析中的容许度和多元线性回归模型中诊断共线性的容许度意义相似，表明判别模型中某个判别变量的方差不能被其他判别变量解释的百分比。如果某个判别变量的容许度越低，其他判别变量对该变量的解释程度越大，判别模型中的共线性问题就比较严重。另外，容许度较小的判别变量在判别模型中的作用也很小。本例中最终模型中的 3 个判别变量对应的容许度都比较大，因此，判别模型中应该不存在严重的共线性问题了。F to Remove 显示的是进入模型中判别变量的 F，最终模型中三个判别变量的 F 都大于引入标准。

表 7.32　判别分析中的变量表

Variables in the Analysis

Step		Tolerance	F to Remove	Wilks' Lambda
1	教育程度	1.000	61.454	
2	教育程度	.953	59.108	.951
	在目前单位工作的时间	.953	14.933	.844
3	教育程度	.951	60.046	.940
	在目前单位工作的时间	.934	15.824	.834
	家庭人数	.979	4.841	.807

需要注意的是，使川逐步判别法虽然方便，但是也有其局限性。逐步判别法完全是根据统计量的标准来建立模型的，它也许会选择那些统计显著，但是没有实际意义的判别变量进入模型。因此如果我们对分析的数据有所了解，知道哪些判别变量比较重要，就应该使用这些先验的信息，避免使用逐步回归法。当然，如果判别变量的个数很多，无法确定变量重要程度，可以先使用逐步判别法来进行分析，然后逐步进行调整，这样总比没有模型分析要好一点。

Eigenvalues（特征值）表显示判别模型使用了三个典型判别函数，表 7.33 显示前两个典型判别函数对模型方差解释的累计贡献率达到 99.6%，第三个典型判别函数的特征值太小，它对模型的贡献率仅为 0.4%，因此可以忽略第三个典型判别函数对判别分析的影响。

Wilks' Lambda 表（见表 7.34）显示，前两个判别函数的 Wilks' Lambda 统计量对应的显著性水平 *Sig.* 都小于 0.05，通过了显著性检验，而第三个判别函数的 Wilks' Lambda 没有通过显著性检验（*Sig.* $= 0.335 > 0.05$），这也再次说明前两个判别函数在判别分析中的作用显著，而第三个判别函数的作用不显著。

表 7.33　三个判别函数的特征值表

Eigenvalues

Function	Eigenvalue	% of Variance	Cumulative %	Canonical Correlation
1	.198[a]	80.2	80.2	.407
2	.048[a]	19.4	99.6	.214
3	.001[a]	.4	100.0	.031

a. First 3 canonical discriminant functions were used in the analysis.

表 7.34　三个判别函数的 Wilks' Lambda 表

Wilks' Lambda

Test of Function(s)	Wilks' Lambda	Chi-square	df	Sig.
1 through 3	.796	227.345	9	.000
2 through 3	.953	47.486	4	.000
3	.999	.929	1	.335

根据标准化典型判别函数系数表(见表 7.35),可以写出三个标准化典型判别函数表达式:

$$f_1 = 0.985x_1 + 0.066x_2 + 0.261x_3$$
$$f_2 = 0.136x_1 + 1.026x_2 + 0.239x_3$$
$$f_3 = -0.250x_1 - 0.119x_2 + 0.947x_3$$

表 7.35　标准化典型差别函数系数表

Standardized Canonical Discriminant Function Coefficients

	Function		
	1	2	3
教育程度	.985	.136	-.250
在目前单位工作的时间	.066	1.026	-.119
家庭人数	.261	.239	.947

变量“教育程度”在第一个典型判别函数中的系数最大,它对第一个标准化典型判别函数的影响最大。类似地我们可以分析出变量“在目前单位工作的时间”对第二个标准化典型判别函数的影响最大,变量“家庭人数”对第三个标准化典型判别函数的影响最大。

如果判别函数超过一个,那么结构矩阵表(见表 7.36)中和每个标准化典型判别函数变量相关性(绝对值)最大的那些变量前都会显示一个星号(*)。表 7.36 显示变量"教育程度"和第一个标准化典型判别函数的显著相关,相关系数达到了 0.966,它也是第一个典型判别函数中唯一显著的变量。变量"在目前单位工作的时间"、"年龄"、"家庭收入"、"在目前住所居住的时间"、"是否退休"和"性别"与第二个标准化典型判别函数显著相关,虽然"是否退休"和"性别"这两个定性变量的相关系数相比较而言稍微小一点。变量"家庭人数"和"婚姻状态"与第三个标准化典型判别函数显著相关,但是由于第三个标准化典型判别函数在判别分析中的作用不显著,因此这两个变量也是无用的判别变量。

表 7.36 三个判别函数的结构矩阵表

Structure Matrix

	Function		
	1	2	3
教育程度	.966*	-.090	-.244
在目前单位工作的时间	-.182	.964*	-.193
年龄[a]	-.162	.598*	-.285
家庭收入[a]	.109	.514*	-.190
在目前住所居住的时间[a]	-.151	.394*	-.214
是否退休[a]	-.108	.230*	-.137
性别[a]	.008	.054*	.009
家庭人数	.232	.097	.968*
婚姻状态[a]	.132	.134	.600*

Pooled within-groups correlations between discriminating variables and standardized canonical discriminant functions Variables ordered by absolute size of correlation within function.

*. Largest absolute correlation between each variable and any discriminant function

a. This variable not used in the analysis.

根据未标准化的典型判别函数系数表(见表 7.37)可以写出三个未标准化的典型判别函数表达式:

表 7.37 未标准化的典型判别函数系数表

Canonical Discriminant Function Coefficients

	Function		
	1	2	3
教育程度	.876	.121	-.222
在目前单位工作的时间	.007	.104	-.012
家庭人数	.183	.167	.662
(Constant)	-2.839	-1.858	-.818

Unstandardized coefficients

$$f_1 = -2.829 + 0.876x_1 + 0.007x_2 + 0.183x_3$$
$$f_2 = -1.858 + 0.121x_1 + 0.104x_2 + 0.167x_3$$
$$f_3 = -0.818 - 0.222x_1 - 0.012x_2 + 0.662x_3$$

Functions at Group Centroids 表显示各类型未标准化的典型判别函数值的均值,也是各类型个案质心在空间中的坐标位置,利用未标准化的典型判别函数计算出每个个案判别函数值,也就得到每个个案的空间坐标位置,然后再计算出每类个案在各个维度的均值,就是各类型个案的质心。表 7.38 中显示的是三维空间的坐标位置 ,比如,"基本服务"类型客户的质心为(−0.309,−0.320,0.011)。只要计算出每个个案的在三个维度上判别得分值,再计算出它们距离各类质心的位置,就可以知道它们所属的类型。

表 7.38　判别函数中各类型质心表

Functions at Group Centroids

客户类型	Function		
	1	2	3
基本服务	-.309	-.320	.011
电子服务	.250	-.007	-.055
增值服务	-.450	.266	.007
全部服务	.655	.050	.031

Unstandardized canonical discriminant functions evaluated at group means

Territorial Map(领域图,见图 7.35)帮助我们分析判别函数和因变量各类型之间的关系,由于第三个判别函数的作用不显著,因此,图 7.35 中只用了两个判别函数来绘图,领域图中的星号代表各类型的质心。将领域图和结构矩阵的分析结果联系起来,还可以用来分析判别变量和各类型之间的关系。领域图上的横坐标代表第一个判别函数,纵坐标代表第二个判别函数,从图形中看出在第 4 类客户主要集中在横坐标的右侧位置,它和其他 3 类客户之间没有交叉现象,因此,横坐标将第 4 类客户和其他类型的客户很好地分离出来。第 4 类客户是定制"全部服务"的客户,从上面的结构矩阵表(见表 7.36)中知道变量"教育程度"和第一个判别函数显著相关,这也表明定制"全部服务"的客户,他们教育水平可能都比较高。

从领域图中还可以看出第 3 类客户集中在纵坐标的上方,第 1 类客户集中在纵坐标的下方,因此纵坐标将这两类客户很好地分离出来。第 1 类和第 3 类客户是分别定制"基本服务"和"增值服务"的客户,从结构矩阵表中我们知道变量"在目前单位工作的时间"、"年龄"和第二个判别函数显著相关,因此,这两个判别变量和"基本服务"和"增值服务"这两个类型相关。另外,"增值服务"客户处于纵坐标的上方,因此,定制"增值服务"客户的工作时间长于定制"基本服务"的客户,他们的年龄也大于定制"基本服务"的客户。

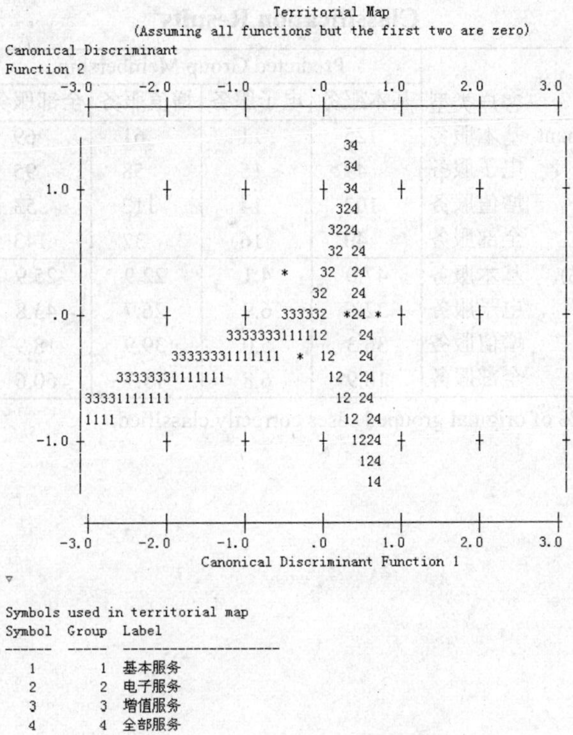

图 7.35　判别分析输出的领域图
(对输出的图形进行了简单处理)

从领域图可以看出第 2 类客户和其他客户之间没有明显的界限,因此,判别模型没有将这类客户很好地分离出来。

如果在没有任何模型的情况下对客户进行分组,大部分的客户可能都被分到频数最多的那一组,也就是众数组(Modal Group),本例中使用"增值服务"客户的人数最多,如果不依靠判别模型来分类,把客户都分到这一组,那么准确率为 281/1000=28.1%。分类结果表(见表 7.39)显示,如果使用判别模型进行分类,准确率将会提高 11.4 个百分点,达到(125+15+112+143)/1000=39.5%。从表 7.39 中还可以看出,模型在识别"全部服务"客户的时候,准确率达到 60.6%,

效果非常明显。但是模型在识别“电子服务”客户时，准确率仅有6.9%，效果特别差，这和领域图显示的信息是一致的。为了将这类客户区分开来，判别模型中可能需要选择其他的自变量来进行分析。

表7.39　例7.5的分类结果表

Classification Results[a]

		客户类型	Predicted Group Membership 基本服务	电子服务	增值服务	全部服务	Total
Original	Count	基本服务	125	11	61	69	266
		电子服务	49	15	58	95	217
		增值服务	102	14	112	53	281
		全部服务	40	16	37	143	236
	(%)	基本服务	47.0	4.1	22.9	25.9	100.0
		电子服务	22.6	6.9	26.7	43.8	100.0
		增值服务	36.3	5.0	39.9	18.9	100.0
		全部服务	16.9	6.8	15.7	60.6	100.0

a. 39.5% of original grouped cases correctly classified.

第 8 章 主成分分析和因子分析

8.1 主成分分析

主成分分析方法最初由 Karl Parson 在 1901 年提出，1933 年由 Hotelling 将其推广到随机变量。因子分析由 Charles Spearman 在《对智力测验得分进行综合检验》(1904 年)提出，它是主成分分析方法的推广。

主成分分析和因子分析都是将多个相关变量简化为少数综合主成分(公因子)的多元统计方法，它们可以在尽可能保留原始变量信息的基础上降低变量的维度，它们的用途有类似之处，但是也存在一定的区别，二者的比较列于表 8.1。

表 8.1 主成分和因子分析数学模型的比较

主成分数学模型	因子分析数学模型
主成分 $F_i = a_{1i}X_1 + a_{2i}X_2 + \cdots + a_{pi}X_p$ $i=1,2,\cdots,p$， X_i 是 n 维向量， F_i 也是 n 维向量	变量 $X_i = a_{i1}F_1 + a_{i2}F_2 + \cdots + a_{im}F_m + \varepsilon_i$ $i=1,2,\cdots,m$， F_i 是因子，ε_i 是特殊因子
$A = (a_{ij})_{p\times p} = (a_1, a_2, \cdots, a_p)$	因子载荷阵 $B = (a_{ij})_{p\times m} = BC$
$Ra_i = \lambda_i a_i$， R 为相关系数矩阵 λ_i、a_i 为相应的特征值和单位特征向量	$B = (\sqrt{\lambda_1}a_1, \cdots, \sqrt{\lambda_m}a_m)$ 为初等因子 λ_i、a_i 为相应的特征值和单位特征向量
$A'A = I$(A 为正交矩阵)	$B'B \neq I$(B 非正交矩阵)
$\lambda_1, \lambda_2, \cdots, \lambda_p$ 互不相同时，a_{ij} 唯一	相关系数 $r_{X_iF_i} = a_{ij}$ 不是唯一的
协方差 $Cov(F_i, F_j) = \lambda_i \delta_{ij}$ $\delta_{ij} = \begin{cases} 0 & i \neq j \\ 1 & i = j \end{cases}$	协方差 $Cov(F_i, F_j) = \lambda_i \delta_{ij}$ $\delta_{ij} = \begin{cases} 0 & i \neq j \\ 1 & i = j \end{cases}$
λ_i 是主成分 F_i 的方差，主成分 F_i 由 X 确定	共同度 $h_{ij}^2 = \sum_{i=1}^{m} a_{ij}^2$ 为全部公因子对变量 X_i 的方差所作的贡献

（续）表 8.1

主成分数学模型	因子分析数学模型
主成分函数 $F = a_{1i}X_1 + a_{2i}X_2 + \cdots + a_{pi}X_p = A'X$	因子得分函数 $\hat{F} = B'R^{-1}XB'R^{-1} \neq A$，因子得分函数通过回归得到，有信息损失
主成分 F_i 中 X_i 的系数平方和 $a_{1i}^2 + a_{2i}^2 + \cdots + a_{pi}^2 = 1$，无特殊因子	$\sum_{i=1}^{m} a_{ij}^2 + \sigma_i^2 = h_i^2 + \sigma_i^2 = 1$，$\sigma_i^2$ 为特殊方差
综合主成分的表达式 $F = \sum_{i=1}^{p} \frac{\lambda_i}{p} F_i$	综合因子的表达式 $F = \sum_{i=1}^{m} \frac{\lambda_i}{p} F_i$ $\frac{\lambda_i}{p}$ 有时取 $\frac{\lambda_i}{\lambda_1 + \lambda_2 + \cdots + \lambda_m}$

SPSS没有主成分分析的子菜单，在输出结果中也没有显示相关系数矩阵或者协方差矩阵对应的特征向量，但是可以利用因子分析的输出结果来获得主成分函数的表达式，详细内容参见例8.1。为区别起见，设 Z_i 代表第 i 个公因子（主成分）的因子得分，F_i 代表第 i 个主成分得分，λ_i 代表第 i 个公因子（主成分）对应的特征值。用SPSS提供的因子分析，不对因子进行旋转，根据输出结果中的Component Matrix（因子载荷阵）写出未旋转第 i 个公因子（主成分）的因子得分表达式：

$$Z_i = a_{1i}X_1 + a_{2i}X_2 + \cdots + a_{pi}X_p$$

第 i 个主成分得分表达式为：

$$F_i = \sqrt{\lambda_i}Z_i = a_{1i}\sqrt{\lambda_i}X_1 + a_{2i}\sqrt{\lambda_i}X_2 + \cdots + a_{pi}\sqrt{\lambda_i}X_p$$

【例 8.1】 上市公司盈利能力与资本结构的分析。

盈利能力是企业财务分析的主要内容，企业资本结构是否合理直接关系到企业的盈利能力。使用因子分析中的主成分分析法综合评价影响企业盈利的四个变量：销售毛利率、销售净利率、资产净利率、净资产收益率，并且分析它们和反映资本结构的变量资产负债率之间的关系。

打开文件“上市公司盈利能力与资本结构的分析.sav”，使用因子分析对上市公司盈利能力和资本结构进行分析。数据文件中使用的变量名、变量标签与变量类型见表8.2。

表 8.2　数据文件中变量名、变量标签及变量类型

变量名 Variable name	变量标签 Label	变量类型
上市公司		名义变量
X1	销售净利润	尺度变量

(续)表 8.2

变量名 Variable name	变量标签 Label	变量类型
X2	资产净利润	尺度变量
X3	净资产收益率	尺度变量
X4	销售毛利率	尺度变量
Y	资产负债率	尺度变量

单击 Analyze→Data Reduction→Factor…，打开因子分析对话框(见图 8.1)。从右侧的变量列表框中选择“销售净利润”与“销售毛利率”之间的四个变量作为分析变量，移入 Variable 方框中。

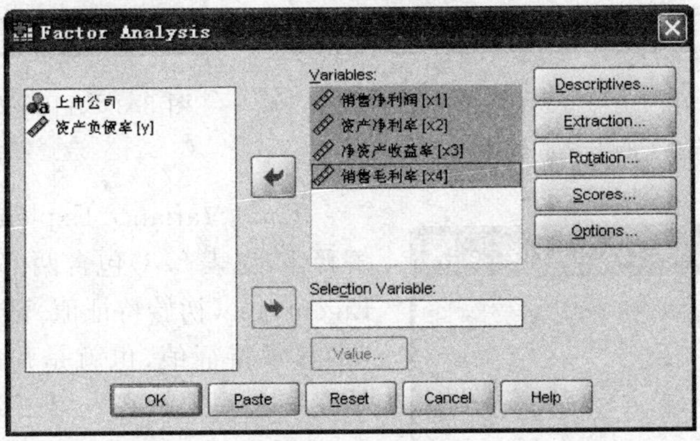

图 8.1　在因子分析对话框中选分析变量

单击 Extraction 按钮，打开 Extraction(因子提取)对话框(见图 8.2)。Method 后面选择默认的 Principal components，使用主成分方法提取因子。Extract 中同样选择默认选项，提取特征值大于 1 的作为主成分(Eigenvalues over 1)。单击 Continue 按钮，回到因子分析主对话框。

单击 Rotation 按钮，打开 Rotation(因子转置)对话框(见图 8.3)，在 Method 中选择默认的 None，对因子不作旋转，单击 Continue 按钮，回到因子分析对话框。

在因子分析对话框中，单击 Scores 按钮，打开 Factor Score(因子得分)对话框(见图 8.4)，选择 Save as Variables，将因子得分作为变量保存在原数据文件中。Method(因子得分计算方法)中选择默认的 Regression 方法，并且选择对话框最下方的 Display factor score coefficient matrix,在输出结果中显示因子得分系数。单击 Continue 按钮,回到主对话框后单击 OK 按钮,输出没有对主成分进行转置的因子分析结果。

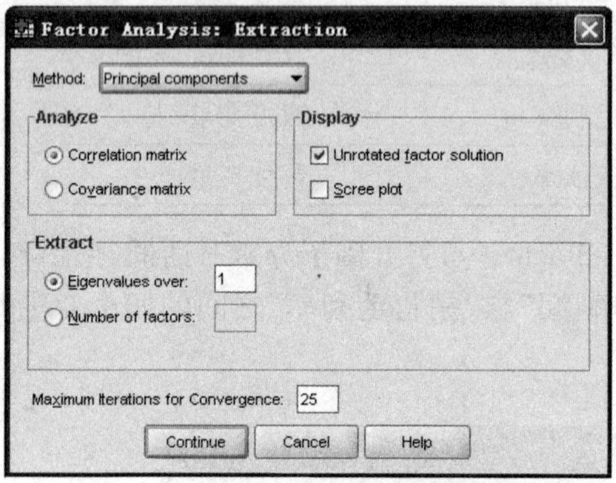

图 8.2　在因子提取对话框中选择提取因子的方法和输出的图形

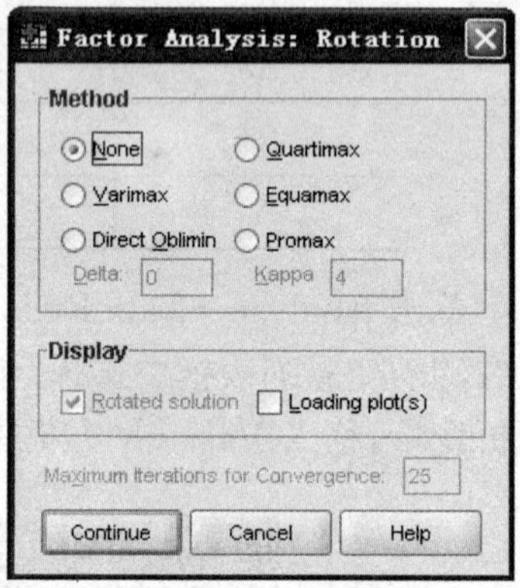

图 8.3　在因子转置对话框中选择默认设置

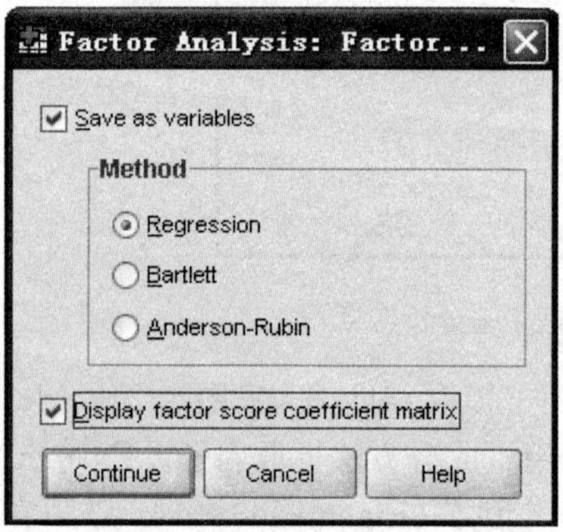

图 8.4　在因子得分对话框中进行设置

Total Variance Explained (总体方差解释表,见表 8.3)包含两部分内容,Initial Eigenvalue(初始特征值)部分第一列(Total)显示特征值,也就是每个主成分对原始变量方差的解释。第二列(% of Variance)显示每个主成分解释的方差占总体方差的比例,它是每一个主成分特征值和总特征值之比。在一开始的分析过程中,主成分数量和变量数是相同的,都是 4 个,特征值之和等于主成分个数(1.897+1.550+0.393+0.160=4)。第一个主成分解释的方差占总体方差的 47.429%,也就是第一个主成分特征值(1.897)与总特征值(4)的比值。第三列(Cumulative %)是累计方差解释百分比,比如,第二个主成分的累计方差解释百分比为 86.169%,是第一个主成分的方差解释百分比(47.429%)和第二个主成分的方差解释百分比(38.740%)之和。

表 8.3 中 Extraction Sums of Squared Loadings(载荷平方和的提取)部分和

Initial Eigenvalue 前两行相同，显示提取的两个主成分基本能解释总体方差 86％左右的变动。

表 8.3 总体方差解释表

Total Variance Explained

Component	Initial Eigenvalues			Extraction Sums of Squared Loadings		
	Total	% of Variance	Cumulative %	Total	% of Variance	Cumulative %
1	1.897	47.429	47.429	1.897	47.429	47.429
2	1.550	38.740	86.169	1.550	38.740	86.169
3	.393	9.826	95.995			
4	.160	4.005	100.000			

Extraction Method: Principal Component Analysis.

Component Matrix（因子载荷阵，见表 8.4）显示第一个主成分中，“销售净利率”、“资产净利率”和“销售毛利率”的系数比较大，第一个主成分和这三个变量之间的关系比较密切。第二个主成分中，“净资产收益率”的系数比较大，第二个主成分和这个变量的关系比较密切。

表 8.4 因子载荷阵

Component Matrix[a]

	Component	
	1	2
销售净利润	.731	-.513
资产净利率	.818	.503
净资产收益率	.359	.897
销售毛利率	.752	-.477

Extraction Method: Principal Component Analysis.
a. 2 components extracted.

表 8.5 因子得分系数矩阵

Component Score Coefficient Matrix

	Component	
	1	2
销售净利润	.385	-.331
资产净利率	.431	.325
净资产收益率	.189	.579
销售毛利率	.396	-.308

Extraction Method: Principal Component Analysis.
Component Scores.

Component Score Coefficient Matrix（因子得分系数矩阵表，见表 8.5）显示未经过因子旋转的公因子（主成分）的因子得分系数。根据表 8.5 可以写出前两个主成分的因子得分表达式：

$$Z_1 = 0.385x_1 + 0.431x_2 + 0.189x_3 + 0.396x_4$$

$$Z_2 = -0.331x + 0.325x_2 + 0.579x_3 - 0.308x_4$$

将上面第一个公式乘以第一个主成分对应的特征值的平方根（$\sqrt{1.897}$），得到第一个主成分得分的表达式：

$$\begin{aligned} F_1 &= 0.385 \cdot \sqrt{1.897}x_1 + 0.431 \cdot \sqrt{1.897}x_2 \\ &\quad + 0.189 \cdot \sqrt{1.897}x_3 + 0.396 \cdot \sqrt{1.897}x_4 \\ &= 0.5306x_1 + 0.5938x_2 + 0.2607x_3 + 0.5458x_4 \end{aligned}$$

将上面第二个公式乘以第二个主成分对应的特征值的平方根（$\sqrt{1.550}$），得到第二个主成分的表达式：

$$\begin{aligned} F_2 &= -0.331 \cdot \sqrt{1.550}x + 0.325 \cdot \sqrt{1.550}x_2 \\ &\quad + 0.579 \cdot \sqrt{1.550}x_3 - 0.308 \cdot \sqrt{1.550}x_4 \\ &= -0.4122x_1 + 0.4045x_2 + 0.7207x_3 - 0.3835x_4 \end{aligned}$$

返回到 Data View 窗口，可以发现原数据文件中添加了两个新变量 FAC1_1 和 FAC2_1，它们是没有使用因子旋转求得的因子得分值，要计算得到前两个主成分的主成分得分值（见图 8.5），应该使用 Compute 命令。单击菜单 Transform→Compute，弹出 Compute Variable（计算变量）对话框（见图 8.6）。

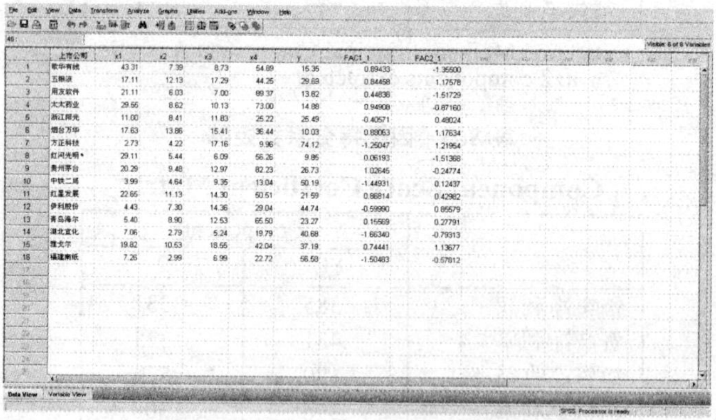

图 8.5　数据视图中增加了因子得分变量

在 Target Variable(目标变量)下方文本框中输入 F1,代表第一个主成分得分;单击下方变量列表框中的 FAC1_1,再单击向右的箭头,将它移入 Numeric Expression 中,然后输入下面的表达式:FAC1_1 * SQRT(1.897)(1.897 就是第一个主成分的特征值)。单击 OK 按钮,原数据文件中会生成第一个主成分的得分值。

单击常用工具栏上的 Recall Recently used dialogs 按钮,在弹出的下拉列表中选择 Compute Variable,重新返回到计算变量对话框(见图 8.7)。

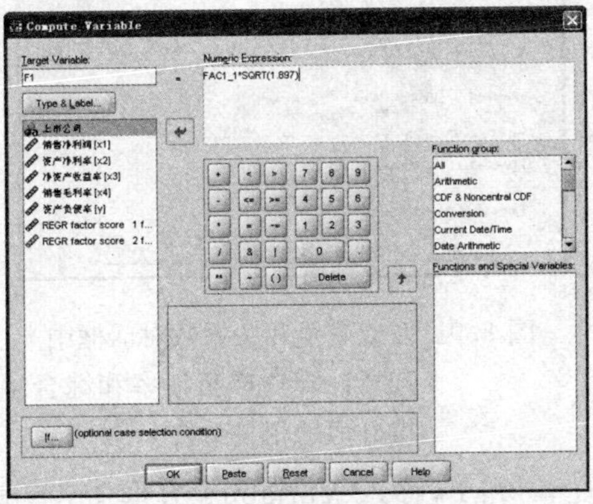

图 8.6 在 Compute Variable 对话框中输入第一个主成分得分表达式

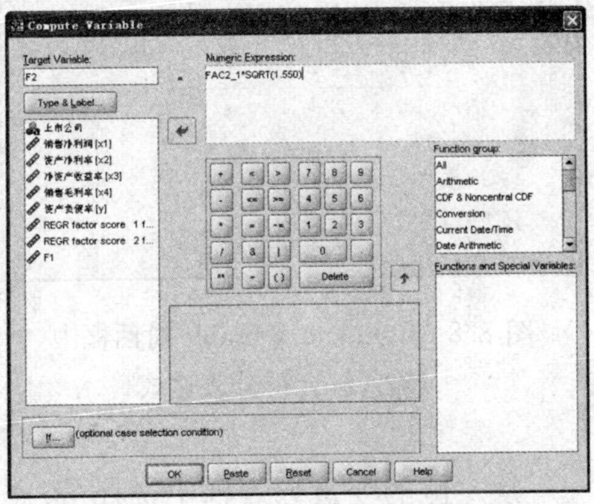

图 8.7 在 Compute Variable 对话框中输入第二个主成分得分表达式

在 Target Variable(目标变量)下方文本框中输入 F2,代表第二个主成分得分;单击下方变量列表框中的 FAC2_1,再单击向右的箭头,将它移入 Numeric Expression 中,然后输入下面的表达式:FAC2_1 * SQRT(1.550)(1.550 是第二个主成分的特征值)。单击 OK 按钮,原数据文件中会生成第二个主成分的得分值。

要分析企业盈利和资本结构的关系,应该进一步分析盈利能力综合主成分和资产负债率之间的关系,为此需要计算盈利能力综合主成分得分。

单击常用工具栏上的 Recall Recently used dialogs 按钮,在弹出的下拉列表中选择 Compute Variable,重新返回到计算变量对话框(见图 8.8)。在 Target Variable(目标变量)下方文本框中输入 F,代表综合主成分得分。在 Numeric Expression 中输入下面的表达式:0.47429 * F1+0.3874 * F2,其中 0.47429 为第一个主成分的方差解释比,0.3874 为第二个主成分的方差解释比,单击 OK 按钮,原数据文件中会生成综合主成分的得分值。

要分析盈利能力综合主成分和资产负债率之间的关系，单击菜单 Analyze→Correlation→Bivariate，打开 Bivariate Correlation（双变量相关系数）对话框（见图 8.9）。

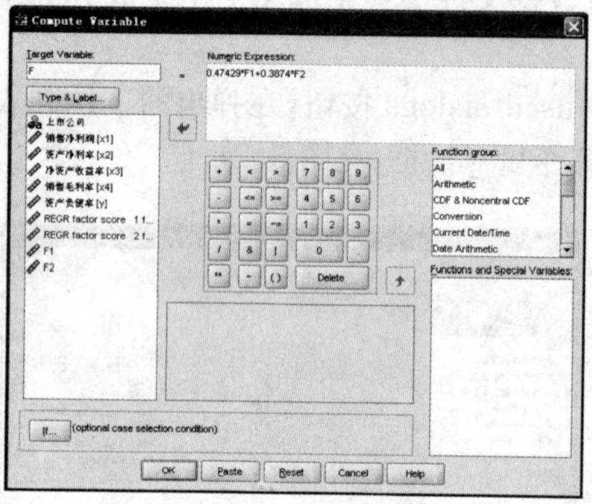

图 8.8 Compute Variable 对话框中输入综合得分表达式

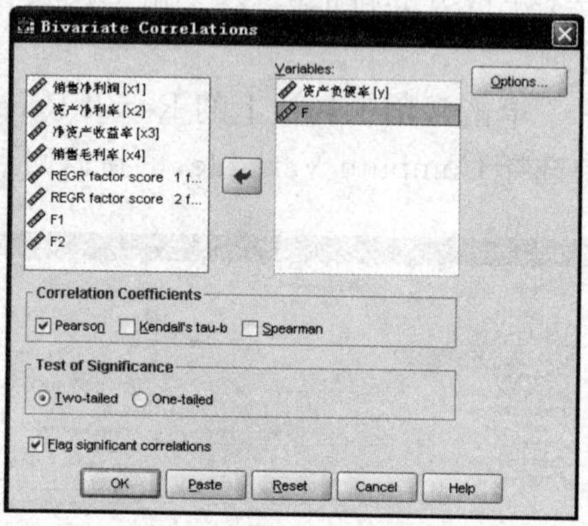

图 8.9 在双变量相关系数对话框中选择计算资产负债率和综合得分值的相关系数

从左侧的变量列表框中选择“资产负债率”和 F，移入 Variables 方框中，单击 OK 按钮，输出这两个变量的相关系数矩阵。

Correlation（相关系数矩阵表，见表 8.6）显示资产负债率和盈利能力综合得分的相关系数 $r=-0.372$，其对应的显著性水平 $Sig.=0.156>0.05$，在 5%的显著性水平下这两个变量之间的相关性并不显著。

表 8.6 资产负债率和综合得分的相关系数表

Correlations

		资产负债率	F
资产负债率	Pearson Correlation	1	-.372
	Sig. (2-tailed)		.156
	N	16	16
F	Pearson Correlation	-.372	1
	Sig. (2-tailed)	.156	
	N	16	16

使用 SPSS 进行因子分析和主成分分析时，很容易把因子得分函数的表达式当作主成分得分函数的表达式，或者把因子得分当作主成分得分，其实两者是存在差别的，本例说明了因子得分和主成分得分之间的关系。

8.2 因子分析

因子分析主要用于数据缩减(data reduction)和结构探索性(structure detection)分析。数据缩减或数据简化的目的就是从数据文件中删除多余(高度相关)的变量,或者用一些较少的不相关的变量来代替原来的全部变量中的信息。而结构探索性的目的是检验变量间潜在的关系。

因子分析在解决问题的过程中有多种提取因子的方法。在数据缩减过程中,一般使用 Principal Component (主成分法)提取因子,从变量中首先选择一个公因子,让它尽可能多地解释变量中的方差变动,然后再寻找另外一个公因子,解释剩余变量中的方差变动,而且和前面的公因子不存在相关性,按照这种方法继续寻找其他的公因子,直到公因子的数目和原始数据中的变量数相同。但是在一般情况下,几个公因子就能够解释绝大部分的方差变动,也能用这几个公因子代替原始变量。减少数据中的变量个数时,使用这种方法的最为普遍。在结构探索性分析过程中使用另外一种提取因子的方法,即 Principal Axis Factoring (主因素轴法)提取因子,这种方法比主成分法又进了一步,它增加了一个假定,也就是数据中的某些波动是不能被因子解释。这种解决方法只能解释小部分总体方差变动,但是向因子模型中增加这种结构,可以使得这种方法成为探索变量之间关系的一种理想方法。

和主成分分析相比,因子分析对样本容量(个案个数)有一定的要求,根据一般的经验法则,样本容量最好在 100 以上,样本容量越大越好。另外,样本容量和变量的个数之比应该在 5∶1 之上,最理想的情况是样本容量为变量个数的 10 倍～25 倍,当然在实际分析中有时很难达到这样的标准。

在进行因子分析时,还需要判断变量之间是否存在相关性,如果各个变量之间没有多少相关性,那么提取公因子就没有什么意义,SPSS 提供了 KMO 统计量和 Barelett's 球形检验统计量来检验数据是否适合进行因子分析。

KMO 统计量用于检验变量间的偏相关性是否足够小,是简单相关系数与偏相关系数的一个相对指数,它的计算公式为:

$$KMO = \frac{\sum\sum_{i\neq j} r_{ij}^2}{\sum\sum_{i\neq j} r_{ij}^2 + \sum\sum_{i\neq j} a_{ij}^{2*}}$$

其中,r_{ij} 为相关系数,a_{ij}^* 为反映像相关系数(anti－image correlation coefficient)。KMO 统计量取值在 0～1 之间,其值越大,因子分析的效果越好。Kaiser 认为,

$KMO>0.9$ 时，做因子分析的效果最理想；$KMO<0.5$ 时，不宜做因子分析。

Bartlett 球型检验统计量用于检验相关系数矩阵是否是单位阵，如果相关系数是单位矩阵，那么变量间就没有相关性，就不适宜进行因子分析。在原假设成立时，Bartlett 球型检验统计量近似服从卡方分布，其检验统计量为：

$$\chi^2 = -\left(n - 1 - \frac{2k+5}{6}\right)\ln |R|$$

卡方统计量的自由度为 $k(k-1)/2$，n 为样本容量，k 为变量个数，$|R|$ 为相关系数矩阵的行列式。如果 χ^2 的显著性水平 $Sig.<0.05$，那么就可以拒绝相关系数为单位阵的原假设，数据适合进行因子分析。

不管采取哪种因子提取方法，用因子分析法来解决问题时必须回答两个问题：一个是需要多少个公因子来替代原始变量，二是这些公因子到底具有什么意义。

【例 8.2】 地区经济发展基本情况分析。

描述一个地区经济发展基本情况的变量有很多，比如“国内生产总值”、“居民消费水平”，这些变量从哪些方面来反映经济发展的基本情况，它们之间有什么样的关系，能不能从它们之间提取一些共同的因子来描述经济发展状况，可以考虑使用因子分析来研究。

打开“2005 年中国(内地)30 个省、市、自治区经济发展基本数据.sav”，使用因子分析中的主成分法来进行分析这些变量之间的关系。数据文件中使用的变量名、变量标签及变量测度类型见表 8.7。

表 8.7 数据文件中变量名、变量标签与变量类型

变量名 Variable name	变量标签 Label	变量类型
地区		名义变量
X1	国内生产总值	尺度变量
X2	居民消费变量	尺度变量
X3	固定资产投资	尺度变量
X4	职工平均工资	尺度变量
X5	货物周转量	尺度变量
X6	居民消费价格指数	尺度变量
X7	零售商品价格指数	尺度变量
X8	工业总产值	尺度变量

单击 Analyze→Data Reduction→Factor…，打开因子分析对话框（见图 8.10）。

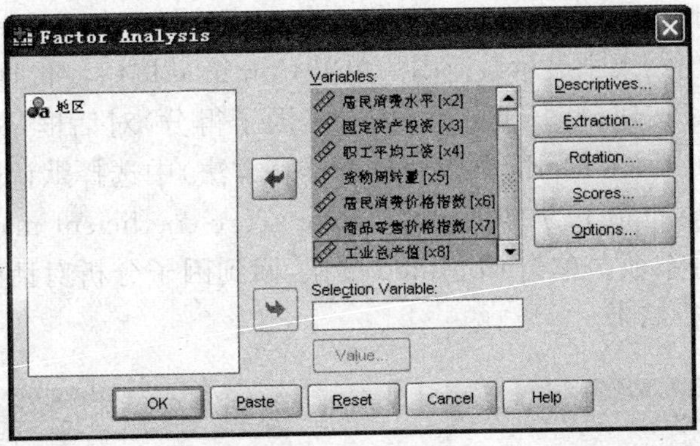

图 8.10　在因子分析对话框中选分析变量

从右侧的变量列表框中选择“国内生产总值”与“工业总产值”之间的 8 个变量作为分析变量，移入 Variables 方框中。

单击 Descriptives 按钮，弹出因子分析描述性统计量对话框（见图 8.11），在 Correlation Matrix（相关系数矩阵）选项中，勾选 KMO and Bartlett's test of sphericity，在输出结果中显示 KMO 和 Bartlett 球型检验统计量。单击 Continue 按钮，回到因子分析主对话框。

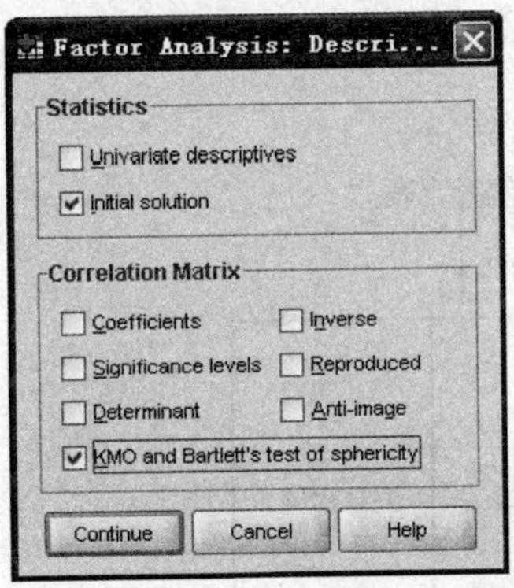

图 8.11　在描述性统计量表中选择输出统计量

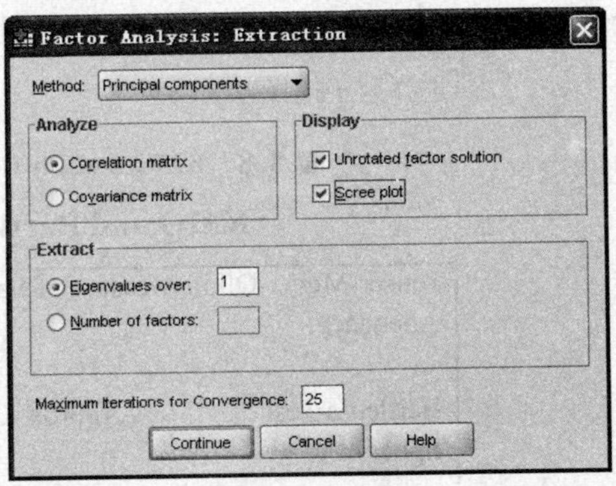

图 8.12　在因子提取对话框中选择提取因子的方法和输出的图形

单击 Extraction 按钮，打开因子提取对话框。在因子提取对话框中（见图 8.12），除了默认的选项以外，还选择 Scree Plot，在输出结果中显示碎石图，单击

Continue 按钮，回到因子分析对话框。

单击 Rotation 按钮，打开 Rotation（因子转置）对话框（见图 8.13），在 Method 中选择 Varimax，对因子进行方差最大化正交旋转。勾选 Display 中的 Loading plots，在输出结果中显示载荷图。单击 Continue 按钮，回到因子分析对话框。

单击 Scores 按钮，打开 Factor Scores（因子得分）对话框（见图 8.14），选择 Save as Variables。在 Method（因子得分计算方法）中选择默认的 Regression 方法，并且选择对话框最下方的 Display factor score coefficient matrix，在输出结果中显示因子得分系数。单击 Continue 按钮，回到因子分析对话框后单击 OK 按钮，输出因子分析结果。

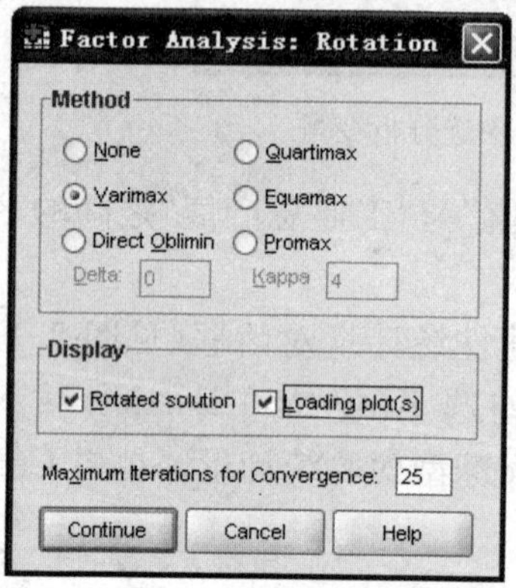

图 8.13　在因子转置对话框中选择因子选择方法

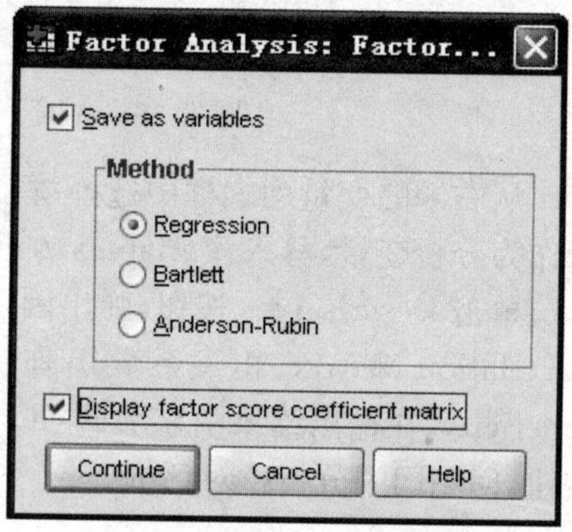

图 8.14　在因子得分对话框中进行设置

表 8.8　KMO and Bartlett's 检验统计表

KMO and Bartlett's Test

Kaiser-Meyer-Olkin Measure of Sampling Adequacy.		.707
Bartlett's Test of Sphericity	Approx. Chi-Square	310.084
	df	28
	Sig.	.000

KMO and Bartlett's Test 统计表（见表 8.8）显示 $KMO = 0.707 > 0.5$，数据适合进行因子分析。Bartlett 球形检验统计量 $\chi^2 = 310.084$，对应的显著性水平 $Sig. = 0.000 < 0.05$，对数据进行因子分析有效。

表 8.9 使用主成分法得到的共同度表

Communalities

	Initial	Extraction
国内生产总值	1.000	.978
居民消费水平	1.000	.798
固定资产投资	1.000	.939
职工平均工资	1.000	.808
货物周转量	1.000	.437
居民消费价格指数	1.000	.797
商品零售价格指数	1.000	.839
工业总产值	1.000	.966

Extraction Method: Principal Component Analysis.

Communalities(共同度表,又称公因子方差比表)显示每个变量被主成分解释的方差比例,表 8.9 中包括初始共同度 h_i^2 (Initial Communalities)和提取的共同度 h_i^2 (Extraction Communalities)。共同度 h_i^2 是每个变量的方差被全部公因子解释的比例,采用主成分提取因子时,初始的共同度 h_i^2 通常都设定为 1。如果提取的共同度 h_i^2 越接近 1,那么某个变量的全部原始信息几乎都能够被所选取的公因子所解释;提取的共同度 h_i^2 越小,公因子对变量的影响越小,此时,应该考虑采用提取因子的其他方法。从表 8.9 中可以看出,除了变量"货物周转量"以外,其他 7 个变量提取的共同度都比较大,表明提取的公因子基本上都能够很好地解释原始变量。

表 8.10 总体方差解释表

Total Variance Explained

	Initial Eigenvalues			Extraction Sums of Squared Loadings			Rotation Sums of Squared Loadings		
Component	Total	% of Variance	Cumulative %	Total	% of Variance	Cumulative %	Total	% of Variance	Cumulative %
1	3.731	46.635	46.635	3.731	46.635	46.635	3.315	41.435	41.435
2	2.832	35.399	82.034	2.832	35.399	82.034	3.248	40.599	82.034
3	.647	8.083	90.117						
4	.539	6.742	96.859						
5	.112	1.403	98.262						
6	.101	1.262	99.524						
7	.032	.399	99.922						
8	.006	.078	100.000						

Extraction Method: Principal Component Analysis.

和表 8.3 的总体方差解释表相比,表 8.10 中增加了 Rotation Sums of Squared Loadings (转置后的载荷平方和)。Initial Eigenvalue 部分显示前两个主

成分的特征值大于1,按照默认的选项提取它们作为公因子,它们能解释总体方差82%左右的变动。对因子载荷阵进行方差最大化正交旋转以后,每个公因子对总体方差的解释程度,发生了一定的变化:第一个公因子对总体方差的解释程度从原先的46.635%下降到41.435%,第二个公因子对总体方差的解释程度,从原先的35.399%上升到40.599%,和没有进行方差正交最大化旋转相比,每个公因子对总体方差的解释程度变得相对平均一点。

Scree Plot (碎石图)是以主成分个数(Component Number)为横坐标,特征值(Eigenvalue)为纵坐标绘制的一个折线图(见图8.15),它能帮助我们选择模型中的公因子个数。一般我们在斜率最陡的地方开始提取公因子,斜率平缓的那些公因子对问题的解决没有太大的用处。从上面的碎石图可以看出,第二个和第三个主成分之间的下降幅度最大,随后折线图就变得非常平缓,因此我们可以提取前两个主成分作为公因子进行因子分析。

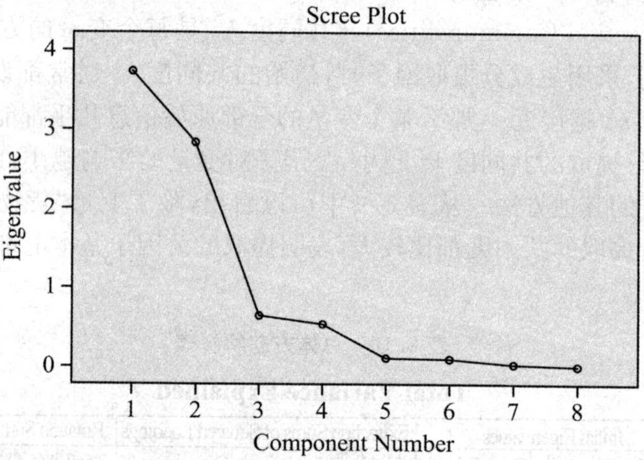

图8.15 碎石图

Component Matrix(因子载荷阵)显示在第一个公因子上,"国内生产总值"、"居民消费水平"、"固定资产投资"、"职工平均工资"、"货物周转量"、和"工业总产值"的系数(载荷)都比较大,第二个公因子上,"国内生产总值"、"固定资产投资"、"职工平均工资"、"居民消费价格指数"、"商品零售价格指数"和"工业总产值"有较大的载荷(见表8.12)。

Rotated Component Matrix (旋转后的因子载荷阵)能帮助我们进一步明确每个公因子和变量之间的关系,对公因子进行合理的解释以及因子命名。表

8.13 显示，公因子进行旋转以后，“国内生产总值”、“固定资产投资”和“工业总产值”这三个变量在第一个公因子上的载荷较大，这三个变量和第一个公因子高度相关。变量“居民消费水平”、“职工平均工资”、“居民消费价格指数”和“商品零售价格指数”在第二个公因子的载荷上较大，它们和第二个公因子高度相关。

表 8.12　因子载荷阵

Component Matrix[a]

	Component	
	1	2
国内生产总值	.715	.683
居民消费水平	.827	-.337
固定资产投资	.750	.613
职工平均工资	.726	-.530
货物周转量	.661	-.032
居民消费价格指数	-.491	.746
商品零售价格指数	-.487	.776
工业总产值	.728	.660

Extraction Method: Principal Component Analysis.
a. 2 components extracted.

表 8.13　旋转后的因子载荷阵

Rotated Component Matrix[a]

	Component	
	1	2
国内生产总值	.989	-.014
居民消费水平	.377	.810
固定资产投资	.967	.061
职工平均工资	.171	.882
货物周转量	.462	.473
居民消费价格指数	.147	-.881
商品零售价格指数	.171	-.900
工业总产值	.983	.012

Extraction Method: Principal Component Analysis.
Rotation Method: Varimax with Kaiser Normalization.
a. Rotation converged in 3 iterations.

因子载荷图(Component Plot)是以第一个公因子的载荷作为横坐标，第二个公因子的载荷作为纵坐标绘制的散点图，图 8.16 显示 X_1（国内生产总值）、X_3（固定资产投资）和 X_8（工业总产值）这三个变量聚集在第一个公因子的右半轴，

X_2（居民消费水平）和 X_4（职工平均工资）聚集在第二个公因子的上半轴，X_6（居民消费价格指数）和 X_7（零售商品价格指数）聚集在第二个公因子的下半轴，这个结果和因子载荷阵显示的信息是一致的。

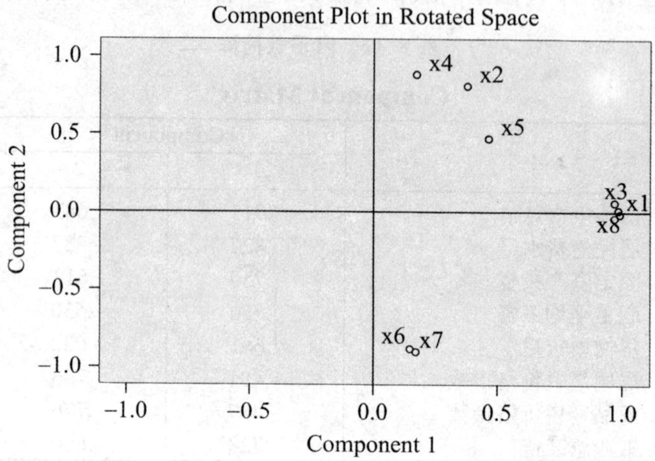

图 8.16　因子载荷图

Component Score Coefficient Matrix（因子得分系数矩阵表）显示每个公因子的因子得分系数(见表 8.14)。和旋转后的因子载荷阵相似，"国内生产总值"、

表 8.14　主成分得分系数矩阵表

Component Score Coefficient Matrix

	Component	
	1	2
国内生产总值	.305	−.046
居民消费水平	.081	.238
固定资产投资	.295	−.022
职工平均工资	.015	.270
货物周转量	.122	.129
居民消费价格指数	.083	−.283
商品零售价格指数	.091	−.290
工业总产值	.302	−.038

Extraction Method: Principal Component Analysis.
Rotation Method: Varimax with Kaiser Normalization.
Component Scores.

“固定资产投资”和“工业总产值”的因子得分系数在第一个公因子中比较大，它们反映了总体经济水平。“居民消费水平”、“职工平均工资”、“居民消费价格指数”和“商品零售价格指数”在第二个公因子中比较大，它们反映了居民的收入和消费水平。因此可以命名第一个公因子为“总量”因子，第二个公因子为“收入消费”因子。根据表 8.14 可以写出前两个公因子的因子得分表达式：

$$
\begin{aligned}
Factor_1 = & \ 0.306x_1 + 0.081x_2 + 0.295x_3 + 0.015x_4 \\
& + 0.122x_5 + 0.083x_6 + 0.091x_7 + 0.0302x_8 \\
Factor_2 = & -0.046x_1 + 0.238x_2 - 0.022x_3 \\
& + 0.270x_4 + 0.129x_5 - 0.283x_6 - 0.290x_7 - 0.038x_8
\end{aligned}
$$

返回到 Data View 窗口，可以发现原数据文件中添加了两个新变量 FAC1_1 和 FAC2_1，两个公因子的得分就保存在这两个新变量中(见图 8.17)。如果需要对内地 30 个省、市、自治区的经济发展情进行综合评价，需要计算因子综合得分，一般使用公因子对应的方差贡献率为权数计算因子综合得分 F：

$$
\begin{aligned}
F = & \frac{\lambda_1}{\lambda_1 + \lambda_2} F_1 + \frac{\lambda_2}{\lambda_1 + \lambda_2} F_2 \\
= & \frac{3.731}{3.731 + 2.832} F_1 + \frac{3.731}{3.731 + 2.832} F_2 \\
= & \ 0.5685F_1 + 0.4315F_2
\end{aligned}
$$

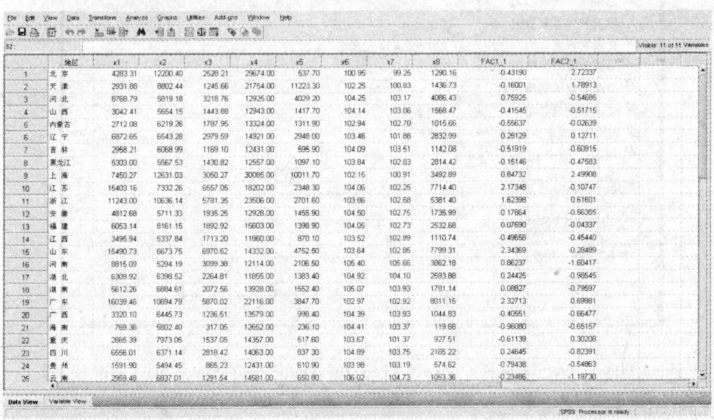

	地区	x1	x2	x3	x4	x5	x6	x7	x8	FAC1_1	FAC2_1
1	北 京	4283.31	12200.40	2528.21	29674.00	537.70	100.95	99.25	1290.16	-0.43190	2.72337
2	天 津	2931.88	8802.44	1245.66	21754.00	11223.30	102.25	100.83	1436.73	-0.16001	1.78913
3	河 北	8768.79	5819.18	3218.76	12925.00	4029.20	104.25	103.17	4086.43	0.75925	-0.54686
4	山 西	3042.41	5654.15	1443.88	12943.00	1417.70	104.14	103.06	1568.47	-0.41545	-0.51715
5	内蒙古	2712.08	6219.26	1787.95	13324.00	1311.90	102.94	102.70	1015.66	-0.55637	-0.02639
6	辽 宁	6872.65	6543.28	2979.59	14921.00	2948.00	103.46	101.88	2832.99	0.29129	0.12711
7	吉 林	2958.21	6068.99	1169.10	12431.00	595.90	104.09	103.51	1142.08	-0.51919	-0.60915
8	黑龙江	5303.00	5567.53	1430.82	12557.00	1097.10	103.84	102.83	2814.42	-0.15146	-0.47583
9	上 海	7450.27	12631.03	3050.27	30085.00	10011.70	102.15	100.91	3492.89	0.84732	2.49908
10	江 苏	15403.16	7332.26	6557.05	18202.00	2348.30	104.06	102.25	7714.40	2.17348	-0.10747
11	浙 江	11243.00	10636.14	5781.35	23506.00	2701.60	103.86	102.68	5381.40	1.62398	0.61601
12	安 徽	4812.68	5711.33	1935.25	12928.00	1455.90	104.50	102.75	1735.99	-0.17664	-0.56355
13	福 建	6053.14	8161.15	1892.92	15603.00	1398.90	104.05	102.73	2532.68	0.07690	-0.04337
14	江 西	3495.94	5337.84	1713.20	11860.00	870.10	103.52	102.99	1110.74	-0.49658	-0.45440
15	山 东	15490.73	6673.75	6970.62	14332.00	4752.50	103.64	102.85	7799.31	2.34369	-0.28489
16	河 南	8815.09	5294.19	3099.38	12114.00	2106.50	105.40	105.66	3862.18	0.86237	-1.60417
17	湖 北	6309.92	6398.52	2264.81	11855.00	1383.40	104.92	104.10	2593.88	0.24425	-0.98545
18	湖 南	5612.26	6884.61	2072.56	13928.00	1552.40	105.07	103.93	1781.14	0.08827	-0.79597
19	广 东	16039.46	10694.79	5870.02	22116.00	3847.70	102.97	102.92	8011.15	2.32713	0.69981
20	广 西	3320.10	6445.73	1236.51	13579.00	998.40	104.39	103.93	1044.83	-0.40551	-0.66477
21	海 南	769.36	5802.40	317.05	12652.00	236.10	104.41	103.37	119.68	-0.96080	-0.65157
22	重 庆	2665.39	7973.05	1537.05	14357.00	517.60	103.67	101.37	927.51	-0.61139	0.30208
23	四 川	6556.01	6371.14	2818.42	14063.00	837.30	104.89	103.75	2165.22	0.24645	-0.82391
24	贵 州	1591.90	5494.45	865.23	12431.00	610.90	103.98	103.19	574.62	-0.79438	-0.54863
25	云 南	2959.48	6837.01	1291.54	14581.00	650.80	106.02	104.73	1053.36	-0.23486	-1.19730

图 8.17　数据视图中显示增加了因子得分值变量

单击菜单 Transform→Compute，弹出 Compute Variable(计算变量)对话框(见图 8.18)。

在 Target Variable(目标变量)下方文本框中输入 F，代表综合因子得分。在

Numeric Expression 中输入下面的表达式：0.5685 * FAC1_1+0.4315 * FAC2_1，单击 OK 按钮，原数据文件中会生成综合因子得分变量 F。

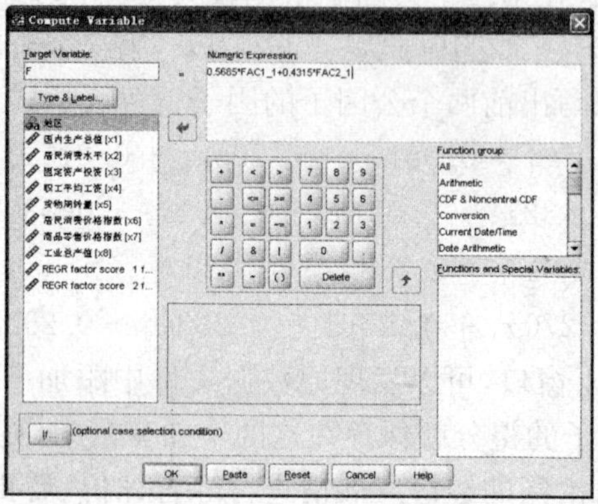

图 8.18　在 Compute Variable 对话框中输入综合因子得分表达式

最后可以对各地区的综合因子得分进行排序，单击菜单 Transform→Rank Cases，弹出 Rank Cases（个案排序）对话框（见图 8.19）。

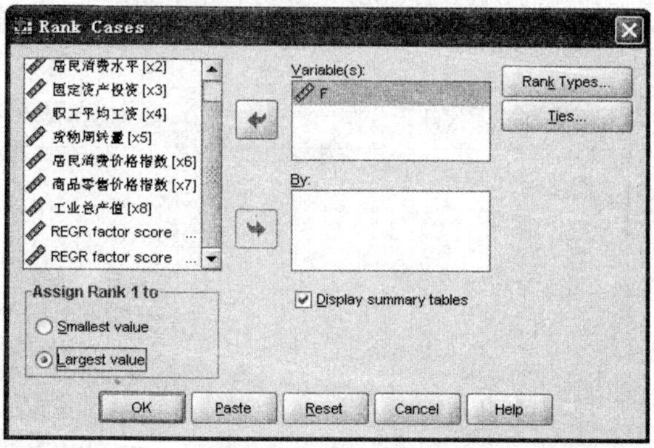

图 8.19　在 Rank Cases 对话框中对因子综合得分值排序

从左侧的变量列表框中选择综合因子得分变量 F，将它移入 Variable 方框中，单击 Assign Ranks 1 to 中的 Largest value 按钮，单击 OK 按钮，原数据文件中显示各地区综合得分的排序变量 RF。

从排序结果中（见图 8.20）可以看出综合得分前 6 位的省市是：广东、上海、山东、江苏、浙江和北京，综合得分最后 6 位的省市是：吉林、青海、云南、贵州、宁夏和海南。

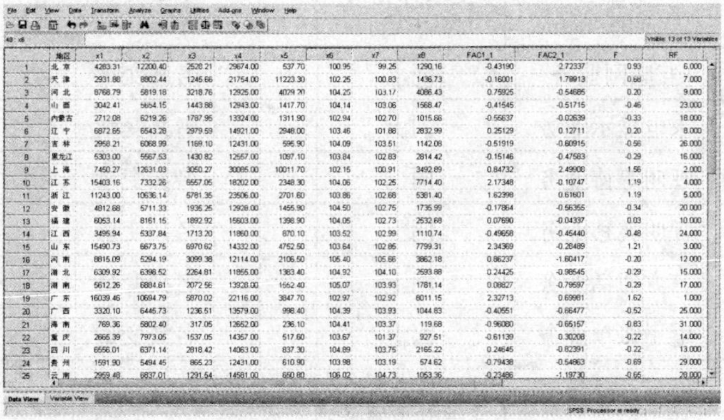

图 8.20　数据视图中显示新增了排序变量

【例 8.3】　电信客户使用模式分析。

一位电信通讯供应商试图通过分析客户的数据库资料，更好了解客户使用服务的模式。如果一些服务能够根据用途聚合在一起，那么这家电信公司就能够为客户提供更有吸引力的一系列服务。

打开“电信公司业务.sav”，使用因子分析来判断影响电信公司业务的各个变量之间的关系。数据文件中使用的变量名、变量标签值及变量类型见表 8.15。

表 8.15　数据文件中变量名、变量标签值与变量类型

变量名 Variable name	变量标签值 Label Value	变量类型 Measure
地区		名义变量
长途电话业务		尺度变量
免费电话业务		尺度变量
设备租赁业务		尺度变量
电话卡业务		尺度变量
无线业务		尺度变量
多线业务	0＝未使用 1＝使用	名义变量
语音邮件业务	同上	名义变量
传呼业务	同上	名义变量

(续)表 8.15

变量名 Variable name	变量标签值 Label Value	变量类型 Measure
互联网业务	同上	名义变量
来电显示业务	同上	名义变量
呼叫等待业务	同上	名义变量
呼叫转移业务	同上	名义变量
三方通话业务	同上	名义变量
电子账单业务	同上	名义变量
客户类型	1=基本服务 2=电子服务 3=增值服务 4=全部服务	名义变量

数据来源:SPSS 16.0 Samples 中的 telco.sav

单击 Analyze→Data Reduction→Factor…,打开因子分析对话框(见图 8.21)。

图 8.21　在因子分析对话框中选择分析变量

从右边的变量列表框中选择“长途电话业务”与“电子账单业务”之间的 14 个变量作为分析变量,移入右边 Variables 方框中。

单击 Descriptives 按钮,弹出 Descriptive(描述性统计量)对话框(见图 8.22),在 Correlation Matrix 中勾选 KMO and Bartlett's test of sphericity,单击 Continue 按钮,回到因子分析对话框。

在因子分析对话框中，单击 Extraction 按钮，打开 Extraction（因子提取）对话框（见图 8.23），使用默认的主成分法，单击 Continue 按钮，回到因子分析对话框。

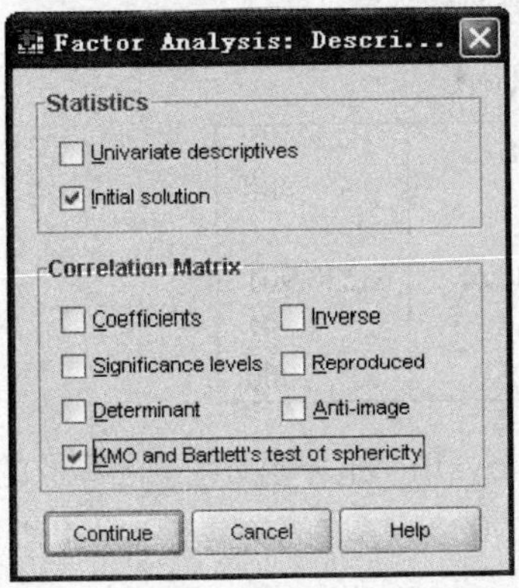

图 8.22　在描述性统计量对话框中选择输出统计量和相关系数矩阵

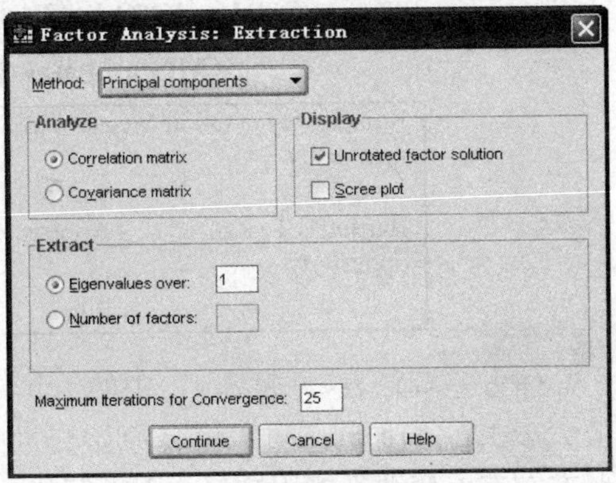

图 8.23　在提取因子对话框中选择主成分法提取法

在因子分析对话框中，单击 Rotation 按钮，在 Rotation（因子转置）对话框中（见图 8.24），勾选 Method 中的 Varimax，在 Display 中勾选 Loading plots，在输出结果中显示载荷图，单击 Continue 按钮，回到因子分析对话框。单击 OK 按钮后输出分析结果。

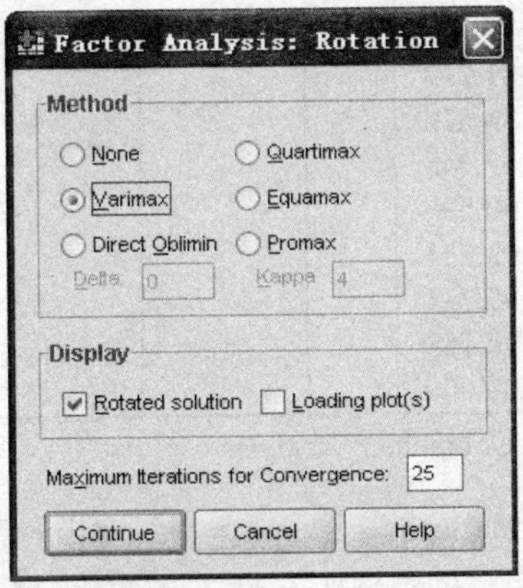

图 8.24　在因子转置对话框中选择因子转置方法和输出图表

KMO and Bartlett's Test 统计表(见表 8.16)显示 $0.8 < KMO = 0.888 < 0.9$，数据非常适合进行因子分析。Bartlett 球形检验统计量 $\chi^2 = 6230.901$，其对应的显著性水平 $Sig. < 0.05$，表明对数据进行因子分析是有效的。

表 8.16　KMO and Bartlett's 检验统计表

KMO and Bartlett's Test

Kaiser-Meyer-Olkin Measure of Sampling Adequacy.		.888
Bartlett's Test of Sphericity	Approx. Chi-Square	6230.901
	df	91
	Sig.	.000

总体方差解释表(见表 8.17)中的 Initial Eigenvalue 部分显示三个因子的特征值大于 1，它们加起来可以解释原始变量中 64.903%左右的方差变动，仍旧有 35%左右方差变动不能用这三个因子解释。

表 8.17　使用主轴因子提取法得到的总体方差解释表

Total Variance Explained

Component	Initial Eigenvalues			Extraction Sums of Squared Loadings			Rotation Sums of Squared Loadings		
	Total	% of Variance	Cumulative %	Total	% of Variance	Cumulative %	Total	% of Variance	Cumulative %
1	4.877	34.838	34.838	4.877	34.838	34.838	4.136	29.543	29.543
2	2.733	19.518	54.357	2.733	19.518	54.357	3.304	23.599	53.142
3	1.476	10.546	64.903	1.476	10.546	64.903	1.647	11.761	64.903
4	.697	4.979	69.883						
5	.612	4.368	74.251						
6	.508	3.628	77.879						
7	.470	3.358	81.237						
8	.461	3.289	84.526						
9	.423	3.021	87.548						
10	.418	2.988	90.536						
11	.377	2.695	93.231						
12	.350	2.503	95.733						
13	.339	2.424	98.158						
14	.258	1.842	100.000						

Extraction Method: Principal Component Analysis

表 8.17 中的 Rotation Sums of Squared Loading 部分显示对因子进行方差最大化正交旋转以后，第一个公因子对方差的解释程度由 34.828%下降到 29.543%，第二个公因子对方差的解释程度由原先19.518%上升到23.599%，第

三个公因子对方差的解释程度由原先的 10.546%上升到 11.761%，但是，这三个公因子对方差的共同解释程度仍然为 64.903%。

观察未旋转的因子 Componont Matrix（因子载荷矩阵，见表 8.18），变量和公因子之间的关系还是非常清楚的。第一个公因子和"免费电话业务"、"无线业务"、"语音邮件业务"、"传呼业务"、"来电显示业务"、"呼叫等待业务"、"呼叫转移业务"以及"三方通话业务"这 8 个变量之间的相关性较强，第二个公因子和"设备租赁业务"、"互联网业务"以及"电子账单业务"这三个变量之间相关性较强，第三个公因子和"长途电话业务"之间的关系最为密切。

表 8.18　未旋转的因子载荷矩阵

Component Matrix

	Component		
	1	2	3
长途电话业务	.150	-.249	.819
免费电话业务	.685	-.405	.018
设备租赁业务	.503	.693	.035
电话卡业务	.407	-.295	.524
无线业务	.813	.268	.023
多线业务	.285	.344	.645
语音邮件业务	.712	.255	-.062
传呼业务	.729	.270	-.081
互联网业务	.342	.720	-.039
来电显示业务	.714	-.367	-.198
呼叫等待业务	.705	-.391	-.147
呼叫转移业务	.713	-.361	-.152
三方通话业务	.696	-.368	-.116
电子帐单业务	.266	.735	-.066

Extraction Method: Principal Component Analysis.
a. 3 components extracted.

从上面的因子载荷矩阵中还可以看出有些变量和第一个公因子正相关，和第二个公因子却存在负相关的关系，如变量"长途电话业务"、"免费电话业务"、"电话卡业务"、"来电显示业务"、"呼叫等待业务"、"呼叫转移业务"和"三方通话业务"。另外变量"电话卡业务""多线业务"在三个公因子上的载荷系数都大于 0.2，这就使得变量和公因子之间的关系显得有点复杂。使用 Principle axis factoring（主因素轴法）提取因子或许可以将变量和公因子之间的关系变得清晰起来。

单击常用工具栏上的 Recall Recently used dialogs 按钮，在弹出的下拉列表中选择 Factor，回到因子分析对话框。单击 Extraction 按钮，打开 Extraction（因子提取)对话框(见图 8.25),单击 Method 右侧的下拉箭头,从列表框中选择 Principle axis factoring。单击 Continue 按钮,回到因子分析对话框。

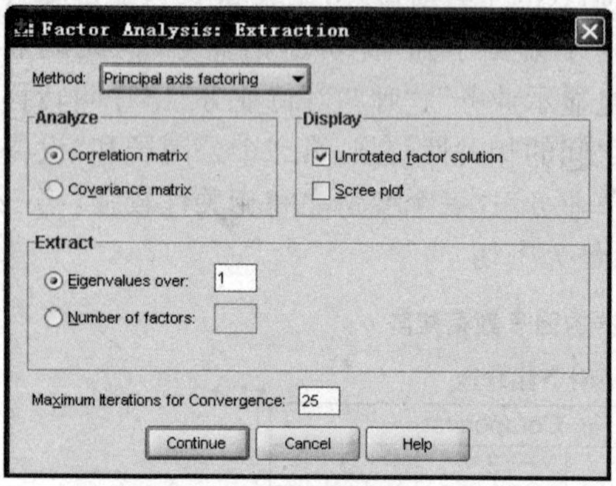

图 8.25　在提取因子对话中选择主因素轴法

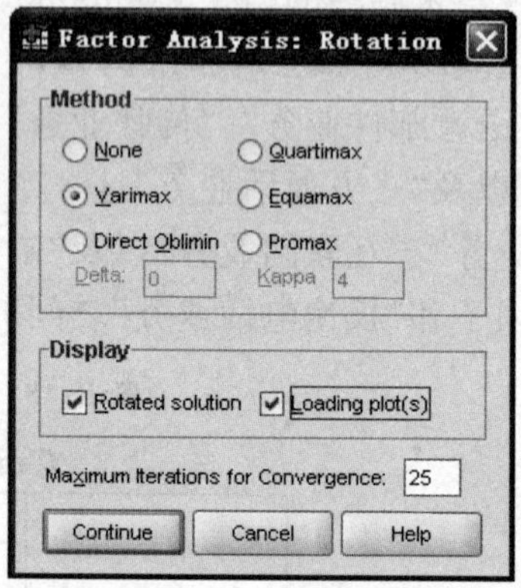

图 8.26　因子转置对话框中选择 Loading Plots

在因子分析对话框中,单击 Rotation 按钮,在 Rotation(因子转置)对话框中(见图 8.26),勾选 Display 中的 Loading plots,在输出结果中显示载荷图,单击 Continue 按钮,回到因子分析对话框,单击 OK 按钮后输出分析结果。

表 8.19　使用主因素轴法得到的共同度表

Communalities

	Initial	Extraction
长途电话业务	.297	.748
免费热线电话业务	.510	.564
设备租赁业务	.579	.697
电话卡业务	.266	.307
无线业务	.660	.708
多线业务	.276	.340
语音邮件业务	.471	.501
传呼业务	.527	.541
互联网业务	.455	.525
来电显示业务	.552	.623
呼叫等待业务	.545	.610
呼叫转移业务	.532	.596
三方通话业务	.506	.561
电子帐单业务	.416	.488

Extraction Method: Principal Axis Factoring.

主因素轴法和主成分法的共同度表存在一些区别,主因素轴法的初始共同度(Intial Communalities)反映的是每个变量被其他变量解释的方差比例,各个变量的初始共同度不再相同。提取的共同度(Extraction Communalities)仍然反映每个变量的方差被提取的公因子解释比例。表 8.19 显示大部分变量的共同度都较大,但是“电话卡业务”和“多线业务”对应的共同度仅为 0.307 和 0.340,公因子对它们的解释程度较小。

总体方差解释表中的 Initial Eigenvalues 部分显示使用公因子法提取因子后,前三个公因子共同作用仍旧解释原始变量中 64.903%左右的方差变动,表 8.20 中 Extraction Sums of Squared Loadings 显示在没有进行方差最大化正交旋转之前,三个公因子累计解释原始变量 55.792%左右的方差变动,和初始解决方法相差 10%,使用主成分法进行分析时就没有显示出这部分差距,这是由于和原始变量相联系的某些潜在因子所造成的。表 8.20 中 Rotation Sums of Squared Loading 部分显示在进行方差最大化正交旋转后,第一个公因子对方差的解释程度由 31.864%下降到 26.763%,第二个公因子对方差的解释程度由原先的 16.409%上升到 20.514%,第三个公因子对方差的解释也上升了 0.996%,达到 8.515%,但是这三个公因子对方差的共同解释程度仍旧保持在 55.792%的水平。

表 8.20 使用主轴因子提取法得到的总体方差解释表

Total Variance Explained

Factor	Initial Eigenvalues			Extraction Sums of Squared Loadings			Rotation Sums of Squared Loadings		
	Total	% of Variance	Cumulative %	Total	% of Variance	Cumulative %	Total	% of Variance	Cumulative %
1	4.877	34.838	34.838	4.461	31.864	31.864	3.747	26.763	26.763
2	2.733	19.518	54.357	2.297	16.409	48.273	2.872	20.514	47.277
3	1.476	10.546	64.903	1.053	7.519	55.792	1.192	8.515	55.792
4	.697	4.979	69.883						
5	.612	4.368	74.251						
6	.508	3.628	77.879						
7	.470	3.358	81.237						
8	.461	3.289	84.526						
9	.423	3.021	87.548						
10	.418	2.988	90.536						
11	.377	2.695	93.231						
12	.350	2.503	95.733						
13	.339	2.424	98.158						
14	.258	1.842	100.000						

Extraction Method: Principal Axis Factoring

从旋转后的因子载荷矩阵(Rotated Factor Matrix,见表 8.21)可以看到,对因子进行方差最大化旋转以后，前两个公因子和变量之间关系发生了一些变化。变量“免费热线电话”、“来电显示业务”、“呼叫等待业务”、“呼叫转移业务”以及“三方通话业务”在第一个公因子上的载荷较大，这几个变量和其他两个公因子没有什么相关性，可以将第一个公因子命名为“技术服务”因子。变量“设备租赁业务”、“互联网业务”和“电子账单业务”在第二个公因子上的系数较大，它们和另外两个公因子同样也没有多少相关性，可以将第二个因子命名为“增值服务”因子。因子旋转对第三个公因子基本没有什么影响，变量“长途电话业务”的载荷仍然很大，可以将第三个公因子命名为“长途电话”因子。

表 8.21　旋转后的因子载荷矩阵

Rotated Factor Matrix[a]

	Factor		
	1	2	3
长途电话业务	.062	-.121	.854
免费热线电话业务	.726	.018	.191
设备租赁业务	.067	.831	.049
电话卡业务	.348	-.012	.431
无线业务	.530	.637	.146
多线业务	-.025	.384	.438
语音邮件业务	.455	.539	.054
传呼业务	.468	.566	.044
互联网业务	-.049	.722	-.045
来电显示业务	.787	.056	.008
呼叫等待业务	.779	.033	.054
呼叫转移业务	.768	.062	.048
三方通话业务	.743	.050	.078
电子帐单业务	-.107	.686	-.080

Rotation Method: Varimax with Kaiser Normalization.
Extraction Method: Principal Axis Factoring.
a. Rotation converged in 4 iterations.

对剩下的变量进行深入分析，可以发现变量“无线业务”、“语音邮件业务”、“传呼业务”和前两个公因子呈现中度相关关系，它们将“增值服务”因子和“技术服务”因子之间连接起来。变量“电话卡业务”与第一个公因子、第三个公因子中度相关，它将“增值服务”因子和“长途电话”因子连接起来。变量“多线业务”和第二个公因子、第三个公因子高度相关，它将“技术服务”因子和“长途电话”因子连接起来。这也意味着可以为客户提供一些交叉的服务项目，如对定购了增值服务的客户，他们可能更倾向于接受“无线服务”，而不是“互联网服务”。

Factor Plot（因子载荷图，见图 8.27）显示第一个公因子平面上聚集了“免费电话”、“来电显示业务”、“呼叫等待业务”、“呼叫转移业务”以及“三方通话业务”这些变量，第二个公因子平面上有“设备租赁”、“互联网业务”和“电子账单业务”这三个变量，第三个公因子平面上只有“长途电话业务”这一个变量。

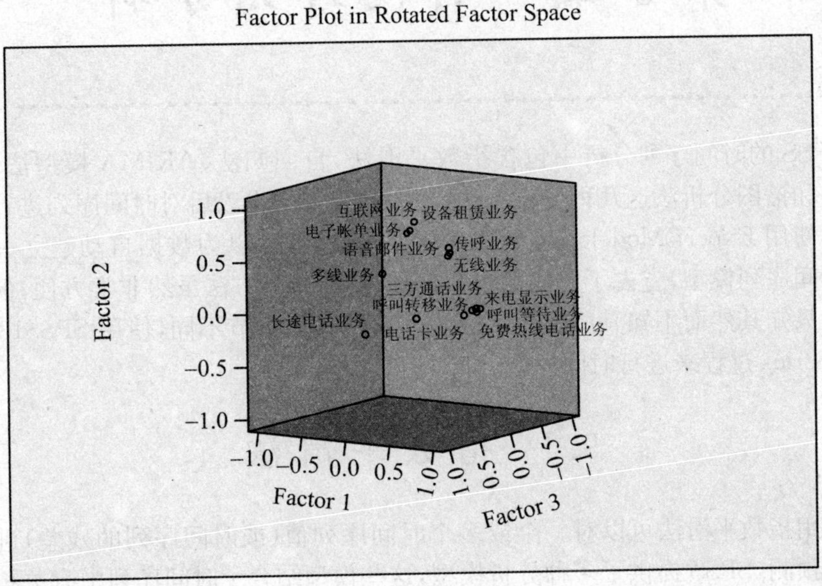

图 8.27　因子载荷图

通过上面的两个例子我们知道，在因子分析中进行结构探索性分析时，应该首先观察总体方差解释表（Total Variance Explained），如果发现前几个主成分（初始特征值，Initial Eigenvalues）解释的方差变动和方差旋转后（Extraction Sums of Squared Loadings）前几个主成分（公因子）解释的方差变动存在差距，那么应该进一步分析旋转后的因子矩阵，从中发现变量和公因子之间的潜在关系。

第 9 章　时间序列分析

SPSS 的时间序列分析中包含指数平滑法、自回归法、ARIMA 模型法、季节分解法和谱图分析法这几种分析方法。SPSS15.0 版本以后对时间序列进行分析时可以使用 Expert Modeler 这个过程，利用该过程可以为数据自动建立一个合适的时间序列模型，省去了中间的参数选择过程，这种方法虽然非常方便，但是让使用者只知其然而不知其所以然。因此本章和其他章节不同，使用 SPSS13.0 的 Time Series 过程来进行时间序列分析。

9.1　指数平滑法

使用指数平滑法可以对一个或多个时间序列值（或时间序列的残差）进行拟合或者预测，SPSS 提供了多种分析模型，这些模型结合了时间序列中有关长期趋势和季节变动的不同假设。

指数平滑法是一种预测的方法，它以时间序列过去的观测值为基础，预测因变量的未来值。正因为如此，指数平滑法不是以数据的理论理解为基础，它在某个时间进行预测，随着新数据的进入而调整预测。当时间序列呈现长期趋势或者季节变动趋势的时候，指数平滑法分析效果比较好。

将长期趋势和季节变动的若干假设结合起来，指数平滑法可以使用下面四种模型：

(1) 简单模型：简单模型假定时间序列没有长期趋势和季节变动趋势。

(2) 布朗模型和霍特模型：这两个模型假定时间序列具有线性变动趋势，但是没有季节变动趋势。

(3) 简单季节模型：简单季节模型假定模型中没有长期变动趋势，但是考虑到季节变动趋势。

(4) 温特斯模型：温特斯模型假定时间序列有线性长期变动趋势和季节变动趋势，季节变动趋势是以加法形式（季节波动幅度不随整个序列的水平增加或者缩减）或者乘法形式（季节波动幅度随着整个序列的水平增加或者缩减）表现出来的。

在SPSS15.0以前的版本中，指数平滑模型中没有布朗模型和温特斯加法模型，而SPSS15.0中增加了这两个模型。表9.1列出了SPSS 13.0中指数平滑方法使用的模型。

表9.1 SPSS13.0中指数平滑方法使用的模型

	公式	初始值设定及递推公式
简单模型	$L_t=\alpha Y_t+(1-\alpha)L_{t-1}$ $\hat{Y}_t(k)=L_t$	$L_1=\bar{Y},\hat{Y}_1=L_1,e_1=Y_1-\hat{Y}_1$ $\hat{Y}_t=L_t=L_{t-1}+\alpha e_{t-1}$
霍特(Holt's)指数平滑模型	$L_t=\alpha Y_t+(1-\alpha)(L_{t-1}+T_{t-1})$ $T_t=\gamma(L_t-L_{t-1})+(1-\gamma)T_{t-1}$ $\hat{Y}_t(k)=L_t+kT_t$	$T_1=\dfrac{Y_n-Y_1}{n-1},L_1=Y_1-\dfrac{1}{2}T_1$ $\hat{Y}_1=L_1+T_1,e_1=Y_1-\hat{Y}_1$ $L_t=L_{t-1}+T_{t-1}+\alpha e_{t-1}$ $T_t=T_{t-1}+\alpha\gamma e_{t-1}$ $\hat{Y}_t=L_t+T_t$
温特斯乘法指数平滑模型	$L_t=\alpha\dfrac{Y_t}{S_{t-p}}+(1-\alpha)(L_{t-1}+T_{t-1})$ $T_t=\gamma(L_t-L_{t-1})+(1-\gamma)T_{t-1}$ $S_t=\delta\dfrac{Y_t}{L_t}+(1-\delta)S_{t-p}$ $\hat{Y}_t(k)=(L_t+kT_t)S_{t+k-p}$	$T_1=\dfrac{m_k-m_1}{(k-1)p},L_1=m_1-\dfrac{p}{2}T_1$ $\hat{Y}_1=(L_1+T_1)S_{1-p},e_1=Y_1-\hat{Y}_1$ $L_t=L_{t-1}+T_{t-1}+\alpha(e_{t-1}/S_{t-p})$ $T_t=T_{t-1}+\alpha\gamma(e_{t-1}/S_{t-p})$ $I_t=L_{t-p}+\delta(1-\alpha)(e_{t-1}/L_t)$ $\hat{Y}_t=(L_t+T_t)S_{t-p+1}$

对长期变动趋势和季节变动趋势的选择定义了指数平滑模型的结构。设定指数平滑模型还需要对模型的参数进行选择，在实际分析过程中，也许需要设定下面四个参数：

(1) 一般参数α：该参数控制了近期观测值的相对权数（相对于序列总体均值），当$\alpha=1$时，仅仅使用最近的观测值数据；当$\alpha=0$时，只使用过去的观测值数据，过去的观测值和现在的数值权重完全相同。指数平滑的所有模型中都要使用到α参数。

(2) 参数γ：在估计时间序列长期变动趋势时，γ参数控制了近期观测值的相对权数，其值在0和1之间变动，数值越大，近期观测值的权重越大。当时间序列模型有线性长期变动趋势或季节波动趋势，或时间序列呈现衰减趋势（damped

trend)但没有季节波动趋势时，才需要设置该参数。对简单模型，不要设置 γ 参数。

(3) 参数 δ：在预测序列季节波动趋势时，δ 参数控制了近期观测值的相对权数，其值在 0 和 1 之间变动，数值越大，近期观测值的权重也越大。具有季节波动趋势的时间序列中需要设置 δ 参数，简单模型或者霍特模型不需要设置该参数。

(4) 参数 φ：当时间序列呈现衰减趋势，或者随着时间不断缩减的时候，参数 φ 控制了近期观测值的相对权数，其值在 0 和 1 之间变动，数值越大，时间序列衰减的速度越快。简单模型、霍特模型和温特斯模型中都不要设置 φ 参数值。

使用 SPSS 进行温特斯指数平滑分析时，季节指数的初始值 S_{1-p} 是使用季节分解方法得到的(参见 9.4 节)，$m_l = \sum_{i=(l-1)p+1}^{lp} Y_i/p$ 代表第 $k=[n/p]$ 个月份或者季节的均值，p 代表完整的循环周期数。

【例 9.1】 产品运输量的时间序列分析。

某生产企业对该公司产品运输数据非常感兴趣，为了对产品运输数据进行预测分析，该公司收集了 5 年公司产品运输量的月度数据。

打开“某产品运输数据.sav”，使用指数平滑模型对产品运输量的未来销售额进行预测。

在分析时间序列时，第一步可以绘制时间序列图。时间序列的变化特征，可以通过时间序列图形象地观察出来，同时时间序列图也为选择合适的指数模型提供了强有力的向导。它可以提示我们：①时间序列是否具有长期变动趋势？这种长期变动趋势是以常数形式呈现还是随着时间变化？②时间序列是否具有季节波动趋势？季节变动随着时间逐渐变化还是保持不变？

绘制产品运输量的时间序列图，单击菜单 Graphs→Sequence…，打开 Sequence Charts(时间序列图)对话框(见图 9.1)。

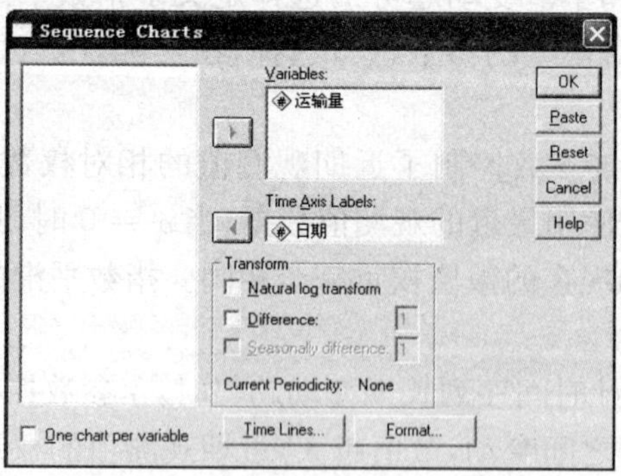

图 9.1 时间序列图对话框

从左边变量列表框中选择“运输量”，移入 Variables 方框中；选择“日期”，移入 Time Axis Labels 方框中。单击 OK 按钮，输出产品运输量的时间序列折线图。

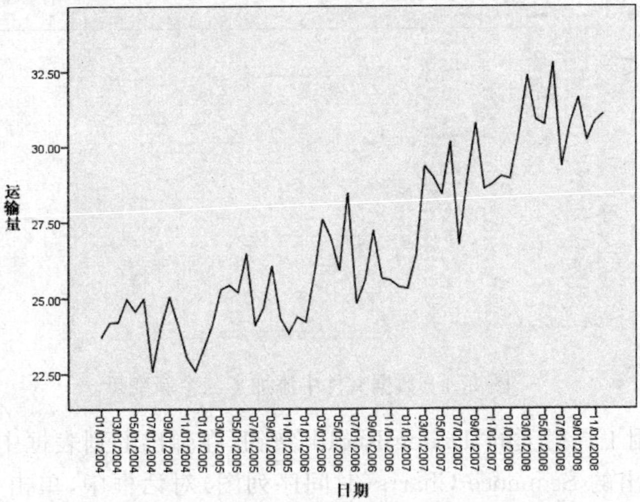

图 9.2　产品运输量的时间序列折线图

时间序列图(见图 9.2)显示产品运输量随着时间变化而逐渐增加，同时序列中有很多波峰和波谷，预示时间序列可能还存在季节变动充分，为了更好地分析出时间序列的季节变化特点，可以为时间序列图添加时间轴参考线。在添加时间轴参考线之前，首先需要对日期数据进行定义。

单击菜单 Data→Define Dates，弹出 Define Dates(定义日期)对话框(见图 9.3)，在 Cases Are 列表框中选择“Years，months”，在右侧的 Year 文本框中输入“2004”，Month 文本框中选择默认的“1”，单击 OK 按钮。原数据文件中就添加了

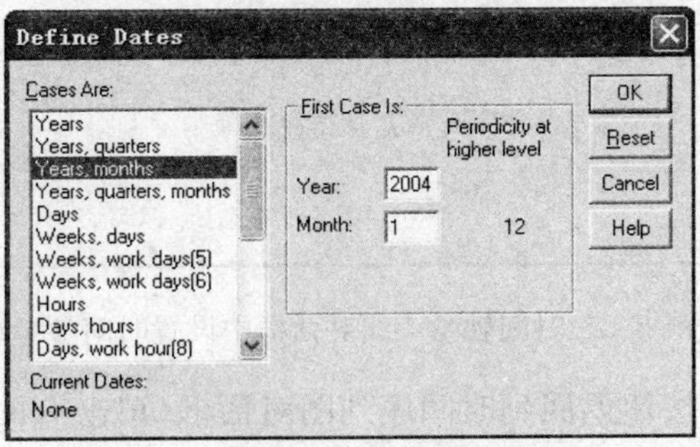

图 9.3　定义日期对话框

Year_,Month_和 Dates_这三个新的日期变量(见图 9.4)。

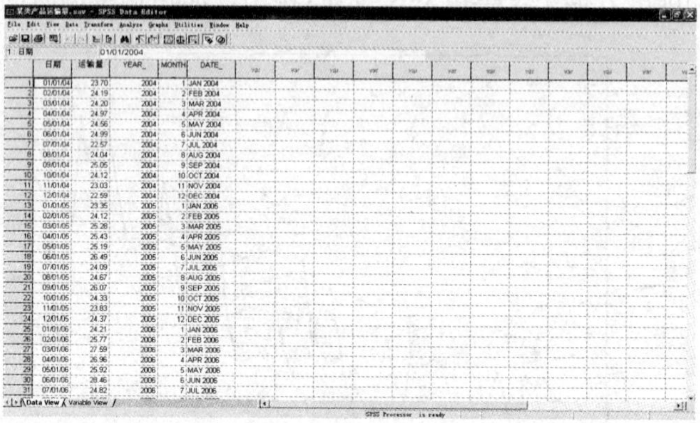

图 9.4　数据文件中添加了三个新变量

单击常用工具栏上的"Dialog Recall"按钮,在弹出的列表框中选择 Sequence Charts,在弹出的 Sequence Charts(时间序列图)对话框中,单击 Time Lines 按钮,弹出 Time Axis Reference Lines(时间轴参考线)对话框(见图 9.5)。单击 Line at each change of 单选钮,从其下方的列表框中选择 YEAR_,移入右边 Reference Variable 方框中。通过这样的设定,时间序列图的每年年初都会增加一条垂直的参考直线,用来识别模型中是否存在年度季节变动趋势。

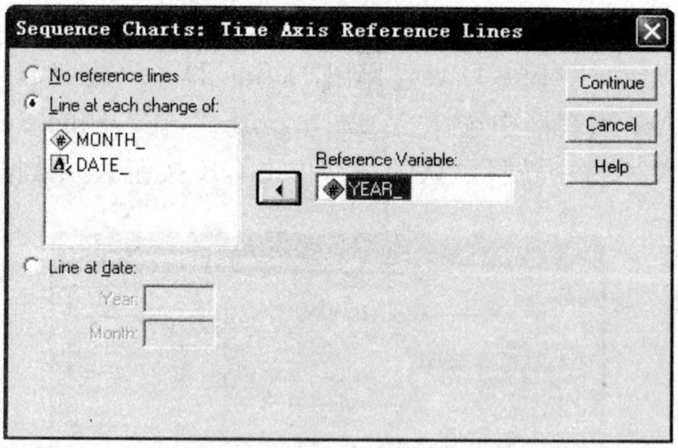

图 9.5　时间轴参考线对话框中设置时间参考线

单击 Continue 按钮返回到时间序列图对话框,单击 OK 按钮,输出产品运输量的时间序列图(见图 9.6)。时间序列比较明显的季节变动模式显现出来,每年的 9 月份和 10 月份，产品运输量的数值都处于峰值点，而每年 12 月份的运输量都达到最低值。

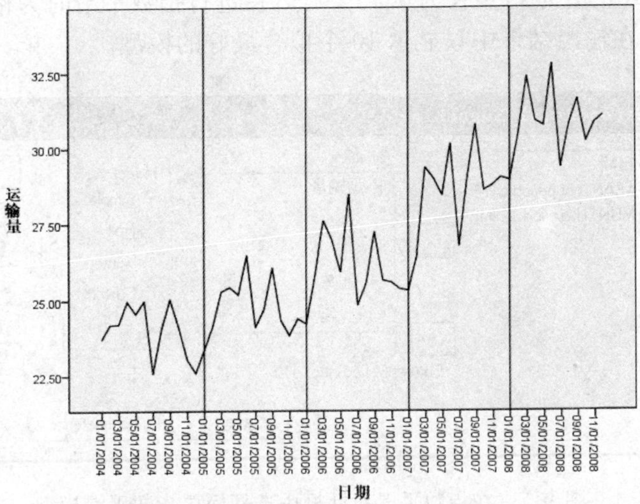

图 9.6　添加了年度参考线的产品运输量时间序列图

建立一个拟合效果最好的指数平滑模型，首先要确定模型的类型，判断模型是否包含长期变动趋势或者季节波动，然后为选定的模型设定参数值。从上面的时间序列图可以看出，产品运输量数据既有长期变动趋势，同时也有季节波动趋势，这说明可以使用温特斯模型来进行分析。

在分析本例时，为了比较几种模型的拟合效果，首先建立一个没有长期变动趋势和季节波动趋势的简单模型，作为对比基础，然后再建立一个有长期变动趋势但没有季节波动的霍特模型，用这两个模型和温特斯模型进行对比，从中获得识别一个好模型的若干经验以及成功建模的一些必要技巧。

9.1.1　简单指数平滑模型

要建立一个普通指数平滑模型，单击菜单 Analyze→Time Series→Exponential Smoothing…，打开 Exponential Smoothing（指数平滑）对话框（见图 9.7）。选择“运输量”为分析变量，移入 Variables 方框中，在 Model 中选择 Simple（简单指数平滑模型）。

单击指数平滑对话框右下角的 Parameters 按钮，弹出 Parameters（参数设置）对话框（见图 9.8），单击 General（Alpha）中的 Grid Search 单选钮，下方的

Start、Stop 和 By 文本框中按照系统默许的设置保持不变。在格点搜索(Grid Search)中设定参数，可以得到拟合效果最好的指数平滑模型。本例中设定 α 的初始值为 0，终止值为 1，步长为 0.1。SPSS 在进行指数平滑时为格点中每个点建立模型，但是在输出结果中只显示 10 个拟合最好的模型。

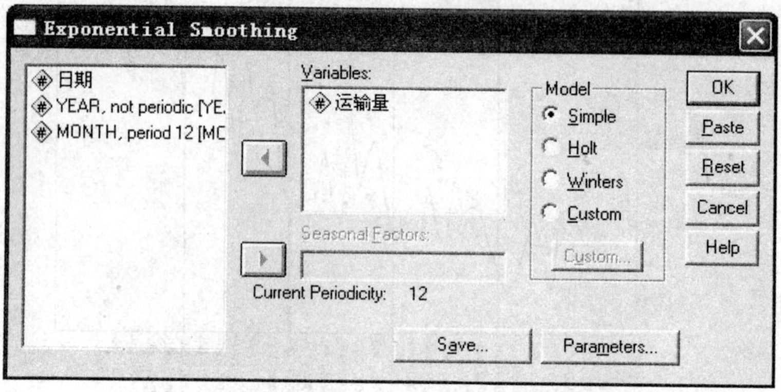

图 9.7　在指数平滑对话框中选择简单指数平滑模型

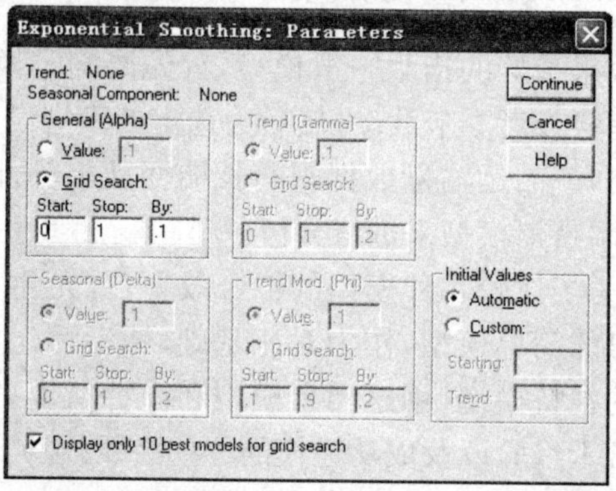

图 9.8　在参数设置对话框中设置简单指数平滑模型的参数 α

单击 Continue，回到主对话框，单击 OK 按钮，输出简单指数平滑模型的结果。

Smallest Sums of Squared Errors(最小误差平方和表，见表 9.2)显示了 10 个拟合效果最好的指数平滑模型，每个模型的 α 值都有其对应的误差平方和(SSE)，它们按照误差平方和的大小进行升序排列，序号越小，误差平方和也就越小，其对应模型对数据的拟合效果是最好的。

从表 9.2 中可以看出，$\alpha=0.5$ 时误差平方和值最小，此参数对应的模型拟合数据的效果最优，这也表明当所有观测值的权数大体相同时，对总体序列进行预测的效果是最好的。

表 9.2　简单指数平滑模型的最小误差平方和表

Smallest Sums of Squared Errors

Series	Model rank	Alpha (Level)	Sums of Squared Errors
运输量	1	.50000	111.37024
	2	.40000	112.08866
	3	.60000	113.21155
	4	.70000	116.98864
	5	.30000	117.27758
	6	.80000	122.48288
	7	.90000	129.63499
	8	.20000	134.24001
	9	1.00000	138.44330
	10	.10000	202.28166

为了分析简单模型的拟合效果，可以观察原时间序列和拟合序列图。SPSS 生成的拟合序列标签名称较长，为了分析方便可以让对话框中仅显示变量名，而不显示变量标签。

单击菜单 Edit→Options...，在 Option 对话框的 General 选项卡中（见图 9.9），单击 Variable Lists 中的 Display names，单击“确定”按钮后将会弹出一个警告提示对话框（见图 9.10），提示已经修改了系统默认的设置，单击“确定”按钮。

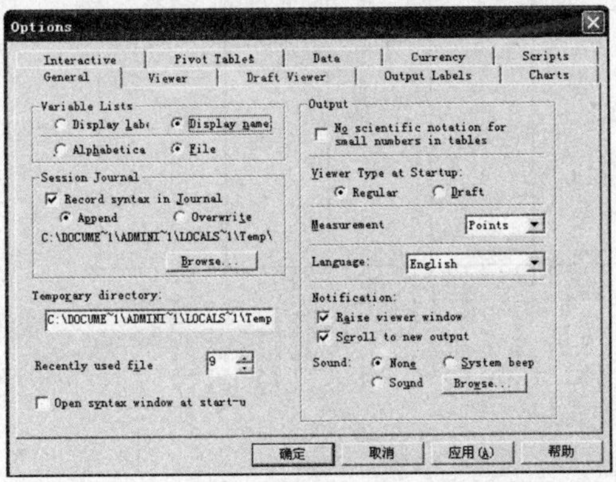

图 9.9　在 SPSS 选项对话框中改变变量名显示方式

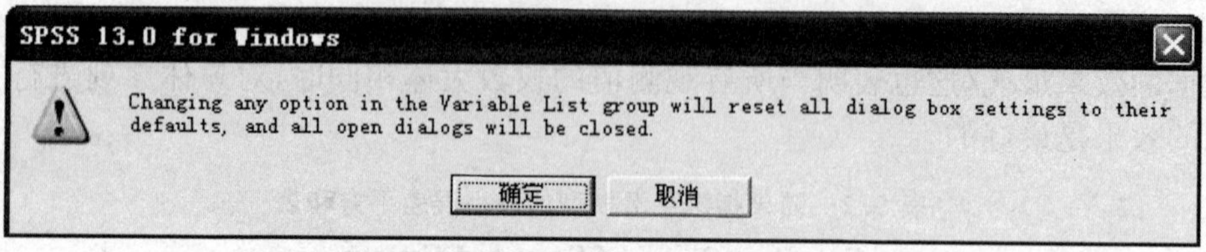

图 9.10　系统配置改变后显示的警告提示对话框

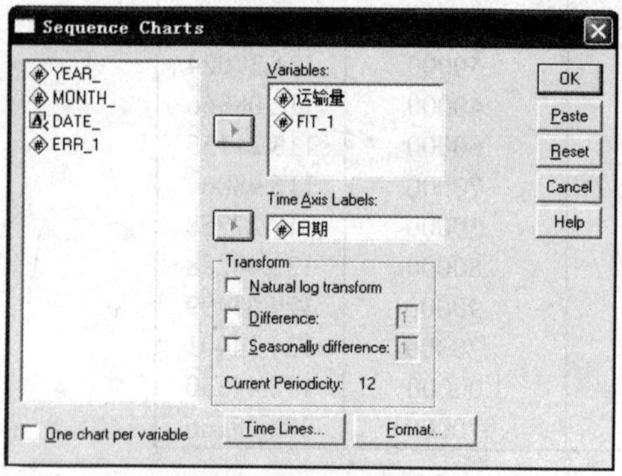

图 9.11　在时间序列图对话框中添加简单指数平滑模型得到的拟合值

单击 SPSS 常用工具栏上的 Dialog Recall 按钮，从弹出的列表框中选择 Sequence Charts，弹出 Sequence Charts（时间序列图）对话框（见图 9.11）。从变量列表框中选择“运输量”和“FIT_1”，然后将它们移入 Variables 方框中，单击 OK 按钮，输出包含原运输量和拟合运输量的时间序列图（见图 9.12）。

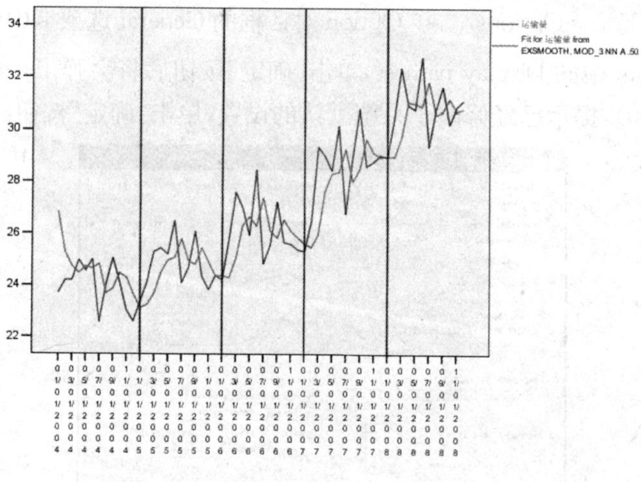

图 9.12　运输量原序列和简单指数平滑模型拟合序列的时间序列图

图 9.12 中绿色折线图显示的是简单指数平滑模型的拟合序列，模型总体呈现增长趋势，但是模型开始的时候有向下变动的趋势。

进一步可以观察模型残差（拟合效果最好的）的自回归和偏自回归系数，和时间序列图相比，它能提供更多的信息。如果自相关系数和偏自相关系数中存在显著性结构，那么模型在拟合时间序列的时候是不完善的。

单击菜单 Graphs→Time Series→Autocorrelations...，弹出自相关对话框（见图 9.13）。

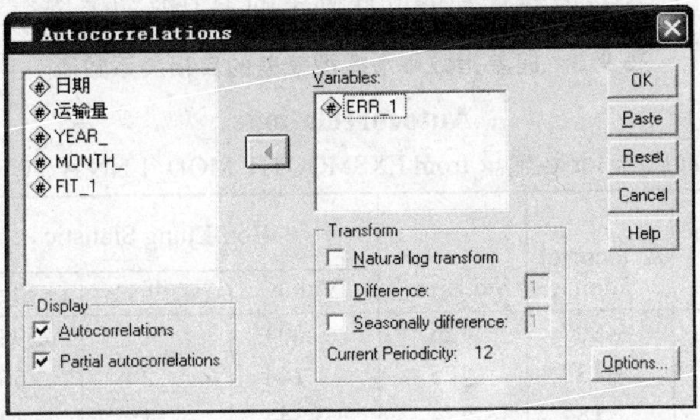

图 9.13　在自相关对话框中选择输出简单指数平滑模型的残差序列图

选择简单指数平滑模型的残差序列 ERR_1，移入 Variables 方框中，单击 OK 按钮，输出残差序列的自相关/偏自相关函数图和对应的自相关系数表。

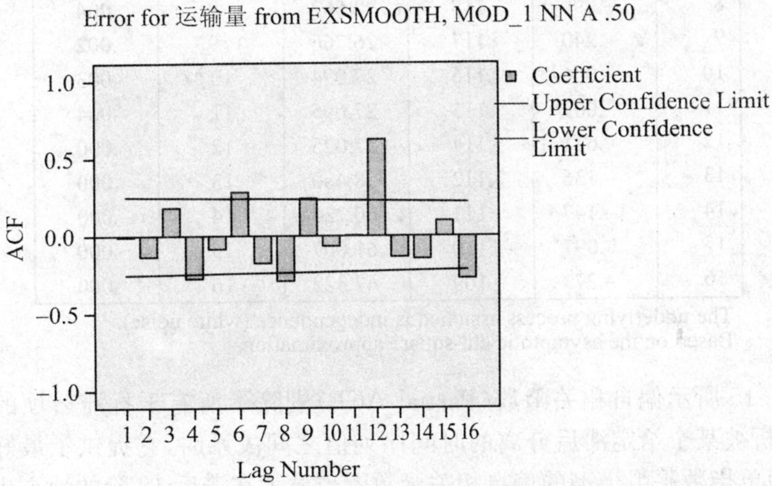

图 9.14　简单指数平滑模型残差的自相关函数图

从图 9.14 所示的自相关函数图中可以看出，在滞后 12 阶的地方，自相关系数有一个显著的峰值点，这没有什么值得惊奇的地方，因为从序列图中我们知道简单模型没有考虑时间序列中的季节波动，而原时间序列中存在明显的年度季节波动成分。

从 Autocorrelations(相关系数表，见表 9.3)中同样也可以看到，滞后 12 阶时，自相关系数对应的博克斯—杨(Box-Ljung statistic)统计量对应的显著性水平 $Sig. = 0.000 < 0.05$，这进一步表明了滞后 12 阶的自相关系数是统计显著的，简单指数平滑模型没有考虑原时间序列中的季节波动结构。

表 9.3　简单指数平滑模型残差的自相关系数表

Autocorrelations

Series: Error for 运输量 from EXSMOOTH, MOD_1 NN A .50

Lag	Autocorrelation	Std.Error[a]	Box-Ljung Statistic		
			Value	df	Sig.[b]
1	–.007	.126	.003	1	.955
2	–.133	.125	1.144	2	.564
3	.184	.124	3.347	3	.341
4	–.274	.123	8.341	4	.080
5	–.084	.122	8.823	5	.116
6	.285	.120	14.401	6	.025
7	–.175	.119	16.546	7	.021
8	–.290	.118	22.562	8	.004
9	.240	.117	26.766	9	.002
10	–.066	.116	27.094	10	.003
11	.003	.115	27.095	11	.004
12	.621	.114	57.025	12	.000
13	–.136	.112	58.480	13	.000
14	–.147	.111	60.225	14	.000
15	.097	.110	61.007	15	.000
16	–.273	.109	67.322	16	.000

The underlying process assumed is independence (white noise).
Based on the asymptotic chi-square approximation.

图 9.15 所示偏自相关函数(Partial ACF)剔除了所有干扰滞后项的间接影响，在分析被某个给定滞后分离的时间序列值之间关系时，它提供了最好的测度方法。简单指数平滑模型的偏自相关函数图也显示在滞后 12 阶的地方出现明显的峰值点，这直接证明了简单指数平滑模型的残差包含了时间序列中的年度季节

波动结构。

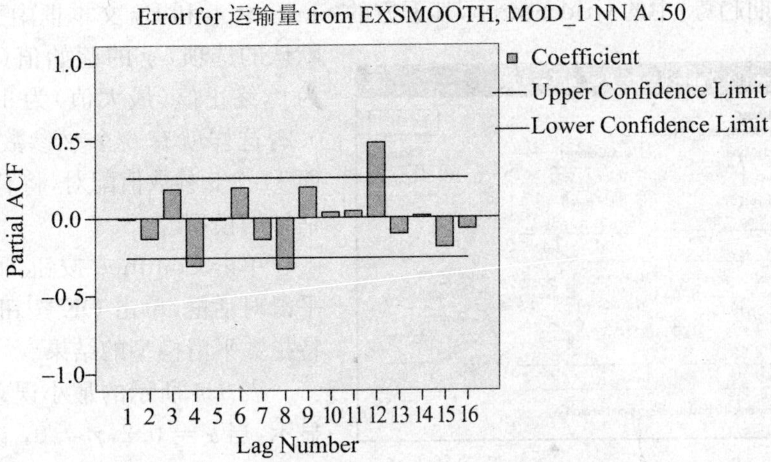

图 9.15　简单指数平滑模型残差的偏自相关函数图

考虑到简单指数平滑模型对数据模型的拟合效果很差，而且模型的残差存在显著的季节波动结构，我们可以得出结论：在对产品运输量时间序列建模时，简单指数平滑模型不是一个好选择。

9.1.2　霍特模型

下面我们使用包含长期变动趋势的霍特模型对服装销售额时间序列模型进行分析。单击 SPSS 常用工具栏上的 Dialog Recall 按钮，从弹出的列表框中选择 Exponential Smoothing，重新打开指数平滑对话框，在 Model 中选择 Holt（霍特模型）（见图 9.16）。

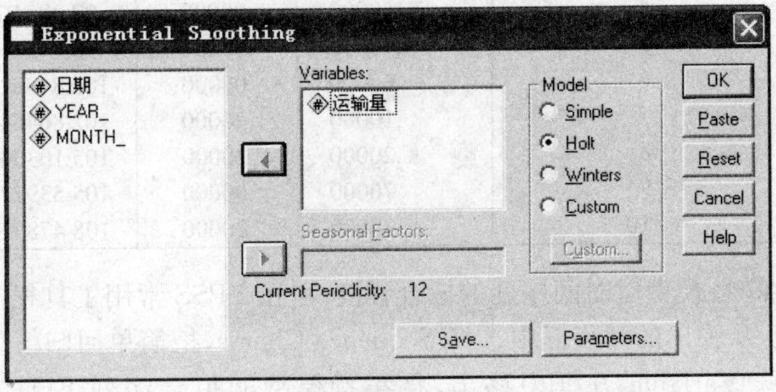

图 9.16　在指数平滑对话框中选择霍特模型

单击 Parameters 按钮，打开参数设置对话框(见图 9.17)，选择 Trend (Gamma)(长期趋势)中的 Grid Search，其下方的 Start、Stop 和 By 文本框中采用系统默认的选项，γ 的起始值(最小值)为 0，终止值(最大值)为 1，步长为 0.2，这样就有 6 个 γ 参数值，和前面 11 个 α 参数值配对，将有 66 个待估计的模型。

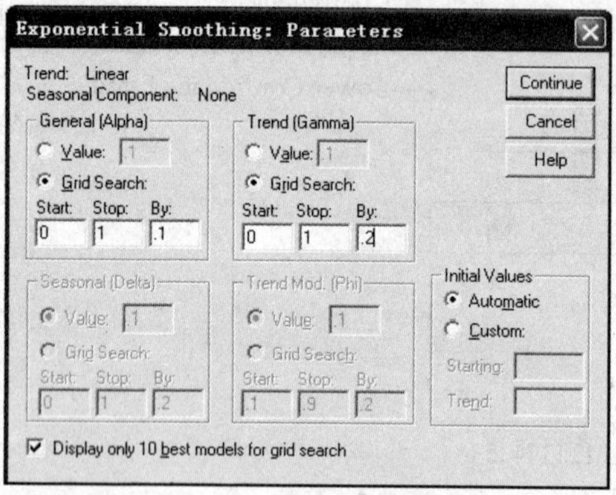

图 9.17　在参数对话框中设置霍特模型的参数 α 和 γ

单击 Continue 按钮，回到指数平滑对话框，单击 OK 按钮，输出霍特指数平滑模型的结果。

表 9.4 所示的最小误差平方表显示，当 $\alpha = 0.2, \gamma = 0$，误差平方和最小。拟合效果最好的霍特模型，其误差平方和 $SSE = 93.5652$，小于拟合效果最好的简单模型的误差平方和 $SSE = 111.3702$，因此其拟合效果比简单模型的拟合效果要稍微好点。

表 9.4　霍特模型输出的最小误差平方表

Smallest Sums of Squared Errors

Series	Model rank	Alpha (Level)	Gamma (Trend)	Sums of Squared Errors
运输量	1	.20000	.00000	93.56517
	2	.30000	.00000	93.67769
	3	.40000	.00000	95.04357
	4	.50000	.00000	97.38856
	5	.10000	.00000	98.06516
	6	.60000	.00000	100.84882
	7	.10000	.20000	102.86464
	8	.20000	.20000	105.10304
	9	.70000	.00000	105.53977
	10	.30000	.20000	108.47841

为观察霍特模型对时间序列的拟合程度，单击 SPSS 常用工具栏上的 Dialog Recall 按钮，从弹出的列表框中选择 Sequence Charts，把简单回归模型的拟合序列 FIT_1 从 Variable 方框中移出，将霍特模型的拟合序列 FIT_2 移入(见

图 9.18)。

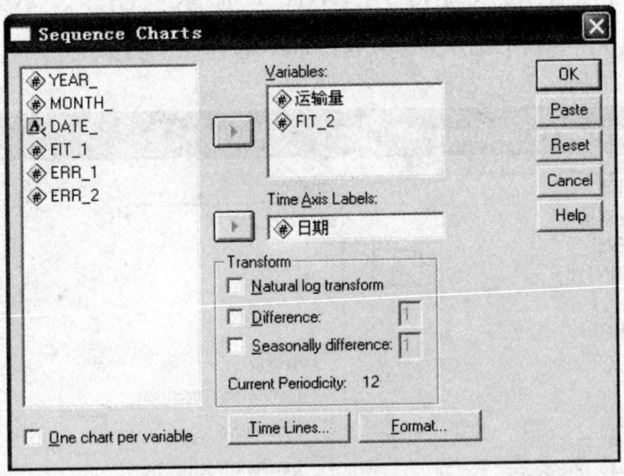

图 9.18　在时间序列图对话框中添加霍特平滑模型得到的拟合值

单击 OK 按钮,生成原时间序列和霍特模型拟合序列的折线图(见图 9.19)。

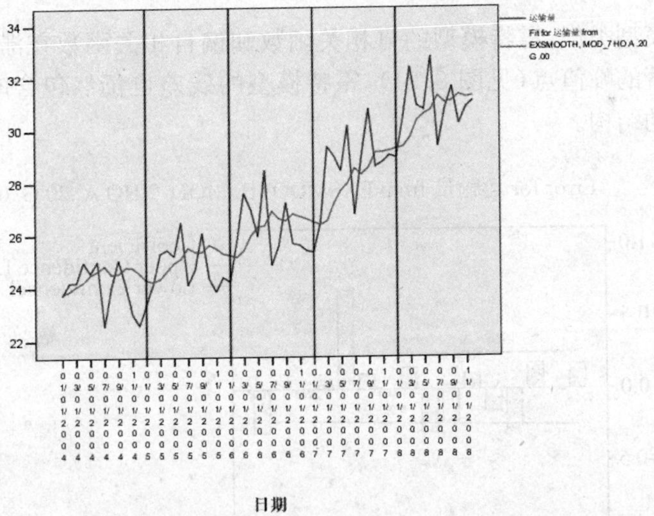

图 9.19　产品运输量原序列和霍特模型拟合序列的时间序列图

用绿色显示的霍特模型拟合序列很好地捕捉到了数据中的长期趋势,但是霍特模型没有考虑季节波动,因此拟合序列中同样没有反应出原序列的周期波动特点。

同样我们也可以检验霍特模型残差的自相关函数和偏自相关函数。单击 SPSS 常用工具栏上的 Dialog Recall 按钮,从弹出的列表框中选择 Exponential

Smoothing,重新回到自相关对话框,将简单模型的残差序列 ERR_1 从 Variables 方框中移出,将霍特模型的残差序列 ERR_2 移入(见图 9.20),单击 OK 按钮,输出霍特模型的自相关、偏自相关函数图及其对应的系数表。

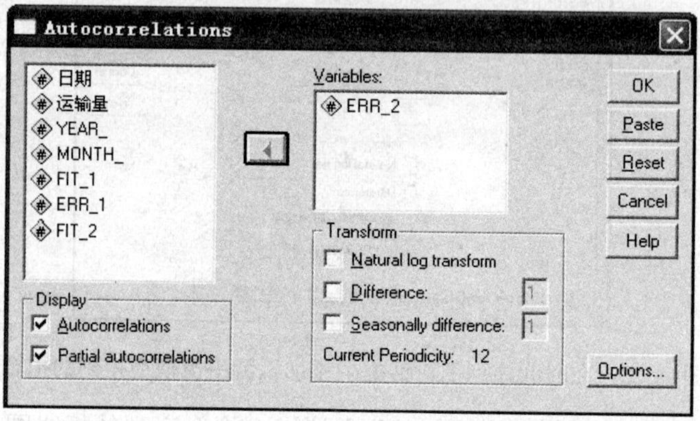

图 9.20 在自相关对话框中选择输出霍特模型残差的自相关函数图

和简单模型类似,霍特模型的自相关函数和偏自相关函数在滞后 12 阶的地方仍旧有显著的峰值点(见图 9.21),霍特模型的残差也仍然包含时间序列中的年度季节波动结构。

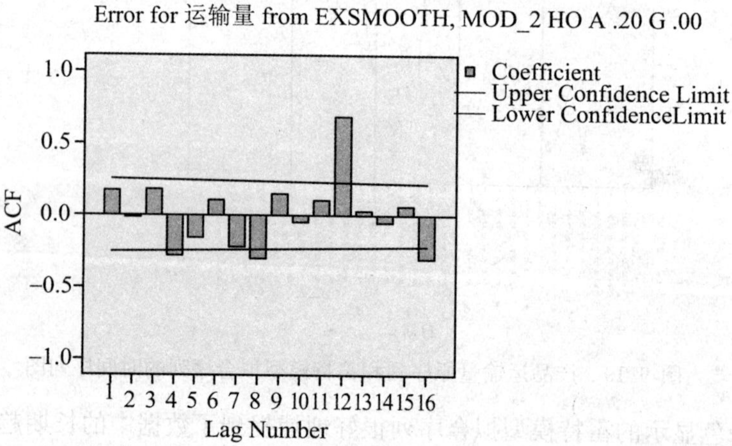

图 9.21 霍特模型残差的自相关函数图

因此,虽然霍特模型拟合效果稍优于简单指数平滑模型,但是在对时间序列建模的时候,它仍旧不是一个很好的选择。

9.1.3　温特斯模型

下面选择包含长期变动趋势和季节波动的温特斯模型来建模。单击 SPSS 常用工具栏上的 Dialog Recall 按钮，从弹出的列表框中选择 Exponential Smoothing，回到指数平滑对话框（见图 9.22）。

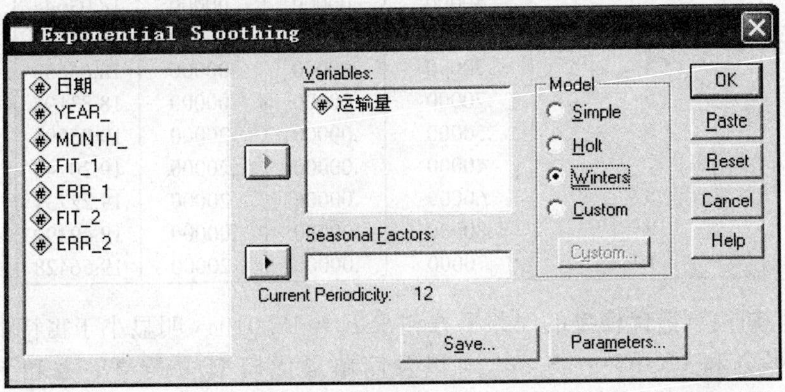

图 9.22　在指数平滑对话框中选择温特斯模型并且添加季节因子

在 Model 中选择 Winters（温特斯模型），单击 Parameters 按钮，在参数设置对话框中（见图 9.23），选择 Seasonal (Delta，季节参数）中的 Grid Search，下方的 Start、Stop 和 By 采用系统默认的设置，δ 参数的初始值（最小值）为 0，终止值（最大值）为 1，步长为 0.2。

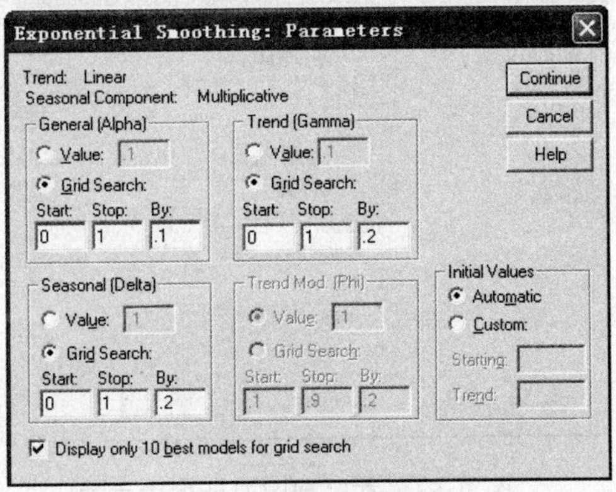

图 9.23　在参数对话框中设置温特斯模型的参数 α、γ 和 δ

单击 Continue 按钮，回到指数平滑对话框，单击 OK 按钮，输出温特斯模型的结果。

表 9.5 所示最小误差平方和表显示，当 $\alpha = 0.5, \gamma = 0, \delta = 0$ 时，误差平方和最小。这三个参数值都很小，同样表明在使用模型对总体序列建模，分析长期趋势和季节波动趋势的时候，所有观测值的权重都是大体相当时的模型拟合效果最好。

表 9.5　温特斯模型的最小误差平方和

Smallest Sums of Squared Errors

Series	Model rank	Alpha (Level)	Gamma (Trend)	Delta (Season)	Sums of Squared Errors
运输量	1	.50000	.00000	.00000	18.01037
	2	.40000	.00000	.00000	18.03644
	3	.60000	.00000	.00000	18.31612
	4	.30000	.00000	.00000	18.66633
	5	.70000	.00000	.00000	18.83195
	6	.50000	.00000	.20000	19.05994
	7	.40000	.00000	.20000	19.20748
	8	.60000	.00000	.20000	19.22731
	9	.80000	.00000	.00000	19.49390
	10	.70000	.00000	.20000	19.56428

温特斯模型最优模型的误差平方和 $SSE=18.0104$，明显小于霍特最优模型的误差平方和（$SSE=93.5652$）以及简单最优模型的误差平方和（$SSE=111.3702$）。

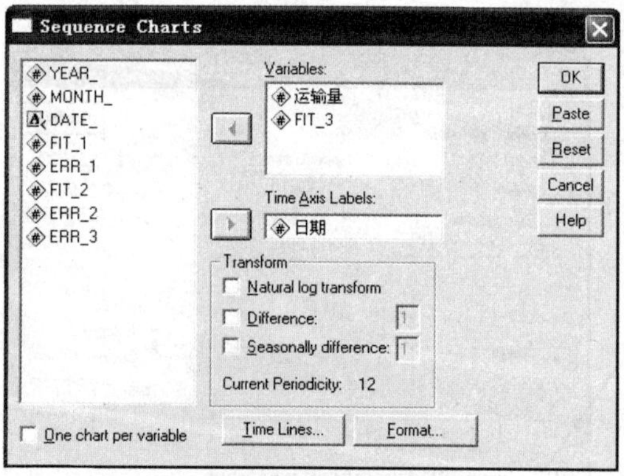

图 9.24　在序列图对话框中添加温特斯模型的拟合序列

为了形象观察温特斯模型的拟合效果，单击 SPSS 常用工具栏上的 Dialog Recall 按钮，从弹出的列表框中选择 Sequence Charts，重新打开时间序列图对话框（见图 9.24）。

将霍特模型的拟合序列 FIT_2 从 Variables 方框中移出，将温特斯模型的拟合序列 FIT_3 移入，单击 OK 按钮，输出原时间序列和温特斯拟合序列的折线图。

图 9.25 中用绿色表示的拟合折线图已经捕捉到原时间序列中的长期变动趋势和季节波动。拟合序列中的峰值点和原时间序列中的峰值点也相吻合。

如果建立模型，主要为了分析长期变动趋势和季节波动，那么指数平滑法，尤其是温特斯模型，是一个不错的选择。如果需要时间序列中更为复杂的结构变动,可以选择 ARIMA 模型进行分析。

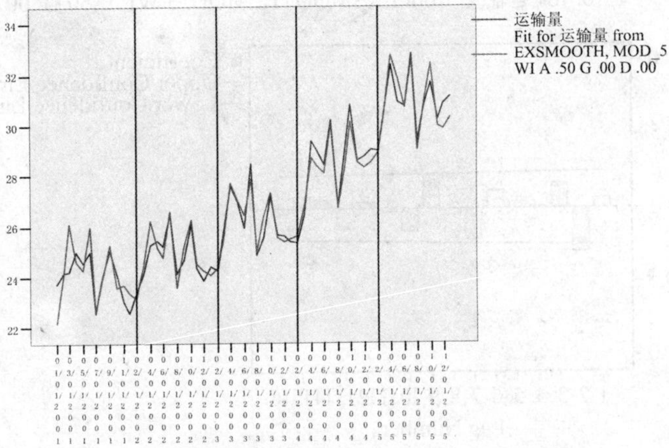

图 9.25 产品运输量原序列和温特斯模型拟合序列折线图

最后观察温特斯模型残差的自相关函数和偏自相关函数,可以获得支持或者反对使用该模型的强有力的证据。

单击 SPSS 常用工具栏上的 Dialog Recall 按钮,从弹出的列表框中选择 Autocorrelation,重新回到自相关对话框(见图 9.26)。将霍特模型的残差序列 ERR_2 从 Variables 方框中移出,将温特斯模型的残差序列 ERR_3 移入,单击 OK 按钮,输出温特斯模型残差序列的自相关、偏自相关图及其对应的系数表。

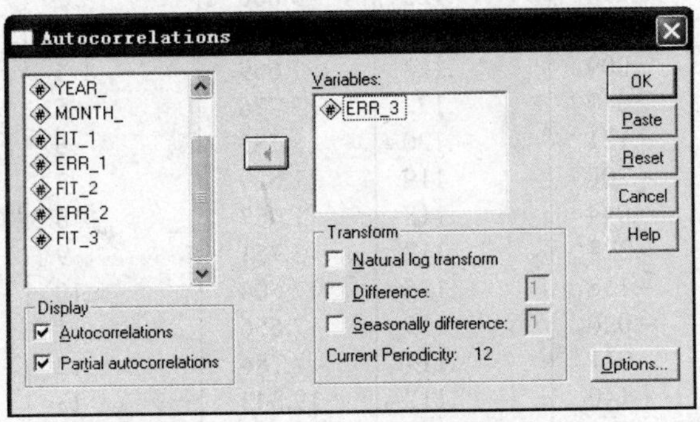

图 9.26 在自相关对话框中选择输出温特斯模型残差的自相关函数图

由于温特斯模型充分描述了序列中存在的季节波动,残差序列的自相关图中已经不存在显著的峰值点了(见图 9.27),自相关系数基本都落在置信区间里。

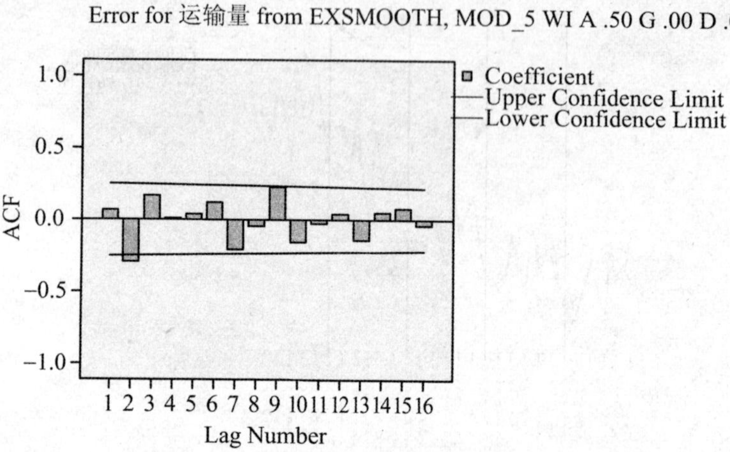

图 9.27 温特斯模型残差的自相关函数图

观察自相关系数表(见表 9.6),自相关系数滞后 12 阶时,博克斯—杨统计量的显著性水平 $Sig. = 0.122 > 0.05$,不再统计显著。

表 9.6 温特斯模型残差的自相关系数表

Autocorrelations

Series: Error for 运输量 from EXSMOOTH, MOD_5 WI A .50 G .00 D .00

Lag	Autocorrelation	Std.Error[a]	Box-Ljung Statistic		
			Value	df	Sig.[b]
1	.066	.126	.276	1	.599
2	-.294	.125	5.806	2	.055
3	.169	.124	7.664	3	.053
4	.009	.123	7.669	4	.104
5	.040	.122	7.776	5	.169
6	.121	.120	8.785	6	.186
7	-.208	.119	11.829	7	.106
8	-.044	.118	11.967	8	.153
9	.228	.117	15.751	9	.072
10	-.158	.116	17.604	10	.062
11	-.026	.115	17.656	11	.090
12	.041	.114	17.784	12	.122
13	-.140	.112	19.343	13	.113
14	.050	.111	19.548	14	.145
15	.078	.110	20.056	15	.170
16	-.039	.109	20.187	16	.212

a. The underlying process assumed is independence (white noise).
b. Based on the asymptotic chi-square approximation.

在上面的建模过程中，我们使用了三种指数平滑模型，结果显示温特斯模型的效果远远好于简单指数平滑模型和霍特模型，它不仅很好地拟合了时间序列，而且通过分析其残差的自相关系数和偏自相关系数，没有发现明显的结构变动趋势。

9.1.4 模型的预测

建立模型以后，就可以利用模型来进行预测。在判断模型预测效果的时候，可以使用 holdouts 的方法。这种方法选择时间序列中的某一段时间数据，在计算模型参数值的时候不使用该时间段的数据，而在预测的时候使用它，这样就可以剔除该段时间数据对预测的影响。利用建立的模型对已知的这段时间序列值进行预测，我们就知道模型的预测效果大体如何。

比如我们将 2008 年 1 月到 12 月的数据作为 holdout 数据，也就是利用 2008 年 1 月以前的数据来构建模型，再使用建立的模型对 2008 年的销售额数据进行预测。

为此单击 Data→Select Cases…，打开 Select Cases（筛选个案）对话框（见图 9.28），从 Select 中选择 Based on time or case range，单击 Range 按钮。

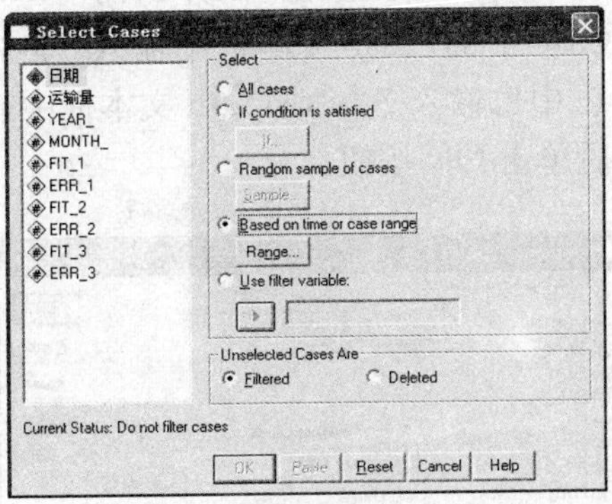

图 9.28 在筛选个案对话框中选择以时间来筛选个案

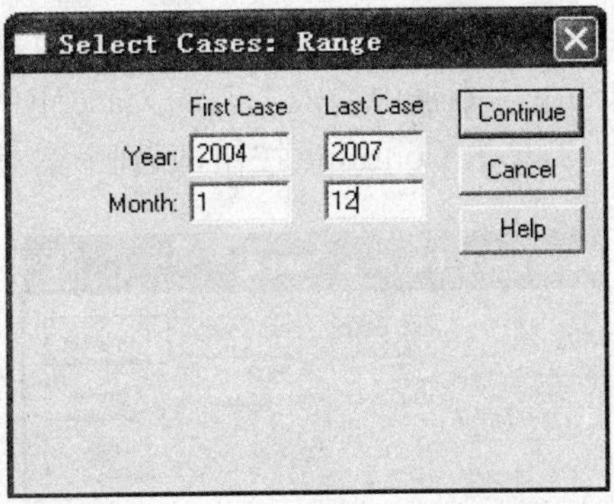

图 9.29 在时间范围对话框中设定参数估计所用的时间

弹出 Select Cases：Range 对话框（见图 9.29），在 First Case 的 Year 后的文本框中输入 2004，Month 后的文本框中输入 1；在 Last Case 下的文本框中输入 2007，在 Month 后输入 12，单击 Continue 按钮。按照上述设置，模型参数估计使用的数据范围，是从 2004 年 1 月到 2007 年 12 月。

单击 Continue 按钮，回到主对话框，在筛选个案对话框中单击 OK 按钮。再次回到指数平滑对话框（见图 9.30），依然选择温特斯模型。

单击 OK 按钮，输出利用 2004 年 1 月到 2007 年 12 月份数据进行估计的参数值。

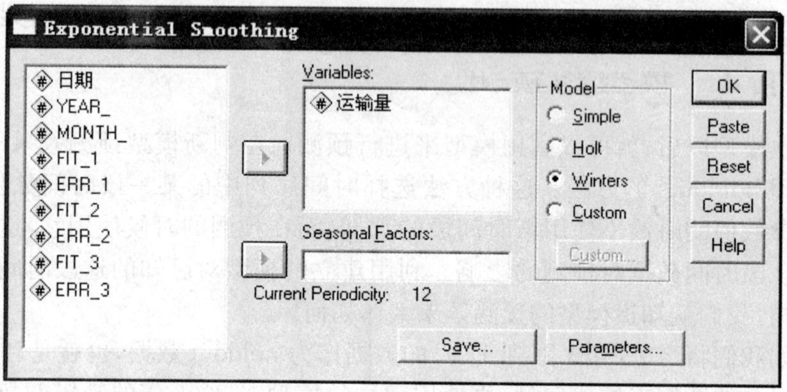

图 9.30　在指数平滑对话框中再次选择温特斯模型

进一步可以比较 2008 年内实际销售额和预测销售额数据，单击 SPSS 常用工具栏上的 Dialog Recall 按钮，从弹出的列表框中选择 Select Cases，回到个案选择对话框，单击 Based on time or case range 下的 Range 按钮，在弹出的 Select Cases：Range 对话框中（见图 9.31），First Case 下的 Year 文本框中输入 2008，Month 文本框中输入 1；Last Case 下的文本框中也输入 2008，Month 文本框中输入 12，单击 Continue 按钮，回到个案对话框后单击 OK 按钮。

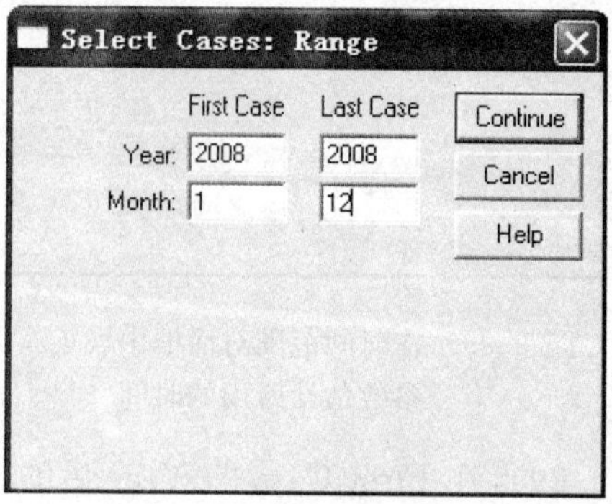

图 9.31　在范围对话框中重新设定时间范围

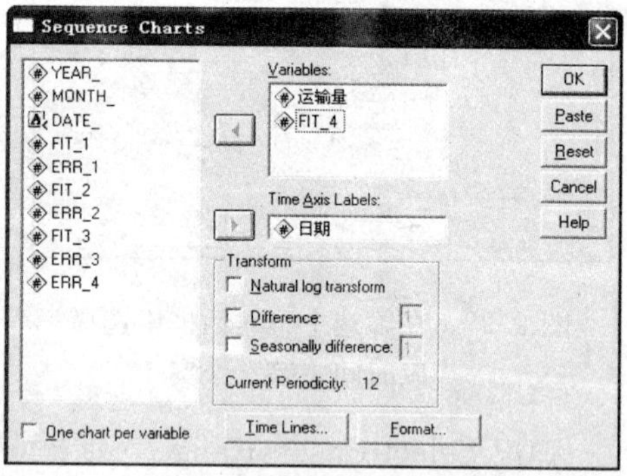

图 9.32　在序列图对话中选择 holdout 期间的温特斯模型拟合序列

单击 SPSS 常用工具栏上的 Dialog Recall 按钮，从弹出的列表框中选择 Sequence Charts，重新回到时间序列图对话框（见图 9.32），将温特斯模型的拟合序列 FIT_3 从 Variables 方框中移出，将利用温特斯模型对 2008 年进行拟合的序列 FIT_4 移入，单击 OK 按钮，输出原序列和拟合序列在 2008 年里的序列图（见图 9.33）。

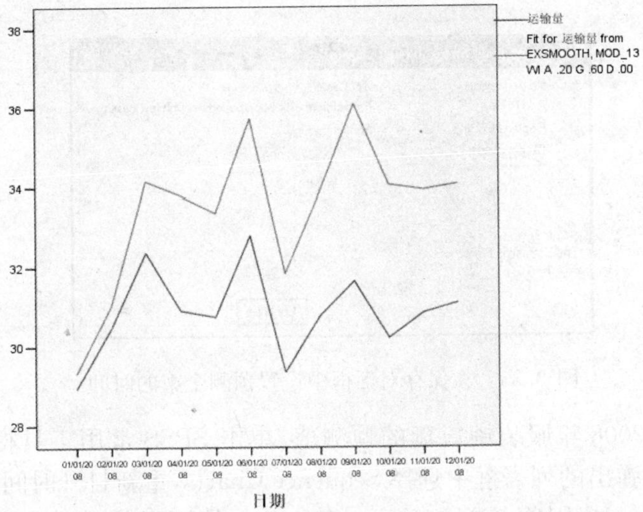

图 9.33　在 holdout 期间产品运输量原序列和拟合序列的时间序列图

上面的图形显示，预测值和已知序列值比较吻合，模型的预测效果还是令人满意的。由于温特斯模型令人满意的预测效果，可以断定它是最好的指数平滑模型。因此可以用它预测未来的产品运输量。

要预测未来的产品运输量，应该使用包含所有个案的时间序列，为此单击 SPSS 常用工具栏上的 Dialog Recall 按钮，从弹出的列表框中选择 Select Cases，重新回到选择个案对话框（见图 9.34），单击 Select 核选框下方的 All Cases，单击 OK 按钮。

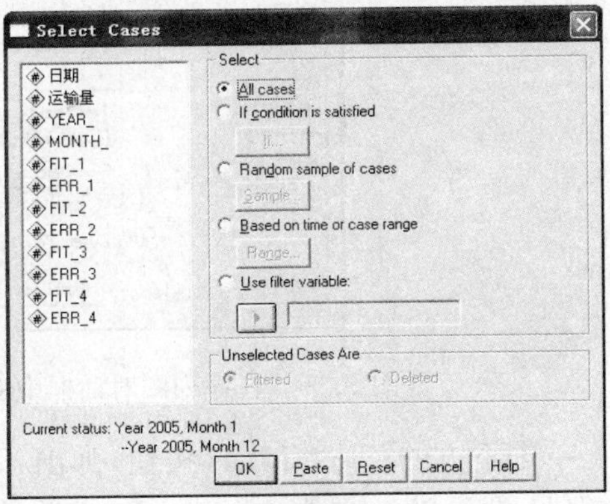

图 9.34　在筛选个案对话框中选择所有的个案

单击 SPSS 常用工具栏上的 Dialog Recall 按钮，从弹出的列表框中选择 Exponential Smoothing，回到指数平滑对话框，单击 Save 按钮，在弹出的 Save(保存变量)对话框中(见图 9.35),选择 Create Variables 中的 Add to file,在 Predict Cases 中选择 Predict through,在 Year 文本框中输入 2008,Month 文本框中输入 12,也就是利用温特斯模型预测 2008 年的产品运输量。单击 Continue 按钮,回到指数平滑对话框,单击 OK 按钮。

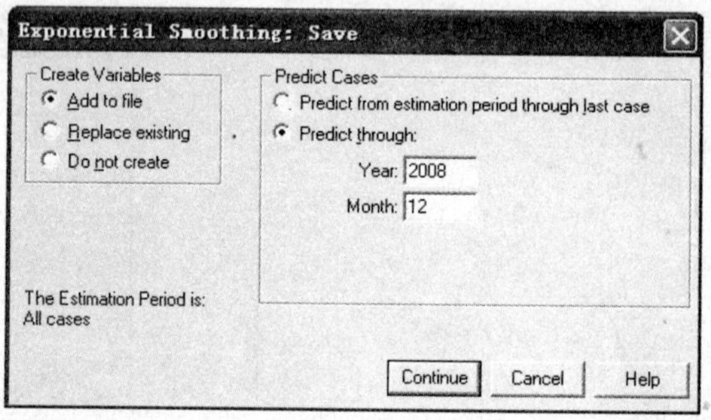

图 9.35 在保存对话框中设置预测个案的时间

为了观察 2008 年服装销售额的预测值,单击 SPSS 常用工具栏上的 Dialog Recall 按钮,从弹出的列表框中选择 Sequence Charts,重新打开时间序列对话框,将原先 Variable 方框中的变量都移出,将 2008 年的预测序列 FIT_5 移入。

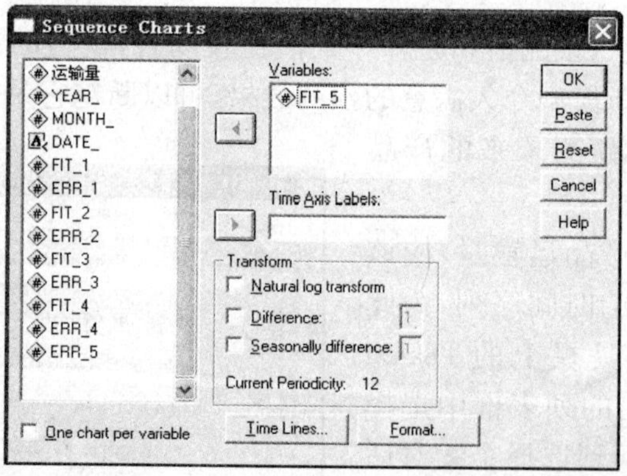

图 9.36 在序列图对话框中选择温特斯模型的预测序列

单击下方的 Time Lines 按钮,弹出 Time Reference Line(时间轴参考线)对话框(见图 9.37),单击 Line at Date 单选钮,在 Year 后的文本框中输入 2007,Month 后的文本框中输入 12。这样设置,将在原序列和预测序列之间加上一条垂直的参考线,便于我们的分析。单击 Continue 按钮,回到时间序列图对话框,单击 OK 按钮，输出时间序列图（见图 9.38）。

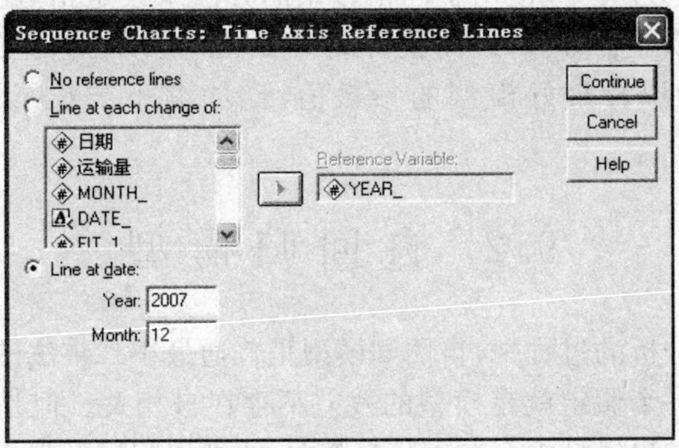

图 9.37　在时间轴参考线对话框中为原序列和预测序列添加参考线

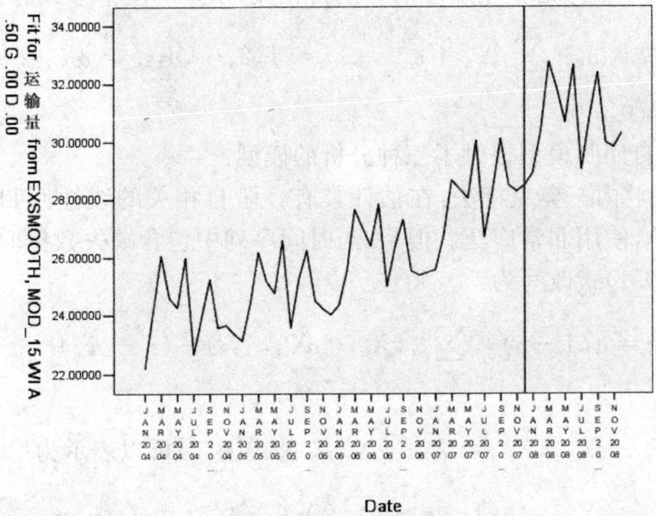

图 9.38　添加了参考线的产品运输量原序列和预测序列的时间序列图

和预期的一样，预测序列同样显示出长期变动和季节波动趋势。

使用指数平滑方法，我们为某公司产品运输量数据建立了一个模型，并且用模型进行预测。在分析过程中，使用了三种有关长期趋势和季节波动假定的模型，最后得出结论，温特斯模型是拟合时间序列最好的一种模型。分析模型残差的自相关和偏自相关系数，是发现模型中没有被挖掘出的序列结构变化的有效的方法，比如本例中的年度季节波动模型，简单指数平滑模型和霍特模型都没有捕捉到。

在建立模型的过程中,使用了网格搜索的办法来设定指数平滑模型的参数,通过测度模型的误差平方和,进而获得最优模型。对现在模型的进一步完善,可以更加精确设定拟合最好模型的参数值,比如缩小步长,设定为 0.01 或者 0.001,等等。

9.2 自回归模型

在时间序列分析的过程中,自回归模型是普通最小二乘法的延伸。普通最小二乘回归模型的一个假定就是模型的残差不存在自相关。但是时间序列经常呈现一阶自相关。如果模型中存在一阶自相关,线性回归模型就不能准确估计自变量对因变量方差变动的解释。这反过来会影响自变量的选择和模型的可靠性。

自回归模型仅考虑模型残差的一阶自相关,模型的基本形式为:

$$Y_t = \alpha + \sum_{i=1}^{p} \beta X_{ti} + \varepsilon_t \qquad t = 1,2,\cdots,n,\varepsilon_t = \rho\varepsilon_{t-1} + v_t \tag{9.1}$$

其中,$\nu_t \sim N(0,\sigma^2)$。

SPSS的自回归模型提供了三种分析的模型:

(1) 柯克兰内—奥克特法:在估计具有一阶自相关的线性回归模型时,这种方法较为简单,使用非常广泛。但是,当时间序列中包含缺失数据时,不能使用这种方法。将(9.1)式改写为:

$$Y_t - \rho Y_{t-1} = \alpha(1-\rho) + \sum_{i=1}^{p} \beta_i (X_{ti} - \rho X_{(t-1)i}) + (\varepsilon_t - \rho\varepsilon_t) \quad t = 2,\cdots,n \tag{9.2}$$

设定 $Y_t^* = Y_t - \rho Y_{t-1}, X_t^* = X_t - \rho X_{t-1}$,公式(9.2)可以表示为

$$Y_t^* = \alpha(1-\rho) + \sum_{i=1}^{p} \beta_i X_t^* + \nu_t \quad t = 2,\cdots,n \tag{9.3}$$

(9.3)式中的随机误差项 ν_t 满足基本假定,因此可以使用普通最小二乘法估计该公式,得到参数估计值 α 和 β_i。

(2) 普莱斯—温斯登(Prais-Winsten)方法,在估计具有一阶自相关的线性回归模型时,这种方法其实是一种广义最小二乘法(A generalized least-squares method)。当时间序列中包含缺失数据时,同样也不能使用普莱斯—温斯登法。但是一般来说,普莱斯—温斯登法比柯克兰内—奥克特法更受欢迎。普莱斯—温斯登法和柯克兰内—奥克特法将回归模型进行变换,消除模型中的自相关。

普莱斯—温斯登(Prais-Winsten)方法使用的模型和柯克兰内—奥克特基本相同，它将第一对样本观察值也包含到估计过程中，它的估计模型为：

$$\left.\begin{aligned}(1-\rho)Y_1 &= \alpha(1-\rho)+\sum_{i=1}^{p}\beta_i(1-\rho)X_{1i}+(1-\rho)\varepsilon_t \\ Y_t^* &= \alpha(1-\rho)+\sum_{i=1}^{p}\beta_i X_t^* + \nu_t\, t=2,\cdots,n\end{aligned}\right\} \tag{9.4}$$

(3) 极大似然估计法：它和 ARIMA 模型估计自回归模型的算法一样，和前面两种方法相比，极大似然估计法对计算的要求比较高，但是它提供更好的估计结果。这种方法可以处理包含缺失数据的序列，当自变量是滞后变量时，也可以使用这种方法。

【例 9.2】 民航客运量的时间序列分析。

为了分析民航客运量的影响因素，选择了“居民消费额”、“来华旅游人数”和“民航航线旅程”这三个自变量，进一步建立一个民航客运量的自回归模型。

打开“民航客运量.sav”，首先使用回归模型来选择最佳的解释变量。

单击 Analyze→Regression→Linear…，弹出 Linear Regression(线性回归模型)对话框(见图 9.39)。

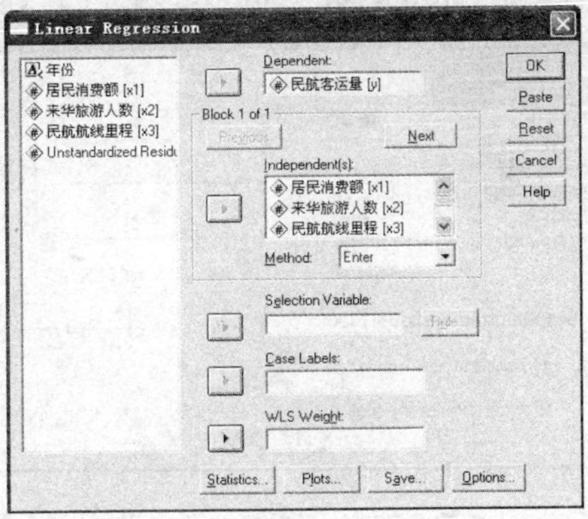

图 9.39　在线性回归对话框中选择因变量和自变量

选择“民航客运量”为因变量，移入 Dependent 方框中。选择“居民消费额”、“来华旅游人数”和“民航航线里程”为自变量，移入 Independent 方框中。

单击 Statistics 按钮，弹出 Statistics(统计量设置)对话框(见图 9.40)，在残差 Residuals 中选择 Durbin-Watson，在输出结果中将显示检验一阶自相关的杜宾—瓦尔森位计量，单击 Continue 按钮，回到线性回归对话框。

在线性回归模型对话框中单击 Plots 按钮，在弹出的 Plots 对话框中(见图 9.41)，选择 Standardized Residual Plots 中的 Normal probability plot，在输出结果中将显示标准化残差图，单击 Continue 按钮，回到主对话框。

在线性回归对话框中单击 Save 按钮，在弹出的 Save(保存变量)对话框中(见图 9.42)，选择 Residual 中的 Unstandardized，将未标准化的残差作为新变量保存下来，单击 Continue，回到线性回归对话框后单击 OK 按钮，输出普通最小二乘模型的结果。

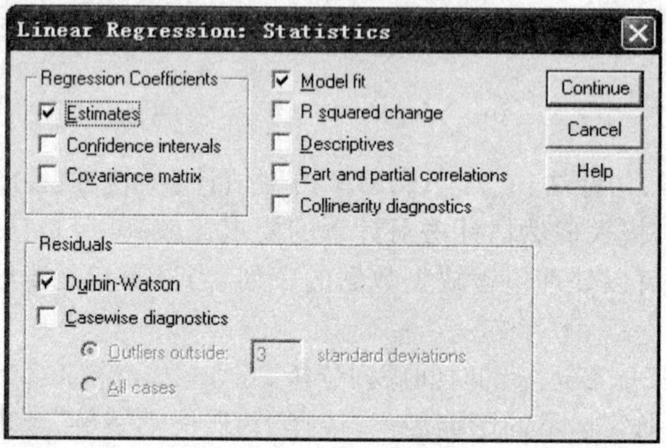

图 9.40　在统计量对话框中选择输出杜宾—瓦尔森统计量

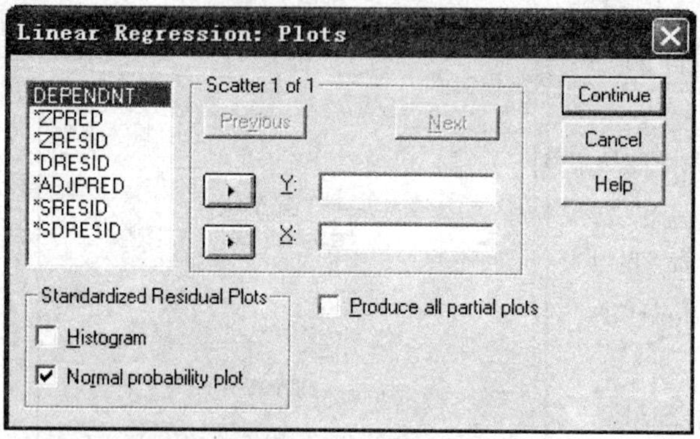

图 9.41　在图形对话框中选择输出标准化残差图

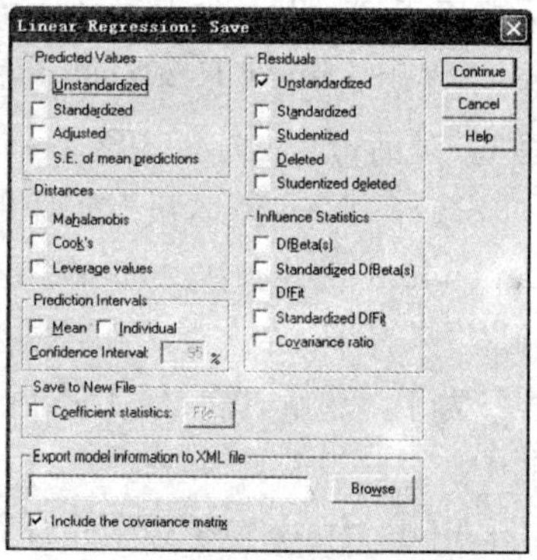

图 9.42　在保存对话框中选择保存非标准化残差

从线性回归模型的 Coefficients（系数表，见表 9.7）中可以看出，“来华旅游人数”和“民航航线里程”这两个自变量的 t 检验值对应的显著性水平 *Sig*. 都小于 0.05，在 5% 的显著性水平通过参数的显著性检验，而“居民消费额”在 10% 显著性水平下也能通过参数的显著性检验。

Nomal P-P Plot of Regression Standardized Residual（标准化残差的正态概率图，见图 9.43）能让我们判断残差是否服从正态分布。图形的横坐标代表标准化残差的观测累积概率（Observed Cum Prob），纵坐标代表残差的期望累积概率

(Expected Cum Prob),如果残差是正态分布的,那么图形中的散点应该都在过原点、斜率为 1 的直线附近波动。

表 9.7 "民航客运量"的三元回归模型

Coefficients[a]

Model		Unstandardized Coefficients		Standardized Coefficients	t	Sig.
		B	Std. Error	Beta		
1	(Constant)	-.477	.646		-.739	.467
	居民消费额	.376	.184	.362	2.046	.052
	来华旅游人数	.251	.070	.214	3.562	.002
	民航航线里程	.621	.239	.430	2.600	.016

a. Dependent Variable: 民航客运量

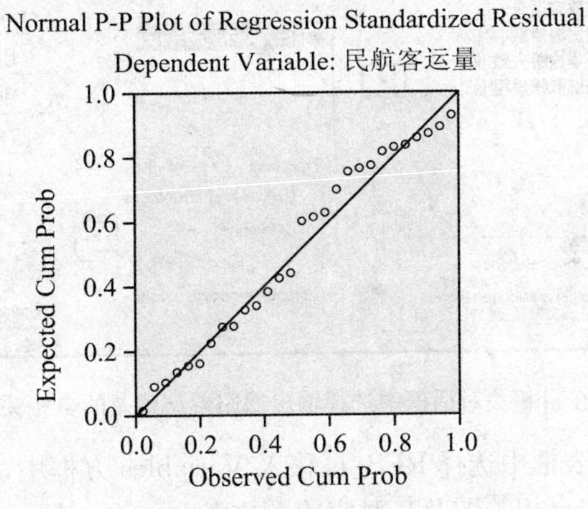

图 9.43 回归模型标准化残差的正态 P-P 图

图 9.43 显示的残差分布似乎符合这个规律,因此,回归模型的残差大体还是服从正态分布的。

表 9.8 "民航客运量"回归模型的模型综述表

Model Summary[b]

Model	R	R Square	Adjusted R Square	Std. Error of the Estimate	Durbin-Watson
1	.996[a]	.992	.992	.1165772	.842

a. Predictors: (Constant), 民航航线里程, 来华旅游人数, 居民消费额

b. Dependent Variable: 民航客运量

Model Summary(模型综述表,见表 9.8)的最后一部分显示了杜宾—瓦尔森检验统计量:$d=0.842$。在5%的显著性水平下,$n=27,k=3$,查杜宾—瓦尔森统计量上下限表可以得到下限值 $d_L=1.162$,由于 $0<d=0.842<d_L$,根据检验准则,模型中存在一阶正自相关。

除了分析残差的杜宾—瓦尔森统计量,绘制残差的偏自相关函数也是一个不错的主意,通过它可以发现残差自相关中的全部结构。如果残差存在一阶自相关,偏自相关系数在滞后 1 阶的地方应该有峰值点。

为了获得残差的偏自相关函数,单击菜单 Graphs→Time Series→Autocorrelations…,弹出 Autocorrelation(自相关系数)对话框(见图 9.44)。

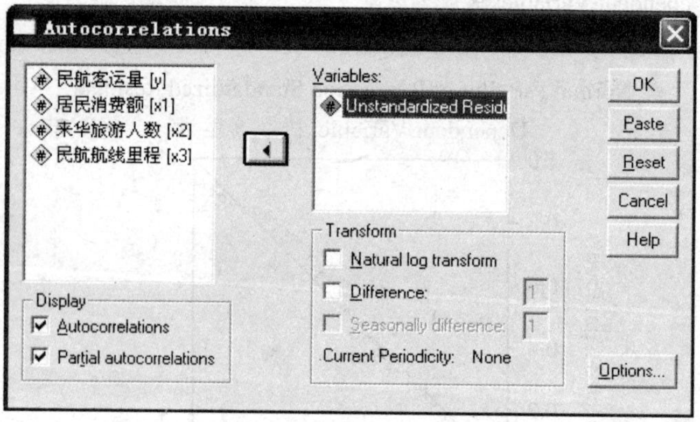

图 9.44 在自相关对话框中选择输出回归模型残差的自相关函数图表

从左侧变量列表框中选择 RES_1,移入 Variables 方框中,单击 OK 按钮,输出残差的自相关、偏自相关图及其对应的系数表。

自相关函数确实显示在滞后一阶的地方有显著的峰值,证实了我们从杜宾—瓦尔森统计量中得出的结论。从图 9.45 中可以看出在滞后 7 阶的地方也有峰值,但是没有理由认为滞后这么长时间的残差还存在显著的影响,该点出现峰值可能是由于随机因素造成的,不予理会。

通过杜宾—瓦尔森统计量和偏自相关系数,我们可以肯定地得出结论,模型中存在一阶自相关,违反了普通最小二乘法的无自相关的基本假定,因此,对这个时间序列采用普通最小二乘法就不太合适了。

模型中存在一阶自相关,暗示我们可以使用 SPSS 的自回归方法对原时间序列建模,在前面提到的三种自回归建模方法中,普莱斯—温斯登法比科克兰内—奥克特法更受欢迎。如果时间序列中存在缺失数据,或者存在滞后的自变量时,还可以使用最大似然估计法,它在计算方面更加复杂。但是我们这个例子中没有出现这两种情形,因此对目前这个时间序列建模,使用普莱斯—温斯特法应该更为合适。

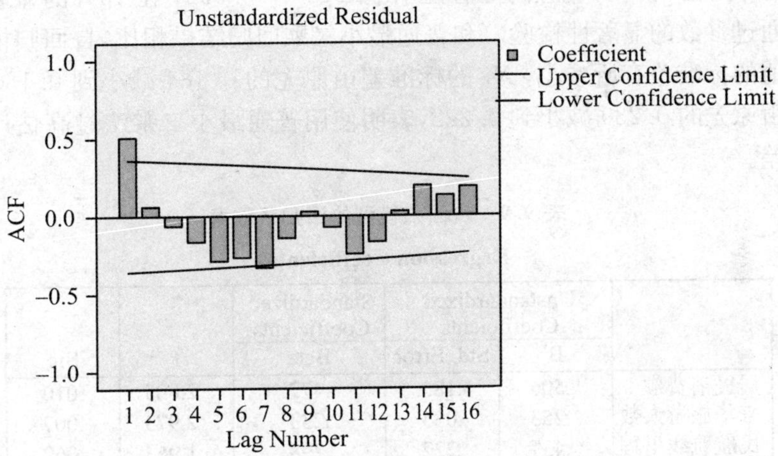

图 9.45　回归模型非标准化残差的自相关函数图

单击 Analysis→Time Series→Autoregression 弹出 Autoregression(自回归)对话框(见图 9.46)。

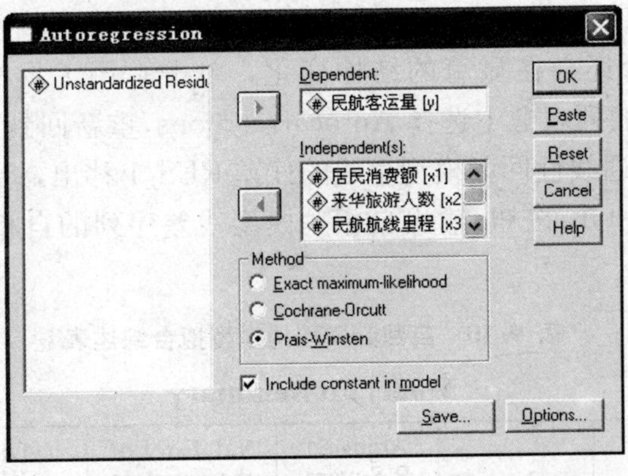

图 9.46　在自回归对话框中选择因变量、自变量和回归方法

同样选择"民航客运量"为因变量,移入 Dependent 方框中,选择"居民消费额"、"来华旅游人数"和"民航航线里程"为自变量,移入 Independent 方框中。在下面的 Method 中,选择 Prais—Winsten,单击 OK 按钮,输出自相关分析结果。

Regression Coefficients(回归系数表,见表9.9)显示按照普莱斯—温斯登法计算出来的模型参数估计值。从表9.9中可以发现,前两个自变量t检验值对应的显著性概率水平都小于0.05,它们都通过了参数的显著性检验;而第三个自变量的t统计量是1.963,对应的显著性水平$Sig.=0.062$,在10%的显著性水平下可以通过参数的显著性检验。和普通最小二乘回归结果相比,自回归模型的参数估计值的标准差有所减小,X_1的标准差由原先的0.184减小到0.180,X_3的标准差由原先的0.239减小到0.222,表明使用普通最小二乘法过高估计了参数的标准差。

表9.9 自回归模型的回归系数表

Regression Coefficients

	Unstandardized Coefficients		Standardized Coefficients	t	Sig
	B	Std. Error	Beta		
居民消费额	.506	.180	.477	2.805	.010
来华旅游人数	.253	.085	.233	2.973	.007
民航航线里程	.437	.222	.298	1.963	.062
(Constant)	-.950	.646		-1.470	.155

The Prais-Winsten estimation method is used.

同时Mode Fit Summary(模型拟合综述表,见表9.10)显示,杜宾—瓦尔森统计量已经增大到1.541,虽然落在不能确定是否存在一阶自相关的区域($d_L=1.162<d=1.541<d_U=1.651$),但是进一步观测模型残差的偏自相关函数,可以判断残差是否还存在显著的结构变化。单击常用工具栏上的“Dialog Recall”按钮,在弹出的列表框中选择Autocorrelations,重新回到自相关系数对话框(见图9.47),将普通线性回归模型生成的残差RES_1移出,将自相关模型的残差ERR_1移入,单击OK按钮,输出自相关模型残差序列的自相关/偏自相关函数(见图9.48)。

表9.10 自回归模型的模型拟合综述表

Model Fit Summary

R	R Square	Adjusted R Square	Std. Error of the Estimate	Durbin-Watson
.990	.980	.976	.098	1.541

The Prais-Winsten estimation method is used.

偏自相关函数在滞后一阶的地方没有出现峰值点,模型中应该不存在一阶自相关，虽然在滞后 7 阶的地方出现峰值点，但是同样没有理由相信认为滞后这么长时间的残差还存在显著的影响。

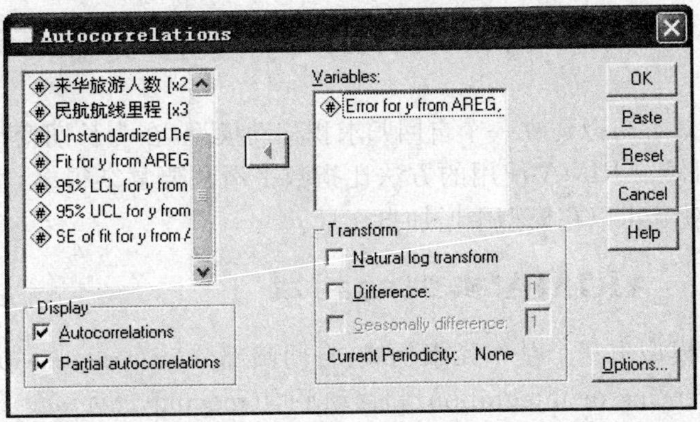

图 9.47　在自相关对话框中选择输出自回归模型残差序列的自相关函数图表

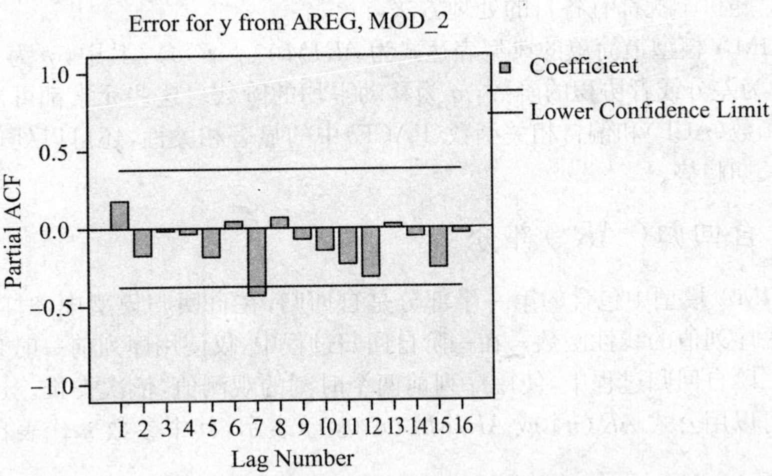

图 9.48　自回归模型残差序列的偏自相关函数图

在模型中存在自相关时，普通最小二乘法过高估计了参数估计值的标准差，而使用自相关回归方法，参数估计值标准差的估计值有所减小，因此，对于存在一阶自相关的线性回归模型，使用自回归方法对时间序列建模的作用还是比较明显的。

对于存在季节效应的模型，可以在使用自回归方法之前，使用季节分解的方法剔除模型中的季节波动;对于存在更加复杂结构的时间序列,可以考虑使用ARIMA 模型。

9.3 ARIMA 模型

ARIMA 过程可以建立一个自回归求积移动模型,在为长期变动趋势和季节成分建模的时候,ARIMA 使用的方法比指数平滑法要复杂得多,这种方法还有特别的优点,就是可以在模型中增加自变量。

9.3.1 ARIMA 模型的构成

ARIMA 模型由三个基本元素构成:自回归部分(autoregression)、差分或求积部分(differencing or integration)和移动平均(moving-average)部分。这三个部分都是以随机干扰的简单理论为基础的。对于序列中的两个观测值,干扰项或多或少都会影响序列的水平。这种干扰可以通过 ARIMA 模型计算出来。这三个部分对随机干扰都有各自的处理方法,

ARIMA 模型最简单的典型表达式为 $ARIMA(p,d,q)$,其中,p 为自回归的阶数,d 为差分或者协积的阶数,q 为移动平均的阶数。这些元素都可用来解释自相关函数(ACF)和偏自相关函数(PACF)中的显著相关性,还可以处理时间序列中的长期趋势。

1. 自回归(*AR*)部分

ARIMA 模型中包含的第一个部分是自回归,在自回归模型中,时间序列值都是过去序列值的线性函数。在一阶自回归过程中,仅使用序列前一时刻的观测值。在二阶自回归过程中,使用序列前两个时刻的观测值,依次类推。这些过程一般都可以用公式 $AR(n)$ 或 $ARIMA(n,0,0)$ 表示,其中参数 n 代表自回归的阶数。

一阶自回归过程的函数表达式为 $Y_t = \varphi Y_{t-1} + \varepsilon_t$,其中 Y_t 为时间序列在 t 时刻的数值,系数 φ 表示 t 时刻观测值和 $t-1$ 时刻观测值之间的相关强度,它的符号和大小直接影响滞后一阶的偏自相关系数的符号及大小。当 $-1 < \varphi < 1$ 时,前一时刻观测值的影响以指数方式逐渐减弱。ε_t 代表 t 时刻观测值的随机误差。

从概念上讲,自回归过程是带有"记忆"的过程,也就是当期的观测值和前面时刻的观测值都存在相关性。在一阶自回归模型中,当前观测值是前一期观测值的函数,而前期观测值又是前面一期观测值的函数,等等。因此,系统中的每一个

波动或者干扰项对其后序列值的影响都是逐渐衰减的。在这一方面，自回归模型和指数平滑模型非常相似，但是 ARIMA 模型的算法和指数平滑法是完全不同的。

2. 协积部分

在 ARIMA 模型中加入差分或者协积部分，是为了使时间序列变得平稳。时间序列经常反映某些过程的累积效应，这些效应对时间序列水平的变化产生作用，但是对时间序列本身却没有什么影响。时间序列中测度累积效应的统计量就称为协积。

研究协积的时候，可以观察一个观测值对其他观测值的变化或者差分。如果一个序列是随机游走的，那么一个观测值和其他观测值之间的变化是很小的，因此一个随机游走序列的差分变量通常是保持不变的。从统计的观念来讲，需要时间序列的这种差分稳定性。

协积模型（差分模型）的标准缩写是 $I(1)$，或者用 $ARIMA(0,1,0)$ 来表达。偶尔我们还要再进行一次差分，从而将模型定义为 $I(2)$ 或者 $ARIMA(0,2,0)$。对序列进行两次或者三次以上差分的情形是很少见的，如果序列呈现这样极端的趋势，那么它的不稳定是由某个波动的方差所引起的。在估计模型之前，将序列进行变换，取对数变量或者将原变量开平方，一般都可以使得序列方差变得平稳。

一阶协积模型实际上等同于估计参数为 1（$\varphi=1$）的一阶自回归模型，为了方便，可以忽略协积模型，使用 SPSS 估计参数接近于 1 的自回归模型（比如 $Y_t = Y_{t-1}+\varepsilon_t$），但是最好不要这样做。合理地设定协积部分，估计出模型中其他的参数，一般好于估计参数接近于 1 的自回归模型。

3. 移动平均（MA）部分

ARIMA 模型中的移动平均部分是为了预测序列的未来值，它是通过前期观测值均值的偏差计算出来的。在移动平均部分，每个值都是当期随机误差项和前一期（或前若干期）随机误差的加权平均。自回归的阶数决定形成新数值时，使用多少期的随机误差项。

移动平均模型的标准表达式为 $MA(n)$，或者 $ARIMA(0,0,n)$，表示使用前 n 期和当期的干扰项形成新序列。

一阶移动平均 $MA(1)$（或 $ARIMA(0,0,1)$）的函数表达式为 $Y_t=\theta\varepsilon_{t-1}+\varepsilon_t$，其中，$Y_t$ 为时间序列在 t 时刻的数值，系数 θ 表示 $t-1$ 时刻随机误差项 ε_{t-1} 对 Y_t 的影响，它的符号和大小直接影响滞后一阶的自相关系数的符号及大小。当

$-1<\theta<1$ 时，前一时刻观测值的影响以指数方式逐渐减弱。ε_t 代表 t 时刻观测值的随机误差。

自回归和移动平均过程的区别虽然很微妙，但是非常重要。移动平均中每一个 Y_t 都是近期随机误差 $\varepsilon_t,\varepsilon_{t-1},\cdots$ 的加权移动平均，而自回归模型中每一个 Y_t 都是近期时间序列值 $Y_{t-1},Y_{t-2},\cdots$ 的加权移动平均。由于近期的时间序列值，如 Y_{t-1} 又是前期时间序列值的加权平均，在自回归模型中，某个给定的随机误差项的影响随着时间变化而逐渐衰减，而在移动平均模型中，某个随机误差项的影响是有限的，超过某个阶数，这种影响就立即消失。

在实际分析中，MA 过程经常用来为短期波动建立模型，AR 过程经常对长期模型进行分析。

ARIMA 模型的完整表达式为 $ARIMA(p,d,q)(P,D,Q)$，其中，P、D、Q 是自回归、协积和移动平均的季节部分。季节部分的计算原理和非季节部分相类似，但是它们“跳过”季节的间隔周期，如果季节波动周期是以月作为单位的，非季节的一阶自回归模型计算 12 月份的拟合值时，将以 11 月的数值为基础，而季节一阶自回归模型将利用上一年度的 12 月份的数值。

9.3.2 ARIMA 模型的建模过程

由于 ARIMA 模型中随机部分的三个组成部分密切相关，没有一个算法能够确定出一个准确的模型。在建立可能存在的最优模型时，最好按照一定的建模过程来进行。建模过程一般由模型识别、模型估计和模型诊断这三个部分组成，不断重复这些过程，直到建立满意的模型为止。

1. 模型识别

建立 ARIMA 模型的第一步，是识别时间序列，也是最客观的步骤，在这个过程中，必须确定 ARIMA 模型中自回归、协积和移动平均的阶数。对于存在季节波动的模型，同样还得设定季节部分中的相关参数。

要识别时间序列中自相关和移动平均部分，要求序列是稳定的，一个稳定的时间序列在整个过程中有相同的均值和方差，自回归过程和移动平均过程本质上是稳定的序列，而协积序列则是典型的非稳定序列。

如果序列是非稳定的，那么必须对其转换，直到其稳定。最常见的转换手段就是差分，当原序列是非稳定序列时，差分过程是必不可少的。将当前观测值和前期观测值相减，就得到差分序列（$\nabla Y_t=Y_t-Y_{t-1}$），用它来代替原时间序列。在季节差分中，前期观测值是滞后一个季节周期的序列值，因而差分变量可以表

示为 $\nabla Y_t = Y_t - Y_{t-4}$ 或 $\nabla Y_t = Y_t - Y_{t-12}$。

而当序列的方差不稳定时，使用对数转换或者平方根转换也是非常有用的，尤其是存在很多短期波动的数值较大的时间序列。一旦得到稳定的序列，就知道 ARIMA 模型中的第二个参数 d，它就是让序列稳定的差分次数。

接下来就要识别自相关和移动平均的阶数 p 和 q，纯粹的自回归和移动平均过程的自相关系数和偏自相关系数有各自的显著特征。

$AR(p)$ 模型的自相关系数值呈现指数衰减的特征，其偏自相关函数在 p 阶滞后的地方有一个明显的峰值点；$MA(q)$ 模型的自相关函数在 p 阶滞后的地方有显著的峰值点，而其偏自相关系数按指数方式衰减。

如果自相关系数衰减的速度很慢，在识别 AR 和 MA 成分之前必须进行差分。混合 AR 和 MA 模型的自相关和偏自相关函数的变化模式更加复杂，识别它们要循环使用模型识别—模型估计—模型诊断过程。

2. 模型估计

SPSS 的 ARIMA 过程利用模型识别确定的自相关阶数 p、差分次数 d 以及移动平均阶数 q，使用非线性回归的方法，通过迭代计算来确定模型的参数。

3. 模型诊断

对 ARIMA 模型进行诊断分析是建模中的关键步骤，诊断分析要对模型的残差进行分析。如果模型的残差很大，那么模型对某个特定观测值的拟合效果就很差。反之，如果模型的拟合效果很好，残差必然是随机的。

使用模型诊断过程时，需要注意下面两点：

(1) 残差序列的自相关和偏自相关函数不能显著异于 0，整个残差序列可能会有一两个高阶的自相关或偏自相关系数超过 95%的置信区间，这是由于偶然因素造成的。但是如果残差的一阶或者二阶自相关系数很大，那么模型的设定可能就不太准确了。

(2) 残差应该没有固定的变化模式，可以使用博克斯—杨（Box-Ljung Q）统计量进行检验，该统计量又称为修正的博克斯—皮尔斯（Box-Pierce）统计量。在滞后阶数达到 $[n/4]$（样本数据四分之一）的地方观察博克斯—杨统计量，该统计量此时不能统计显著。如果自相关系数在某个滞后时期超过置信区间，但是博克斯—杨统计量在滞后阶数为 $[n/4]$ 的地方并不显著，那么可以认为这是由于偶然因素造成的，从而忽视自相关系数的显著性。

【例 9.3】 男式服装销售量的 ARIMA 模型。

一家服装公司对该公司生产线上男式服装销售量数据非常感兴趣，为了进行预测分析，该公司收集了 10 年来男式服装销售量的月度数据。

打开“男式服装销售量.sav”，该数据文件包括“邮寄的广告目录数”、“广告目录的页数”、“订货热线电话数”、“印刷广告的费用”以及“客户服务人员数”。这些自变量对于预测是否有一定的用处，包含自变量的模型是否好于没有自变量的模型？使用 ARIMA 模型建立包含自变量和不包含自变量的预测模型，看看它们在预测能力方面是否有显著的差异。

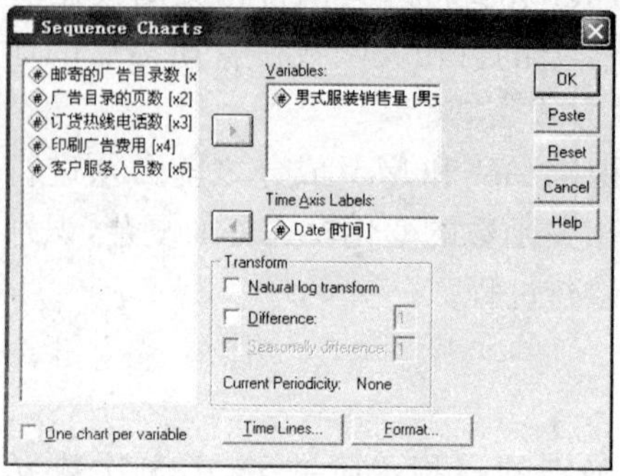

图 9.49 在序列图对话框中设置男式服装销售量的时间序列图

· **季节差分**

建立模型的第一步是绘制服装销售额的时间序列图，观察是否有证据表明序列的均值或者方差是不稳定的，对于 ARIMA 分析过程，假定原始序列是稳定的。

单击菜单 Graphs→Sequence…，弹出时间序列图对话框（见图 9.49），选择“男式服装销售量”为分析变量，移入 Variables 方框中，选择 Date，移入 Time Axis Labels 方框中，单击 OK 按钮，输出男式服装销售量的时间序列图（见图 9.50）。

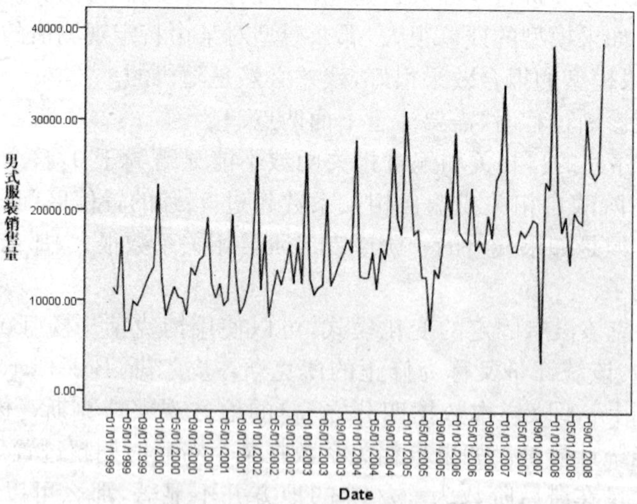

图 9.50 男式服装销售量的时间序列图（没有时间参考线）

男式服装销售量的时间序列图显示序列呈总体递增的趋势，这就表明了时间序列是非稳定的，需要进行差分使得时间序列变得平稳，但是时间序列的方差似乎保持不变。

从图 9.50 中也可以看到很多峰值点，不少波峰之间的距离似乎相差不大，显示时间序列中存在周期性波动成分。考虑到服装销售的季节变化特点，销售额的最高值通常在假期达到，因此在数据中发现年度季节成分，这并不令人奇怪。

销售额序列有长期变动趋势，因此可能要差分几次才能得到一个稳定的序列。序列中存在季节成分，同样可能需要进行季节差分。绘制自相关函数图，它可以告诉我们是否需要进行季节差分。如果自相关系数逐渐减小，并且每间隔相同的时期(比如每隔 12 个月，也就是年度季节变化)就呈现相同的变化趋势，那么就需要使用季节差分使得序列平稳。

为了更好地分析出时间序列的季节变化特点，需要对日期进行定义。单击菜单 Data→Define Dates，弹出 Define Dates 对话框(见图 9.51)，在 Cases Are 列表框中选择"Years，months"，在右侧的 Year 文本框中输入 1999，Month 文本框中选择默认的 1，单击 OK 按钮。原数据文件中添加了 Year_，Month_和 Dates_这三个新的日期变量。

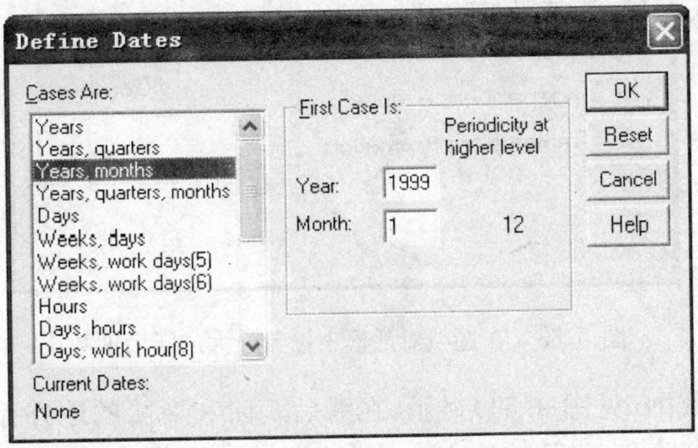

图 9.51　定义日期对话框

单击 Graphs→Time Series→Autocorrelations…，弹出 Autocorrelations(自相关)对话框(见图 9.52)，选择"男式服装销售额"，移入 Variables 方框中。

为了判断是否季节差分，自相关系数的显示范围应该超过系统默认的滞后阶数(16)，为此单击右下角的 Options 按钮，弹出 Options(选项)对话框，在 Maximum Number of Lags 后的文本框中输入 24(见图 9.53)，单击 Continue 按钮，回到自相关对话框，单击 OK 按钮，输出自相关/偏自相关函数图及其对应的系数表。

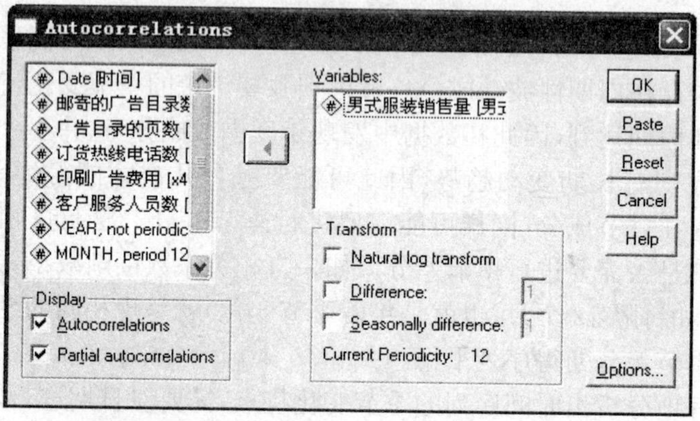

图 9.52　在自相关对话框中选择输出男式服装销售量的自相关图表

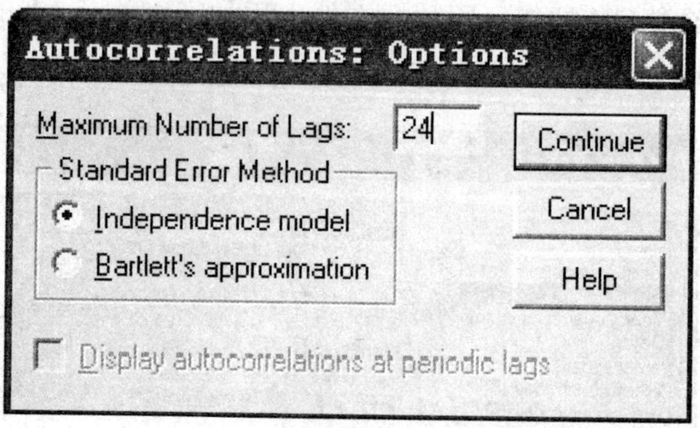

图 9.53　在选项对话框中设置最大的滞后期数

自相关函数图(见图 9.54)显示，在滞后 1 阶和 2 阶的地方存在显著的峰值点，同样滞后 12 阶和 24 阶的地方也是如此。由于数据中的一个点代表一个月，因此滞后 12 阶和 24 阶存在的峰值点就证实了年度季节变动成分的存在。和滞后 12 阶的自相关系数相比，滞后 24 阶以后的自相关系数有所减小(峰值点的高度有所降低)，同时说明序列水平是非平稳的，季节差分必不可少。

单击常用工具栏上的"Dialog Recall"按钮，在弹出的列表框中选择 Sequence Charts，回到时间序列图对话框(见图 9.55)，选择 Transform 下的 Seasonally Difference，其后文本框保持系统默认的 1，也就是进行一阶季节差分。单击 OK

按钮，输出季节差分后的时间序列图。

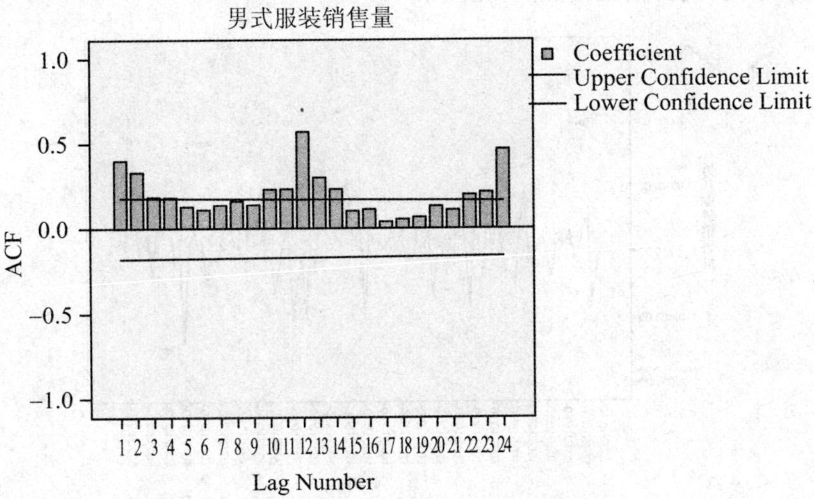

图 9.54　男式服装销售量的自相关函数图

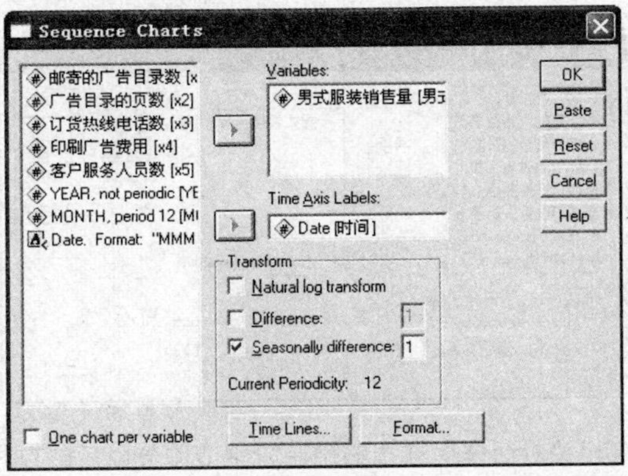

图 9.55　在序列图中选择输出男式服装销售量的一阶季节差分图

男式服装销售量的一阶季节差分图(见图 9.56)显示，季节差分一次以后，时间序列开始平稳，同时也可以看到差分序列的均值已接近于 0。原时间序列中的长期增长趋势已经被消除了。季节差分序列的自相关函数图会显示是否需要作进一步的差分。

单击常用工具栏上的 Dialog Recall 按钮，在弹出的列表框中选择 Autocorrelations，回到自相关系数对话框，选择 Transform 中的 Seasonally Difference(见

图 9.57)，其后文本框中也保持系统默认的 1，单击 OK 按钮，输出一阶季节差分以后的自相关/偏自相关函数图(见图 9.58)。

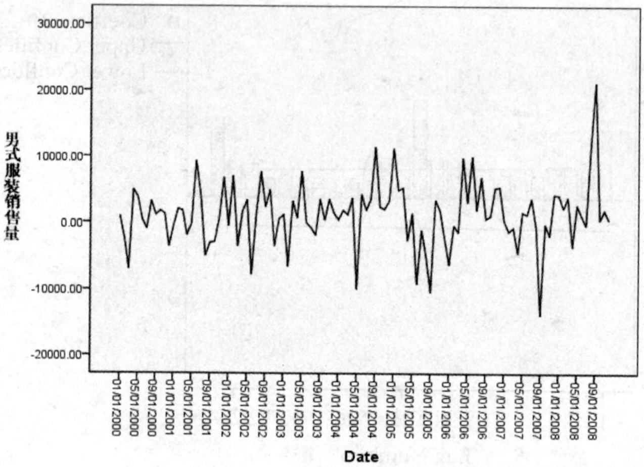

图 9.56　男式服装销售量的一阶季节差分图

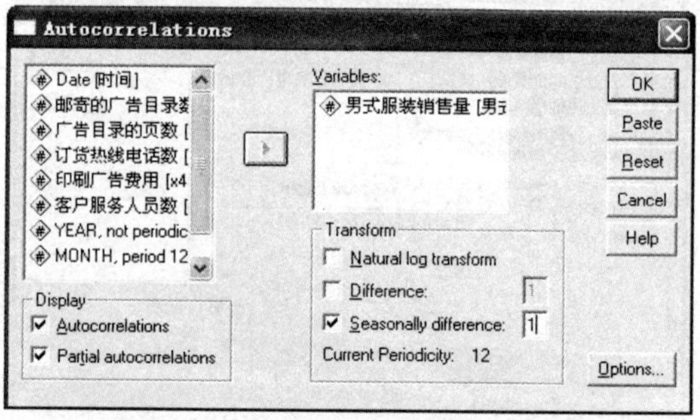

图 9.57　在自相关对话框中选择输出一阶季节差分以后的自相关函数图表

原先自相关函数随着季节滞后不断衰减的趋势，经过季节差分已经不复存在，自相关系数基本都落入置信区间内部，不再需要做进一步的季节或者非季节的差分。

因此对原序列进行一阶差分就足以使得序列变得平稳起来。接下来就要决定自回归和移动平均的阶数。

· 确定模型的阶数

数据中强烈的季节变动趋势显示季节性的存在，显示序列季节性的一个有效方法，就是检验季节周期点位置的自相关和偏自相关函数图。为此单击常用工具栏上的 Dialog Recall 按钮，在弹出的列表框中选择 Autocorrelations，回到自相关系数对话框，单击 Options 按钮，打开选项设置对话框，在 Maximum Number of Lags 文本框后输入 48（见图 9.59），选择下方的 Display autocorrelations at periodic lags，单击 OK 按钮，输出自相关/偏自相关图。

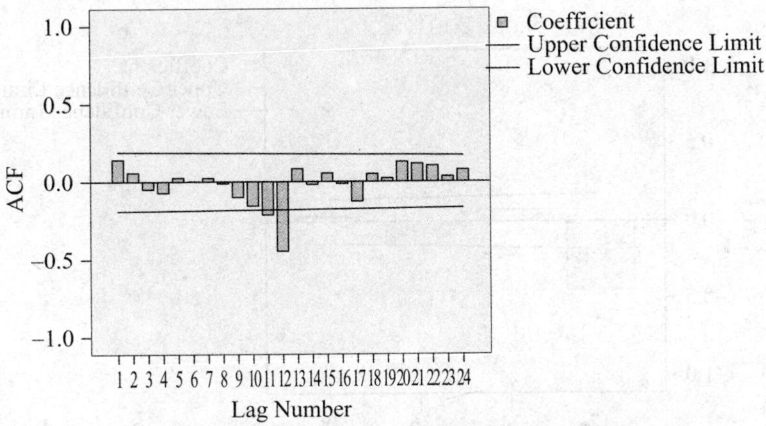

图 9.58　男式服装销售量一阶季节差分以后的自相关函数图

自相关函数图（见图 9.60）显示滞后 12 阶的地方存在峰值，但是没有明显的“尾巴”存在。

偏自相关函数图（见图 9.61）显示滞后 12 的地方也存在显著的峰值点，而且有一个尾巴一直延伸到滞后 48 阶的地方，表明模型中存在所谓的拖尾现象。

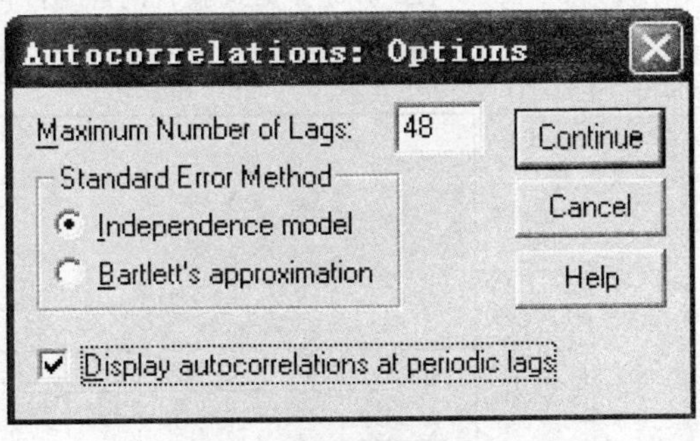

图 9.59　在选项对话框中重新设定最大的迭代期数

自相关/偏自相关函数图中峰值点（滞后 12 阶）的存在，以及偏自相关函数图中的拖尾现象，表明可以使用一阶季节移动平均 ARIMA 过程，再加上前面已经识别出的一阶季节差分，对原序列使用 *ARIMA*(0,0,0)(0,1,1) 建模应该是最合适的。

一般 ARIMA 模型中都包含一个常数项，其意义根据使用的模型而有所不同。在 MA 模型中,常数项是序列的均值,在 AR(1)模型中,常数项是长期趋势参数。当序列进行差分以后,上面的意义也根据差分过程来解释。我们已经决定模型的代表表达式为 *ARIMA*(0,0,0)(0,1,1),这也是差分序列的移动平均模型,因此,模型中的常数项代表差分序列的均值。而服装销售额差分序列的均值大约为 0,所以本例中 ARIMA 模型的常数项即为 0。这样在 ARIMA 模型中将省去常数项,从而加快参数计算过程,简化模型,还会使得其他参数估计值的标准

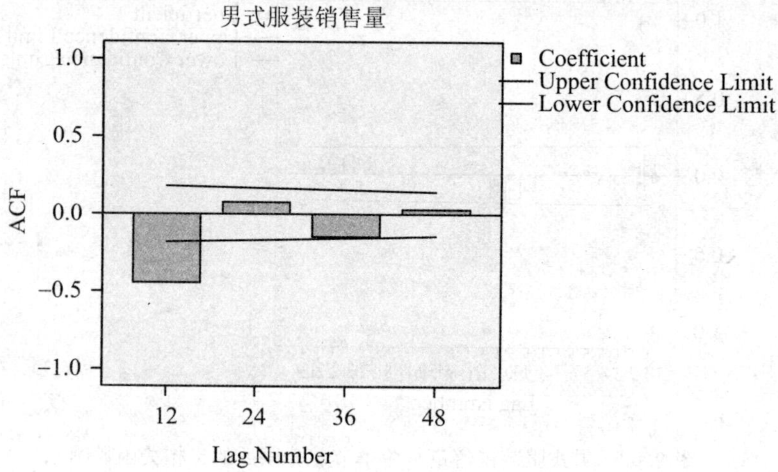

图 9.60　男式服装销售的自相关函数图(季节性)

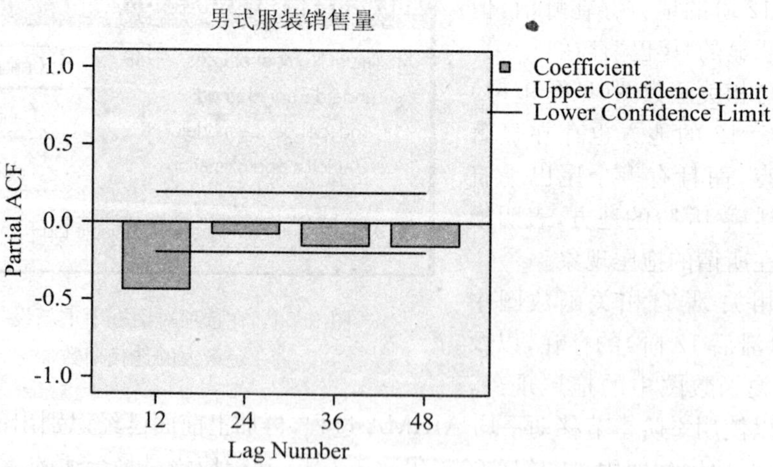

图 9.61　男式服装销售量的偏自相关函数图(季节性)

误差变小。

· **建立** ARIMA **模型**

为了建立 ARIMA 模型，单击菜单 Analyze→Time Series→ARIMA…，打开 ARIMA 对话框（见图 9.62），选择"男式服装销售量"，移入 Dependent 方框中，在 Seasonal 下方的 sd（季节差分参数）文本框中输入 1，sq（移动平均参数）文本框中输入 1，取消下方 Include constant in model 选项，单击 OK，输出 ARIMA 分析结果。

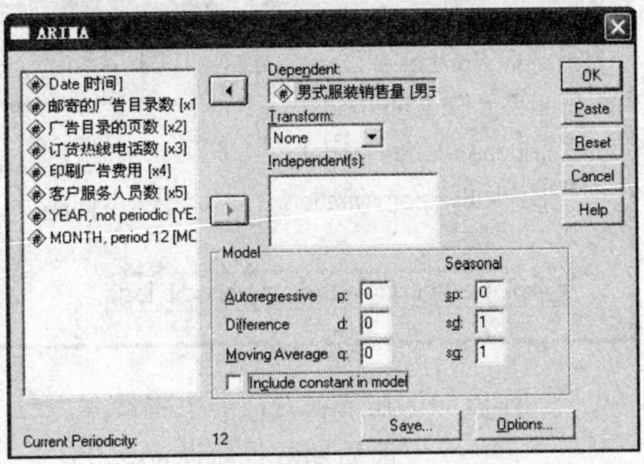

图 9.62　在 ARIMA 对话框中选择因变量和模型的参数

在前面已经提到，对 ARIMA 模型的诊断是建模工作中重要的一个部分，在诊断过程中需要验证残差是否是随机的。一般在四分之一样本容量的地方检验博克斯—杨（Box-Ljung Q）统计量，本例中样本容量为 120，因此分析滞后 30 阶的自相关系数，判断其是否显著。

单击常用工具栏上的 Dialog Recall 按钮，在弹出的列表框中选择 Autocorrelations，回到自相关系数对话框（见图 9.63），将"男式服装销售量"从 Variables 方框中移出，将第一个 ARIMA 模型的残差序列 ERR_1 移入，取消 Transform 中的 Seasonally difference 选项。

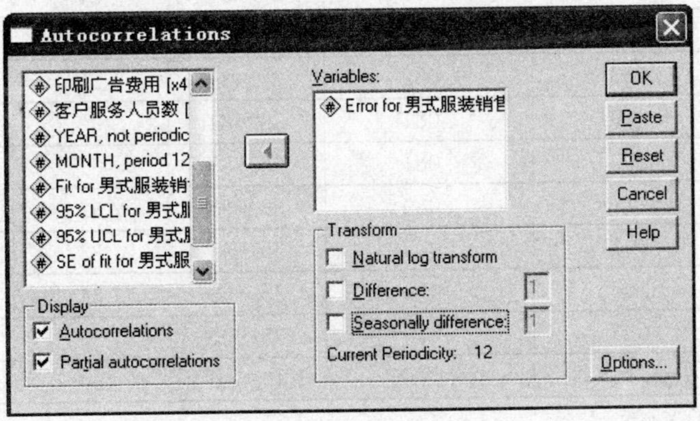

图 9.63　在自相关对话框中选择输出 ARIMA 残差序列的自相关函数图表

单击 Options 选项，打开自相关系数选项对话框，在 Maximum Number of Lags 文本框后输入 36(见图 9.64)，单击 Continue，回到自相关系数对话框，单击 OK 按钮，输出 ARIMA 残差序列的自相关/偏自相关函数图。

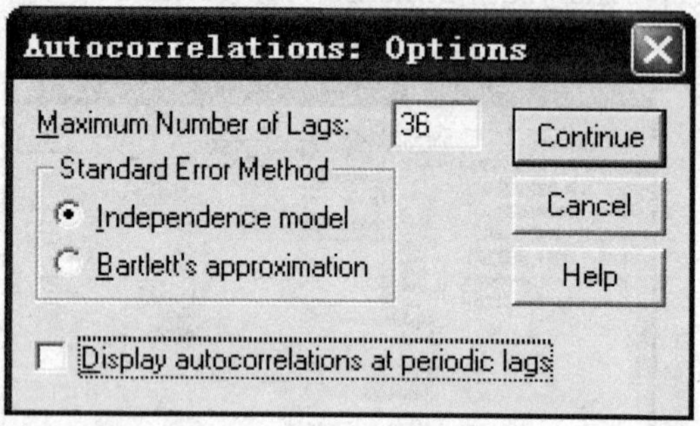

图 9.64　在选项对话框中将最大滞后期数重新设定为 36

从表 9.11 所示自相关系数表中可以看出，滞后 30 阶附近的自相关系数的博克斯—杨(Box-Ljung *Q*)统计量都不显著，它们的显著性水平 *Sig*. 都大于 0.05。这就证明了我们建立的 *ARIMA*(0,0,0)(0,1,1)残差序列是随机的，同时也意味着模型没有忽略原序列中主要的变动成分，如长期趋势或季节波动。

表 9.11　第一个 ARIMA 模型的自相关系数(滞后 24～36 阶)

Lag	Autocorrelation	Std. Error(a)	Box-Ljung Statistic		
			Value	df	Sig. (b)
24	-.022	.084	28.038	24	.258
25	.007	.084	28.046	25	.306
26	.083	.083	29.036	26	.309
27	.077	.083	29.896	27	.319
28	.114	.082	31.842	28	.281
29	.063	.082	32.431	29	.301
30	-.091	.081	33.681	30	.294
31	-.005	.081	33.685	31	.339
32	-.119	.080	35.895	32	.291
33	.001	.079	35.895	33	.334
34	-.002	.079	35.895	34	.380
35	.005	.078	35.900	35	.426
36	-.168	.078	40.540	36	.277

a. The underlying process assumed is independence (white noise).

b. Based on the asymptotic chi-square approximation.

· ARIMA 模型的进一步优化

通过上面的分析，我们知道 *ARIMA*(0,0,0)(0,1,1) 很好地捕捉到了原时间序列的结构变动，但是这个模型仅仅依靠序列本身的数值，并没有包含原始数据中可能存在的自变量的相关信息。

我们能否将男式服装销售量作为因变量，影响服装销售的其他变量，如邮寄的广告目录数和订货热线电话数作为自变量，建立一个更好的预测模型呢？

为建立包含自变量的 ARIMA 模型，单击常用工具栏上的 Dialog Recall 按钮，在弹出的列表框中选择 ARIMA，回到 ARIMA 对话框(见图 9.65)，选择"邮寄的广告目录数"、"广告目录的页数"、"订货热线电话数"、"印刷广告的费用"以及"客户服务人员数"为自变量，移入 Independent 方框中，单击 OK 按钮，输出包含自变量的 ARIMA 分析结果。

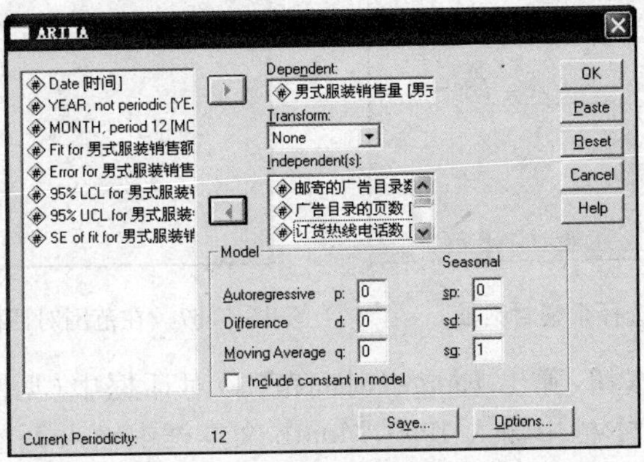

图 9.65　在 ARIMA 对话框中增加自变量

表 9.12　添加了 5 个自变量的 ARIMA 模型的参数估计值表

Parameter Estimates

		Estimates	Std Error	t	Approx Sig
Seasonal Lags	Seasonal MA1	.599	.101	5.909	.000
Regression Coefficients	邮寄的广告目录数	1.697	.210	8.080	.000
	广告目录的页数	–1.722	20.380	–.084	.933
	订货热线电话数	356.390	39.532	9.015	.000
	印刷广告费用	.109	.073	1.493	.139
	客户服务人员数	–52.576	35.359	–1.487	.140

Melard's algorithm was used for estimation.

Parameter Estimates (参数估计值表，见表 9.12)中包含参数估计值、估计值的标准误差、t 检验值及其近似显著性水平。季节移动成分 SMA1 的 t 检验值对应的近似显著性水平小于 0.05，统计显著。而引入的 5 个自变量中，仅有“邮寄的广告目录数”和“订货热线电话数”是统计显著的。

那么引入自变量的模型是否真的优于没有自变量的 ARIMA 模型？为了检验这两种模型预测的效果，可以再次使用 holdout 方法（见例 9.1）。利用 1999 年 1 月到 2007 年 12 月的数据来建立模型，再用模型预测 2008 年的服装销售额。

为此要选择个案，单击 Data→Select Cases…，打开 Select Cases（选择个案）对话框（见图 9.66），选择 Select 中的 Based on time or case range。

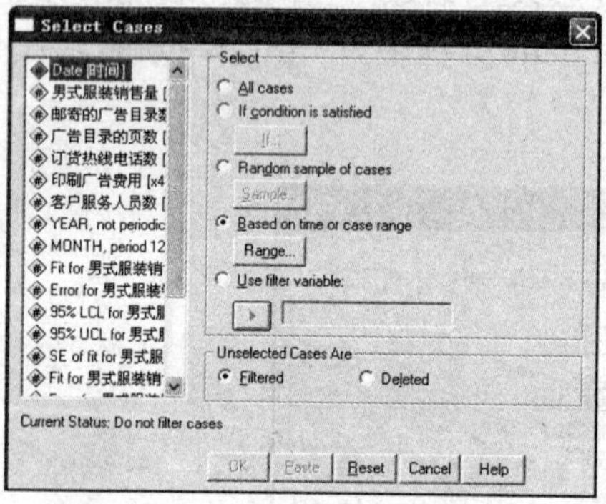

图 9.66　选择个案对话框

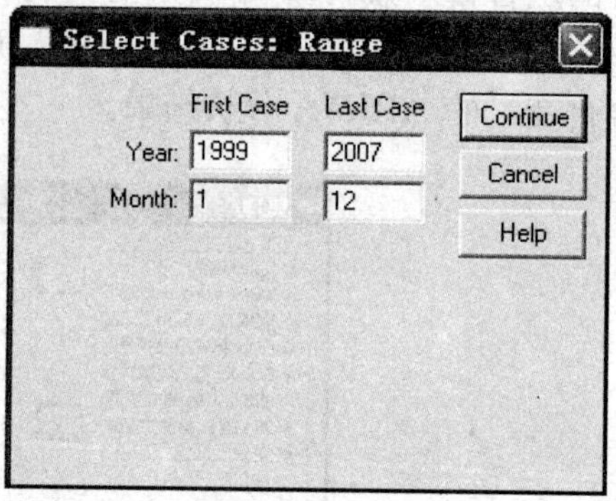

图 9.67　在范围对话框中设定时间范围

单击 Range 按钮，弹出 Range（时间范围）对话框中（见图 9.67），在 First Case 下的 Year 文本框中输入 1999，Month 文本框中输入 1；在 Last Case 下的 Year 文本框中输入 2007，Month 输入 12，单击 Continue 按钮，回到个案选择对话框，单击 OK 按钮，完成个案选择工作。

单击常用工具栏上的 Dialog Recall 按钮，在弹出的列表框中选择 ARIMA，回到 ARIMA 对话框（见图 9.68），将前面没有通过参数显著性检验的自变量“广告目录页数”、“印刷广告的费用”以及“客户服务人员数”移出 Independent 方框，单击 OK 按钮，输出 ARIMA 模型的分析结果。

为了比较分析，还要建立不包含自变量的 ARIMA 模型。再次单击常用工具栏上的 Dialog Recall 按钮，在弹出的列表框中选择 ARIMA，回到 ARIMA 对话框（见图 9.69），将所有的自变量移出 Independent 方框，单击 OK 按钮，输出利用因变量序列本身估计出的 ARIMA 模型。

在比较这两种模型拟合效果好坏的时候，我们可以改变这两个模型拟合序列的变量标签（见图 9.70）。

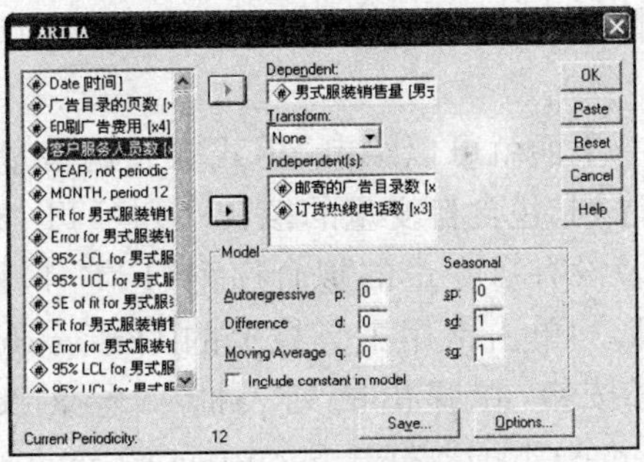

图 9.68　在 ARIMA 对话框中移出三个未通过参数显著性检验的自变量

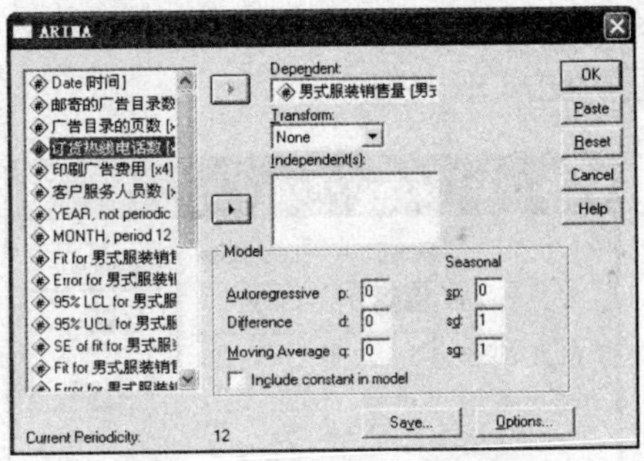

图 9.69　在 ARIMA 对话框中移出所有的自变量

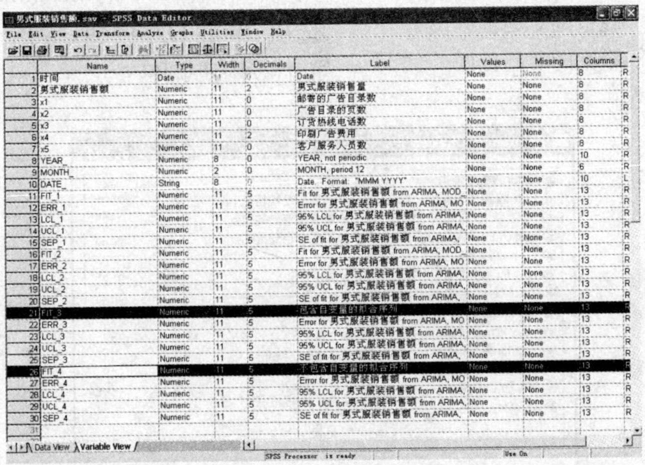

图 9.70　在变量试图编辑器窗口中改变两个拟合序列的变量标签

单击 SPSS 数据编辑区窗口左下角的 Variable View，进入变量视图编辑器窗口，单击变量 FIT_3 后的 label(标签)，输入“包含自变量的拟合序列”，表明这是包含自变量的拟合序列。单击变量 FIT_4 后的 label(标签)，输入“不包含自变量的拟合序列”，表明这是不包含自变量的拟合序列。

将两个预测序列和原实际序列进行对比，要得到较好的效果，应该将比较的时间范围限定在 2008 年 1 月到 12 月。

单击常用工具栏上的 Dialog Recall 按钮，在弹出的列表框中选择，回到 Select Cases 对话框(见图 9.71)，单击 Range，在弹出 Select Cases：Range 对话框中，First Case 下 Year 文本框中输入 2008，Month 文本框中输入 1；Last Case 下

Year 文本框中输入 2008，Month 输入 12，单击 Continue 按钮，回到个案选择对话框，单击 OK 按钮。

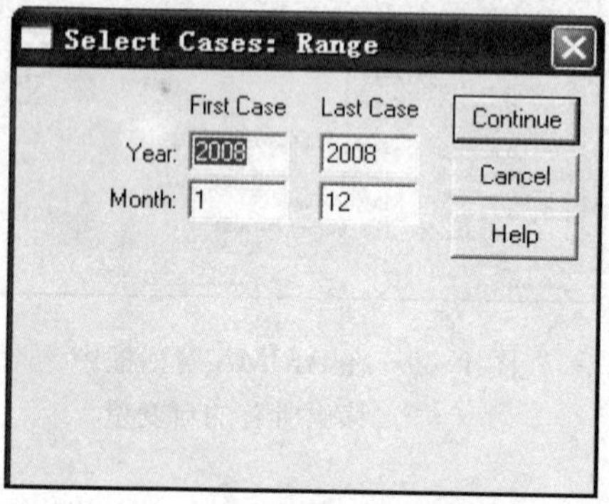

图 9.71　在范围对话框中设定个案的时间范围

下面就可以绘制“男式服装销售量”原序列、包含自变量的拟合序列(FIT_3)以及没有自变量的拟合序列(FIT_4)的图形。单击常用工具栏上的 Dialog Recall 按钮，在弹出的列表框中选择 Sequence Charts，打开 Sequence Charts(时间序列图)对话框(见图 9.72)，将 FIT_3 和 FIT_4 都移入到 Variable 方框中，取消 Transform 中的 Seasonally difference 选项，单击 OK 按钮，输出三个序列的时间序列图(见图 9.73)。

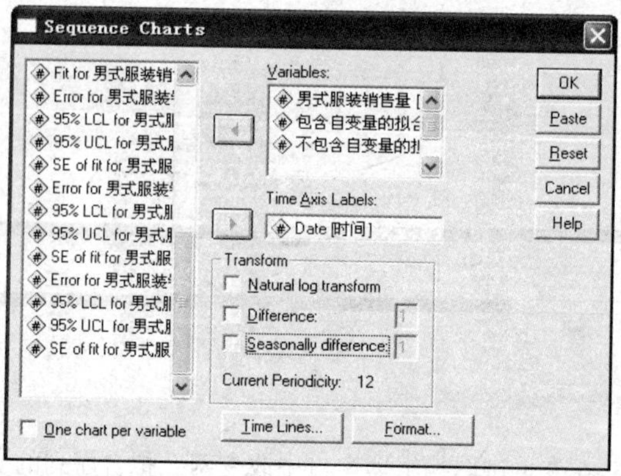

图 9.72　在序列图中选择输出服装销售额原序列和两个拟合序列的时间序列图

从时间序列图 9.73 中可以明显地看出，和没有自变量的拟合序列 FIT_4(烟色的折线)相比，包含自变量的拟合序列 FIT_3(绿色折线)更加符合实际序列的变化。

经过上面的分析，我们知道在建立 ARIMA 模型的时候，如何使用自相关函数/偏自相关函数来识别模型的阶数，同时根据自变量的统计显著性，向模型中加入一些“候选”的自变量，最后形成的模型中不仅包含统计显著的自变量，并且将它和没有包含自变量的 ARIMA 模型进行比较，最终的结果清晰地证明，包含自变量的 ARIMA，模型对数据波动的解释效果要好得多。

ARIMA 分析过程可以为时间序列行为建立复杂的模型，如果认为序列自身的长期趋势或季节波动已足以描述序列变化的特征，不用向模型移入自变量，那么可以使用相对简单的指数平滑模型。如果仅对呈现一阶差分的序列感兴趣，那么可以考虑使用自回归模型。

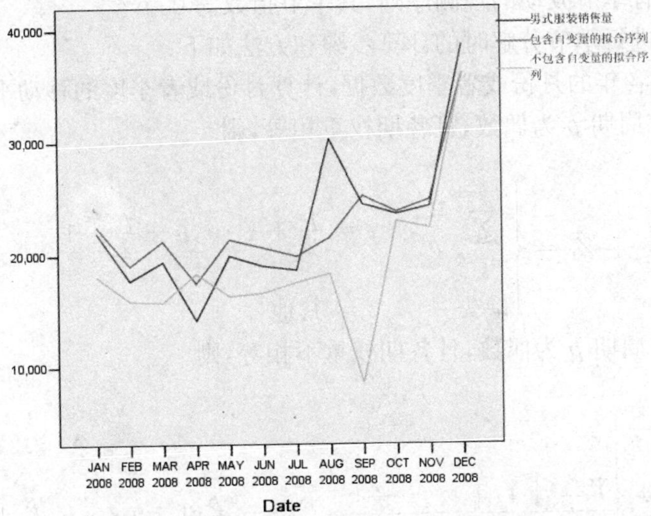

图 9.73　服装销售额原序列和两个拟合序列的时间序列图

9.4　季节分解

季节分解可以剔除时间序列中的季节波动，比如年度或者季节的极大值或极小值。在分析时间序列中的长期趋势以前，一般要使用季节分解方法处理序列中的季节波动。

季节分解中主要有加法和乘法模型这两种不同的形式。SPSS 进行季节分解的两个模型形式如下：

乘法模型的基本形式为：　$Y_t = TC_t S_t I_t, (t = 1, 2, \cdots, n)$

加法模型的基本模型为：　$Y_t = TC_t + S_t + I_t, (t = 1, 2, \cdots, n)$

其中，Y_t 代表原始观察序列，TC_t 代表趋势循环成分，S_t 代表季节成分，I_t 代表不规则或者偶然成分。

在乘法模型中，季节指数是一个因子，将它乘以季节调整序列就可以得到原始序列。事实上，长期趋势估计季节指数，是根据其和总体序列水平的比例关系来计算的。没有季节波动的序列，其季节指数为1。

在加法模型中，将季节调整加到季节调整序列中就得到观测数值。这种调整试图剔除出序列中的季节效果，进一步分析序列中是否还有被季节成分掩盖的令人感兴趣的某些特性。在加法模型中，长期趋势估计季节指数，并不依靠序列的总体水平，没有季节波动的观测序列，其季节指数为0。

SPSS在进行季节分解时的计算步骤和方法如下：

(1) 根据各年的月份或者季度数据，计算月份或者季度的移动平均数 Z_t。

如果季节周期 p 为偶数，且各期权重相等，则

$$Z_t=\begin{cases}\sum\limits_{j=t-\frac{p}{2}}^{t+\frac{p}{2}-1}\dfrac{Y_i}{p}, & t=\dfrac{p}{2}+1,\cdots,n-\dfrac{p}{2}+1\\ \text{缺失}, & t=\text{其他}\end{cases}$$

如果季节周期 p 为偶数，且各期权重不相等，则

$$Z_t=\begin{cases}\dfrac{Y_{t-\frac{p}{2}}+Y_{t+\frac{p}{2}}}{2p}+\dfrac{\sum\limits_{j=t-\frac{p}{2}+1}^{t+\frac{p}{2}-1}Y_j}{p}, & t=\dfrac{p}{2}+1,\cdots,n-\dfrac{p}{2}+1\\ \text{缺失}, & t=\text{其他}\end{cases}$$

如果季节周期 p 为奇数，则

$$Z_t=\begin{cases}\dfrac{\sum\limits_{j=t-\left[\frac{p}{2}\right]}^{t+\left[\frac{p}{2}\right]}Y_j}{p}, & t=\left[\dfrac{p}{2}\right]+1,\cdots,n-\left[\dfrac{p}{2}\right]\\ \text{缺失}, & t=\text{其他}\end{cases}$$

(2) 计算季节—不规则成分 SI_t (Season Irregular)。

对乘法模型
$$SI_t=\begin{cases}\dfrac{Y_t}{Z_t}\times 100 & Z_t\text{不缺失}\\ \text{缺失} & Z_t\text{缺失}\end{cases}$$

对加法模型
$$SI_t=\begin{cases}Y_t-Z_t & Z_t\text{不缺失}\\ \text{缺失} & Z_t\text{缺失}\end{cases}$$

(3) 将季节—不规则序列按照月份或者季度排列，计算季节指数 SAF_t (Seasonal Adjustment Factors)。

首先剔除相同月份或者季度中的最大值和最小值，计算相同月份或者季度的平均数 F_t；然后再根据下面的公式计算季节指数：

对乘法模型，季节指数

$$SAF_t = F_t \cdot \frac{100p}{\sum_{t=1}^{p} F_t}, \quad t = 1,2,\cdots,p$$

对加法模型，季节指数

$$SAF_t = F_t - \bar{F}, t = 1,2,\cdots,p, \qquad 其中, \bar{F} = \frac{\sum_{t=1}^{p} F_t}{p}$$

(4) 计算季节调整序列 SAS_t (Seasonally Adjusted Series)。

对乘法模型　$SAS_t = \dfrac{Y_t}{SAF_m} \times 100$，　其中 $m = t - \left[\dfrac{t}{p}\right] \times p$

对加法模型　$SAS_t = Y_t - SAF_m$

(4) 计算平滑趋势—循环序列 STC_t (Smoothed Trend-cycle Component)。

$$STC_t = \frac{SAS_{t-2} + 2SAS_{t-1} + SAS_t + 2SAS_{t+1} + SAS_{t+2}}{9}, \quad t = 2,\cdots,n-2$$

该序列开始和结束的 4 个序列值计算公式如下：

$$STC_2 = \frac{SAS_1 + SAS_2 + SAS_3}{3} \qquad STC_1 = STC_2 + \frac{STC_2 - STC_3}{2}$$

$$STC_{n-1} = \frac{SAS_{n-2} + SAS_{n-1} + SAS_n}{3} \qquad STC_n = STC_{n-1} + \frac{STC_{n-1} - STC_{n-2}}{2}$$

(6) 计算不规则序列或者误差序列 I_t (Irregular 或者 ERR)。

对乘法模型　$I_t = \dfrac{Y_t}{STC_t}$，　$t = 1,2,\cdots,n$

对加法模型　$I_t = Y_t - STC_t$，　$t = 1,2,\cdots,n$

SPSS 在进行季节分解时，为每个原始变量创建四个新的变量。按照默认的设置，这些新变量将增加到原来的数据文件中，这些新变量的前缀含义如下：

(1) SAF(Seasonal Adjustment Factors)是季节调整因子，代表季节波动。对乘法模型，SAF 等于 1 时，时间序列中没有季节波动。对加法模型，SAF 等于 0 时，序列不存在季节波动。在指数平滑模型中，季节因子可以作为输入变量。

(2) SAS (Seasonally Adjusted Series)是季节调整序列，代表已经剔除季节波动的序列；对季节调整序列进行分析，可以隔离长期趋势的影响，分析任何季节成分的独立作用。

(3) STC(Smoothed Trend-cycle Component)是平滑趋势—循环成分，既有长期趋势又有循环变动趋势的季节调整序列的平滑成分。

(4) ERR 是某个特定观测值的序列残差部分。

【例 9.4】 花生油批发价格的季节分解。

在对花生油批发价格进行长期趋势(比如建立自相关模型)分析之前，应该将数据中存在的季节波动剔除出去。使用季节分解过程，可以轻松完成这个任务。

季节分解过程需要文件中的数据按照周期数据的格式排列，比如，年度周期为 12 个月，一周的周期为 7 天，等等。在进行季节分解之前，绘制时间序列图是一个好主意，因为通过时间序列图可以对序列的季节波动周期做出合理的猜测。

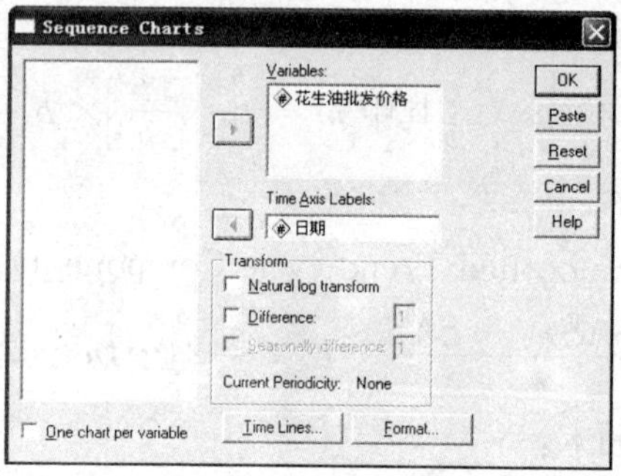

图 9.74　在序列图对话框中进行设置

打开"花生油批发价格. sav"，单击 Graphs → Sequence …，打开 Sequence Charts(时间序列图)对话框(见图 9.74)。

将"花生油批发价格"移入 Variable 方框中，将"日期"移入 Time Axis Labels 方框中，单击 OK 按钮，输出花生油批发价格的时间序列图。

图 9.75 所示的时间序列图显示有规律的波峰和波谷，显示花生油批发价格时间序列存在周期变动成分。花生油批发价格在每年的第一季度达到最大值，在每年的第四季度达到最小值，因此可以猜

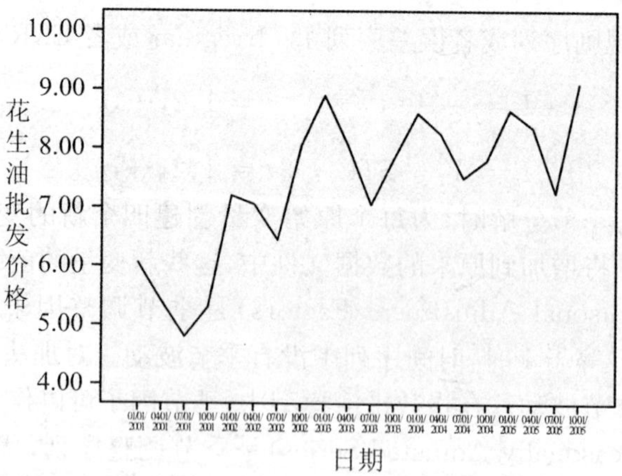

图 9.75　花生油批发价格的时间序列图

测序列的波动周期是以季度作为单位的。同时还可以观察到序列中的季节波动是围绕着长期趋势呈现递增的趋势，似乎和序列水平有一定的比例关系，因此季节波动可能是以乘法形式出现的。

在进行季节分解之前，首先要设定季节周期。单击菜单 Data→Define Dates…，打开 Define Dates(定义日期)对话框(见图 9.76)。

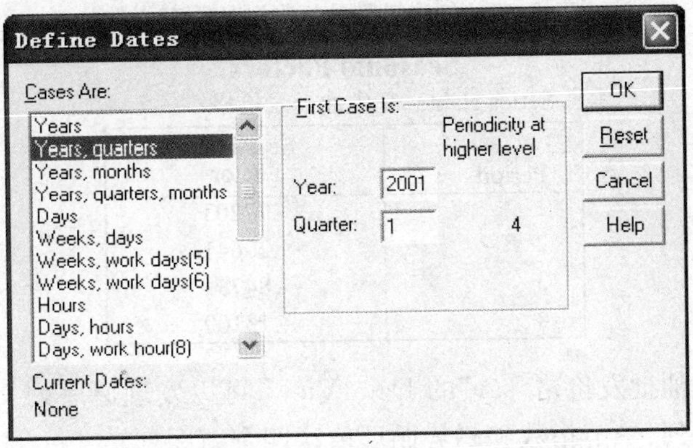

图 9.76　在定义日期对话框中设置周期

从 Cases Are 列表框中选择"Years, quarters"，在右边的 Year 文本框中输入 2001(数据起始年份)，Quarter 文本框中输入 1(数据起始季度)，单击 OK 按钮，原序列中增加了 Year_，Quarter_和 Date_这三个变量，接下来就可以进行季节分解了。

单击菜单 Analyze→Time Series→Seasonal Decomposition…，打开季节分解对话框(见图 9.77)。

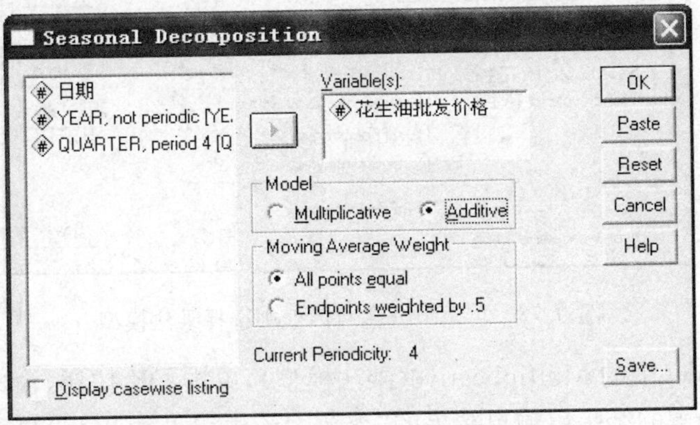

图 9.77　在季节分解对话框中选择加法模型

选择"花生油批发价格"，移入 Variables 方框中，单击 Model 中的 Additive (加法模型)，首先使用加法模型来进行季节分解，单击 OK 按钮，输出按照加法模型进行季节分解的结果。

输出结果的 Seasonal Factors(季节因子表，见表 9.13)显示季节指数，其中前两个季度的季节指数是正值，而后面两个季度的季节指数都是负值，它们的和为 0。

表 9.13　加法模型计算得到的季节指数

Seasonal Factors

Series Name: 花生油批发价格

Period	Seasonal Factor
1	.77203
2	.20641
3	-.84734
4	-.13109

单击"花生油批发价格.sav"的 Data View，可以发现原序列文件中增加了误差、季节调整序列、季节指数和趋势循环值这四个新序列。

接下来使用乘法模型来进行季节分解，单击常用工具栏中的"Dialog Recall"按钮，从弹出的下拉框中选择 Seasonal Decomposition，返回到季节分解对话框(见图 9.78)。

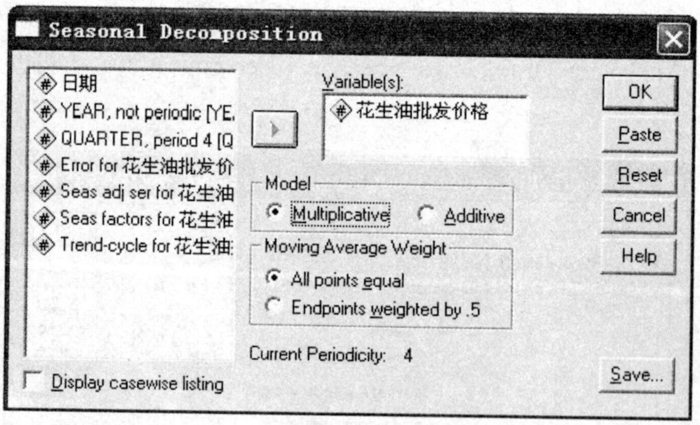

图 9.78　再季节分解对话框中选择乘法模型

单击 Model 中的 Multiplicative(乘法模型)，单击 OK 按钮，输出按照乘法模型进行季节分解的结果。输出结果的"季节因子表"(见表 9.14)显示第一季度的季节指数为 110.4%，第二季度的季节指数为 103%，第三季度的季节指数为

88.8%，第四季度的季节指数为 97.9%，它们的和为 4。

表 9.14　乘法模型计算得到的季节指数

Seasonal Factors

Series Name: 花生油批发价格

Period	Seasonal Factor (%)
1	110.4
2	103.0
3	88.8
4	97.9

单击“花生油批发价格.sav”的 Data View，可以发现原序列数据文件中又新增了误差、季节调整序列、季节指数和趋势循环值这四个新序列。

下面可以通过绘制加法模型的季节调整序列、乘法模型的季节调整序列的时间序列图，对比加法模型和乘法模型的优劣。单击常用工具栏中的“Dialog Recall”按钮，从弹出的下拉框中选择 Sequence Charts，打开时间序列图对话框（见图 9.79）。

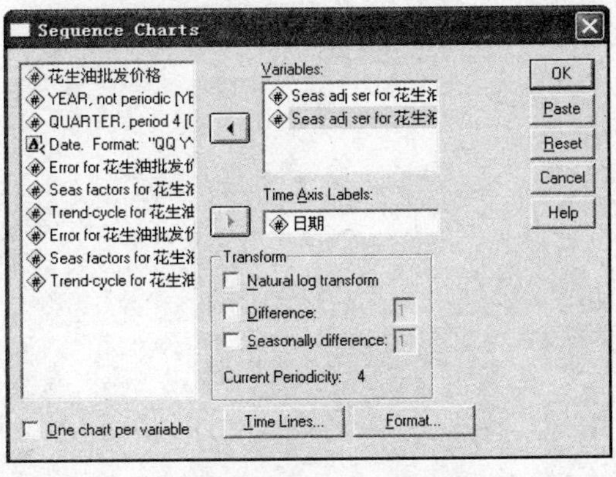

图 9.79　在序列图对话框中选择输出季节调整序列的时间序列图

单击 Reset 按钮，清除前面所有的选项，选择 SAS_1 和 SAS_2，移入 Variable 方框中，单击 OK 按钮，输出这两个季节调整序列的时间序列图。

观察图 9.80 所示的两个时间序列图，可以发现它们的形状和变动趋势大体相同，经过季节调整以后的序列仍然呈现递增的变化趋势，图形中还有很多的波峰，但是它们之间的间隔都不相等，分布形态是随机的，没有显示出明显的周期变化趋势，表明原序列中的周期性趋势已经被剔除。用蓝色标识的加法调整序列在最初几年的波动性要大于用绿色标识的乘法调整序列，因此使用乘法模型来对原序列进行季节分解，可能更加合理一些。

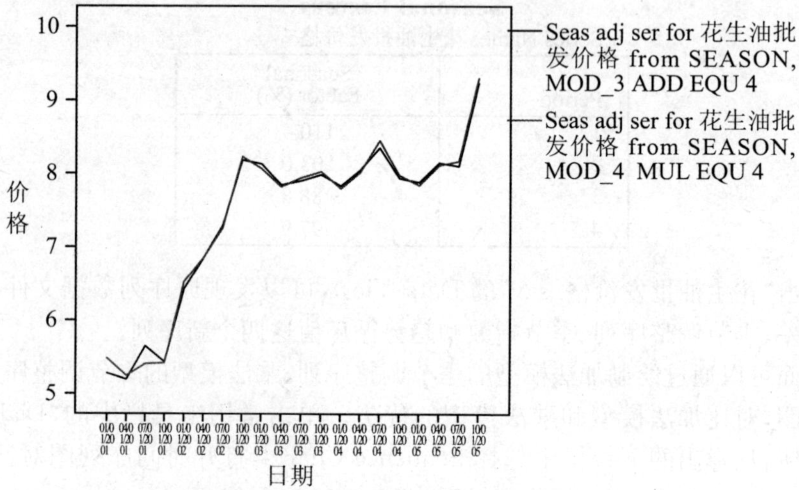

图 9.80　季节调整序列的时间序列图

第10章 非参数检验

SPSS中的非参数检验包括卡方检验、二项检验、游程检验、单样本科尔莫哥洛夫—斯米洛夫检验、两个独立样本的非参数检验、多个独立样本的非参数检验、两个相关样本的非参数检验和多个相关样本的非参数检验。

10.1 卡方检验

χ^2 检验(卡方检验)属于拟合优度型检验,它将变量按照种类编制频数表,主要检验属于某一类型内对象或者反应的观测频数和根据原假设所得的期望频数是否有显著性差异。

在原假设 H_0 已知的条件下,假设总体中归入每一类型的频数都是确定的。如果观测频数和期望频数之间的差距较大则表明原假设可能值得怀疑,检验它们之差的大小可以使用卡方统计量 $\chi^2=\sum_{i=1}^{k}\frac{(O_i-E_i)^2}{E_i}$,其中 k 为类型总数,E_i 为第 i 类的期望频数,O_i 为第 i 类的观测频数。如果观测频数和期望频数接近,χ^2 就小,观测频数和期望频数之间的差异就越不明显。

在 H_0 成立的条件下,可以证明 $\chi^2\sim\chi^2(k-1)$。给定显著性水平 α,如果计算得到 χ^2 的渐近显著性水平 $Sig.<\alpha$,就可以拒绝原假设,观测频数和期望频数之间存在显著的差异。

【例10.1】 病人出院率的分析。

一家医院的管理人员为了判断医院每天出院的病人是否相等,收集到某月4个星期周一到周日病人出院的数据。

打开"病人出院人数.sav"。使用卡方检验来判断患者每天出院的平均人数是否相同。数据文件中使用的变量名、变量标签值及变量类型见表10.1。

由于文件中的个案是每天收集的,在进行卡方检验之前需要根据病人出院的频数对个案进行加权。单击 Data→Weight Cases,打开加权个案对话框(见图10.1)。单击 Weight Cases by 按钮,再将"出院平均人数"移到 Frequency Variable 方框中,单击 OK 按钮,完成个案的加权。

表 10.1　数据文件中变量名、变量标签值与变量类型

变量名 Variable name	变量标签值 Label Value	变量类型
日期	1=星期日 2=星期一 3=星期二 4=星期三 5=星期四 6=星期五 7=星期六	名义变量
出院平均人数		尺度变量

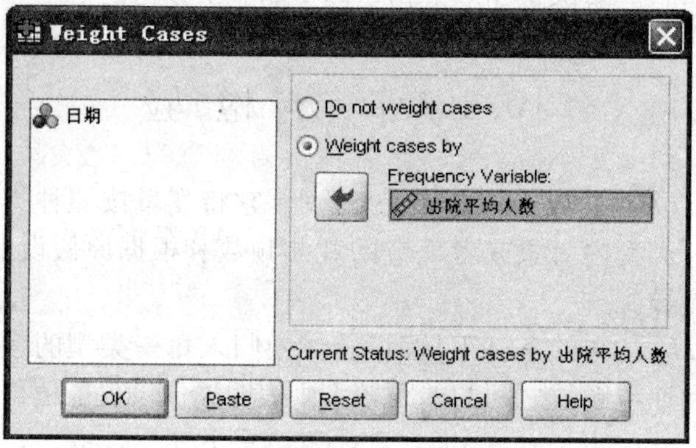

图 10.1　在个案加权对话框中选择加权个案

单击 Analyze→Nonparametric Tests→Chi Square ...,在卡方检验对话框中,选择"日期"作为检验变量,移到右侧的 Test Variable List 方框中(见图 10.2),单击 OK 按钮,输出卡方检验结果。

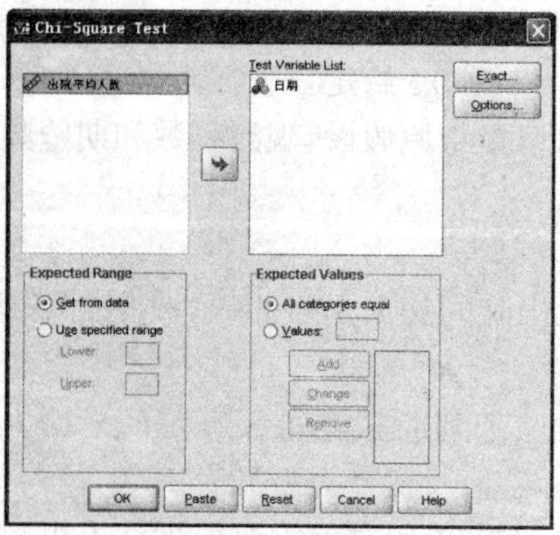

图 10.2　在卡方检验对话框中选择检验变量

表 10.2 所示频数表显示医院每天出院人数的观测频数(Observed N)、期望频数(Expected N)和残差(Residual)。观测频数是该医院每天出院的平均人数,表 10.2 中显示周日平均出院 44 人,周一平均出院 78 人,等等。频数表中每一行的期望频数等于总频数除以频数表的总行数。

本例中总的观测频数为 589，从周日到周六共有 7 行，因此期望频数都等于 84.1。频数表中的残差等于观测频数与期望频数之差，从表中可以看出星期日、星期一和星期六的残差为负，这几天实际出院的平均人数小于预期人数。星期二到星期五的残差为正，这几天实际出院的平均人数多于预期人数。

表 10.2　出院人数的频数表

日期	Observed N	Expected N	Residual
星期日	44	84.1	–40.1
星期一	78	84.1	–6.1
星期二	90	84.1	5.9
星期三	94	84.1	9.9
星期四	89	84.1	4.9
星期五	110	84.1	25.9
星期六	84	84.1	–.1
Total	589		

表 10.3 所示 Test Statisitics（检验统计量）表显示卡方检验统计量 $\chi^2 = 29.389$，对应的渐近显著性水平 $Asymp.\ Sig. = 0.000 < 0.05$，在 5% 的显著性水平拒绝观测频数和期望频数没有差别的原假设，医院中每天病人出院的人数显著不相等。

表 10.3　卡方检验统计量表

Test Statistics

	日期
Chi-Square[a]	29.389
df	6
Asymp. Sig.	.000

a. 0 cells (.0%) have expected frequencies less than 5. The minimum expected cell frequency is 84.1.

使用 SPSS 进行卡方检验时也可以自己设定检验变量的取值范围。医院对病人出院情况进行深入分析，他们想知道周一到周五，也就是平常工作日内，病人出院的平均人数是否相等。

单击常用工具栏中的 Recall recently used dialogs 按钮，重新回到卡方检验对话框（见图 10.3），单击 Expected Range 下的 Use specified range，在 Lower 后的文本框中输入 2（代表周一），Upper 后的文本框中输入 6（代表周五），从而将检验的时间范围缩小到周一至周五，单击 OK 按钮，输出新的卡方检验结果。

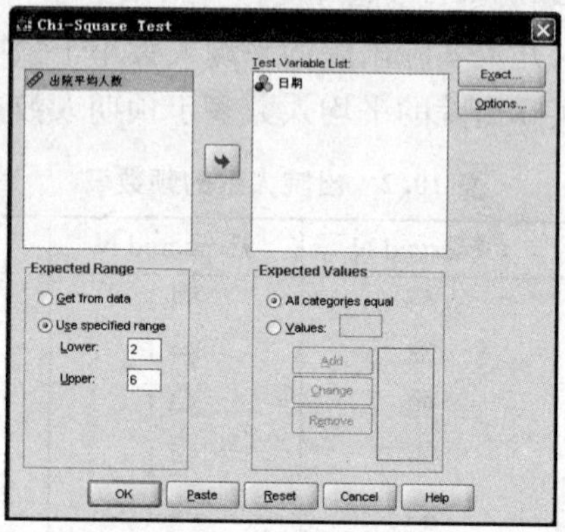

图 10.3　在卡方检验对话框中改变检验的时间范围

重新输出的频数表(见表 10.4)显示，预期每天出院病人大约为 92 人；从残差中可以看出，星期一、星期二和星期四的实际出院人数低于预期人数，星期三和星期五的残差依然为正，这两天实际出院的平均人数多于预期人数。这五天之内出院平均人数是否存在显著差异，单纯分析频数表是没有办法得出结论的，需要分析如表 10.5 所示的检验表。

表 10.4　改变时间范围后的出院人数频数表

Frequencies

	日期			
	Category	Observed N	Expected N	Residual
1	星期一	78	92.2	−14.2
2	星期二	90	92.2	−2.2
3	星期三	94	92.2	1.8
4	星期四	89	92.2	−3.2
5	星期五	110	92.2	17.8
Total		461		

表 10.5　卡方检验统计量表

Test Statistics

	Day of the Week
Chi-Square[a]	5.822
df	4
Asymp. Sig.	.213

a. 0 cells (.0%) have expected frequencies less than 5. The minimum expected cell frequency is 92.2.

从重新输出的卡方检验统计量表可以看出 $\chi^2 = 5.822$，其对应的渐近显著性水平 $Asymp.Sig. = 0.213 > 0.05$，在 5% 的显著性水平下不能拒绝星期一到星期五出院平均人数大体相等的假设。

通过卡方检验一开始发现医院平均出院的患者人数不相等，这可能是因为星期五有大量的病人出院，而星期六只有少量病人出院造成的。把检验范围缩小到星期一和星期五以后，结果发现病人出院的人数基本相同。

10.2　二 项 检 验

二项检验适用于研究对象只分为两类，如男性或女性，已婚或未婚，支持或赞成等。对任意分为两类的总体，已知某一类型事物所占比例为 p，那么另一类型事物所占的比例 $q = 1 - p$。随机抽取的某一样本中两类事物的比例是否来自具有指定 p 值的总体，可以使用二项检验来进行分析。

随机抽取样本中属于某一类对象的频数为 n_1，另一类为对象的频数为 n_2，总的样本观察频数 $n = n_1 + n_2$，设检验概率为 p，当样本容量 $n \leqslant 25$ 时，SPSS 使用公式 $p(n_1) = C_n^{n_1} p^{n_1} (1-p)^{n_2}$ 计算二项检验中观测频数 n_1 的单侧精确显著性水平 $Sig.$ 若 $Sig. < \alpha$，则拒绝原假设 H_0，随机抽取样本的两类比例和总体比例 p 存在差异。

当样本容量 $n > 25$，二项分布趋近正态分布。p 接近 $\frac{1}{2}$ 时，其趋近速度越快；p 接近 0 或 1 时，其趋近速度越慢。

设定　$$Z_1 = \frac{(n_1 + 0.5) - np}{\sqrt{np(1-p)}},\quad Z_2 = \frac{(n_1 - 0.5) - np}{\sqrt{np(1-p)}}$$

记　$$P(X = n_1) = P(Z_2) - P(Z_1),\quad P(X \leqslant n_1) = P(Z_1)$$

SPSS 在计算二项分布的双尾渐近显著性水平时使用如下公式：

$$Sig. = 2P(X \leqslant n_1) - P(X = n_1)$$

给定显著性水平 α，若双尾渐近显著性水平 $Sig. < \alpha$，则拒绝原假设 H_0，随机抽取样本的两类比例和总体比例 p 存在显著差异。

【例 10.2】　电信公司客户流失分析。

一家电信公司每月大约有 27% 的客户转用其他电信服务商的服务，在分析客户流失问题时，公司经理想知道客户流失率在不同类型的客户之间是否存在差别。

打开“电信公司客户流失的二项检验. sav”。使用二项检验判断客户流失率是否存在差异。数据文件中使用的变量名、变量标签值及变量测度类型见表 10.6。

表 10.6　数据文件中变量名、变量标签值及变量类型

变量名 Variable name	变量标签值 Label Value	变量类型
家庭收入		尺度变量
客户类型	1＝基本服务 2＝电子服务 3＝增值服务 4＝全部服务	名义变量
客户流失	0＝未流失 1＝流失	名义变量

由于需要不同类型客户的流失率，在进行二项检验之前要将客户进行分类，因而需要拆分原数据文件。单击 Data→Split File，在拆分文件对话框中（见图 10.4）单击 Compare Groups，从左侧的变量列表框中选择分类变量“客户类型”，将它移入 Groups Based on 下的方框中，单击 OK 按钮，完成数据文件的拆分。

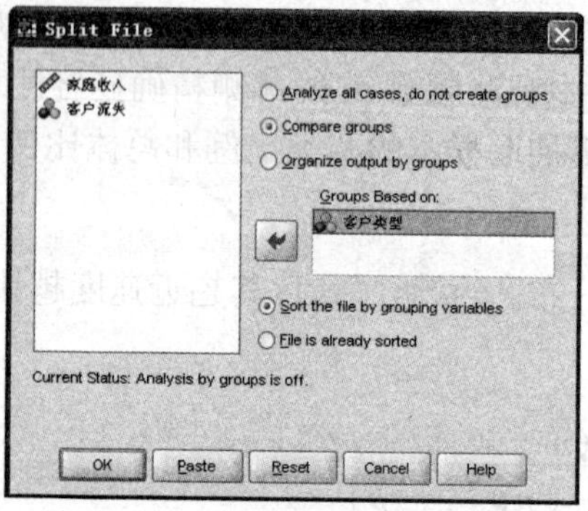

图 10.4　在拆分文件对话框中选择拆分变量

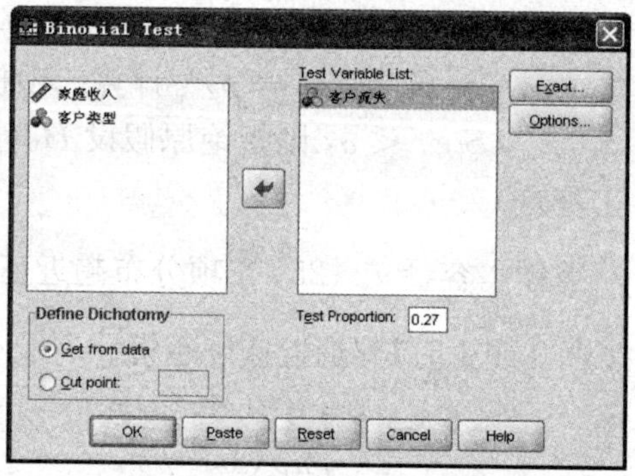

图 10.5　在二项检验对话框中设定检验变量和检验的概率

单击 Analyze→Nonparametric Tests→Binominal…，在二项检验对话框中（见图 10.5），选择“客户流失”为检验变量，移到右边 Test Variable List 方框中，在 Test Proportion 后面输入 0.27。

单击 Option 按钮，进入选项对话框（见图 10.6），勾选 Statisitics 中的 Descriptive，单击 Continue 按钮，回到二项检验对话框后再单击 OK 按钮，输出二项检验结果。

由于变量“客户是否流失”是一个二分变量，其均值表示流失客户在每类客户中的比例。表 10.7 显示，定制“基本服务”的客户中，客户平均流失率为 31%；定制“电子服务”的客户中，客户平均流失率为 27%。定制“增值服务”的 280 位客户，只有 16%的客户流失。而在定制“全部服务”的客户中，客户平均流失率是最高的，达到了 37%。

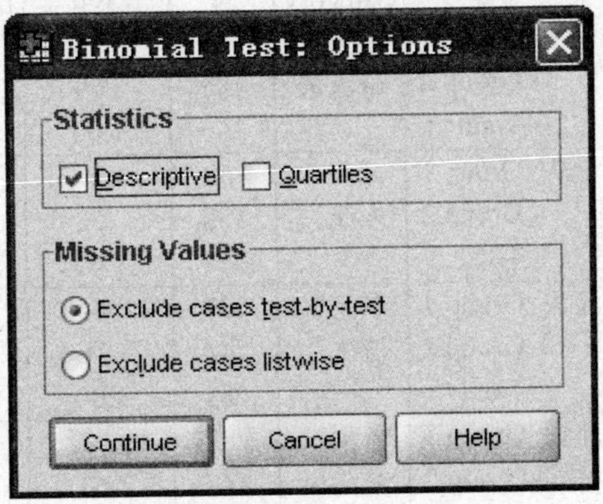

图 10.6　在选项对话中选择输出描述性统计量

表 10.7　描述性统计量表

Descriptive Statistics

客户类型		N	Mean	Std. Deviation	Minimum	Maximum
基本服务	客户是否流失	266	.31	.464	0	1
电子服务	客户是否流失	217	.27	.446	0	1
增值服务	客户是否流失	281	.16	.364	0	1
全部服务	客户是否流失	236	.37	.485	0	1

Binominal Test(二项检验)表根据客户类型分为四个部分，对每一类客户进行二项检验。表 10.8 中第一部分是“基本服务”的客户二项检验结果，该类客户有 83 位流失，二项检验统计量对应的单侧渐近显著性水平 *Sig*. $= 0.072 > 0.05$，在 5%的显著性水平下我们不能拒绝原假设，可以认为定制“基本服务”的客户平均流失率和假定的平均流失率没有显著的差异。对于定制“电子服务”的客户，也可以得出相同的结论。

但是定制“增值服务”和“全部服务”的客户，它们二项检验统计量对应的渐近显著性水平 *Sig*. 都小于 0.05，在 5%的显著性水平下统计显著，这两类客户流失率的比例高于假定的平均流失率。通过上面的二项分布检验，我们已了解在不同类型的客户中，客户流失率的比例是不相同的，可以将定制“全部服务”的客户划分为高风险客户。在深入研究中,可以分析他们为什么不满意电信公司的服务。

表 10.8　按照客户类型划分的客户流失率的二项检验表

Binomial Test

客户类型			Category	N	Observed Prop.	Test Prop.	Asymp. Sig. (1-tailed)
基本服务	客户是否流失	Group 1	流失	83	.31	.27	.072[a]
		Group 2	未流失	183	.69		
		Total		266	1.00		
电子服务	客户是否流失	Group 1	流失	59	.27	.27	.501[a]
		Group 2	未流失	158	.73		
		Total		217	1.00		
增值服务	客户是否流失	Group 1	未流失	237	.84	.27	.000[a]
		Group 2	流失	44	.16		
		Total		281	1.00		
全部服务	客户是否流失	Group 1	流失	88	.37	.27	.000[a]
		Group 2	未流失	148	.63		
		Total		236	1.00		

a. Based on Z Approximation.

在对客户流失情况的分析中,电信服务商想知道客户流失是否和客户的家庭收入有一定的联系,假定所有客户家庭收入的中位数为 47000 元,接下来就要使用二项检验分析,家庭收入中位数大于 47000 元的客户和低于 47000 的客户,他们的平均流失率是否存在区别。

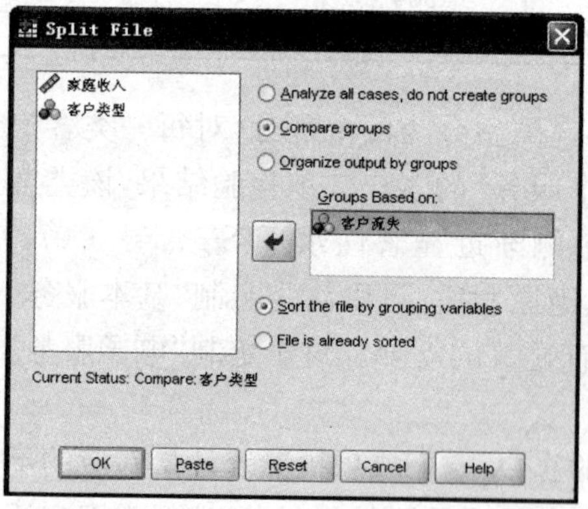

图 10.7　在拆分文件对话框中选择拆分变量

分析之前,要根据变量“客户流失”对原来的数据文件进行拆分。单击常用工具栏中的 Recall recently used dialogs 按钮,在弹出的列表中选择 Split File,回到拆分文件对话框(见图 10.7)。单击 Reset 按钮,将“客户流失”移入 Groups Based on 的方框中,单击 OK 按钮,完成数据文件的拆分。

单击常用工具栏中的 Recall recently used dialogs 按钮,在弹出的列表中选择 Binominal Test,回到二项分布检验对话框(见图 10.8),单击 Reset

按钮，将“家庭收入”为检验变量，移入右边 Test Variable List 方框中。单击 Define Dichotomy 中的 Cut Point，在其后的文本框输入 47（也就是家庭收入中位数 47 000 元）。

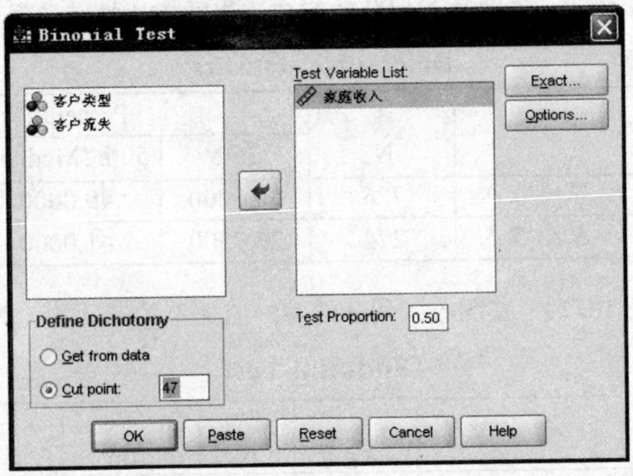

图 10.8 在二项分布检验对话中设置检验变量和分割点

单击 Option 按钮，勾选 Statistics 中的 Quartiles（见图 10.9），在输出结果中显示家庭收入的四分位数，单击 Continue 按钮，回到二项分布检验对话框中，单击 OK 按钮，输出检验结果。

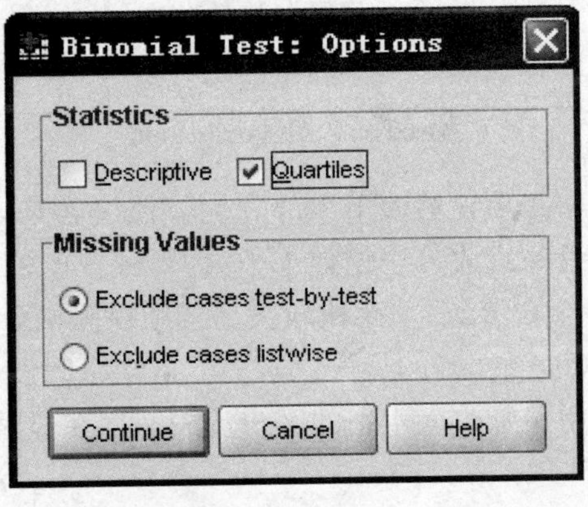

图 10.9 在选项对话框中选输出四分位数

表 10.9 所示描述性统计量表根据客户是否流失分为两个部分。对比两者的四分位数可以发现，未流失客户家庭收入的下四分位数（25th percentiles）为 30，而流失客户家庭收入的下四分位数为 26.75，流失客户的下四分位数小于未流失客户。类似地，流失客户家庭收入的中位数（median）和上四分位数（75th percentiles）都要低于未流失的客户，这表明流失客户的家庭收入低于未流失客户。

二项检验表（表 10.10）也分为两个部分，上面一部分检验未流失的客户，其中又根据家庭收入是否大于家庭收入的中位数分成两组，从中可以看出有 48% 的家庭收入低于家庭收入中位数，52% 的家庭收入高于家庭收入中位数，两者的比例非常接近，二项检验统计量的渐近显著性水平 $Sig. = 0.194 > 0.05$，在5%的显著性水平下接受原假设，在未流失客户中，家庭收入高于和低于中位数收入客户流失率没有显著差别。

表 10.9　按照收入划分的客户流失的描述性统计量表

Descriptive Statistics

客户是否流失		N	Percentiles		
			25th	50th (Median)	75th
未流失	家庭收入	726	30.0000	49.0000	89.2500
流失	家庭收入	274	26.7500	41.0000	70.0000

表 10.10　按照收入划分的客户流失率的二项检验表

Binomial Test

客户是否流失			Category	N	Observed Prop.	Test Prop.	Asymp. Sig. (2-tailed)
未流失	家庭收入	Group 1	<= 47	345	.48	.50	.194
		Group 2	> 47	381	.52		
		Total		726	1.00		
流失	家庭收入	Group 1	<= 47	160	.58	.50	.006
		Group 2	> 47	114	.42		
		Total		274	1.00		

a. Based on Z Approximation.

二项检验表下半部分检验流失客户，其中有58%的客户家庭收入小于或者接近家庭收入中位数水平，42%客户的家庭收入大于家庭收入中位数，两组相差16个百分点，差距比较大。二项检验统计量的渐近显著性水平 $Sig. = 0.006 < 0.05$，在5%的显著性水平下拒绝原假设，因此在流失客户中，家庭收入高于和低于中位数收入水平的客户流失率存在显著差别。

10.3　游程检验

如果我们希望从总体的一个样本所包含的信息中得到该总体的某些结论，那么样本必须是随机的，如何判断某一样本是随机样本，可以使用单样本游程检验进行分析。

单样本游程检验分析的基础是原始数据的顺序，而所谓的游程是一个具有相同符号的连续串，比如，某次观测结果用“＋”和“－”标示，排列顺序如下：＋＋－－＋－－－＋＋－＋。那么该样本观测结果从含有2个“＋”的游程开始，接着是一个含 3 个“—”号的游程，然后又是一个含有 1 个“+”号的游程，等等，这样推算下去这个观测结果中就包含了 7 个游程。

在任意给定容量的样本中，游程总数可以标志样本是否具有随机特性。如果样本中的游程很少，那就意味着样本由于缺乏独立性而形成了某一种趋势，如一个硬币抛 20 次，得到 10 个正面和 10 个反面，排列如下：正正正正正正正正正正反反反反反反反反反反，那么这个序列中游程数仅有 2 个；另一方面，如果游程数太大，那么数据中可能有系统的短周期波动影响观测结果，比如，硬币抛掷 20 次后的排列顺序为：正反正反正反正反正反正反正反正反正反正反，那么这个序列中的游程数为 20，这个序列应该不具备随机性质。

重复观测一些随机样本可以知道游程数的可能分布，根据这个抽样分布，对于一个给定的观测样本，确定其游程数是多于还是少于一随机样本中可能出现的游程数据，从而决定抽取的样本是否具有随机特性。因此使用游程检验时，要利用样本数据中一类事件的发生频数 n_1 和另一类事件的发生频数 n_2 来确定数据中的游程数 r。

当 n_1 或 n_2 大于 20 时，r 的抽样分布接近正态分布，游程数的均值 $\mu_r = \frac{2n_1 n_2}{n_1 + n_2} + 1$，标准差 $\sigma_r = \sqrt{\frac{2n_1 n_2(2n_1 n_2 - n_1 - n_2)}{(n_1 + n_2)^2(n_1 + n_2 - 1)}}$，$Z = \frac{r - \mu_r}{\sigma_r} \sim N(0,1)$。给定显著性水平 α，若计算得到 Z 的渐近显著性水平 $Sig. < \alpha$，拒绝原假设，样本数据不服从随机分布。利用 SPSS 进行游程检验的时候，可以选择输出检验变量的描述性统计量或者四分位数。

【例 10.3】 新网站的评估。

一家电子商务公司招募一批测试者对其新网站进行浏览和评估，要求每位测试者结束浏览网站后，马上对网站评估打分。网站评估得分的分布在 0 到 20 之间，0 代表网站的最低评估值，表明建立的新网站没有什么作用；20 代表网站的最高评估值，表明网站对该公司的作用非常大。

打开“新网站的评估. sav”，使用游程检验判断网站评估得分是随机的。数据文件中使用的变量名及变量类型见表 10.11。

表 10.11 数据文件中变量名及变量类型

变量名 Variable name	变量类型
网站评估得分	定序变量
性别	名义变量

首先使用柱状图来选择游程检验的最佳分割点，单击 Graph→Legacy Dialogs→Bar，在弹出的 Bar Charts 对话框中使用默认选项，单击 Define 按钮，在 Define Simple Bar：Summaries for Groups of Cases 对话框中（见图 10.10），将“网站评估得分”移入 Category Axis（分类轴）下的方框中，单击 OK 按钮，输出网站浏览评估得分的柱状图（见图 10.11）。

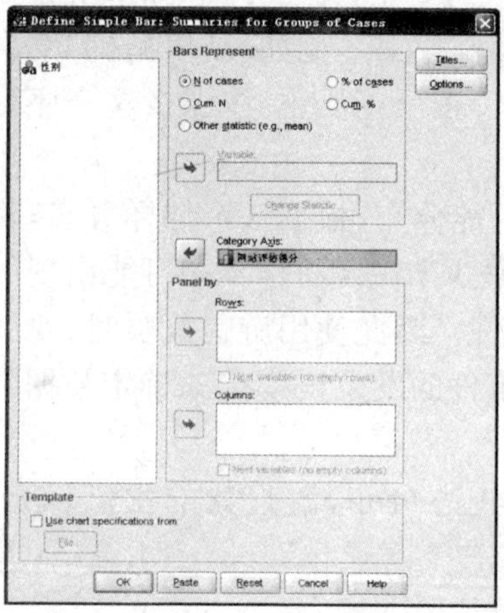

图 10.10　在简单柱状图定义对话框中选择分类轴变量

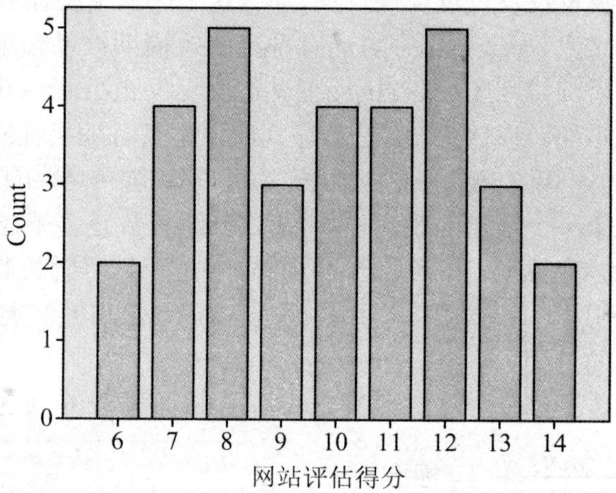

图 10.11　网站浏览评估得分的柱状图

图 10.11 所示柱状图显示评估得分的真正分布范围要小一点，大部分的评估值落在 6 和 14 之间。在进行游程检验时，SPSS 默认使用中位数作为分割点，当然也可以自己设定分割点，比如众数来确定分割点，柱形图中出现了两个众数（8 和 12）。因此可以使用三个分割点，也就是两个众数和一个中位数来进行游程检验。

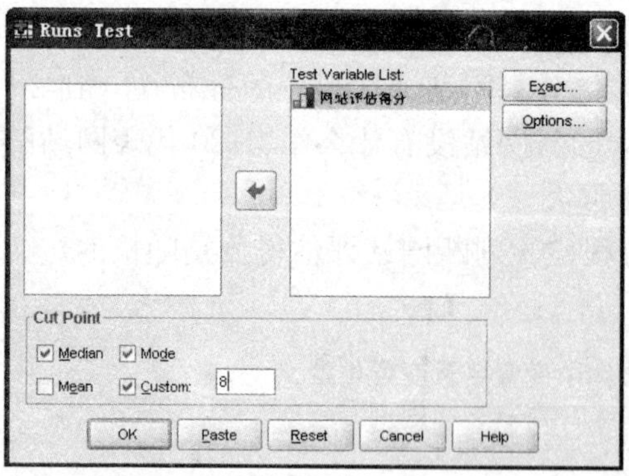

图 10.12　在游程检验对话框中选择分析变量和分割点

单击 Analyze→Nonparametric Tests→Runs…，打开游程检验对话框（见图 10.12）。从左侧的变量列表框中选择“网站评估得分”为检验变量，移入右边的 Test Variable List 方框中。

在图 10.12 中，下方的 Cut Point 中 Median（中位数）是默认的选项，选择 Mode（众数）的时候需要注意，SPSS 将较大的一个众数值 12 作为众数分割点，因此还要勾选 Custom（自定义方式），在后面的文本框中输入 8（较小的众数值）。

单击 Option 按钮，在选项设置对话框中，选择 Descriptive 和 Quartiles（见图 10.13），在结果中输出检验变量的描述性统计量和四分位数。单击 Continue 按钮，回到游程检验对话框，单击 OK 按钮，输出游程检验结果。

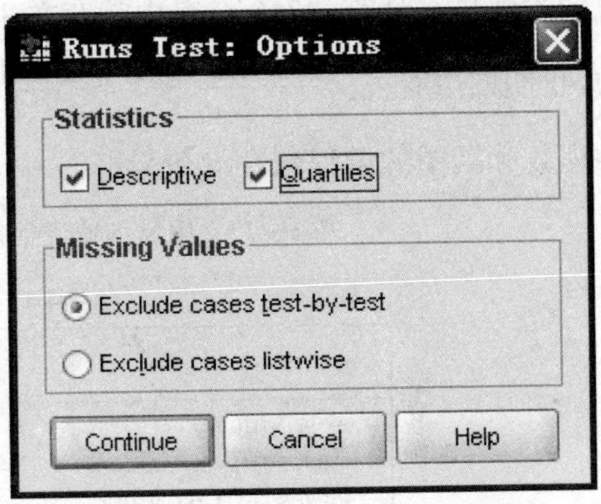

图 10.13　在选项对话框中选择输出描述性统计量和四分位数

描述性统计量（见表 10.12）可以帮助我们进一步了解网站评估值的分布情况，总共有 32 位测试者完成了任务并且提交了测评得分，测评得分的均值为 9.94。标准差在分析正态分布数据的变异程度时非常有用，但是游程检验并不要求数据服从正态分布，从柱状图中也可以看出，测评得分不服从正态分布。因此，标准差在游程检验中基本没有什么作用。测评得分的最小值是 6，最大值为 14，和我们在柱状图中看到的一样，表明测评得分主要分布在 6 和 14 之间。下四分位数（25th Percentiles）和上四分位数（75th Percentiles）显示大约有一半的测评得分在 8 和 12 之间，中位数和均值基本相同，因此测评得分虽然不服从正态分布，但是它的分布还是比较对称的。

表 10.12　网站浏览评估值的描述性统计量表

Descriptive Statistics

						Percentiles		
	N	Mean	Std. Deviation	Minimum	Maximum	25th	50th (Median)	75th
网站评估得分	32	9.94	2.368	6	14	8.00	10.00	12.00

表 10.13 所示第一个游程检验表中显示，在 32 位测试者中，14 个测评分低于中位数，18 个测评分高于中位数。表中的 Number of Runs 就是检验中用到的游程数，游程是根据分割点同方向的一系列个案来定义的。比如，前面四个得分

低于中位数的个案就是一个游程，第二个游程从第五个个案开始，其测评分正好等于中位数，第三个游程从第六个个案开始，其测评分再次低于中位数。按照类似的方法进行计算，32 个个案中就存在 10 个游程。如果测评分是完全随机分布的，我们期望有 $\mu_r = \frac{2n_1n_2}{n_1+n_2}+1=\frac{2\times 14\times 18}{14+18}+1=16.75$ 个游程，因此实际的游程数和期望的游程数存在差异。

表 10.13　网站浏览评估得分的第一个游程检验表

Runs Test

	网站评估得分
Test Value[a]	10
Cases < Test Value	14
Cases >= Test Value	18
Total Cases	32
Number of Runs	10
Z	-2.283
Asymp. Sig. (2-tailed)	.022

a. Median

中位数游程检验的标准统计量 $Z=-2.283<0$，双尾检验的渐近显著性水平 $Sig.=0.022<0.05$，在 5%的显著性水平拒绝原假设，网站评分的次序并不是随机分布的。

表 10.14　网站浏览评估得分的第二个游程检验表

Runs Test 2

	网站评估得分
Test Value[a]	12[b]
Cases < Test Value	22
Cases >= Test Value	10
Total Cases	32
Number of Runs	16
Z	.315
Asymp. Sig. (2-tailed)	.752

a.Mode
b. There are multiple modes. The mode with the largest data value is used.

表 10.14 所示第二个游程检验表显示对最大的众数值检验结果。在 32 个个案中，22 个个案测评分小于 12，10 个个案大于 12。在第二个游程检验结果中，期

望的游程数是 $\mu_r = \frac{2n_1 n_2}{n_1 + n_2} + 1 = \frac{2 \times 22 \times 10}{22 + 10} + 1 = 14.75$，和实际计算出来的游程数 16 非常接近。最大众数游程检验的标准统计量 $Z = 0.315 > 0$，双尾检验的渐近显著性水平 $Sig. = 0.752 > 0.05$，在 5% 的显著性水平下不能拒绝原假设，最大众数游程检验表明网站评分的次序是随机的。

表 10.15　网站浏览评估得分的第三个游程检验表

Runs Test 3

	Web Site Rating
Test Value[a]	8.00
Total Cases	32
Number of Runs	11
Z	.000
Asymp. Sig. (2-tailed)	1.000

a. User-specified.

表 10.15 所示第三个游程检验表显示最小的众数值检验结果。从中可以看出实际的游程有 11 个，标准统计量 $Z = 0$，双尾检验的渐近显著性水平 $Sig. = 1.000$，在 5% 的显著性水平下不能拒绝原假设这 11 个游程完全是随机分布的。

上面的三个检验结果表明，游程检验的最终结论取决于分割点的选择，对中位数进行检验时，发现评分的次序不是随机的，但是对两个众数进行检验时，发现评分的次序都是随机的。

10.4　单样本科尔莫哥洛夫—斯米洛夫检验

科尔莫哥洛夫—斯米洛夫方法可以用来检验样本数据是否服从某种特定的理论分布。科尔米哥洛夫—斯米洛夫检验首先确定理论频数分布函数 $F_0(X)$，对任意的 X 值，$F_0(X_i)$ 代表小于或者等于 X 值的那些预期结果所占的比例。接下来获取观测到的累积频数分布 $\hat{F}(X_i)$，其中 X 代表任一可能结果。一般情况下，$\hat{F}(X_i) = \frac{k}{N}$，其中，$k$ 为小于或等于 X 的所有观测结果的频数。在 H_0 成立时，即样本来自指定的理论分布时，实际观测到的累积频数分布 $\hat{F}(X_i)$ 和理论频数分布函数 $F_0(X_i)$ 应该非常接近。换句话说，在 H_0 成立时，我们可以预期 $\hat{F}(X_i)$ 和 $F_0(X_i)$ 之间的差异很小，并且在随机误差范围之内。

对每一个 $X_{(i)}$，计算经验分布函数和理论分布函数之差：$D_i = \hat{F}(X_{i-1}) - F_0(X_i)$ 和 $\hat{D}_i = \hat{F}(X_i) - F_0(X_i)$。

在 H_0 成立时，大样本条件下可以证明 $Z = \sqrt{N}\max(|D_i|, |\hat{D}_i|)$ 服从标准正态分布，利用下面的公式可以计算出双尾显著性水平 $Sig.$（或伴随概率 p）：

当 $0 < Z \leqslant 0.27$ 时，$p = 1$；

当 $0.27 < Z \leqslant 1$ 时，$p = 1 - \frac{2.506628}{Z}(Q + Q^9 + Q^{25})$，其中 $Q = e^{-1.233701Z^{-2}}$；

当 $1 < Z \leqslant 31$ 时，$p = 2(Q - Q^4 + Q^9 - Q^{16})$，其中 $Q = e^{-2Z^{-2}}$；

当 $Z \geqslant 31$ 时，$p = 0$。

若渐近显著性水平 $Sig. < \alpha$，则拒绝原假设 H_0，观测的经验分布和理论分布之间存在显著差异。

使用科尔莫哥洛夫—斯米洛夫方法可以检验四种理论分布：正态分布、均匀分布、泊松分布和指数分布。在检验过程中，可以选择是否显示检验变量的描述性统计量或者四分位数。

【例 10.4】 汽车交通事故的分布。

一位保险公司分析员想为每位驾驶员经历的汽车事故数建立模型，在某个地区中，她随机抽取了一个样本，然后使用科尔莫哥洛夫—斯米洛夫方法来检验事故发生数量是否服从泊松分布。

打开“汽车交通事故的 K-M 检验. sav”。数据文件中使用的变量名、变量标签、变量标签值及变量类型见表 10.16。

表 10.16 数据文件中变量名、变量标签、变量标签值与变量类型

变量名 Variable name	变量标签 Label	变量标签 Label Value	变量类型
性别		1=男性 2=女性	名义变量
年龄			尺度变量
事故数	过去 5 年经历的交通事故数		尺度变量

单击 Analyze→Nonparametric Tests→1 Sample K-S...，打开单样本科尔莫哥洛夫—斯米洛夫检验对话框（见图 10.14）。

从变量列表框中选择“事故数”为检验变量，移入右侧的 Test Variable 方框中。在左下方的 Test Distribution 中，取消默认的 Normal（正态分布）选项，勾选

Poisson(泊松分布),单击 OK 按钮,输出检验结果。

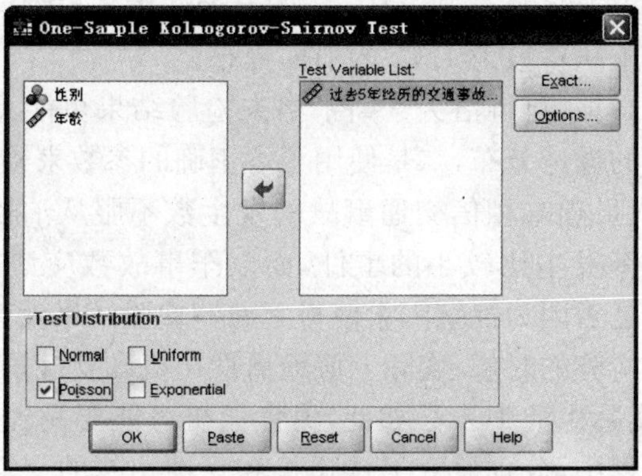

图 10.14　在单样本 K-S 检验对话框中选择检验变量和检验的分布

表 10.17　事故发生率的泊松检验表

One-Sample Kolmogorov-Smirnov Test

		过去5年经历的交通事故数
N		500
Poisson Parameter[a,b]	Mean	1.72
Most Extreme Differences	Absolute	.065
	Positive	.065
	Negative	-.041
Kolmogorov-Smirnov Z		1.460
Asymp. Sig. (2-tailed)		.028

a. Test distribution is Poisson.
b. Calculated from data.

检验使用的数据是通过随机抽取 500 名驾驶员获得的,泊松分布只有一个参数,也就是样本的均值。表 10.17 所示的泊松检验表显示在过去的 5 年时间里,每位驾驶员平均经历了 1.72 次汽车交通事故。表中的 Most Extreme Difference 分为三个部分,Absolute、Positive 和 Negative 分别代表 D 值(实际累积分布函数值和理论分布函数值之差)的绝对数、正的 D 值和负的 D 值。科尔莫哥洛夫—斯米洛夫检验中的标准检验统计量(Kolmogorov-Smirnov Z)等于样本容量的平方根乘以 D 的绝对值,即 $Z=\sqrt{n}\cdot|D_i|$。

本例中检验标准统计量 $Z=\sqrt{500}\times 0.065=1.460$，其对应的渐近显著性水平 $Asymp.\ Sig.=0.028<0.05$，在 5%的显著性水平拒绝原假设，汽车驾驶员经历的交通事故不服从参数为 1.72 的泊松分布。

在一般情况下，科尔莫哥洛夫—斯米洛夫检验结果可能意味着两种结论：一是数据不服从假定的理论分布，二是使用了不正确的参数来检验理论分布。在前面的结果中，分析人员很难相信交通事故的发生数不服从泊松分布，因为泊松分布经常用来分析概率发生比较小的事件，而汽车事故数应该是一个小概率的事件。分析人员设想是否因为性别因素使得上面的检验结果没有达到预期的效果。在对全体样本进行检验的时候，实际上假设男性司机和女性司机经历的交通事故数量相同，但是在实际生活中未必如此，男性司机可能要马虎大意一点。分析员在进一步的分析过程中，分别研究男性司机和女性司机的交通事故问题，用他们各自的均值作为泊松分布检验的参数，因此需要对原数据进行拆分。

单击 Data→Split File…，在文件拆分对话框中单击 Compare groups，将“性别”移入右边 Groups Based on 下的方框中（见图 10.15），单击 OK 按钮，完成数据拆分。

单击常用工具栏中的 Recall recently used dialogs 按钮，选择 One-Sample Kolmogorov-Smirov Test，回到单样本科尔莫哥洛夫—斯米洛夫检验对话框中，单击 Options 按钮，在选项对话框中，勾选 Statistics 中的 Descriptive 和 Quantiles（见图 10.16），单击 Continue 按钮，回到主对话框，单击 OK 按钮后输出检验结果。

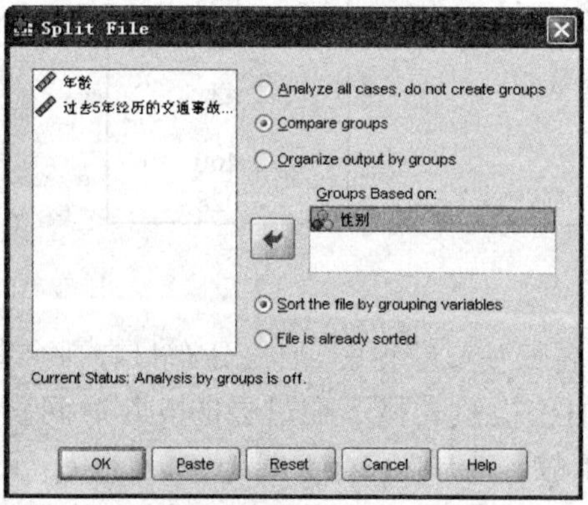

图 10.15 在拆分文件对话框中选择拆分变量

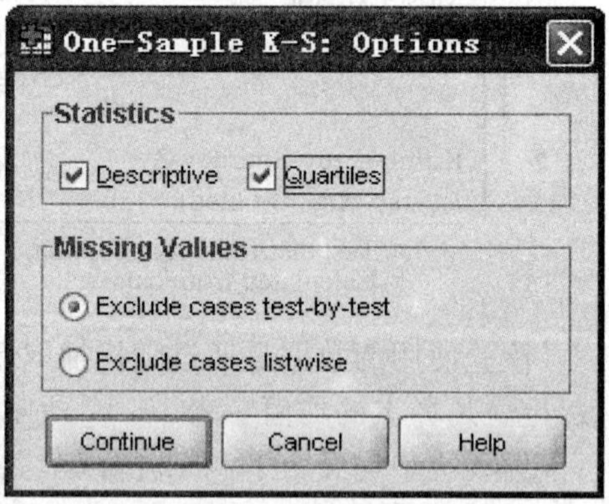

图 10.16 在选项对话框中选择输出描述性统计量和四分位数

表 10.18 所示描述性统计量显示男性司机和女性司机经历的交通事故数量

是不相同的，男性司机在过去 5 年时间里，平均经历 1.98 次交通事故，而女性司机经历的事故数要少一点，平均只有 1.47 次。

表 10.18　按照性别划分的交通事故数的描述性统计量表

Descriptive Statistics

性别		N	Mean	Std. Deviation	Minimum	Maximum	Percentiles 25th	Percentiles 50th (Median)	Percentiles 75th
男性	过去5年经历的交通事故数	250	1.98	1.608	0	7	1.00	2.00	3.00
女性	过去5年经历的交通事故数	250	1.47	1.412	0	6	.00	1.00	2.00

观察按照性别输出的泊松检验表（见表 10.19），我们发现检验结果发生了变化。对男性司机进行检验时，泊松分布的参数从 1.72 增加到 1.98，Z 值对应的双尾渐近显著性水平 $Sig. = 0.627 > 0.05$，在 5%的显著性水平下不能拒绝原假设，可以认为男性驾驶员经历的交通事故数服从泊松分布。对女性驾驶员检验时，泊松分布的参数从 1.72 减小到 1.47，但是 Z 值对应的双尾渐近显著性水平 $Sig. = 0.133 > 0.05$，在 5%的显著性水平下也不能拒绝原假设，女性驾驶员经历的交通事故数同样也服从泊松分布。

表 10.19　按照性别输出的泊松检验表

One-Sample Kolmogorov-Smirnov Test

性别			过去5年经历的交通事故数
男性	N		250
	Poisson Parameter[a,b]	Mean	1.98
	Most Extreme Differences	Absolute	.047
		Positive	.047
		Negative	-.033
	Kolmogorov-Smirnov Z		.750
	Asymp. Sig. (2-tailed)		.627
女性	N		250
	Poisson Parameter[a,b]	Mean	1.47
	Most Extreme Differences	Absolute	.074
		Positive	.074
		Negative	-.042
	Kolmogorov-Smirnov Z		1.164
	Asymp. Sig. (2-tailed)		.133

a. Test distribution is Poisson.
b. Calculated from data.

通过上面的例子，我们发现全体司机经历的汽车交通数并不符合泊松分布，但是按照性别分组并进行检验后，男性司机和女性司机经历的交通事故数都服从泊松分布。由此可见，单样本科尔莫哥洛夫—斯米洛夫检验不仅取决于合理的理论分布，而且也取决于合适的检验参数。

10.5 两个独立样本的非参数检验

在检验两组样本数据的均值是否存在显著差异时，一般都会想到使用独立样本的 t 检验，这种方法不仅简单、检验效率高，而且满足统计稳健性的要求，但是某些重要的假设条件得不到满足，独立样本的 t 检验也是无效的，而这些假定主要围绕着检验参数和变量自身的分布。

t 检验假定样本均值是数据中心的有效测度量，但是只有尺度水平变量的离散程度相同时，均值才是有效的测度统计量。如果检验的变量是定序水平变量，而定序水平变量是离散的，使用均值和方差都会产生一些问题。另外，如果数据是尺度水平的，但是不服从正态分布，此时使用独立样本的 t 检验，其检验结果也值得怀疑。

如果上面的条件都得不到满足，此时可以考虑使用非参数方法检验两个样本是否存在差别。非参数检验法中的两个独立样本检验对参数的分布不作任何假定，当然也不用假定数据服从某种特定的分布。

对两样本位置的 tests of location(非参数检验)采用 Mann-Whitney (曼—惠特尼)检验和 Wald-Wolfowitz 游程检验，对位置和形状的非参数检验可以使用双样本的 Kolmogorov-Smirnov(科尔米哥洛夫—斯米洛夫)检验。SPSS 的两个独立样本非参数检验中还提供了 Moses 极端反应检验方法。SPSS 对两个独立样本进行非参数检验时，除了输出标准的检验结果以外，还可以选择输出描述性统计量或者四分位数。

10.5.1 曼—惠特尼检验

曼—惠特尼 U 检验可以判断两个独立样本是否来自同一总体，和两个独立样本的 t 检验相比，它的优势在于不需要数据服从正态分布的假定，它分析的数据至少是定序水平以上的。假设取自两个总体 A 和 B 的样本，曼—惠特尼检验的原假设 H_0 是这两个总体的分布相同，而 H_0 对立的备择假设是 A 随机大于 B (或者 B 随机大于 A)，即 $p(A>B)>\frac{1}{2}$ 或 $p(A<B)<\frac{1}{2}$，在更为一般的双尾

检验中，备择假设是 $p(A>B)\neq \frac{1}{2}$。

使用曼—惠特尼检验时，首先把两个样本观测值合并起来，并按照从小到大的顺序对合并数据排序，得到每一个数据的秩。接下来就要计算曼—惠特尼 U，设 n_1 为两个独立样本中较小样本的频数，n_2 为两个独立样本中较大样本的频数，那么如果以 n_1 为参照的话，曼—惠特尼 U 就是在排序时，n_2 对应的那组样本的秩先于有 n_1 个样本的秩的个数。比如现在 $n_1=3, n_2=4$，两个样本数据为：A 组 9,11,15；B 组的秩 6,8,10,13。

将这两个样本合并后排序，每个数据的秩和所属的样本组显示如下：

6	8	9	10	11	13	15
B	B	A	B	A	B	A

如果以 A 组为参照组，6 和 8 都在 9 的前面，因此 B 组中有 2 个数据的秩排在 A 组数据 9 的前面；同样 B 组中有 3 个数据的秩排在 A 组数据 11 的前面，有 4 个数据的秩排在 A 组数据 15 的前面，因此 B 组数据的秩先于 A 组的个数 $U=2+3+4=9$；采用同样的方法也可以知道 A 组数据的秩先于 B 组的个数 $U=0+0+1+2=3$。

在原假设 H_0 成立时，曼—惠特尼 U 统计量的抽样分布都是已知的，从而可以让我们来决定 H_0 成立时，U 统计量的任意观测值对应的伴随概率。当然在检验原假设是否成立时，伴随概率还取决于 n_2 的大小。当 n_1 和 n_2 非常大时，使用前面的方法来求得 Mann-Whiney U 统计量非常麻烦，此时可以使用公式 $U=n_1n_2+\frac{n_1(n_1+1)}{2}-R_1$ 或者 $U=n_1n_2+\frac{n_2(n_2+1)}{2}-R_2$ 计算 U 统计量，其中，R_1 为样本容量为 n_1 样本的秩和，R_2 为样本容量为 n_2 样本的秩和；利用上述两个公式计算得到不同的 U，其中较小的是我们所需要的，较大的为 U'，SPSS 进行曼—惠特尼检验时就是按照这种方式输出 U 统计量。

曼和惠特尼(1947 年)证明当 n_1 和 n_2 增加时，U 的抽样分布能迅速逼近正态分布，U 统计量的均值 $\mu_U=\frac{n_1n_2}{2}$，标准差 $\sigma_U=\sqrt{\frac{n_1n_2(n_1+n_2+1)}{12}}$，$Z=\frac{U-\mu_U}{\sigma_U}\sim N(0,1)$，给定显著性水平 α，若 Z 的渐近显著性水平 $Sig.<\alpha$，拒绝原假设。

如果数据中有较多的同分数据(数据的秩相同)，U 统计量的标准差需要修正，此时标准差 $\sigma_U=\sqrt{\frac{n_1n_2}{N(N-1)}\left(\frac{N^3-N}{12}-\sum T\right)}$，其中 $N=n_1+n_2$，$T=$

$\frac{t_i^3 - t_i}{12}$（t_i 为第 i 个同分数据出现的频数）。

【例 10.5】 学习成绩的差异。

某教授给两个班上心理学课，上午班有 9 名学生，下午班有 12 名学生，所有学生在课程结束后同时进行期末考试。

打开 SPSS“学习成绩的差异.sav”，使用曼—惠特尼 U 检验判断这两个班学生的期末成绩是否存在显著差异。数据文件中使用的变量名、变量标签值及变量类型见表 10.20。

表 10.20 数据文件中变量名、变量标签值及变量类型

变量名 Variable name	变量标签值 Label Value	变量类型
学习成绩		尺度变量
班级	1=上午班 2=下午班	名义变量

单击 Analyze→Nonparametric Tests→2 Independent Samples…，在两个独立样本检验对话框中（见图 10.17），从变量列表框中选择“学习成绩”为检验变量，移入 Test Variable List 方框中。

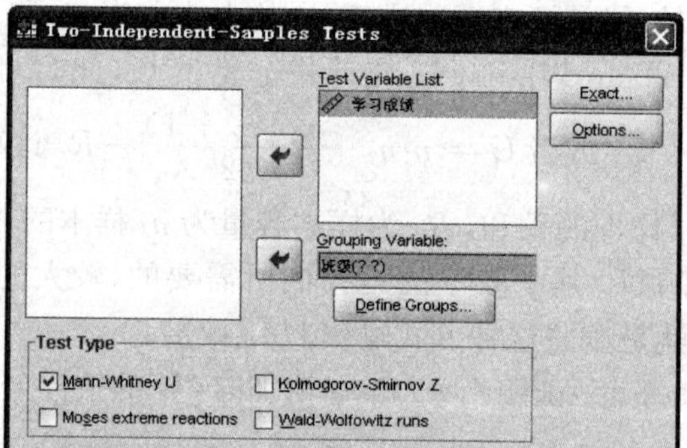

图 10.17 在两个独立样本的检验对话框中选检验变量、分组变量和检验方法

将“组别”作为分组变量，移入右边的 Grouping Variable 方框中，再单击 Define Groups 按钮，在定义组别对话框中（见图 10.18），Group 1 后的文本框中输入 1，Group 2 后的文本框中输入 2，单击 Continue 按钮，回到两个独立样本检验对话框，单击 OK 按钮后输出检验结果。

表 10.21 所示秩表显示“上午班”的 Mean Rank（均秩）为 8.11，Sum of Ranks（秩和）R_1 为 73；“下午班”的均秩为 13.17，秩和 R_2 为 158。

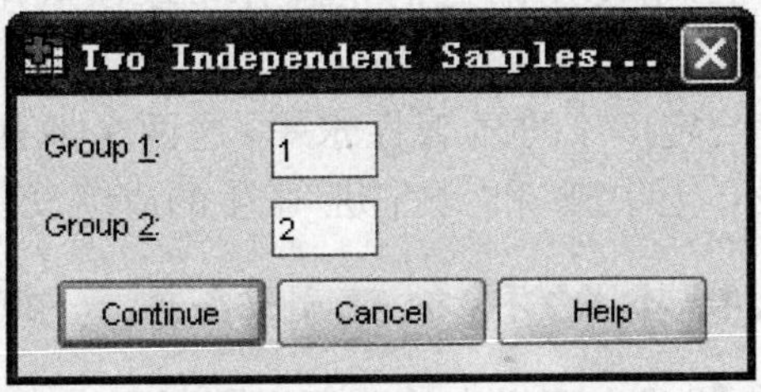

图 10.18 在定义组别对话框中设定各组的数值

表 10.21 学习成绩的秩表

Ranks

	班级	N	Mean Rank	Sum of Ranks
学习成绩	上午班	9	8.11	73.00
	下午班	12	13.17	158.00
	Total	21		

Test Statistics（检验统计表，见表 10.22）中，Mann-Whitney U 就是曼—惠特尼统计量，它的计算过程如下：

表 10.22 曼—惠特尼检验表

Test Statistics[b]

	学习成绩
Mann-Whitney U	28.000
Wilcoxon W	73.000
Z	-1.851
Asymp. Sig. (2-tailed)	.064
Exact Sig. [2*(1-tailed Sig.)]	.069[a]

a. Not corrected for ties.
b. Grouping Variable: 班级

$$U = n_1 n_2 + \frac{n_1(n_1+1)}{2} - R_1 = 9 \times 12 + \frac{9 \times 10}{2} - 73 = 80$$

或者

$$U = n_1 n_2 + \frac{n_2(n_2+1)}{2} - R_2 = 9 \times 12 + \frac{12 \times 13}{2} - 158 = 28$$

SPSS 取较小的 $U = 28$ 为曼—惠特尼统计量。表中的 Wilcoxon W 显示的是两组样本秩和中较小的，也就是“上午班”的秩和 73。检验曼—惠特尼统计量的 Z 值为 -1.851，它对应的显著性水平有两个：其中 *Asymp. Sig.* (2−*tialed*) 是渐近的双尾显著性水平，是使用渐近的正态分布求出双尾显著性水平，*Exact Sig.* [2∗(1−*tialed*)] 是查“Mann-Whiney 检测中 U 的临界值表”得到精确双尾显著性水平概率。给定 5% 的显著性水平，这两个双尾显著性水平都大于 0.05，不能拒绝原假设，“上午班”和“下午班”学生的成绩没有显著差别。

10.5.2 双样本的科尔莫哥洛夫—斯米洛夫检验

科尔米哥洛夫—斯米洛夫双样本检验可以判断两个独立样本是否来自同一总体或者来自两个分布相同的总体，对于抽取这两个样本的总体分布的任何一种差异，比如集中趋势、离散趋势或者偏斜度的差异的检验，都可以使用科尔米哥洛夫—斯米洛夫双样本检验方法来进行。

和单样本的科尔米哥洛夫—斯米洛夫检验相似，科尔米哥洛夫—斯米洛夫双样本检验分析两个累计分布函数之间的一致性问题，只不过单样本检验一个样本观测累积分布(经验分布)与理论分布之间的一致性，双样本检验两个样本观测累计分布之间的一致性。如果两个样本来自同一个总体，那么可以期望这两个样本的累积分布彼此非常接近，它们之间应该仅显示出对于总体分布的随机离差。如果两个样本的累积分布相距太远，那么也就意味着这两个样本来自不同的总体。

使用科尔米哥洛夫—斯米洛夫双样本检验时，需要求出每个样本的累计分布函数，将两个样本的累积分布函数相减，着重分析这些观测离差中的较大者。设 $\hat{F}_1(X_i)$ 为样本容量较大样本的经验累积分布函数，$\hat{F}_2(X_i)$ 为样本容量较小样本的经验累积分布函数，D_i 为两个样本经验累积分布函数之差。在单尾检验中(检验某一样本的总体值是否随机大于另一样本的总体值)，$D_i=\max[\hat{F}_1(X_i)-\hat{F}_2(X_i)]$；在双尾检验中(检验两个样本是否取自同一总体)，$D_i=\max|\hat{F}_1(X_i)-\hat{F}_2(X_i)|$。

D_i 的抽样分布已知(西蒙洛夫，1948)，当 n_1 和 n_2 都非常大时，检验统计量 $Z=\max|D_i|\sqrt{\dfrac{n_1n_2}{n_1+n_2}}\sim N(0,1)$。若给定显著性水平 α，Z 的渐近显著性水平 $Sig.<\alpha$，拒绝原假设，两个独立样本并不是来自同一个总体。

【例 10.6】 两种玉米作物青黄霉素的比较。

玉米加工商手头上有两种玉米作物，它们的黄曲霉毒素含量都低于 20 PPB (1 kg 物质中含有 1 μg 某物质称为 1 个 PPB)单位，适合人们食用。但是这两种玉米作物的黄曲霉毒素含量的变动程度很大，加工商想比较这两种作物的黄曲霉素含量是否存在差异。

打开“黄曲霉素含量. sav”，使用两个独立样本科尔莫哥洛夫—斯米洛夫法检验这两种玉米作物中的黄曲霉毒素是否存在显著差异。数据文件中使用的变量名、变量标签值及变量类型见表 10. 23。

表 10. 23　数据文件中变量名、变量标签值与变量类型

变量名 Variable name	变量标签值 Label Value	变量类型
黄曲霉素含量		尺度变量
玉米种类	1=玉米种类 A 2=玉米种类 B	名义变量

首先绘制两种玉米的线性图以了解它们的分布，单击 Graph→Legacy Dialogs→Line，打开线性图对话框（见图 10. 19）。

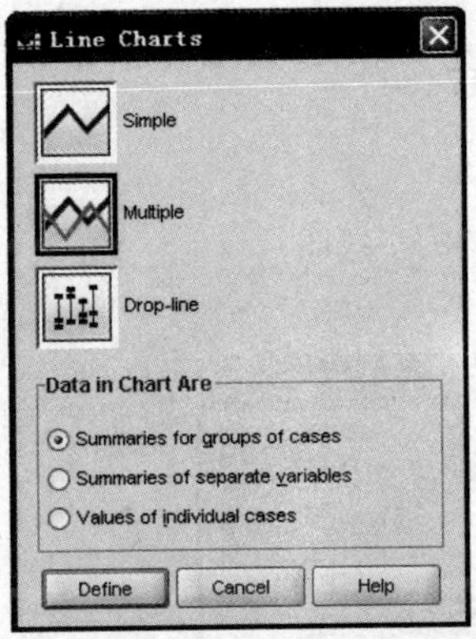

图 10. 19　在线形图对话框中选择多线图

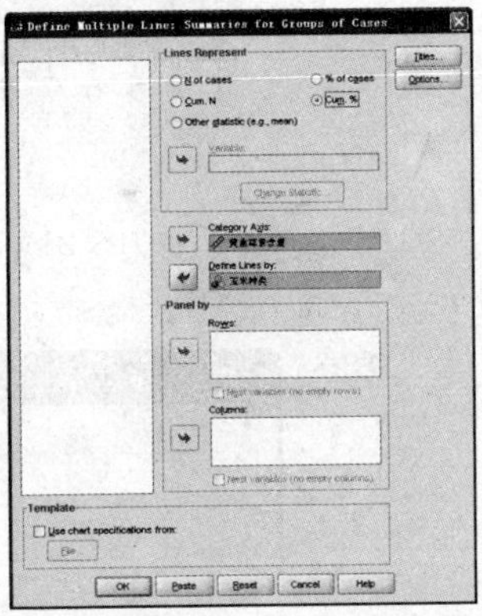

图 10. 20　在定义多线图对话框进行设定

单击 Multiple 按钮，选择输出多线图。单击 Define 按钮，进入多线图定义对话框（见图 10. 20）。单击 Line Represent 中的 Cum %，将变量“黄曲霉素含量”移入 Category Axis 对话框中，将变量“玉米种类”移入 Define lines by 对话框，单击 OK 按钮，输出两种玉米黄曲霉素含量的多线图。

图 10. 21 的蓝色折线代表“玉米作物 A”黄曲霉素含量的经验分布，绿色折线代表“玉米作物 B” 黄曲霉素含量的经验分布，从中可以看出两种玉米作物黄曲霉素的分布形状不相同。

单击 Analyze→Descriptive Statistics→Explore，弹出探索性分析对话框（见

图 10.22）。将变量“黄曲霉素含量”移入右侧的 Dependent List 框中，将变量“玉米种类”移入右侧的 Factor List 框中，单击 OK 按钮，输入探索性分析结果。

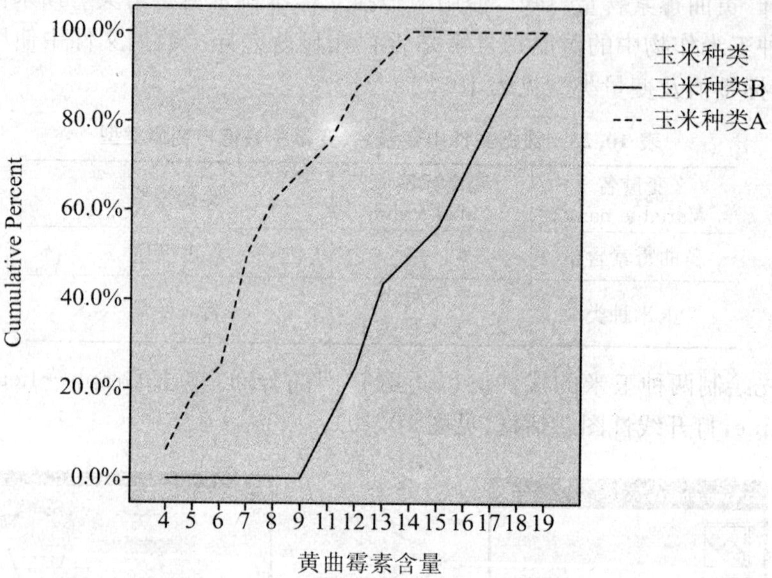

图 10.21　两种玉米黄曲霉素的的多线图

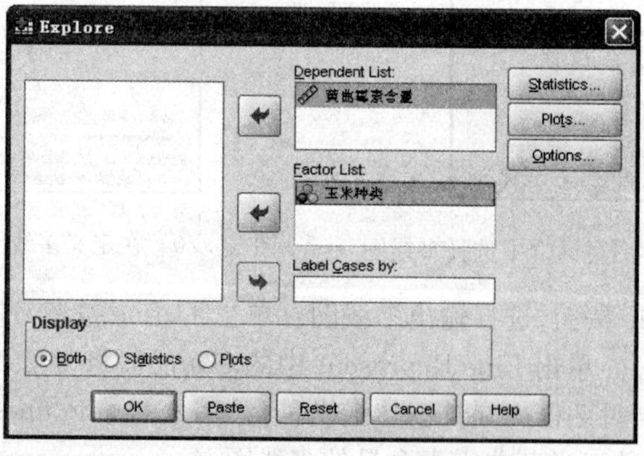

图10.22　在探索性对话框中选择分析变量和分类变量

表 10.24 所示描述性统计量表显示“玉米种类 A”黄曲霉素平均含量为 14.68，“玉米种类 B”黄曲霉素平均含量为 8.44，这两种玉米作物黄曲霉素含量确实存在较大差异。

表 10.24 两种玉米黄曲霉素含量的描述性统计量表

Descriptives

	玉米种类			Statistic	Std. Error
黄曲霉素含量	玉米种类A	Mean		14.69	.663
		95% Confidence Interval for Mean	Lower Bound	13.27	
			Upper Bound	16.10	
		5% Trimmed Mean		14.65	
		Median		14.50	
		Variance		7.029	
		Std. Deviation		2.651	
		Minimum		11	
		Maximum		19	
		Range		8	
		Interquartile Range		5	
		Skewness		.116	.564
		Kurtosis		−1.393	1.091
	玉米种类B	Mean		8.44	.769
		95% Confidence Interval for Mean	Lower Bound	6.80	
			Upper Bound	10.08	
		5% Trimmed Mean		8.38	
		Median		7.50	
		Variance		9.463	
		Std. Deviation		3.076	
		Minimum		4	
		Maximum		14	
		Range		10	
		Interquartile Range		6	
		Skewness		.469	.564
		Kurtosis		−.954	1.091

单击 Analyze→Nonparametric Tests→2 Independent Samples…，在两独立样本检验对话框中(见图 10.23)，将“黄曲霉素含量”作为检验变量，移入右侧的 Test Variable List 方框中。在 Test Type 中取消默认的 Mann-Whitney U 选项，勾选 Kolmogorov-Smirnov Z。将“玉米种类”作为分组变量，移入 Grouping Variable 方框中，单击 Define Group 按钮，在 Group 1 文本框中输入 1，Group 2 文本框中输入 2(见图 10.24)，单击 Continue 按钮，回到两个独立样本非参数检验对话框，单击 OK 按钮，输出检验结果。

表 10.25 所示频数表显示两种玉米作物中都有 16 个个案，它们的样本容量

相同，当然使用科尔莫哥洛夫—斯米洛夫两独立样本检验并不要求待比较的两组样本容量相等。

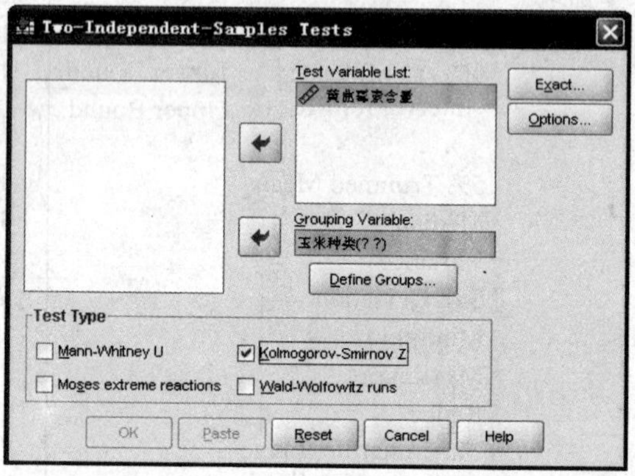

图 10.23　在两个独立样本的检验对话框中改变检验方法

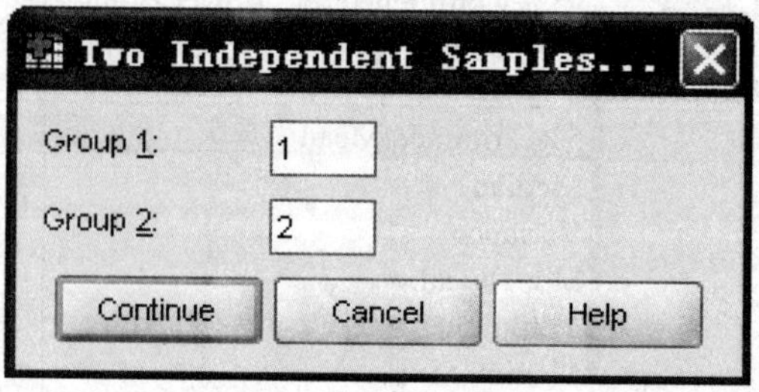

图 10.24　在定义分组变量对话框中设定分组变量数值

表 10.25　频数表

Frequencies

	玉米种类	N
黄曲霉素含量	玉米种类A	16
	玉米种类B	16
	Total	32
中心化黄曲霉素含量	玉米种类A	16
	玉米种类B	16
	Total	32

表 10.26 所示检验统计量表中，Most Extreme Difference 度量两组样本的实际累积概率分布函数值和理论累计分布函数值的极端差异，它也分为绝对值

(Absolute)、正差异(Positive)和负差异(Negative)三个部分。

表 10.26　两个变量的 K-S 检验统计量表

Test Statistics[a]

		黄曲霉素含量
Most Extreme Differences	Absolute	.688
	Positive	.000
	Negative	-.688
Kolmogorov-Smirnov Z		1.945
Asymp. Sig. (2-tailed)		.001

a. Grouping Variable: 玉米种类

标准化检验统计量 $Z=\max|D_i|\sqrt{\frac{n_1n_2}{n_1+n_2}}=0.688\times\sqrt{\frac{16\times16}{16+16}}=1.945$，其对应的渐近显著性水平 $Sig.=0.001<0.05$，在 5%的显著性水平下拒绝原假设，这两种玉米作物的黄曲霉素含量存在显著差异。

10.5.3　Moses Extreme Reaction(Moses 极端反应)检验

在社会或经济生活中，有时会出现这样情况：一项新的经济政策可以使某些企业收益，却使另外一些企业受损，经营变得相当困难；社会环境动荡不安会使某些人极度兴奋，又会使另外一些人极度消沉。当某些条件引起对象在一个方面表现出极端行为，同时在相反方向也表现出极端行为时，这种特殊的情形就是所谓的极端反应，如何判断这些条件会产生极端反应，可以使用 Moses 极端反应检验。

Moses 极端反应检验着眼于分析两个独立样本的跨度(span)或者分散程度，假设有两个独立样本，一个称为控制组，有 n_c 个样本，另外一个称为试验组，有 n_e 个样本。将这两组数据合并后按照递增顺序排列，如果这两个独立样本来自同一个总体的话，那么可以预期控制组合试验组的数据应该在合并数据中充分混合，也就是说如原假设成立的话，特别大的数据中应该有一部分数据属于控制组，也应该有一部分属于试验组；同样特别小的数据中，应该也有一部分属于控制组，一部分属于试验组。如果原假设不成立，可能就会出现下面三种情形：① 大部分试验组的数值较小；② 大部分试验组的数值较大；③ 试验组的相当部分数值较大，也有相当部分数值较小。如果出现这种情况，控制组的数据就会比较分散，第①种情况出现，控制组的大部分数值可能就集中在较大的数值区间；第②种情况出现，控制组的大部分数值可能集中在较小的数值区间；第③种情况出现，控制组的大部分数值可能会集中在数值中间区域。因此，Moses 极端反应检验就是判断控制组的数据相对于合并后的数据是否分布得相对密集或者集中，从而可以拒绝控制组和试验组样本来自同一个总体的假定。

Moses极端反应将两组数据合并并且按递增顺序排列后，得到每个数据的秩，同时保留每个数据对应的组别标识，接下来需要注意控制组的最小和最大的秩值，数出它们之间(包含最大和最小秩这两个端点)的样本个数，从而决定控制组在合并数据中的跨度 s'，因此跨度就是一个合并序列中包括所有控制组数据的所必需的最少连续样本数，它实际上就是控制组数据在合并数据中的分布范围。

假如现在得到的控制组样本数 n_C 为6，试验组的样本数 n_E 为7，将这13个数据合并后排序得到每一个数据的秩，排列如下(试验组用符号E标识，控制组用符号C标识)：

表10.27　示例的秩和分组

秩	1	2	3	4	5	6	7	8	9	10	11	12	13
分组	E	E	C	E	C	E	C	C	C	E	C	E	E

从表10.27中可以看出控制组在合并数据中最小的秩为3，最大的秩为11，因此包含这两个端点在内的跨度为9，即 $s'=9$，它的值其实就是两个端点秩差加1，本例中 $s'=11-3+1=9$。

但是以控制组的分布范围作为跨度来反应数据的分散或者集中趋势有时并不可靠，为了解决这个问题，Moses对跨度进行修正，尤其是当控制组的样本数据较大的时候。修正方法是在收集数据之间先任意选定一个比较小的数值 h，在收集好数据以后，从对照组的两端分别去掉 h 个数据，然后再从剩下的数据中求出对照组的跨度，此时用符号 s_h 表示。比如前面的数据中，事先决定 $h=1$，那么原对照组数据中就要删去第3和第11个数据，剩下的11个合并数据中，控制组的最小秩为5，最大秩为9，因此其跨度 $s_h=9-5+1=5$。

一般情况下，s_h 不会小于 n_C-2h，也决不会大于 n_C+n_E-2h。因此知道 s_h 的抽样分布，就可以决定在原假设成立时，s_h 超过最小值 n_C-2h 任一指定量的概率。设 $g=s_h-(n_C-2h)$，那么原假设成立时，观测到指定跨度 s_h 的概率表达式为：

$$p(s_h \leqslant n_C-2h+g)=\frac{\sum_{i=0}^{g} C_{i+n_C-2h-2}^{i} C_{n_E+2h+1-i}^{n_E-i}}{C_{n_C+n_E}^{n_C}}$$

给定显著性水平 α，如果通过上面公式计算出来的显著性水平 $Sig.<\alpha$，那么原假设就不能成立，这两个独立样本不是来自同一个总体。

【例 10.7】 教学法的效果。

英语成绩往往到了某个时候很难提高，某教师提出了一种新的教学法，然而人们怀疑这种方法可能会提高一部分人的英语成绩，但也可能会使另外一部分人的英语成绩下降。现从一个班级中随机抽取 20 人，再随机地将这 20 人分为两组，其中的控制组仍采用原来的教学方法，试验组使用新教学方法，一段时间后对这两组学生进行测试，记录下他们的测试成绩。

打开"教学法的效果.Sav"。使用 Moses 极端反应法判断这两组学生的测试成绩是否存在显著差异。数据文件中使用的变量名、变量标签值及变量类型见表 10.28。

表 10.28　数据文件中变量名、变量标签值与变量类型

变量名 Variable name	变量标签值 Label Value	变量类型
成绩		尺度变量
组别	1=控制组 2=实验组	名义变量

单击 Analyze→Nonparametric Tests→Two independent-Samples…，打开两个独立样本非参数检验对话框。

将变量"成绩"移入 Test Variable List 方框中，变量"组别"移入 Grouping Variable 方框中(见图 10.25)。单击 Define Groups 按钮，Groups 1 后输入 1(代表控制组)，Groups 2 输入 2(代表实验组)(见图 10.26)，单击 Continue 按钮，回

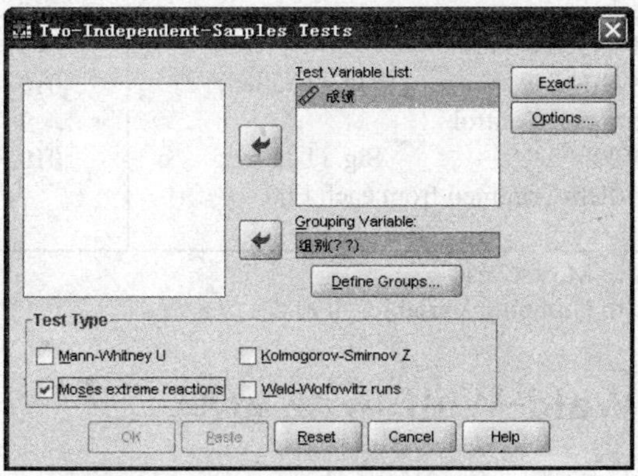

图 10.25　Moses 极端反应检验主对话框

到两个独立样本非参数检验对话框，在左下角的 Test Type 复选框中取消默认的 Mann-Whitney U 选项，选择 Moses extreme reactions，单击 OK 按钮，输出 Moses 极端反应结果。

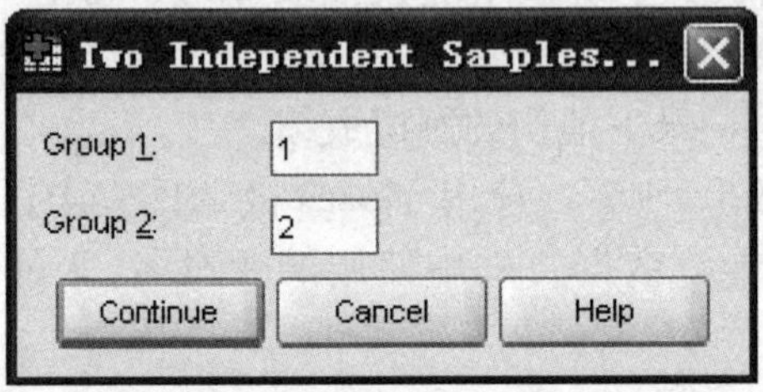

图 10.26　在定义组别对话框中设定各组的数值

表 10.29 所示 Moses 极端反应检验统计量表(Test Statistics)中的 Observed Control Group Span(观测到的控制组跨度)显示没有剔出控制组最小秩和最大秩之间的跨度为 13。Outliers Trimmer from each End 显示在分析过程中从两端各剔除一个数据，即 $h=1$。Trimmed Control Span 显示剔除最小和最大秩后的控制组跨度为 9，利用公式求得 $s_h \leqslant 9$ 在原假设成立时的单尾显著性水平 $Sig.=0.010<\alpha=0.05$，在 5%的显著性水平下拒绝原假设，两组学生的测试成绩存在显著差异。

表 10.29　Moses 极端反应检验统计量表

Test Statistics[a,b]

		成绩
Observed Control Group Span		13
	Sig. (1-tailed)	.010
Trimmed Control Group Span		9
	Sig. (1-tailed)	.010
Outliers Trimmed from each End		1

a. Moses Test
b. Grouping Variable: 组别

10.5.3　Wald-Wolfowitz 游程

和曼—惠特尼 U 检验一样，Wald-Wolfowitz 游程检验可以判断两个独立样本是否来自同一总体，它要求分析的变量是连续性的，或者至少是定序水平的。对于足够大的两个独立样本，如果它们对应的两个总体在某一方面，比如说，在集中趋势、偏斜度或者其他任何方面存在差异，都可以使用 Wald-Wolfowitz 游程检验来接受或者拒绝这两个独立样本是否来自同一个总体。

Wald-Wolfowitz 游程检验首先也要把两个样本观测值合并起来，并按照从小到大的顺序对合并数据排序，但接下来它没有使用数据的秩，而是使用了合并数据的游程数。如果原假设成立，也就是两个独立样本来自同一总体的话，那么这两组数据应该混合得很好，合并数据中的游程数 r 应该相当大；如果原假设不成立，那么游程数应该比较小。比如两个样本是从具有不同离散趋势的两个总体 A 和 B 中抽出的，总体 A 中数据比较分散而总体 B 中数据比较集中，那么可以预期在合并数据中的每一端都有一个 A 的长游程，总的游程数就会偏小。

在原假设成立时，Wald-Wolfowitz 游程数的抽样分布都是已知的。对原假设进行检验，依赖于两个独立样本容量 n_1 和 n_2 的大小。

当样本容量 $n_1+n_2\leqslant 30$，也就是合并数据的容量小于或者等于 30，观测游程数 r 为偶数时，其单侧显著性水平 $Sig.(r\leqslant R)=\frac{2}{C_{n_1+n_2}^{n_1}}\sum_{r=2}^{R}C_{n_1-1}^{\frac{r}{2}-1}C_{n_2-1}^{\frac{r}{2}-1}$，其中，$R$ 为通过“游程检验中 r 的临界值表”查出的 r 的临界值；观测游程数 r 为奇数时，其单侧显著性水平 $Sig.(r\leqslant R)=\frac{1}{C_{n_1+n_2}^{n_1}}\sum_{r=2}^{R}(C_{n_1-1}^{k-1}C_{n_2-1}^{k-2}+C_{n_1-1}^{k-2}C_{n_2-1}^{k-1})$，其中，$r=2k-1$；通过计算出来的显著性水平的大小来接受或者拒绝原假设。

如果 $n_1+n_2>30$，游程数 r 的分布就接近正态分布，和单样本游程检验一样，游程数的均值 $\mu_r=\frac{2n_1n_2}{n_1+n_2}+1$，标准差 $\sigma_r=\sqrt{\frac{2n_1n_2(2n_1n_2-n_1-n_2)}{(n_1+n_2)^2(n_1+n_2-1)}}$，$Z=\frac{r-\mu_r}{\sigma_r}\sim N(0,1)$。如果 n_1+n_2 并不是很大时，Z 一般还需要进行连续性修正，利用公式 $Z=\frac{|r-\mu_r|-0.5}{\sigma_r}$ 求得 Z 值。若 Z 的渐近显著性水平 $Sig.<\alpha$，拒绝原假设，两个独立样本并不是来自同一个总体。

【例 10.8】 男孩和女孩争斗性评分。

为了判断男孩和女孩的争斗性是否存在差别，分析人员在游戏活动中分别观察 12 个四岁男孩和四岁女孩，对他们这段时间在游戏中表现出的争斗性的发生率和程度进行评分。

打开“男孩和女孩争斗性评分.Sav”。使用 Wald-Wolfowitz 游程检验判断男孩和女孩的争斗性是否存在显著差异。数据文件中使用的变量名、变量标签值及变量类型见表 10.30。

表 10.30 数据文件中变量名、变量标签值及变量类型

变量名 Variable name	变量标签值 Label Value	变量类型
争斗性评分		尺度变量
组别	1=男孩 2=女孩	名义变量

在进行参数检验之前，首先比较分析男孩和女孩评分的均值。单击 Analyze→Descriptive Statistics→Explore，弹出探索性分析对话框(见图 10.27)。

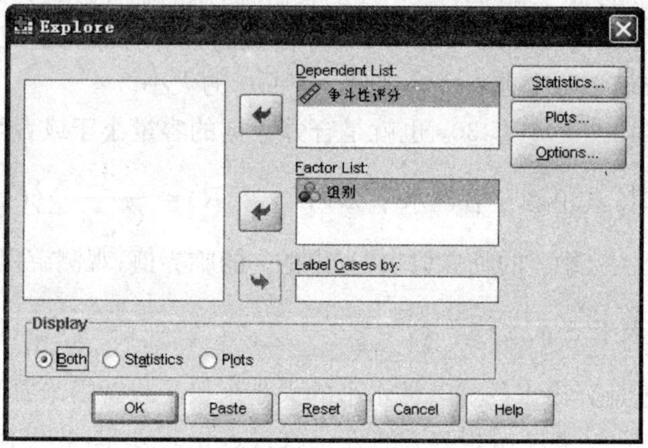

图 10.27 在 Explore 对话框中选择分析变量和分类变量

将变量“争斗性评分”移入右侧的 Dependent List 框中，将变量“组别”移入右侧的 Factor List 框中，单击 OK 按钮，输出探索性分析结果。

表 10.31 所示描述性统计量表显示男孩争斗性的平均评分为 80.75，女孩争斗性的平均评分为 26.67，两者评分的均值相差较大，接下来使用两个独立样本的非参数检验方法判断这种评分的差距是否显著。

单击 Analyze→Nonparametric Tests→Two independent-Samples...，打开两个独立样本非参数检验对话框。将变量“争斗性评分”移入 Test Variables List 方框中。取消 Test Type 中默认的 Mann-Whitney U，勾选 Wald-Wolfowitz Runs(见图 10.28)。将变量“组别”移入 Grouping Variable 方框中。单击 Define Groups 按钮，在弹出的定义组别对话框中(见图 10.29)，Groups 1 后输入 1(代表男孩)，Groups 2 输入 2(代表女孩)，单击 Continue 按钮，回到两个独立样本非参数检验对话框。单击 OK 按钮，输出 Wald-Wolfowitz 游程检验结果。

表 10.31　争斗性评分的描述性统计量表

Descriptives

	组别			Statistic	Std. Error
争斗性评分	男孩	Mean		80.75	9.187
		95% Confidence Interval for Mean	Lower Bound	60.53	
			Upper Bound	100.97	
		5% Trimmed Mean		79.61	
		Median		70.50	
		Variance		1012.750	
		Std. Deviation		31.824	
		Minimum		41	
		Maximum		141	
		Range		100	
		Interquartile Range		57	
		Skewness		.572	.637
		Kurtosis		–.707	1.232
	女孩	Mean		26.67	4.907
		95% Confidence Interval for Mean	Lower Bound	15.87	
			Upper Bound	37.47	
		5% Trimmed Mean		26.02	
		Median		21.00	
		Variance		288.970	
		Std. Deviation		16.999	
		Minimum		7	
		Maximum		58	
		Range		51	
		Interquartile Range		24	
		Skewness		.870	.637
		Kurtosis		–.370	1.232

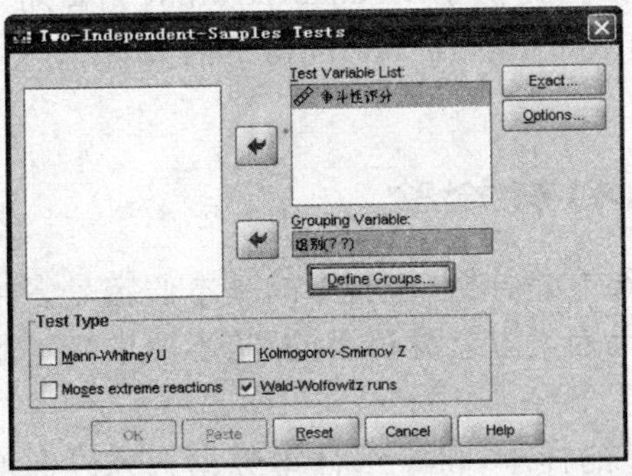

图 10.28　Wald-Wolfowitz 游程检验主对话框

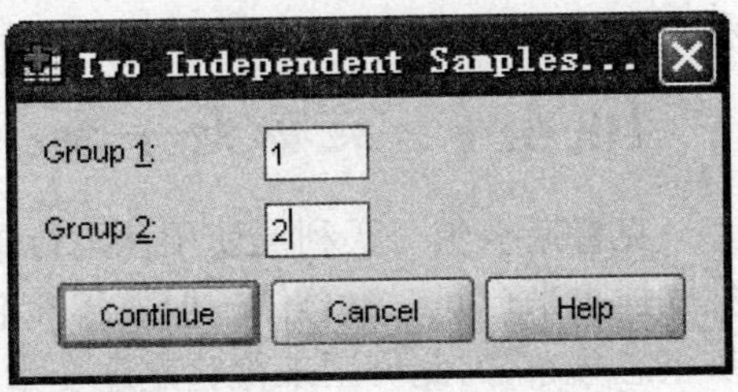

图 10.29　在定义组别对话框中设定各组的数值

表 10.32 所示检验统计量表显示整个数据的游程为 4，渐近的正态分布检验

统计量 Z 为 -3.548，本例两个样本容量之和小于 30，使用公式 $p(r \leqslant 7) = \frac{2}{C_{n_1+n_2}} \sum_{r=2}^{R} C_{n_1-1}^{\frac{r}{2}-1} C_{n_2-1}^{\frac{r}{2}-1}$ 求得精确的显著性水平 $Sig. = p = 0.0001 < \alpha = 0.05$，因此拒绝原假设，男孩和女孩的争斗性存在显著差别。

表 10.32　Wald-Wolfowitz 检验统计量表

Test Statistics[b,c]

		Number of Runs	Z	Exact Sig. (1-tailed)
争斗性评分	Exact Number of Runs	4[a]	−3.548	.00010

a. No inter-group ties encountered.
b. Wald-Wolfowitz Test
c. Grouping Variable: 组别

10.6　多个独立样本的检验

在检验多组样本的均值是否存在差异的时候，单因素方差分析是经常使用的一种方法。单因素方差分析假定样本的均值是数据中心的有效估计值，同时它还假定待检验的变量基本服从正态分布，各组之间非常相似。但是如果要检验的变量是定序变量，数据的分布是任意的，那么样本的均值就不是一个有效的估计值。即使样本的均值是有效的，但待检验变量的分布不是正态的，如果使用方差分析，结果同样也值得怀疑。此时我们可以考虑使用非参数方法来检验多组样本的均值是否存在显著差别。

SPSS 对多个独立样本进行非参数检验时，提供了 Kruskal-Wallis（克鲁斯卡尔—沃利斯检验）、Median（中位数）检验和 Jonckheere-Terpstra 多样本检验这 3 种方法。

10.6.1　克鲁斯卡尔—沃利斯检验

克鲁斯卡尔—沃利斯使用秩进行单因素方差分析，检验中的基本假定是多个独立样本来自同一个总体。但是和标准的单因素方差分析不同，它不要求样本服从正态分布，因此可用来检验定序变量。

设有 k 组样本容量分别为 $n_1, n_2, \cdots, n_k$ 的样本，将 k 组样本数据合并以递增顺序排列后，各组样本的秩分别为 $R_1, R_2, \cdots, R_k$，定义统计量 $H = \frac{12}{N(N+1)} \sum_{i=1}^{k} \frac{R_i^2}{n_i} - 3(N+1)$。

可以证明统计量 H 的分布非常接近自由度为 $k-1$ 的 χ^2 分布。其中 k 为样本组数，n_i 为第 i 组样本的容量，R_i 为第 i 组样本的秩和，N 为总样本数。检验原假设时需要考虑第 i 个样本的容量 n_i 与样本组数 k。计算得到 H 统计量的渐近显著性水平 $Sig.$，在给定的显著性水平下，若 $Sig.<\alpha$，则拒绝原假设，这 k 个独立样本的总体分布并不相同。

此外，还需要注意，如果合并的样本数据中存在较多的同分现象，需要对 H 统计量进行修正，首先计算修正因子 $1-\frac{\sum_{j=1}^{m}(t_j^3-t_j)}{N^3-N}$，其中，$m$ 为合并样本中出现的同分个数，t_j 为第 j 个同分出现的次数，接下来将 H 统计量除上修正因子，得到修正后的检验统计量：

$$H'=\frac{H}{1-\frac{\sum_{j=1}^{m}(t_j^3-t_j)}{N^3-N}}。$$

【例 10.9】 草莓的滋味。

农业研究者在研究覆盖物颜色对农作物味道的影响时，对生长于红色、蓝色和黑色覆盖物上的草莓进行评估，评估的等级分为 5 个等级，其中 1 代表草莓味道特别差(远低于平均水平)，5 代表草莓味道特别好(远高于平均水平)。

打开“草莓的滋味. sav”，使用克鲁斯卡尔—沃利斯法来检验草莓味道是否由于生长在不同的覆盖物上而有所差异。数据文件中使用的变量名、变量标签值及变量类型见表 10.33。

表 10.33　数据文件中变量名、变量标签值与变量类型

变量名 Variable name	变量标签值 Label Value	变量类型
顾客编号		尺度变量
颜色	1＝红色 2＝蓝色 3＝黑色	名义变量
组别	1＝特别好　2＝较好 3＝一般　4＝较差 5＝特别差	定序变量

单击 Analyze→Nonparametric Tests→K Independent Samples…，打开多个

独立变量检验对话框(见图 10.30),选择"味道等级"为检验变量,移入右侧的 Test Variable List 方框中。选择"颜色"作为分组变量,移入右侧的 Grouping Variable 方框中,单击 Define Range 按钮,在定义范围对话框中,Minimum 后输入 1,Maximum 后输入 3(见图 10.31),单击 Continue 按钮,回到多个独立样本非参数检验对话框,单击 OK 按钮,输出检验结果。

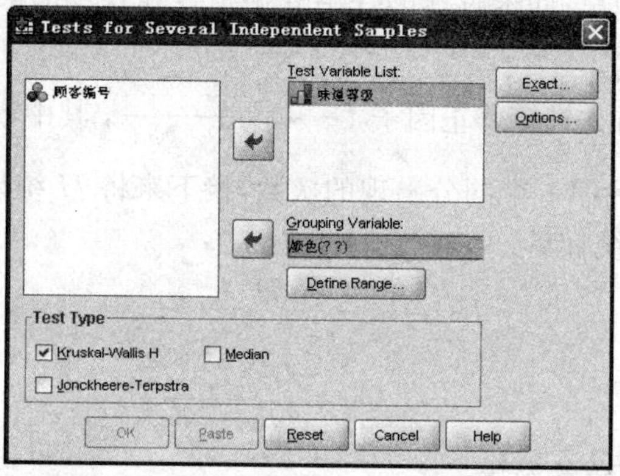

图 10.30 在多个独立样本检验选择分析变量、分组变量和检验方法

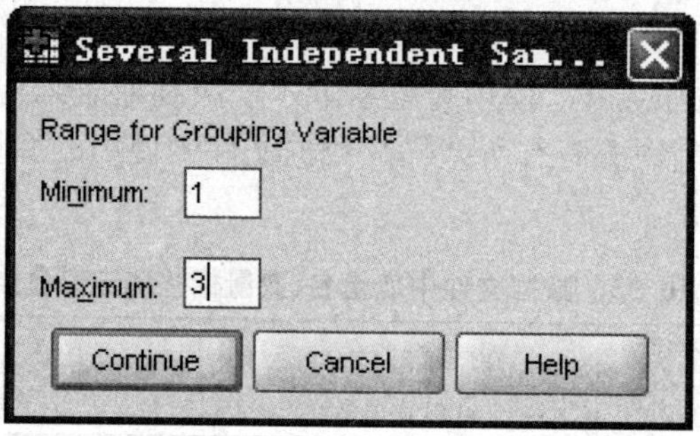

图 10.31 在定义范围对话框中设定分组变量的数值

表 10.34 味道等级的秩表

Ranks

	草莓覆盖物颜色	N	Mean Rank
味道等级	红色	10	9.05
	蓝色	10	16.75
	黑色	10	20.70
	Total	30	

克鲁斯卡尔—沃利斯法使用原始数值的秩来进行检验，本例中使用这种方法比较合适，因为草莓味道的评估等级是一个定序变量。首先不论个案属于哪一组，将它们混合起来进行排序，相同秩的个案取秩的平均值。对个案排序以后，再各自计算每组个案的秩和。表 10.34 显示生长在红色覆盖物上的草莓味道等级的均秩是 9.05，生长在蓝色覆盖物上的草莓味道等级的均秩是 16.75，生长在黑色覆盖物上的草莓味道等级的均秩是 20.70。看来生长在不同覆盖物上的草莓味道是存在差异的。

表 10.35 味道等级的 K-W 检验统计量表

Test Statistics[a,b]

	味道等级
Chi-Square	9.751
df	2
Asymp. Sig.	.008

a.Kruskal Wallis Test
b.Grouping Variable: 草莓覆盖物颜色

克鲁斯卡尔—沃利斯统计量检验各组秩和与所有组的平均秩差距有多大，将各组的秩与平均秩之差平方，除以样本容量，然后再乘以某个常数，就得到检验统计量（见表 10.35），它实际上也是一个卡方检验统计量。根据前面的公式可以计算出克鲁斯卡尔—沃利斯统计量：

$$H=\frac{12}{N(N+1)}\sum_{i=1}^{k}\frac{R_i^2}{N_i}-3(N+1)$$

$$=\frac{12}{30\times 31}\sum_{i=1}^{k}\frac{90.5^2+167.5^2+207^2}{10}-3\times 31=9.0587$$

但是原数据中有较多的结点，如表 10.36 所示。

表 10.36 结点计算表

对草莓的测评分	1	2	3	4	5
结点个数	3	7	11	6	3
$t_j^3-t_j$	24	336	1320	210	24

因此 SPSS 在进行分析时，计算了修正因子 $1-\frac{\sum(t_j^3-t_j)}{N^3-N}=1-\frac{1914}{30^3-30}=0.9290$，从而得到修正后的检验统计量 $H_c=\frac{H}{0.9290}=9.7507$，其对应的渐近

显著性水平 $sig=0.008<0.05$，在5%的显著性水平下拒绝原假设，也就说明草莓的味道随着培养环境的不同而存在显著差异。

和方差分析中的F统计量类似，克鲁斯卡尔—沃利斯统计量可以告诉我们各组在某一方面存在差别，但是和方差分析不同之处在于，它没有办法分析各组之间的差别到底有多大。

10.6.2 中位数检验

多个独立样本的中位数检验是两个独立样本中位数检验在多个样本中的推广，因此又称为推广的中位数检验，它可以确定k个独立样本是否来自同一个总体，或者来自具有相同中位数的一些总体，它分析的变量是定序水平变量或者尺度水平变量。

为了使用推广的中位数检验，首先将k个独立样本合并，求出合并数据的公共中位数，然后将每个数据和公共中位数对比，如果数据大于公共中位数，就用"+"代表这个数据，如果数据小于公共中位数，用"−"代表这个数据，如果某个数据正好等于公共中位数，同样也用"−"代表。确定每个数据和公共中位数的关系后，就可以将每组样本中大于和小于公共中位数的个数填入一个$k\times2$表中(见表10.37)。

表 10.37　中位数检验对应的 $k\times2$ 表的构成

	组别				
	1	2	…	k	
大于中位数的频数	O_{11}	O_{12}	…	O_{1k}	R_1
低于或等于中位数的频数	O_{21}	O_{22}	…	O_{2k}	R_2
	n_1	n_2	…	n_k	N

为了检验k个独立样本是否来自于同一个总体，我们使用统计量 $\chi^2=\sum_{i=1}^{2}\sum_{j=1}^{k}\frac{(O_{ij}-E_{ij})^2}{E_{ij}}$ 进行分析，其中 O_{ij} 代表第j列第i行的观测频数，$E_{ij}=\frac{R_i n_j}{N}$ 代表第j列第i行的期望频数。可以证明在原假设成立时，利用上述公式计算的χ^2分布接近自由度为$k-1$的卡方分布。在给定的显著性水平α下，如果χ^2的渐近显著性水平 $Sig.<\alpha$，则拒绝原假设，这k个独立样本的总体分布并不相同。

【例 10.10】 减肥方法的效果。

为了评估3个减肥方法的效果选取了36名志愿者，志愿者被随机地分配到这 3 个减肥计划中，在进行减肥前后分别测量志愿者的体重，记录下他们的体重减少量。

打开“减肥方法的效果.sav”，使用中位数检验法判断 3 种减肥方法下志愿者体重的减少是否存在显著差异。数据文件中使用的变量名、变量标签值及变量类型见表 10.38。

表 10.38　数据文件中变量名、变量标签值及变量类型

变量名 Variable name	变量标签值 Label Value	变量类型
体重减少量		尺度变量
组别	1=A 组　2=B 组　3=C 组	名义变量

单击 Analyze→Nonparametric Tests→K Independent Samples…，打开多个独立样本非参数检验对话框，选择“体重减少量”为检验变量，移入右侧的 Test Variable List 方框中（见图 10.32）。左下方的 Test Type 中取消默认的 Kruskal-Wallis H，勾选 Median。

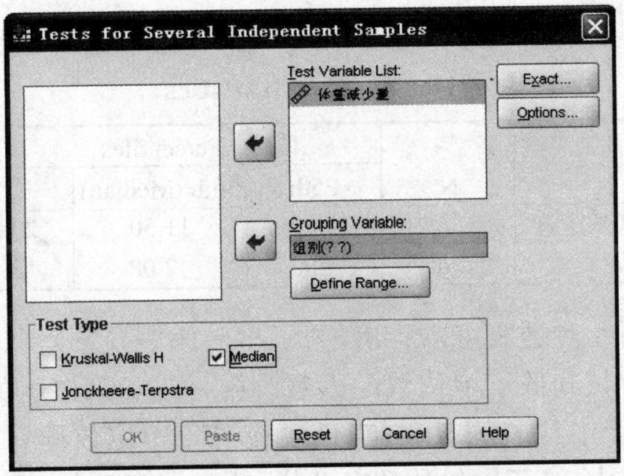

图 10.32　在多个独立样本检验对话框中选择检验变量、分组变量和检验方法

将变量“组别”移入 Grouping Variable 方框中，再单击 Define Range 按钮，在定义分组范围对话框中，Minimum 后输入 1，Maximum 后输入 3（见图 10.33），单击 Continue 按钮，回到多个独立样本非参数检验对话框。

单击 Option 按钮，在选择对话框中，统计量中选择 Quartiles（四分位数）（见

图 10.34)，单击 Continue 按钮，回到多个独立样本非参数检验对话框，单击 OK 按钮，输出检验结果。

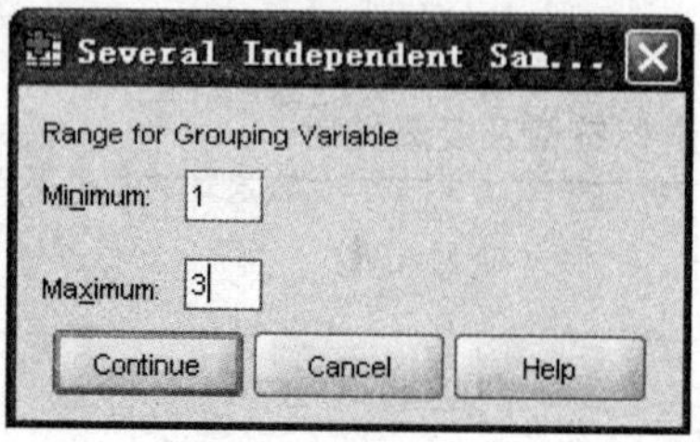

图 10.33　在定义范围对话框中设定分组变量的数值

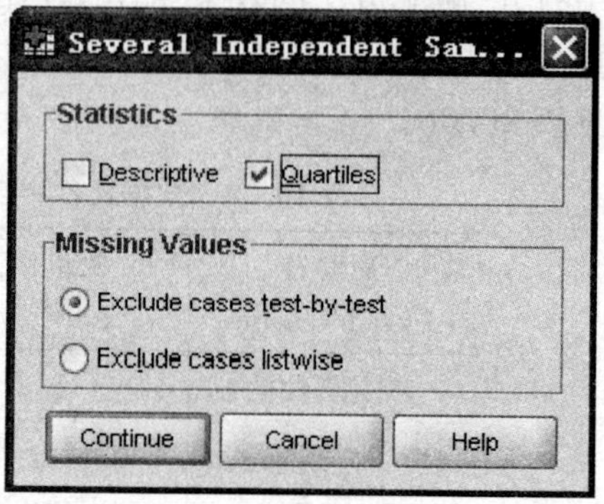

图 10.34　在选项对话框中选择输出四分位数

表 10.39 所示描述性统计量表显示，36 位志愿者雇员测评成绩的中位数是 11.50。中位数检验的原假设是，中位数是三组志愿者体重减少量集中趋势的较好近似值，也就是假设在每组志愿者中，体重减少量大于 11.5 和低于或等于 11.5 的人数大体相等。

表 10.39　减肥量和组别的描述性统计量表

Descriptive Statistics

		Percentiles		
	N	25th	50th (Median)	75th
体重减少量	36	5.00	11.50	23.25
组别	36	1.00	2.00	3.00

从表 10.40 所示频数表可以看出，为了检验原假设，分别计算每组志愿者体重减少量高于中位数和低于中位数的人数。第一组和第二组的志愿者的频数是相同的，减肥量大于中位数的有 5 位，低于或等于中位数的有 7 位，人数相差不大。第三组志愿者中，高于中位数的有 8 位，低于或等于中位数的只有 4 位，该组人数相差较大。

根据上面的频数表(见表 10.40)，可以计算卡方检验统计量来检验行变量和列变量是否独立的假设。本例中，卡方检验统计量 $\chi^2 = 11.5$，渐近显著性水平 $Sig. = 0.368 > 0.05$(见表 10.41)，在 5%的显著性水平下没有办法拒绝原假设，志愿者使用 3 种减肥方法后体重的减少没有显著的差别。

表 10.40 志愿者减肥量的频数表

Frequencies

		组别		
		A组	B组	C组
体重减少量	> Median	5	5	8
	<= Median	7	7	4

表 10.41 雇员测评成绩的中位数检验统计量表

Test Statistics[b]

	体重减少量
N	36
Median	11.50
Chi-Square	2.000[a]
df	2
Asymp. Sig.	.368

a. 0 cells (.0%) have expected frequencies less than 5. The minimum expected cell frequency is 6.0.

b. Grouping Variable: 组别

10.6.3 Jonckheere-Terpstra 多样本检验

对于 k 组样本观测值，Jonckheere-Terpstra 多样本检验首先将每两个样本观测值进行对比，计算第 i 组样本观测值小于第 j 组样本观测值的对数。设任意两对样本观测值为 X_{is} 和 X_{jt}（其中 $i=1,2,\cdots,k;j=1,2,\cdots,k,t=1,2,\cdots,n_i;s=1,2,\cdots,n_j$），当 $X_{is}<X_{jt}$ 时，记 $D_{st}=1$；当 $X_{is}=X_{jt}$ 时，记 $D_{st}=0.5$；当 $X_{is}>X_{jt}$ 时，记 $D_{st}=0$。设 $U_{ij}=\sum_{i=1}^{n_i}\sum_{j=1}^{n_j}D_{st}$，那么 Jonckheere-Terpstra 多样本检验使用的统计量 $V=\sum_{i<j}U_{ij}$，其抽样分布是已知的，当样本容量较大时，统计量 V 接近正态分布。

如果对比 k 组样本观测值都没有出现相等情况时，即 $D_{st}=\begin{cases}1, 当 X_{is}<X_{jt}\\0, 当 X_{is}>X_{jt}\end{cases}$

时，统计量 V 的均值 $\mu_V=\dfrac{N^2-\sum_{i=1}^{k}n_i^2}{4}$，标准差

$$\sigma_V=\sqrt{\frac{N^2(2N+3)-\sum_{i=1}^{k}[n_i^2(2n_i+3)]}{72}},Z=\frac{V-\mu_V}{\sigma_V}\sim N(0,1)$$

如果对比 k 组样本观测值都出现相等情况时，即 $D_{st}=\begin{cases}1,\text{当 } X_{is}<X_{jt}\\0.5,\text{当 } X_{is}=X_{jt}\\0,\text{当 } X_{is}>X_{jt}\end{cases}$ 时，统计量 V 的标准差

$$\sigma_V=\sqrt{\frac{U_1}{72}+\frac{U_2}{36N(N-1)(N-2)}+\frac{U_3}{8N(N-1)}}$$

其中，

$$U_1=N(N-1)(2N+5)-\sum_{i=1}^{k}[n_i(n_i-1)(2n_i+5)]$$
$$-\sum_{j=1}^{r}[b_j(b_j-1)(2b_j+5)]$$
$$U_2=\left[\sum_{i=1}^{k}n_i(n_i-1)(n_i-2)\right]\left[\sum_{j=1}^{r}b_j(b_j-1)(b_j-2)\right]$$
$$U_3=\left[\sum_{i=1}^{k}n_i(n_i-1)\right]\left[\sum_{j=1}^{r}b_j(b_j-1)\right]$$

b_j 为 k 组数据按从小到大重新排列后每个数据出现的频数，原假设成立时 $Z=\frac{V-\mu_V}{\sigma_V}\sim N(0,1)$。在给定的显著性水平 α，若 Z 的渐近显著性水平 $Sig.<\alpha$，拒绝原假设，k 个独立样本的总体分布并不相同。

【例 10.11】 草莓滋味的再分析。

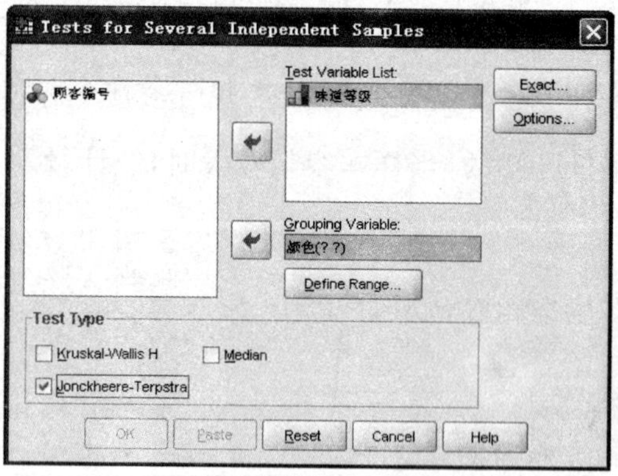

图 10.35 在多个独立样本检验对话框中选择检验变量、分组变量和检验方法

使用例 10.9 的数据，利用 Jonckheere-Terpstra 多样本检验来判断 5 中草莓滋味是否存在显著差别。单击 Analyze → Nonparametric Tests → K-Independent-Samples…，打开多个独立样本非参数检验对话框（见图 10.35）。

将变量“味道等级”移入 Test Variable List 方框中，变量“颜色”移入 Grouping Variable 方框中，取消左下角的 Test Type 中默认

的 Kruskal-Wallis H,勾选 Jonckheere-Terpstra。单击 Define Groups 按钮,在弹出的定义组别对话框中(见图 10.36),Minimum 后的文本框中输入 1,Maximum 后的文本框中输入 3,单击 Continue 按钮,回到多个独立样本非参数检验对话框,单击 OK 按钮,输出 Jonckheere-Terpstra 检验结果。

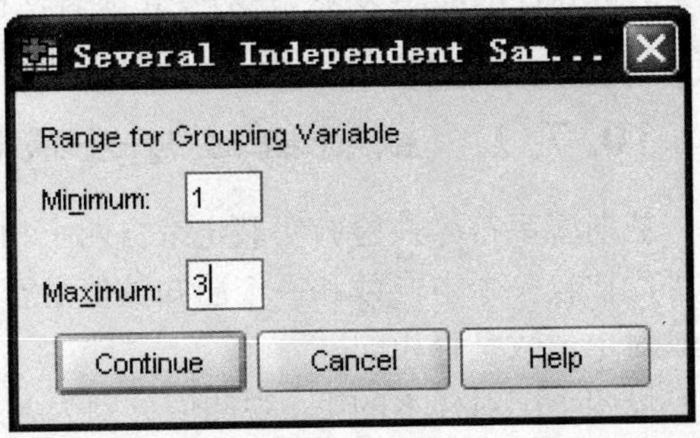

图 10.36　在定义组别对话框中设定各组的数值

表 10.42 所示 Jonckheere-Terpstra 检验统计量表中,"Number of level in 草莓覆盖物颜色"显示分组变量的水平为 3 个,也就是 3 个类型,总的样本容量 $N=30$。Jonckheere-Terpstra 检验统计量 $V=230.5$,其均值 $\mu_V=150$,标准差 $\sigma_V=25.322$。

表 10.42　Jonckheere-Terpstra 检验统计量表

Jonckheere-Terpstra Test[a]

	味道等级
Number of Levels in 草莓覆盖物颜色	3
N	30
Observed J-T Statistic	230.500
Mean J-T Statistic	150.000
Std. Deviation of J-T Statistic	25.322
Std. J-T Statistic	3.179
Asymp. Sig. (2-tailed)	.001

a. Grouping Variable: 草莓覆盖物颜色

标准化的检验统计量 $Z=\dfrac{V-\mu_V}{\sigma_V}=\dfrac{230.5-150}{25.322}=3.179$,双尾渐近显著性水平 $Sig.=0.001<\alpha=0.05$,在 5%的显著性水平同样拒绝三种草莓的味道相同的假设。

10.7　两个相关样本的非参数检验

在检验两组样本的配对得分是否存在差异时,如果配对样本 t 检验的基本假定无法成立,此时可以使用两个相关样本的非参数检验法。SPSS 为两个相关样本的非参数检验提供了4种方法：Wilcoxon（威斯康星）符号秩检验法、Sign（符号）检验、McNemar（麦克奈曼）变化显著性检验和Marginal Homogeneity（边际同质性）检验，本书主要介绍前面3种方法。

10.7.1 威斯康星符号秩检验

威斯康星符号秩检验法假定来自两个相关样本的中位数都是相同的，这种方法可以比较一个中位数和一个已知数值是否相同，或者比较来自相同(配对)样本的一对中位数是否相同。

设两个配对样本的第 i 观测值分别为 X_i 和 Y_i，它们的数值之差为 $d_i = X_i - Y_i$。使用威斯康星配对符号秩检验时，首先将 d_i 按绝对值大小排序，然后再将每一个秩加上符号，表明哪些秩来自负的 d_i 配对，哪些秩来自正的 d_i 配对。假定两个配对样本数据大体相等，那么可以期望得到一些有利于第一组样本的较大的 d_i，也能得到一些有利于第二组的较大的 d_i。如果将对应于正号的秩和对应于负号的 d_i 的秩分别求和，那么在原假设成立时，这两个秩和(正号的秩和用 S_p 表示，负号的秩和用 S_n 表示)应该基本相等。如果这两个秩和相差较大，那么这两个配对样本的数据应该存在较大的差异，从而拒绝原假设。

威斯康星配对符号秩检验中使用的统计量为 T，它是正号秩和 S_p 与负号秩和 S_n 中的较小者，即 $T = \min(S_p, S_n)$。统计量 T 的抽样分布也是已知的，当 $n > 25$，此时可以证明秩和 T 接近正态分布，其均值 $\mu_T = \frac{n(n+1)}{4}$，标准差 $\sigma_T = \sqrt{\frac{n(n+1)(2n+1)}{24}}$，$Z = \frac{T-\mu_T}{\sigma_T} \sim N(0,1)$。在给定的显著性水平 α，若 Z 的渐近显著性水平 $Sig < \alpha$，拒绝原假设。

如果配对样本的 d_i 的秩相等，也就是出现同分现象时，秩和 T 的标准差需要进行修正，此时 $\sigma_T = \sqrt{\frac{n(n+1)(2n+1)}{24} - \frac{\sum_{j=1}^{m}(t_j^3 - t_j)}{48}}$，其中 m 为配对样本中出现的同分个数，t_j 为第 j 个同分出现的次数。

【例10.12】 酒精对反应时间的影响。

分析人员为了解酒精对汽车司机的反应时间的影响，选择了20个卡车司机组成一个随机样本，在实验中测量了每个司机在喝下一定酒精含量的饮料前后的反应时间。

打开“酒精对反应时间的影响.sav”。使用威斯康星符号秩检验法来判断酒精是否影响反应时间。数据文件中使用的变量名、变量标签及变量类型见表 10.43。

表 10.43　数据文件中变量名、变量标签与变量类型

变量名 Variable name	变量标签 Label	变量类型
反应时间 A	没有喝饮料前的反应时间	尺度变量
反应时间 B	喝饮料后的反应时间	尺度变量

单击 Analyze→Nonparametric Tests→2-Related-Samples Test…，打开两个相关样本非参数检验对话框(见图 10.37)，从左边的变量列表框中选择“反应时间 A”和“反应时间 B”作为第一组比较配对样本，移入右侧的 Test Pair List 方框中，下面的 Test Type 中选择默认的 Wilcoxon，单击 OK 按钮，输出威斯康星符号秩检验结果(见表 10.44)。

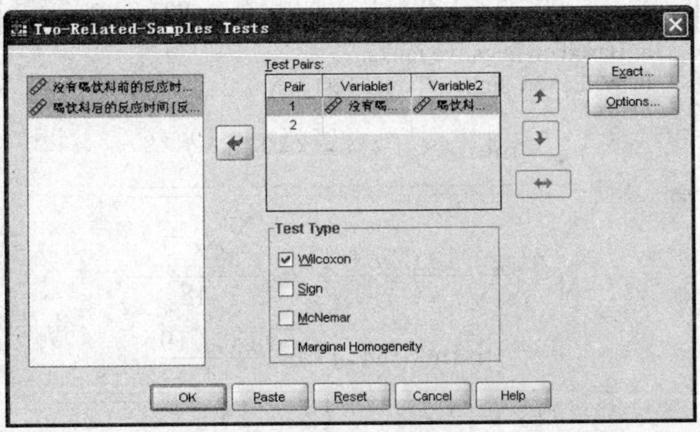

图 10.37　在两个相关样本检验对话框中选择分析的配对变量和检验方法

表 10.44　两组配对变量的秩表

Ranks

		N	Mean Rank	Sum of Ranks
喝饮料后的反应时间 - 没有喝饮料前的反应时间	Negative Ranks	4[a]	4.25	17.00
	Positive Ranks	14[b]	11.00	154.00
	Ties	2[c]		
	Total	20		

a. 喝饮料后的反应时间 < 没有喝饮料前的反应时间
b. 喝饮料后的反应时间 > 没有喝饮料前的反应时间
c. 喝饮料后的反应时间 = 没有喝饮料前的反应时间

在威斯康星符号秩检验中，秩是根据两个检验变量之差的绝对值来计算的。根据秩差的符号可以把个案分为三组：秩差小于0的为负秩，秩差大于0的正秩，秩差相等的为节点或同分，秩差相同的个案将忽略不计。秩表(见表10.44)显示，有4个个案的秩差为负，其均秩为4.25，秩和S_n为17。有14个个案的秩差为正，均秩为11，秩和S_p为154。有2个个案的秩差相等。

威斯康星符号秩检验中的标准统计量Z测度负秩之和与其期望值偏离程度(见表10.45)。剔除等秩后的配对样本容量$n=20-2=18$，从而得到标准检验统计量：

表10.45　两组配对变量的威斯康星符号秩检验统计量表

Test Statistics[b]

	喝饮料后的反应时间 - 没有喝饮料前的反应时间
Z	-2.988[a]
Asymp. Sig. (2-tailed)	.003

a. Based on negative ranks.
b. Wilcoxon Signed Ranks Test

$$Z=\frac{\min\ (S_p,S_n)-\frac{n(n+1)}{4}}{\sqrt{\frac{n(n+1)(2n+1)}{24}-\frac{\sum_{j=1}^{l}t_j^3-t_j}{48}}}$$

$$=\frac{\min\ (154,17)-\frac{18\times 19}{4}}{\sqrt{\frac{18\times 19\times 37}{24}-\frac{(2^3-2)+(2^3-2)}{48}}}$$

$$=-2.988$$

其对应的渐近显著性水平$Sig.=0.003<0.05$，在5%的显著性水平下拒绝原假设，卡车司机在喝下饮料前后的反应时间存在显著差异。

10.7.2　符号检验

符号检验分析的也是两个配对样本数据，但是它分析的不是两个配对样本数值之差d_i也不是d_i或$|d_i|$的秩，而是d_i符号，这也是符号检验得名的原因。符号检验假定待分析的数据是连续分布，它对两个配对样本差异的具体分布不作任何假设，只要求两个样本数据是相互配对的就可以了。

设两个配对样本的第 i 观测值分别为 X_i 和 Y_i，符号检验的原假设是 $X_i > Y_i$ 的配对数与 $X_i < Y_i$ 的配对数是相同的，即 $p(X_i > Y_i) = p(X_i < Y_i) = 0.5$。换句话说，在原假设成立的条件下，可以期望有一半配对数据的差值为负号，有一半配对数据的差值为正号。如果实际观测的配对数据差值的正号或者负号过多，那么原假设可能就不会成立了。

设 x 为 d_i 中较少符号的个数，它的抽样分布是已知的。检验原假设依赖于配对样本个数 n 的大小。和威斯康星配对符号秩检验一样，此处的样本容量是 d_i 不为零的配对样本的个数：

若 $n \leqslant 25$，利用公式 $p(x) = \sum_{i=0}^{x} C_n^i (0.5)^n$ 计算得到 x 对应的精确单尾显著性水平 $Sig.$。若 $Sig. < \alpha$，拒绝原假设。若 $n > 25$，随着配对样本个数的增加，x 接近正态分布（和二项分布 $p = 0.5$ 的情形相似），此时 x 的均值 $\mu_x = np = \frac{n}{2}$，标准差 $\sigma_x = \sqrt{np(1-p)} = \frac{\sqrt{n}}{2}$，$Z = \frac{x - \mu_x}{\sigma_x} \sim N(0,1)$。求得 Z 的渐近显著性水平 $Sig.$，若 $Sig. < \alpha$，拒绝原假设，这两个相关样本存在差异。

【例 10.13】 幼儿园生活对孩子们的影响。

研究人员想了解幼儿园生活对孩子们社会知识成绩的影响，他们选取了 16 对孩子作为研究对象，随机指定一对儿童之一在幼儿园生活一学期，另外一个在幼儿园以外生活一学期，学期结束时，对这 16 个孩子进行社会知识考查并且得到他们的测试成绩。

打开"幼儿园生活.Sav"，使用符号检验判断幼儿园生活是否影响儿童社会知识。数据文件中使用的变量名、变量类型见表 10.46。

表 10.46 数据文件中变量名与变量类型

变量名 Variable name	变量类型
第一组孩子成绩	尺度变量
第二组孩子成绩	尺度变量

单击 Analyze→Nonparametric Tests→Two Related-Samples…，打开两个相关样本非参数检验对话框（见图 10.38）。

用鼠标同时选中左侧变量列表框中的两个变量，将它们移入 Test Pairs 方框中，取消 Test Type 中默认的 Wilcoxon，勾选 Sign，单击 OK 按钮后输出符号秩检验结果。

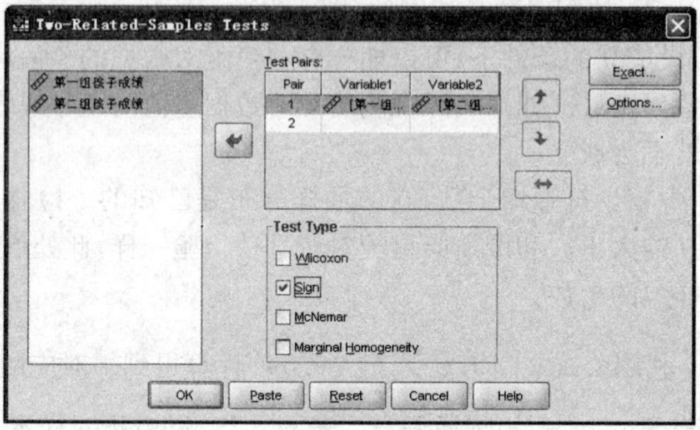

图 10.38　在两个相关样本检验对话框中选择分析的配对变量和检验方法

表 10.47　符号检验的频数表

Frequencies

		N
第二组孩子成绩 - 第一组孩子成绩	Negative Differences[a]	10
	Positive Differences[b]	4
	Ties[c]	2
	Total	16

a. 第二组孩子成绩 < 第一组孩子成绩
b. 第二组孩子成绩 > 第一组孩子成绩
c. 第二组孩子成绩 = 第一组孩子成绩

图 10.47 所示符号检验的频数(Frequencies)表显示两个相关样本数据相对比,第二组孩子成绩小于第一组的,即符号为"－",Negative Difference 的有 10 个,第二组孩子成绩大于第一组的,符号为"＋",Positive Difference 的有 4 个,成绩相等也就是所谓同分的,Ties 的有 2 个。由于符号为负的频数较少,从而可以确定检验统计量 $x = 4$。

表 10.48　符号检验统计量表

Test Statistics[b]

	第二组孩子成绩 - 第一组孩子成绩
Exact Sig. (2-tailed)	.180[a]

a. Binomial distribution used.
b. Sign Test

符号检验的统计量表显示符号检验统计量 $x=4$ 对应的精确显著性水平 $Sig.=0.180>0.05$，在 5%的显著性水平下没有办法拒绝原假设，两组孩子的社会知识测试成绩没有显著差异，幼儿园的生活对孩子的社会生活没有产生显著的影响。

10.7.3　麦克内曼变化显著性检验

麦克内曼变化显著性检验适用于“事前—事后”型配对样本设计，在这种实验设计中，每个研究对象被当作自身的对照者。该检验方法适用于名义水平变量或者定序水平变量，主要用来检验某种社会效应（如报纸社论）和社会或经济政策实施前后对人们的影响程度是否显著。

使用麦克内曼变化显著性检验时，要利用收集的原始数据建立一个 2×2 频数表，用这个频数表表示每个研究对象在前后实验中的反应。

表 10.49　麦克内曼检适用的频数表

		后一时期	
		−	+
前一时期	+	A	B
	−	C	D

表 10.49 中，“+”和“−”分别代表两种不同的反应。A 和 D 代表前后两次反应有变化的研究对象的频数，更为具体的说 A 格表示从“+”变化到“−”的观测对象个数，D 格表示从“−”变化到“+”的观测对象个数，B 和 C 代表前后两次反应没有变化的研究对象的个数，B 格表示前后反应都是“+”的观测对象个数，C 格表示前后反应都是“−”的观测对象个数。

由于 A+D 表示前后反应有变化的研究对象的频数，在原假设成立时，一个方向上的变化（从“+”变化到“−”）与另一个方向上的变化（从“−”变化到“+”）的期望频数都应该是 $\frac{A+D}{2}$，为此可以利用 χ^2 统计量：

$$\chi^2=\sum_{A,D}\frac{(O-E)^2}{E}=\frac{\left(A-\frac{A+D}{2}\right)^2}{\frac{A+D}{2}}+\frac{\left(D-\frac{A+D}{2}\right)^2}{\frac{A+D}{2}}=\frac{(A-D)^2}{A+D}$$

在原假设成立时，$\chi^2=\frac{(A-D)^2}{A+D}\sim\chi^2(1)$，对公式进行连续性修正以后，用

卡方分布逼近上式更为恰当：$\chi^2 = \frac{(|A-D|-1)^2}{A+D} \sim \chi^2(1)$。如果期望频数 $\frac{A+D}{2} < 5$（SPSS 统计软件中设定 $\frac{A+D}{2} < 12.5$），使用二项检验而不是卡方检验，设 $r = \min(A,D)$，检验原假设的精确显著性水平 $Sig. = p(X \leqslant r) = \sum_{i=0}^{r} C_{A+D}^{i}(0.5)^{A+D}$。若 $Sig. < \alpha$，则拒绝原假设，前后反应有显著的变化。

【例 10.14】 杂货店的促销方式。

一家杂货店的老板想增加自有品牌清洁剂的销售量，他采用了店内促销的方式来推销产品，调查得到 197 位客户在促销前后对商店自有品牌喜好的数据。

打开 SPSS 中"杂货店的促销方式.sav"。使用麦克内曼检验法判断这种促销方式是否能够改变消费者对自有品牌的偏好。数据文件中使用的变量名、变量标签值及变量类型见表 10.50。

表 10.50　数据文件中变量名、变量标签值与变量类型

变量名 Variable name	变量标签值 Label Value	变量类型
促销前的喜好	0=其他品牌 1=自有品牌	名义变量
促销后的喜好	0=其他品牌 1=自有品牌	名义变量

单击 Analyze→Nonparametric Tests→2 Related Samples…，打开两个相关样本非参数检验对话框，将"促销前的喜好"和"促销后的喜好"作为配对的检验变量，移入右边 Test Pairs 方框中（见图 10.39）。取消 Test Type 中默认的 Wilcox-

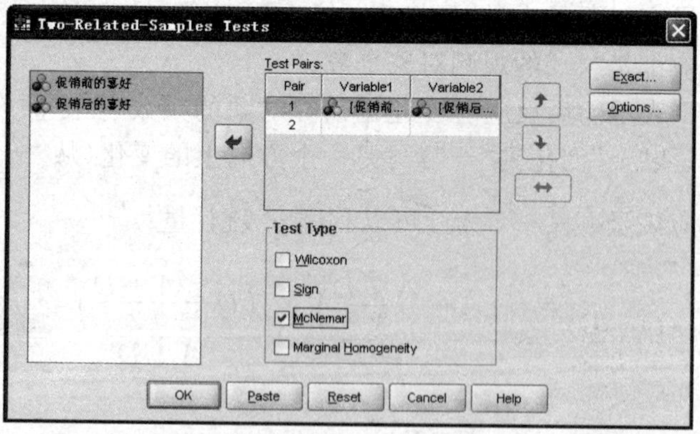

图 10.39　在两个相关样本检验对话框中选择检验的配对变量和检验方法

on，勾选 McNemar，单击 OK 按钮，输出麦克内曼检验结果。

麦克内曼检验法主要关注样本的条件变化或者样本反应的变化。本例中的原假设是促销方式对顾客没有任何效果，顾客对任何一种牌子的清洁剂的偏好是相同的。表 10.51 显示没有促销之前，有 26 位消费者喜欢自有品牌的清洁剂；促销以后，喜欢该品牌的顾客增加到 59 个。消费者行为的这种变化，商店老板认为促销起到了作用。另一方面，原先有 64 位顾客不喜欢自有品牌的清洁剂，但促销以后减少到 48 位，这也是商店老板希望看到的。

表 10.51　两个配对变量的频数表

促销前的喜好 & 促销后的喜好

促销前的喜好	促销后的喜好	
	0	1
0	64	48
1	26	59

麦克内曼卡方统计量(见表 10.52)是用表 10.51 中的单元频数计算出来的，由于卡方统计量是用来分析近似离散分布的，因此对连续性进行了修正。

表 10.40　两个配对变量的麦克内曼检验统计量表

Test Statistics[b]

	Preference before promotion & Preference promotion after
N	197
Chi-Square[a]	5.959
Asymp. Sig.	.015

a. Continuity Corrected
b. McNemar Test

本例中，$\chi^2=\dfrac{(|a-d|^2-1)}{a+d}=\dfrac{(|48-26|^2-1)}{48+26}=5.959$，其对应的渐近显著性水平 $Sig.=0.015<0.05$，在 5%的显著性水平下拒绝原假设，促销行为确实对顾客购买自有品牌的清洁剂产生了积极的效果。

10.8　多个相关样本的非参数检验

在对方差的重复测度进行分析时，可以选择使用多个相关样本的非参数检验方法。当样本容量很小或者检验的变量是名义变量或者定序变量时，使用这种方法尤其合适。SPSS 对多个相关样本进行非参数检验时，提供了 Friedman（弗里德曼）检验、Kendall W（肯德尔协和系数）检验和 Cochran's Q（柯克伦 Q 统计量）检验 3 种方法。

10.8.1 弗里德曼检验

弗里德曼检验法的原假设是：多个定序响应变量来自同一个总体，和检验两个相关样本的威斯康星法类似，弗里德曼检验的数据要么来自经过重复测量的同一个样本，要么来自经过相同测度的多个配对样本。

弗里德曼检验可以检验多个相关样本是否来自同一个总体，它分析的变量是定序变量或者数值变量。弗里德曼检验使用的配对样本主要有两种情形：一种是在 k 个条件中的每一个条件下研究同一组实验者，另外一种是研究者得到若干个小组，每一组各有 k 个配对的实验者，然后随机地将每一组中的一个实验者置于第一种条件下，另一个实验者置于第二种条件下，等等。比如，要研究四种教学法对学生的影响，有 k 组学生作为实验对象，每个小组都有 4 名学生，每组学生在年龄、智力、以前的学习情况等方面都是配对的，从这 k 组学生中的每一组中分别随机选出一名学生，对他使用教学法 A，然后再随机选出另外一名学生使用教学法 B，等等，直到选出的每位学生都接受的不同的教学方法为止。

使用弗里德曼检验时，要将数据列入一个 N 行 k 列的两向表中，其中行代表不同的实验者或者匹配的实验小组，列代表各种条件。弗里德曼检验分析的对象是数据的秩，首先将每一行中的数据排序，得到行数据的秩，如果多个样本来自同一个总体，那么每一列秩的分布应该是一个偶然事件，应该预期 1，2，3，4 等秩几乎以相等的概率出现，或者说在原假设成立时，各列的平均秩应大致相等。

为了检验各列数据平均秩 $\bar{R}$ 或秩和 R_i 是否相等，弗里德曼检验使用了 χ^2 统计量，该统计量的抽样分布都是已知的。对原假设的检验依赖于行数和列数的大小。若行数 N 和列数 k 都不是很小（列数 $k>4$）时，可以证明 $\chi_r^2=\frac{12}{Nk(k+1)}\sum_{i=1}^{k}R_i^2-3N(k+1)$ 服从自由度为 $k-1$ 的卡方分布，其中 R_i 为第 i 列的秩和。在给定的显著性水平 α 下，如果 χ_r^2 统计量的渐近显著性水平 $Sig.<\alpha$，则拒绝原假设，k 组样本不是来自同一个总体。

【例 10.15】 衬衣的喜好。

一家商店想了解顾客对 3 种不同款式衬衣的喜好程度，随机询问了 9 位顾客，让他们根据自己的喜好程度，对这 3 种衬衣打分，最喜欢的打 1 分，喜欢的打 2

分,感觉一般的打 3 分。

打开"衬衣的喜好. sav",使用弗里德曼检验法来判断顾客对这 3 种衬衣的喜好程度是否存在差别。数据文件中使用的变量名、变量标签值及变量类型见表 10.53。

表 10.53　数据文件中变量名、变量标签值与变量类型

变量名 Variable name	变量标签值 Label Value	变量类型
款式 A	1=非常喜欢 2=喜欢 3=一般	定序变量
款式 B	1=非常喜欢 2=喜欢 3=一般	定序变量
款式 C	1=非常喜欢 2=喜欢 3=一般	定序变量
顾客编号		尺度变量

单击 Analyze→Nonparametric Tests→K Related Samples…,打开多个相关样本非参数检验对话框(见图 10.40),选择"款式 A"、"款式 B"、"款式 C"这 3 个变量为检验变量,移入右边的 Test Variables 方框中。Test Type 中选择默认的 Friedman,单击 OK 按钮,输出弗里德曼检验结果。

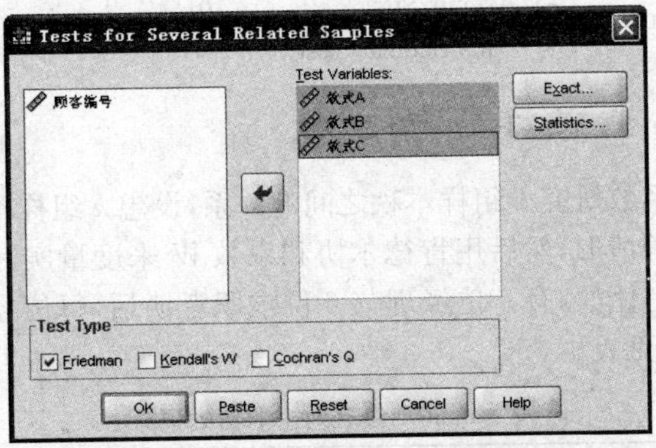

图 10.40　在多个相关样本检验对话框中选择分析变量和检验方法

表 10.54　3 种衬衣喜好程度的秩表

Ranks

	Mean Rank
款式A	1.67
款式B	2.78
款式C	1.56

弗里德曼检验各行的秩得分是否相互独立。9位顾客对衬衣进行了评分，将每种衬衣喜好程度评分的秩求和，再除以人数，就得到每种衬衣喜好程度评分的均秩。评分值越小，对该种衬衣的评价越高，从表10.54中可以看出"款式C"的均秩最小，只有1.56，因此顾客对这种款式的衬衣评价是最好的。

弗里德曼卡方检验的原假设是变量的秩和其期望数值没有显著差别，对一个样本容量固定的样本，卡方统计量越大，变量秩和与其期望值的差距就越大（见表10.55）。本例中，卡方统计量 $\chi_r^2 = \frac{12}{Nk(k+1)}\sum_{i=1}^{k}R_i^2 - 3N(k+1) = \frac{12}{12\times3\times4}(15^2+25^2+14^2) - 3\times9\times4 = 8.2222$，其渐近显著性水平 $Sig = 0.016 < 0.05$，在5%的显著性水平下拒绝原假设，这些顾客对这3款衬衣的喜好程度存在显著差异。

表10.55 弗里德曼检验统计量表

Test Statistics[a]

N	9
Chi-Square	8.222
df	2
Asymp. Sig.	.016

a. Friedman Test

10.8.2 肯德尔协和系数

肯德尔协和系数研究 k 组样本秩之间的关系，设想 k 组样本的秩完全不相等与完全相等这两种情形，然后用肯德尔协和系数 W 来度量实际相等与最大可能相等之间的差异。比如，有3位经理与6位求职者谈话，每位经理都要对求职者的表现打分，结果见表10.56。

表10.56 经理对求职者的评分

经理	求职者					
	A	B	C	D	E	F
1	1	6	3	2	5	4
2	1	5	6	4	2	3
3	6	3	2	5	4	1

评分中1代表最差，6代表最好。

如果有三位经理对某位求职者的看法一致，比如都认为他最差，那么该求职者对应的秩和 $R_i = 1+1+1=3$，同样被三位经理评为最佳的求职者的秩和 $R_i = 6+6+6=18=3\times 6$，因此如果三位经理对每位求职者的评价都是完全相同，那么各位求职者的秩和应该是 3,6,9,12,15,18，如果 k 组样本的秩完全相同，那么每组的秩和就应该是 $k, 2k, \cdots, Nk$；如果各位经理的意见不一致，那么每组的秩和就应该近似相等。因此 k 个评判者之间一致程度是通过 N 个秩和之间的差异程度反应出来的。

要求出肯德尔协和系数，首先要求出 $N\times k$ 双向表中每列数据的秩和 R_i 及其均秩 $\bar{R}$，进一步求出每个秩和对其均秩的离差平方和 $S=\sum(R_i-\bar{R})^2$，最后利用公式

$$W=\frac{S}{\frac{k^2}{12}(N^3-N)}$$

求出肯德尔协和系数。如果数据中存在同分现象，而且同分比例较大时，应该使用修正公式

$$W=\frac{S}{\frac{k^2}{12}(N^3-N)-k\sum T}$$

其中 $\sum T=\frac{\sum_{j=1}^{m}(t_j^3-t_j)}{12}$，$m$ 为配对样本中出现的同分个数，t_j 为第 j 个同分出现的次数。

肯德尔协和系数 W 是否显著，与行数 N 及列数 k 的大小有关。若 $N>7$，肯德尔协和系数 W 近似服从卡方分布，其自由度为 $N-1$，卡方统计量为 $\chi^2=k(N-1)W$。在给定的显著性水平 α 下，如果卡方统计量的渐近显著性水平 $Sig.<\alpha$，则拒绝原假设。

【例 10.16】 求职者的评分。

在对企业求职者应聘时，公司的 3 位经理根据 10 位求职者的表现对他们打分，其中 1 分表示评价最低，10 分表示评价最高。

打开"求职者的评分. Sav"。使用肯德尔协和系数分析 3 位经理对求职者的评分是否存在显著差异。数据文件中使用的变量名及变量类型见表 10.57。

表 10.57 数据文件中变量名与变量类型

变量名 Variable name	变量类型
经理	名义变量
求职者 1 评分	定序变量
………	定序变量
求职者 10 评分	定序变量

单击 Analyze→Nonparametric Tests→K Related Samples…，打开多个相关样本检验对话框(见图 10.41)。将变量“求职者 1 评分”至变量“求职者 10 评分”同时移入右侧的 Test Variables 方框中。取消左下角 Test Type 中默认的 Friedman，勾选 Kendall's W，单击 OK 按钮，输出肯德尔协和系数检验结果。

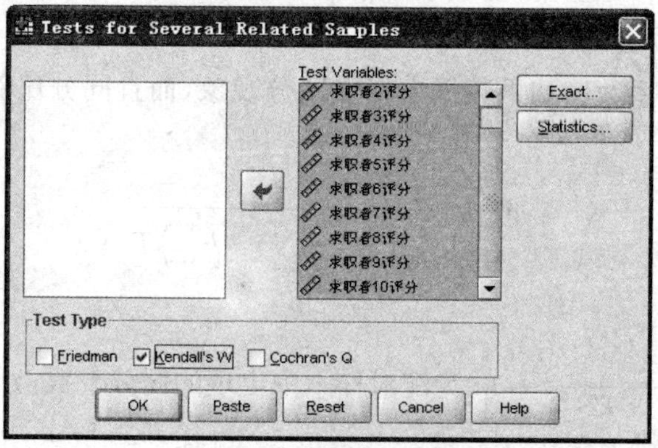

图 10.41 在多个相关样本非参数检验对话框中选择肯德尔系数检验

表 10.58 所示秩表显示 10 位求职者评分的均秩存在比较明显的区别，从第一位求职者到最后一位求职者，他们评分的均秩逐渐增加，这也就表明 3 位经理对这 10 求职者的印象是不同的，但是这种差异是否显著还需要分析后面的检验统计量。

表 10.59 所示肯德尔协和系数检验统计量(Test Statistics)表显示，每组样本容量 n 为 3 个，Kendall's 协和系数检验统计量 $W = 0.828$，$\chi^2 = k(N-1)W = 3 \times 9 \times 0.8277 = 22.3487$，其对应的渐近的显著性水平 $Sig. = 0.008 < \alpha = 0.05$，在 5%的显著性水平下拒绝原假设，3 位经理对求职者的评分存在显著差异。

表 10.58 求职者评分的秩表

Ranks

	Mean Rank
求职者1评分	1.83
求职者2评分	2.17
求职者3评分	3.00
求职者4评分	4.50
求职者5评分	4.00
求职者6评分	6.67
求职者7评分	7.67
求职者8评分	7.83
求职者9评分	8.50
求职者10评分	8.83

表 10.59 肯德尔协和系数检验统计量表

Test Statistics

N	3
Kendall's W	.828
Chi-Square	22.349
df	9
Asymp. Sig.	.008

a. Kendall's Coefficient of Concordance

10.8.3 Cochran's Q 检验

Cochran's Q 检验配对的三组或三组以上样本的频数或比例之间是否存在显著差异，它是麦克内曼检验在多个相关样本中的扩展。

和 Friedman 双向评秩相似，Cochran's Q 检验首先要把 N 个实验者和 k 个项目的数据填入到一个 $N\times k$ 的双向表中，在原假设成立的条件下，排除偶然因素以外，某一特定类型的反应所占的比例或者频数在每列中应该是相同的。Cochran's Q 检验使用 Q 统计量，它的抽样特性也是已知的，Cochran(1950 年)证明在行数 N 较大的情况下，统计量

$$Q=\frac{k(k-1)\sum_{i=1}^{k}(G_i-\overline{G})^2}{k\sum_{j=1}^{N}L_j-\sum_{j=1}^{N}L_j^2}$$

服从自由度为 $k-1$ 的卡方分布，其中 G_i 为第 i 列($i=1,2,\cdots,k$) 中"成功"的总频数，$\overline{G}$ 为 G_i 的均值，L_j 为第 j 行($j=1,2,\cdots,N$) 中"成功"的总频数。在检验过程中可以使用简化公式

$$Q=\frac{(k-1)\left[k\sum_{i=1}^{k}G_i^2-\left(\sum_{i=1}^{k}G_i\right)^2\right]}{k\sum_{j=1}^{N}L_j-\sum_{j=1}^{N}L_j^2}$$

计算 Q 统计量。在给定的显著性水平 α 下，若 Q 统计量的渐近显著性水平 $Sig.<\alpha$，则拒绝原假设。

【例 10.17】 篮球比赛结果的预测。

3 个篮球爱好者分别设计了一个系统来预测篮球比赛的结果，他们随机抽取了 12 场比赛并且使用 3 个预测系统对每场比赛的结果作出预测，用 0 表示预测失败，1 表示预测正确。

打开“篮球比赛结果的预测 .sav”。使用 Cochran’s Q 方法来检验这 3 个预测系统的预测成功率是否相同。数据文件中使用的变量名、变量标签值及变量类型见表 10.60。

表 10.60　数据文件中变量名、变量标签值与变量类型

变量名 Variable name	变量标签值 Label Value	变量类型
系统 1	0＝预测错误 1＝预测正确	名义变量
系统 2	0＝预测错误 1＝预测正确	名义变量
系统 3	0＝预测错误 1＝预测正确	名义变量

单击 Analyze→Nonparametric Tests→K Related Samples…，打开多个相关样本非参数检验对话框(见图 10.42)，把所有的变量都移入 Test Variables 方框中，取消 Test Type 中默认的 Friedman，勾选 Cochran’s Q。

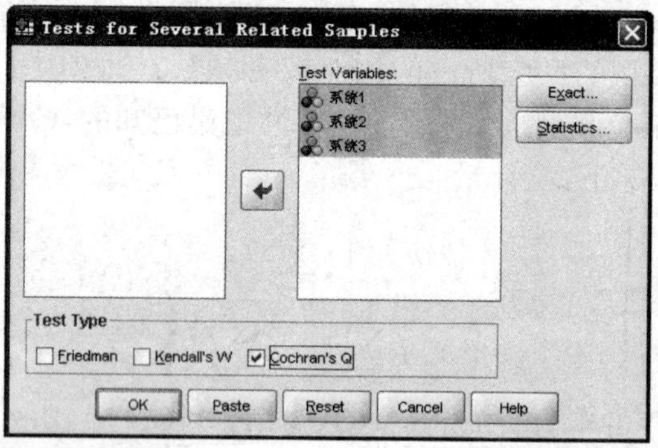

图 10.42　在多个相关样本检验对话框中选择检验变量和检验方法

单击 Statistics 按钮，在统计量设置对话框中(见图 10.43)，选择 Descriptive，单击 Continue 按钮，回到主对话框，单击 OK 按钮，输出 Cochran’s Q 检验结果。

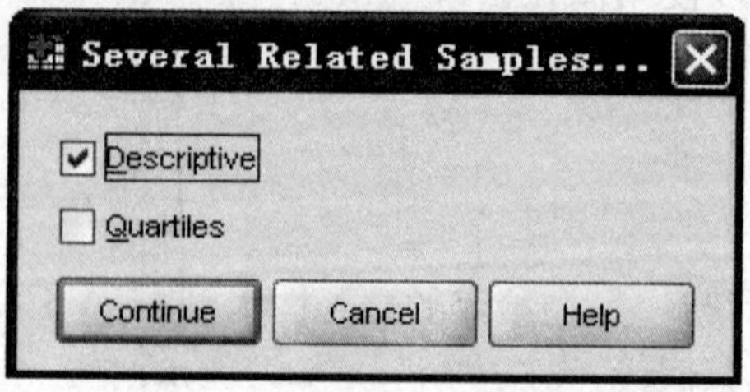

图 10.43　在统计量对话框中选择输出描述性统计量

表 10.61 所示描述性统

计量表显示系统 1 的平均预测准确率为 67%。系统 2 的平均预测准确率为 83%，系统 3 的平均预测准确为 58%，这 3 个预测系统的平均预测准确率都在 50%以上。

表 10.61　三个系统预测结果的描述性统计量表

Descriptive Statistics

	N	Mean	Std. Deviation	Minimum	Maximum
系统1	12	.67	.492	0	1
系统2	12	.83	.389	0	1
系统3	12	.58	.515	0	1

表 10.62 所示频数表显示出每个系统预测错误和正确的频数。系统 1 预测错误的频数是正确频数的一半。系统 2 预测正确率较高，12 场比赛只有 2 场预测错误。系统 3 预测错误和正确的频数相差不大，从频数表还没有办法确定这 3 个系统的预测效果是否相同。

表 10.62　系统预测正确与错误的频数表

Frequencies

	Value	
	0	1
系统1	4	8
系统2	2	10
系统3	5	7

表 10.63 所示检验统计量表显示 *Cochran's Q* = 2.8，对应的渐近显著性水平 *Sig.* =0.247>0.05，在 5%的显著性水平下统计不显著，这 3 个预测系统对比赛结果的预测没有什么显著差别。

表 10.63　系统预测的 Cochran's *Q* 检验统计量表

Test Statistics

N	12
Cochran's Q	2.800[a]
df	2
Asymp. Sig.	.247

a. 1 is treated as a success.

参考文献

[1] 张文彤. SPSS11统计分析教程[M]. 北京:北京希望电子出版社,2002.
[2] 卢纹岱. SPSS for Windows 统计分析[M]. 北京:电子工业出版社,2007.
[3] 薛薇. SPSS统计分析方法及应用[M]. 北京:电子工业出版社,2004.
[4] 戴维·R·安德森,等. 商务与经济统计[M]. 北京:机械工业出版社,2000.
[5] 贾俊平,等. 统计学[M]. 北京:中国人民大学出版社,2000.
[6] 马国庆. 管理统计[M]. 北京:北京科技出版社,2003.
[7] 施锡铨. 范正绮. 数据分析方法[M]. 上海:上海财经大学出版社,1997.
[8] Richard A. Johnson, Dean W. Wichern. 实用多元统计分析[M]. 陆璇,译. 北京:清华大学出版社,2001.
[9] 于秀林,任雪松. 多元统计分析[M]. 北京:中国统计出版社,2006.
[10] S·西格尔. 非参数统计[M]. 北京:科学出版社,1986.
[11] W. J. Conver. 实用非参数统计[M]. 崔恒建,译. 北京;人民邮电出版社,2006.
[12] SPSS Analysis Using SPSS 16.0(V16.0 Revised). SPSS Inc. Chicago, Illinois, 2008.